聆听智者的声音：香山讲坛演讲录

（第四辑）

主　编　吕　梅
副主编　梁卫坤　关月红

國家圖書館出版社
National Library of China Publishing House

图书在版编目（CIP）数据

聆听智者的声音：香山讲坛演讲录（第四辑）/吕梅主编；梁卫坤，关月红副主编．—北京：国家图书馆出版社，2013.11（2019.9重印）
ISBN 978-7-5013-5166-4

Ⅰ．①聆…　Ⅱ．①吕…②梁…③关…　Ⅲ．①社会科学—文集　Ⅳ．①C53

中国版本图书馆CIP数据核字（2013）第207737号

书　　名　聆听智者的声音：香山讲坛演讲录（第四辑）
著　　者　吕　梅　主编
　　　　　梁卫坤　关月红　副主编
责任编辑　高　爽　杨晓利

出　　版　国家图书馆出版社（100034　北京市西城区文津街7号）
　　　　　（原书目文献出版社，北京图书馆出版社）
发　　行　010-66114536　66126153　66151313　66175620
　　　　　66121706（传真）　66126156（门市部）
E-mail　nlcpress@nlc.cn（邮购）
Website　www.nlcpress.com ——→投稿中心
经　　销　新华书店
印　　装　天津画中画印刷有限公司
版　　次　2013年11月第1版　2019年9月第2次印刷

开　　本　787×1092（毫米）　1/16
印　　张　15.75
字　　数　390千字

书　　号　ISBN 978-7-5013-5166-4
定　　价　48.00元

目　录

知古鉴今

产业投资

文以化人

家庭和谐

科学回音

“易”脉相传

司马氏与西晋兴亡

孙立群

孙立群，南开大学历史学院教授，博士生导师。现任南开大学历史学院中国古代史教研室副主任，中国社会史学会理事。主要从事中国古代史的教学与研究工作。所开课程有“中国古代史”、“魏晋南北朝史”、“中国古代士人史”等。曾参与编写教材及专著十多部，发表论文二十余篇。主要有《中国古代史》《中国古代图书事业史》《史记选》《士人与社会·秦汉魏晋南北朝卷》《新编中国历朝纪事本末》《中国封建王朝兴亡史》《中华文化通志·社会阶层制度志》等。

在我国历史上,有一个家族和他建立的政权对历史和社会产生过重要影响,这就是司马氏及其建立的晋王朝。司马氏先后建立了西晋和东晋两个政权。西晋建立于265年,280年灭东吴,统一中国,结束了自东汉以来百余年的分裂局面,但十一年之后(291年),爆发"八王之乱",接着永嘉之乱、五胡内迁、流民起义,全国陷入大混乱。316年,西晋灭亡。西晋共51年,是一个短命的王朝。

在西晋王朝建立过程中,司马懿是奠基者。他发动高平陵政变,控制曹魏大权,中经司马师、司马昭的苦心经营,到晋武帝司马炎代魏建晋,再到最后一个皇帝晋愍帝司马邺被毒死,西晋灭亡。西晋的兴和衰与司马家族紧密相连,从始至终充满了激烈的政治斗争。研究西晋的兴亡过程,可以深刻、形象地理解"其兴也勃,其亡也忽"这一兴亡周期律,从西晋的兴衰中,可以得到许多有益的启示。

一、司马氏代魏,一场激烈的生死博弈

在中国历史上,王朝的更迭有多种形式,如有的王朝是经过急风暴雨般的农民起义之后建立的;也有以和平的方式——禅代,后者将前者赶下台。所谓禅代,实则宫廷政变,乍看是和平交接,却是经过了激烈的政治博弈,赢家稳操胜券,败者体面下台而已。

司马氏取代曹魏,就是经历了激烈的政治斗争才打败政敌的。其历程可谓惊心动魄、血雨腥风!

司马氏是河内温县远近闻名的大族,世代为官,司马懿的祖父辈,三代(钧、儁、防)均为两千石以上的高官,可谓高门望族,远近闻名,属于士族阶层。

司马家族有一定的文化传承。"伏膺儒教",其家风受礼教影响较深。司马防对子女教育要求严格,把家庭当做模拟朝廷,"诸子虽冠成人,不命曰进不敢进,不命曰坐不敢坐,不指有所问不敢言,父子之间肃如也"①。

司马氏显赫的家世与宦官之后的曹操形成了强烈的反差,虽然司马家族中有的人与曹操关系不错,但从内心深处而言,司马氏家族不少人是看不起曹操的。尤其是司马懿,他对曹操控制汉献帝,掌控朝政大权的行径十分不满,更瞧不起曹操的出身,"不欲失节屈从曹

① (西晋)陈寿撰,(南朝宋)裴松之注:《三国志》,中华书局1975年版,第二册,第466页。

氏”。但当时曹操势头正盛，在朝廷说一不二，为发展势力，他很需要得到司马氏这样有影响的家族的支持。为拉拢司马懿，他软硬兼施，使司马懿感到恐惧，终于出山，来到曹操身边做官。虽然曹操比司马懿年长二十多岁，但司马懿“聪亮明允，刚断英特”，被誉为“非常之器”①，其才干不在曹操之下。当这两个强人一见面，矛盾便随之产生了。据说曹操曾做一梦，梦见“三马同食一槽”（三马，指三司马，司马懿、师、昭；槽，曹家也），这让曹操十分不爽，他对儿子曹丕说：“司马懿非人臣也，必预汝家事！”关于这个梦，虽然不排除有后人附会之嫌，但曹操见到精明的司马懿之后，在潜意识中产生防范戒备之心也是有可能的。

不过在曹操当政之时，司马懿不显山不露水，做事低调，十分谨慎，这是因为他知道曹操的厉害。司马懿工作勤恳，办事谨慎，尽量迎合曹操，讨曹操欢心。司马懿在以下三方面做得非常出色。

第一，办事认真，尽职尽责。《晋书·宣帝纪》载司马懿“勤于吏职，夜以忘寝，至于刍牧之间，悉皆临履，由是魏武意遂安”。他工作勤勉，夜以继日，甚至连割草放牧这样的小事，全都亲自过问，曹操这才逐渐放心。

第二，曲意迎合，以求好感。曹操晚年，权势强大，代汉称帝时机日益成熟，可是曹操却坚持不称帝，这表现了曹操顾全大局，具有政治家的胸怀。因为他一旦称帝就会成为众矢之的。其实曹操何曾不想称帝！他只是以理性控制自己的欲望，这正是他的高明之处。司马懿深知曹操的矛盾心理，便有意投其所好，以求好感。

有一年，孙权给曹操写了一封信，建议曹操顺应天命，代汉称帝。曹操一眼看穿了孙权的真实用意，说：“此儿欲据吾著炉炭上邪！”②显然，曹操骂孙权是从维护天下稳定这一大局出发的，而内心极力压抑当皇帝的欲望。

当时正在曹操身旁的司马懿也见到了孙权的信，立即说：“汉运垂终，殿下十分天下而有其九，以服事之。（孙）权之称臣，天人之意也。虞（舜）、夏、殷、周不以谦让者，畏天知命也。”③此话极力投其所好，让曹操高兴。虽然曹操没有称帝，但司马懿却赢得了曹操的好感。217年，曹丕被立为太子，司马懿被任命为太子中庶子，与曹丕的关系进一步密切。

第三，献计献策，展示才华。司马懿是才华横溢之人，但他又很清楚曹操的性格。所以他尽量做到既展示才华，又不过分张扬，更不与曹操发生冲突，点到为止，不愠不火。这期间，有三件事他做得很漂亮。

司马懿的才华表现在三方面。

之一，“得陇望蜀”，具有战略眼光。建安二十年（215），他随曹操征讨张鲁。张鲁原来在益州牧刘焉手下做官，后来被派往汉中驻守。汉中在今陕西南部，是进入四川的必经之路，战略位置十分重要，张鲁到达汉中后，自以为羽翼丰满，便宣布脱离刘焉，建立了割据政权。

曹操认为，张鲁政权的存在对他是个威胁，决定进行征讨。曹军逼近汉中后，张鲁见抵挡不过，便投降了曹操。在张鲁决定向曹操投降的时候，司马懿向曹操建议，说：“刘备以诈力虏刘璋，蜀人未附而远争江陵，此机不可失也。今若曜威汉中，益州震动，进兵临之，势必

① （唐）房玄龄等：《晋书》，中华书局1974年版，第一册，第1页。

② （唐）房玄龄等：《晋书》，中华书局1974年版，第一册，第2页。

③ 同②。

瓦解。因此之势,易为功力。圣人不能违时,亦不失时矣。"①

显然,司马懿是希望曹操乘胜进军,一举夺取益州。按当时曹操和刘备的力量对比,曹操是有可能趁刘备立足未稳拿下益州的。即使打不下来,也可以震慑刘备。但曹操似乎没有勇气继续南下攻占益州,他说:"人苦无足,既得陇右,复欲得蜀!"曹操没有听从司马懿的意见,司马懿也很知趣,不再坚持。

"得陇望蜀"似乎指司马懿贪心不知足。但是司马懿的建议立足点高,认为得到汉中后,乘胜进军,以攻为守,即使不能完全消灭刘备,也可以重创刘备,以保汉中不丢。从这点看,他具有战略眼光。曹操没有采纳司马懿的建议,结果后来汉中得而复失,还损失了一员大将。

之二,兴办军屯,具有经济头脑。军粮是军队重要的物质基础,东汉末年,社会动乱,农民流散,土地荒芜,军队粮食奇缺。曹操为解决军粮问题,于196年实行屯田,把流散的农民组织起来,以管理军队的方式组织生产,屯田当年就大见成效,是为民屯。建安末年,战争减少,司马懿又向曹操提出利用军队屯田的建议。他说:"今天下不耕者盖二十余万,非经国远筹也。虽戎甲未卷,自宜且耕且守。"②"且耕且守"就是军屯。曹操采纳了建议,命令军队不打仗时种地,从事生产,"务农积谷,国用丰赡",减轻了政府的负担。建议实行军屯,是司马懿对曹魏政权的一大贡献。

之三,利用矛盾,显示军事才能。建安二十四年(219),镇守荆州的蜀将关羽率军攻魏将曹仁于樊城(今湖北襄阳市)。关羽引汉水淹樊城,驻扎樊城的于禁等七支部队全被淹没,史称"水淹七军"。此时关羽声势大振,威镇中原。曹操担心樊城失守,许昌不稳,想迁都河北,以躲避关羽的锋芒。司马懿时为曹操的军司马,他经过认真分析局势后,向曹操建议:

> 禁等为水所没,非战守之所失,于国家大计未有所损,而便迁都,既示敌以弱,又淮沔之人大不安矣。孙权、刘备,外亲内疏,羽之得意,权所不愿也。可喻权所,令掎其后,则樊围自解。③

司马懿的意思是:于禁虽遭水淹,但整个战局没有失败,如果迁都,不仅会造成"示敌以弱",还会造成民众不安,政权不稳,所以不能迁都。孙权、刘备明和暗不和,应与孙权秘密联合,让孙权在后面牵制关羽,前后夹击,打败关羽,解救樊城之围。

曹操采纳了司马懿的这个建议,派使者去见孙权,魏吴经过密谋达成了联合进攻关羽的计划。在魏吴军队南北夹击下,关羽丢失荆州,败走麦城,最后兵败被杀。这一仗的胜利,展示了司马懿善于利用矛盾、击破敌人的军事才能。

司马懿的才华和对曹魏政权的贡献使曹操渐渐打消了对他的怀疑,甚至任司马懿为太子中庶子,接近、辅佐曹丕。

曹丕称帝之后,对司马懿非常佩服,他每次向司马懿问计"辄有奇策"。司马懿在抗击诸葛亮北伐、发展经济、兴办屯田等诸多大事上功绩显赫,逐渐成为曹魏朝廷最具影响力的大臣。

---

① (唐)房玄龄等:《晋书》,中华书局1974年版,第一册,第2页。

② 同①。

③ (唐)房玄龄等:《晋书》,中华书局1974年版,第一册,第3页。

司马懿取代曹魏的政治野心是何时形成的？

我认为，司马懿取代曹魏之心有一个发展过程。曹操时期，司马懿不显山不露水，因为曹操的权势在司马懿之上。曹操死后，曹氏父子一代不如一代，这本身就容易使权臣产生非分之想，而司马懿超人的才干、卓越的功绩，也容易被认为有政治野心。虽然他没做什么，但有人已经感觉到了。

《三国志》中有三条材料可以说明。

第一条，前引曹操曾对太子曹丕说："司马懿非人臣也，必预汝家事！"这可能是曹操通过对司马懿的观察，感觉来者不善，心存疑虑，又做了一个"三马同食一槽"的梦，进而产生不祥之兆，故说此话。

第二条，《三国志·魏书·陈矫传》注引《世语》："（魏明）帝忧社稷，问矫'司马公（懿）忠正，可谓社稷之臣乎？'矫曰'朝廷之望；社稷，未知也。'"——司马懿是朝廷重臣，但能否忠于魏室（社稷）还不太清楚。陈矫见司马懿权势不断增大，对其发展前景有些担心。

第三条，《三国志·魏书·高堂隆传》载老臣高堂隆临终上疏说："宜防鹰扬之臣于萧墙之内。"高堂隆所说鹰扬之臣也显然指司马懿。

司马懿萌生取代曹魏之心，是在魏明帝曹叡死后，他和曹魏宗室曹爽共同辅政时期。曹爽是一个既愚蠢又贪心的家伙，他排挤司马懿，司马懿借机归家"养病"，暗中准备，拉拢党羽，训练军队。到249年，他以迅雷不及掩耳之势发动政变，将曹爽集团一网打尽，高平陵之变后，司马懿掌控了曹魏大权，但是反司马的力量依然很强，司马懿和他的儿子为掌控大权，与反对派进行了一波又一波的争斗，但不管怎样说，曹魏历史进入了司马氏时代。

司马懿死后，他的两个儿子司马师、司马昭相继执政，将曹魏大权牢牢控制在自己手中。不过，曹魏势力是不会轻易退出政治舞台的。从249年司马懿发动政变到265年西晋建立，这16年中，反抗司马氏专权的斗争从未停止过。从外部看，曾爆发过三次以对抗司马氏为目标的淮南之叛：251年王凌之叛，255年毌丘俭之叛，258年诸葛诞之叛。从内部讲，仅皇帝发动的反司马事件就有两次：第一次是254年，小曹芳密谋袭杀司马师；第二次是260年，魏帝曹髦不堪忍受司马昭的专横，向几个大臣诉苦水，历数司马昭："司马昭之心，路人所知也。吾不能坐受废辱，今日当与卿自出讨之。"①并且亲自披挂上阵，企图杀掉司马昭。曹魏势力对抗司马氏无异于以卵击石。结果他们的图谋均被粉碎，曹芳被废，曹髦被杀，曹魏集团陷入风雨飘摇之中。

为有效地震慑反对派，司马师还对士人群体实行高压政治，顺者昌，逆者亡，著名的文人团体——竹林七贤，在司马氏的威慑下分化瓦解：有的投靠了司马氏，有的继续与司马氏持对抗态度，著名士人嵇康竟被司马昭杀掉！

司马懿父子对政敌毫不手软，击败了曹魏集团一次又一次的反扑，到265年，司马昭之子司马炎迫使魏帝曹奂下台，取代曹魏，登上了皇帝的宝座。司马氏家族夺取曹魏政权，从根本上讲是不同政治集团之间的利益之争。比较而言，司马懿是凭借军功登上高位的，在曹魏政权中属于"事功派"，而曹爽集团，是由曹魏宗室及贵戚子弟组成，不务实，尚空谈，可称"浮华派"。事功派的司马懿能够最终取胜，反映了司马氏集团在政治谋略、政治斗争中的经验远远强于曹爽集团。

① （西晋）陈寿撰，（南朝宋）裴松之注：《三国志》，中华书局1975年版，第一册，第144页。

不过,在这场残酷的政治博弈中,也暴露出司马氏奸诈、残忍的一面。比如他对曹爽集团成员“夷三族”,许多无辜之人也惨遭杀害。受到牵连的人,无论男女老少,包括已出嫁多年的女子,全部连坐处死。为使士人就范,他们软硬兼施,在利益和死亡面前,士人集团分化瓦解。以“竹林七贤”为例,王戎、山涛不失时机地加入了司马氏集团,向秀则步他们后尘,顶着司马氏的嘲讽,违心加入。向秀入仕仅为保全性命,《晋书·向秀传》说:“后为散骑侍郎,转黄门侍郎、散骑常侍,在朝不任职,容迹而已。卒于位。”可知他仅挂个做官的空名。同样为保命的还有阮咸、刘伶。他们似乎看透了人生,既不是勇敢地参与政治,又不投靠司马氏,而是崇尚老庄,放达任性。终日我行我素,玩世不恭,常有惊人之举。

七贤之中,只有嵇康、阮籍敢于站在司马氏的对立面。嵇康性格刚烈,厌恶司马氏篡权的行径,拒绝司马氏的拉拢,做《与山巨源绝交书》,以斥责山涛为名,实则表示与司马氏绝交。嵇康的不合作态度激怒了司马氏,他们捏造罪名将嵇康杀掉,而性格软弱的阮籍,在司马氏的高压逼迫下,郁闷而死。嵇、阮死后,闻名遐迩的“竹林七贤”彻底瓦解,司马氏进一步扫清了取代曹魏的障碍。

二、“居治忘危”,司马炎丧失大好局面

司马懿及其儿子经过16年的不懈努力,不断挫败政敌的反抗,扫清障碍,到265年,司马师的儿子司马炎称帝,终于取代了曹魏。

司马炎即位之初,能够以国事为重,励精图治,实行无为而治的宽松政治,使社会矛盾有所缓解。泰始四年(268),司马炎发布诏书表示:“永惟保乂皇基,思与万国以无为为政。”①所谓“无为”,是道家的思想主张,本意是无所作为,但是运用到治国理念上,并不是什么事都不做,主要是对人民少干扰,轻徭薄赋,不大兴土木,让人民有一个安定的生活环境和生产环境,“无为而无不为”。历史证明,国家在社会动荡之后实行这样的政策,会使社会安定,经济恢复。西汉初年的文景之治,就是因为实行了清静无为的政策。

同年,司马炎又在诏书中提出治国五条原则:“一曰正身,二曰勤百姓,三曰抚孤寡,四曰敦本息末,五曰去人事。”

“正身”,就是当政者要以身作则,起好作用。“勤百姓”,关注百姓的生活。“抚孤寡”,关心社会上老年人、家里有困难的那些人。“敦本息末”,这是中国传统的治国理念,“本”指农业,“末”指商业,“敦本息末”就是要重农抑商。“去人事”就是不要把人际关系弄得太繁琐、复杂。

为使诏书的精神落实到实处,司马炎带头遵守执行,他严禁奢侈,有一年司马炎患病初愈,一些大臣带礼物前来祝贺,司马炎予以禁止。有一太医向司马炎献上一件雉头裘,精美无比,司马炎不但没有接受,反而非常生气,一怒之下当众焚烧于殿前,并下令:朝廷内外再有人敢这样做,一定以罪论之。

司马炎这样做,不排除作秀之嫌,但是对社会还是起到了一定的好作用。

---

① (唐)房玄龄等:《晋书》,中华书局1974年版,第一册,第56页。

司马炎在位期间做的另一件大事就是发动灭东吴的战争,实现了天下归一,三国归晋。晋武帝司马炎发动的灭东吴战役具有重要的历史意义,西晋是魏晋南北朝近400年的历史中唯一的一次全国统一。国家的统一对于民族凝聚力的汇集和民族融合的发展有重要推动作用。

西晋于280年统一中国后,进入了重要的发展时期。国家统一后,迫切需要恢复经济秩序,发展生产,晋武帝推行了一些积极的政策。太康元年(280),西晋政府颁布了占田、课田和户调的法令。

所谓占田,就是允许农民占有法律上规定的土地。即一个男子可以占田70亩,女子可以占田30亩。课田是督课种田的意思,也就是政府向农民征收的田租和实物。正丁(16至60岁),男子按50亩征收,女子按20亩征收。次丁(13至15岁、61至65岁),次丁男减半即按25亩征收,次丁女免课。

课田的田租是每亩缴纳8升,50亩共交租4斛(升、斗、斛都是十进位)。除田租以外,西晋政府还颁布了户调制,即按户征收实物,规定丁男做户主的,每年交绢3匹,绵3斤,妇女及次丁男做户主的减半交纳。

对占田制,从积极角度看有促进农民与土地结合的意义,占田制在一定程度上促进了农民对土地的开垦和利用。在国家统一,社会稳定的条件下,对社会经济的发展有推动作用。

不过,占田制的问题也很明显,在政府没有保障措施的条件下,农民占有土地是不平衡的,占田之数有多有少,而课田数字却是固定的,这必然使那些土地较少的农民负担加重。所以,占田制理想化的成分颇多,社会贫富不均的问题根本没能解决。

在占田制的规定中还有官员按照品级占田。当时官分九品,第一品占田50顷,每品之间,相差5顷,第九品占田10顷。贵族官僚还可以荫亲属,多者九族,少者三族。从一品官到九品官还可以荫佃客十五户到一户,荫衣食客三人到一人。荫即荫庇,被荫庇者不再向政府交纳租赋。这样一看,贵族官僚和农民在经济上的差别真是一天一地!

晋武帝司马炎在平吴前后,还采取了其他一些措施发展生产,稳定社会。由于北方战乱较多,劳动力缺乏,西晋在灭蜀之后,招募蜀人到中原,应招者由国家供给口粮两年,免除徭役20年。灭吴后,继续用优惠政策吸引吴人北上,迁居北方者,免除徭役20年。为增加农业人口,鼓励早婚,下令女子17岁以上不出嫁者,由官府代找配偶。晋武帝还多次下令"省徭务本",减轻农民负担,发展农业。汲郡太守王宏搞经济有成效,晋武帝予以表彰,提拔为大司农。

在西晋太康年间,由于国家统一,战争减少,加之晋武帝司马炎推行了有利于经济发展的措施,出现了社会稳定、经济繁荣的景象,史称"太康之治"。

《晋书·食货志》称:"是时,天下无事,赋税平均,人咸安其业而乐其事。"《晋纪·总论》则这样描述:"太康之中,天下书同文,车同轨,牛马被野,余粮栖亩,行旅草舍,外闾不闭,民相遇者如亲。"甚至出现了"天下无穷人"的谚语。这些记载,显然有夸张,但国家统一,社会比较安定应是真实的。

然而,在国家统一的大好局面下,司马炎开始飘飘然,滋生了骄傲自满的情绪。生活上由提倡节俭开始奢侈腐化,上行下效,西晋社会风气开始败坏,官僚大臣争相贪污敛财,炫富比富。社会风气变得腐败不堪,西晋王朝沦落为历史上最腐败的政权之一。

西晋社会风气如江河日下，其中有三股风气最为突出，严重地腐蚀社会机体。

第一，奢侈腐化之风。西晋统治集团腐化先从皇帝开始。晋武帝司马炎在民间大选宫女。后宫宫女多达数千，但他仍不满足，灭吴之后，又把吴国宫中数千名宫女运到洛阳。这样，后宫宫女达到万人，由于宫女太多，司马炎不知所从，有时就坐在一辆羊拉的车上在宫里转悠，车停在哪个宫女的门口，就在哪儿过夜。

上行下效，皇帝如此荒淫无度、纵情享乐，怎么能对下面进行约束？于是那些皇亲贵戚、官僚大臣紧随其后，极尽奢华，纵情声色。

有的讲究吃。何曾任朝廷高官，聚敛了许多钱财，“食日万钱，犹曰无下箸处”①。其子何劭，更加奢侈，一天吃饭的花费达到两万，超过其父一倍！

西晋盛行炫富、比富之风，石崇和王恺比富斗宝的故事就很典型。在西晋，有些权势过大、财产过多的人，牛气冲天，缺乏自制，甚至以杀人当儿戏！

据《晋书·王恺传》记载：外戚王恺在宴请宾客时常安排一些女伎奏乐助兴，一次一位吹笛的女子吹得有些走调，王恺便当众把她处死。石崇也是个以杀人为乐的极其残忍的家伙！每次请客饮酒，常让美人斟酒劝客。如果客人不喝酒，他就让侍卫把美人杀掉。一次王敦与他的从兄王导一道去石崇家赴宴。王敦硬是不喝，结果石崇斩了三个美人，他仍是不喝。王导责备王敦，王敦却恶狠狠地说：“自杀伊家人，何预卿事！”

关于“斩美人劝酒”故事，史书记载有所不同。《晋书·王敦传》载为王恺事，非石崇。《世说新语·汰侈》说是石崇所为。后来的学者认为在传说过程中，把人物搞错了。

但无论王恺或石崇，我们已无法追究他们的杀人罪行，我们只能说：王恺、石崇还有王敦，都是一批冷血动物，他们良心泯灭，自私冷酷，是西晋腐败社会的产物！

对社会自上而下的崇尚奢华的现象，有识之士无不忧心忡忡。大臣傅咸就向朝廷上书，愤怒地指出：“奢侈之费，甚于天灾！”他还说：“古者尧有茅茨，今之百姓竞丰其屋。古者臣无玉食，今之贾竖皆厌粱肉。古者后妃乃有殊饰，今之婢妾被服绫罗。古者大夫乃不徒行，今之贱隶乘轻驱肥。古者人稠地狭而有储蓄，由于节也；今者土广人稀而患不足，由于奢也。”②

第二，金钱崇拜之风。在司马炎的纵容和包庇下，西晋的官僚富豪们不遗余力地追求利益，贪婪地搜刮民财，金钱成为对他们最有吸引力的东西。有了钱就没有办不成的事。

西晋是中国古代金钱拜物教最盛行的时期。钱本来就是物品流通的媒介，但在西晋，钱却成了无所不能的神物，人们痛感这一社会风气对社会的腐蚀，纷纷写文章予以抨击。其中鲁褒写了一篇著名的《钱神论》，辛辣地讥讽一切为钱、一切向钱看的社会现象。

鲁褒对钱的作用的论述，十分精辟，他把官僚贵族对钱的贪婪掠夺和钱的通神作用描绘得淋漓尽致。文中写道：

> 失之则贫弱，得之则富昌……无德而尊，无势而热，排金门而入紫闼。危可使安，死可使活，贵可使贱，生可使杀。是故忿争非钱不胜，幽滞非钱不拔，怨仇非钱不解……

① （唐）房玄龄等：《晋书》，中华书局1974年版，第四册，第998页。

② （唐）房玄龄等：《晋书》，中华书局1974年版，第五册，第1324页。

鲁褒还写道：

执我之手，抱我终始，不计优劣，不论年纪，宾客辐辏，门常如市。谚曰："钱无耳，可使鬼。"凡今之人，惟钱而已。故曰：军无财，士不来；军无赏，士不往。仕无中人，不如归田。虽有中人而无家兄，不异无翼而欲飞，无足而欲行。①

鲁褒的批评真是一针见血，入木三分。"钱"变成了社会的一个有力"杠杆"，人们毫不隐讳地谈钱、爱钱、贪钱、掠钱，朝野上下，一切向钱看，一切可以用钱换，社会风气腐败透顶！

孟子说："上下交征利，而国危矣。"②如果举国上下的人都在争利、逐利，国家就危险了。如果此种现象成为社会时尚，那国家肯定要出问题了。在钱的驱使下，西晋社会问题日趋严重，统治危机日益显现。

第三，清谈虚浮之风。西晋社会上弥漫着一股清谈虚浮之风。清谈又称"谈玄"、"玄言"，专门讨论一些抽象的脱离实际的问题，如有与无、才（才能）与性（道德）、名教（政治制度与道德）与自然（天道、人类本性）等。如果是士人研究讨论，不仅与政局无关，反倒是一种雅兴。

问题是西晋官僚们也大倡玄风。他们以"名士"自居，一边潇洒地挥着麈尾，一边侃侃而谈，故弄玄虚，如琅琊大族王衍，被誉为玄谈领袖。他从黄门侍郎历任中领军、尚书令，职务很高，却不干实事，"口不论世事，唯雅咏玄虚而已"③，手执玉柄麈尾，"妙善玄言"，和他一起善于谈玄的还有乐广。《晋书·乐广传》："广与王衍俱宅心事外，名重于时。故天下言风流者，谓王、乐为称首焉。"宅心事外，就是心思在政事以外，不好好干事，每天乐此不疲的就是清谈。西晋官员们终日谈论玄远、喝酒放纵，不去处理和解决实际问题，这种风气必然给国家带来严重的后果。西晋灭亡时，大臣王衍被杀前，叹息道："呜呼！吾曹虽不如古人，向若不祖尚浮虚，戮力以匡天下，犹可不至今日。"④后来人称"清谈误国"。

不过，我认为，清谈只是表象，士人清谈往往谈哲理、概念，有些命题很有价值，这不能说亡国，而官员不工作，净瞎扯，影响工作效率，但还不至于亡国。西晋亡国的根本原因在于政治腐败导致的社会动乱，官员清谈是政治腐败的表现，是表而不是本。

陈寅恪先生曾著文分析所谓"清谈误国"，他说："如果是林泉隐逸清谈玄理，则纵使无益于国计民生，也不致误国。清谈误国，正因在朝廷执政即负有最大责任的达官，崇尚虚无，口谈玄远，不屑综理世务之故。"陈寅恪先生还说："清谈误国是西晋灭亡的原因之一。那时候的西晋官场是一面奢谈名教与自然将无同，一面穷极奢侈享受，名士与高官合为一体，而变乱就在这种风气中孕育。此风不到西晋最后灭亡，不能终止。"⑤此话有理。

西晋灭亡有很多原因，晋武帝司马炎骄傲自满，不思进取，社会风气败坏肯定是原因之一。司马炎的过错并不只是这些，他在位期间还有一个更大的失误，为西晋动乱埋下了祸根。

---

① （唐）房玄龄等：《晋书》，中华书局 1974 年版，第八册，第 2437 页。

② 任俊华、赵清文：《大学·中庸·孟子正宗》，华夏出版社 2008 年版，第 60 页。

③ （唐）房玄龄等：《晋书》，中华书局 1974 年版，第四册，第 1236 页。

④ （唐）房玄龄等：《晋书》，中华书局 1974 年版，第四册，第 1238 页。

⑤ 万绳楠：《陈寅恪魏晋南北朝史讲演录》，黄山书社 1987 年版，第 59 页。

三、选太子失误,“八王之乱”使西晋陷入灭顶之灾

在家族统治的专制时代,皇权的交接是在王室内部进行的。“太子,天下之本。”选对接班人,天下平安;若有闪失,往往造成天下大乱。因此,选择接班人就成为朝廷的头等大事。司马炎就是在这个问题上出现重大失误。他选择的接班人是司马衷,司马衷是司马炎的次子,老大在两岁时死去,司马衷成了实际上的长子。从资格上讲司马衷没问题,不过,司马衷既痴又笨,净说傻话,根本不是当皇帝的材料。司马炎也知道儿子太笨,甚至感到他很可能“不堪奉大统”不能继承皇位,担当大任。那他为什么还要固执地立司马衷呢?有两个原因:

第一,顶不住枕边风。司马炎曾与司马衷的生母杨皇后商议,想另立一个太子。在“母以子为贵”的封建时代,换太子可能关系到杨皇后及其家族的地位,司马炎的想法刚一说出就遭到杨皇后的强烈反对,杨皇后道:“‘立嫡以长不以贤’,岂可动乎?”①司马炎很清楚这个从西周就传下来的宗法制的传统,其实宗法制还有变通的内容,就是当没有合适的嫡子时,“立子以贵不以长”。意为如正妻无子,可以立这些妃妾中地位最高的儿子为继承人。这显然是杨皇后不答应的。面对杨皇后的阻挠,司马炎无力反驳。

第二,心存侥幸,企图寄托皇太孙。司马衷虽然傻乎乎的,但是他有一个儿子叫司马遹却十分聪明,这是他和宫女所生的,一直在司马炎身边。这孩子聪明伶俐,晋武帝非常喜欢这个孙子,经常把他带在身边。时间一长,一个念头在司马炎心里形成:虽然太子司马衷不令他满意,但孙子大有希望,将来把他立为司马衷的太子,司马氏的天下不就可以振兴了吗?

作为一国之君,司马炎真是太幼稚、太简单。试想,傻乎乎的司马衷能否顺利做皇帝,晋王朝能否保全都是未知数,这第三代接班人几乎是没影的事。再者,司马遹并非正妻所生,司马衷的正妻是贾南风,司马炎也不想想,这个女人会让司马遹顺利接班吗?

司马炎在选接班人问题上,徘徊犹豫,缺少理智,终于酿成大祸。

司马炎晚年在为司马衷选择太子妃的问题上也犯了糊涂,他选的就是上面提到的贾南风。此女是司马师的亲信贾充之女,长相奇丑,心胸狭窄,报复欲很强。入宫后,见宫里处处是粉黛佳丽,不禁妒火中烧,不许司马衷接近别的女人,甚至加害他人,险些被废。司马衷继位后,她被立为皇后,更加肆无忌惮,急于干政。291年,她先策动楚王司马玮(司马衷的五弟)进京杀掉外戚杨骏,又命司马玮杀掉执掌朝政的汝南王司马亮和老臣卫瓘,接着又以司马玮滥杀大臣为由,将其杀死。贾南风以卑鄙的手法,一箭双雕,一石数鸟,翻云覆雨,在很短的时间内连除晋朝四员名臣老将,制造了西晋历史上空前的大杀戮,从此开始了贾南风专政时期。

后来贾南风又设计杀掉庶出的太子司马遹,自以为得计,可以垄断朝政了,但司马诸王都想揽权,于是纷纷出场,一场争夺皇权大战展开,这就是“八王之乱”。

这场大乱前后进行了16年,是中国历史上一场触目惊心的王室内部大屠杀。这些王其实都是很近的亲戚,他们为了各自的利益,反目成仇,势不两立,不顾亲情,真是“本是同根生,相煎何太急!”

---

① (唐)房玄龄等:《晋书》,中华书局1974年版,第四册,第953页。

在中国古代像“八王之乱”给社会造成极大破坏的动乱，并不是很多，由于中国古代是家天下的人治社会，能使社会基本稳定，皇帝的作用很大。因为没有制度能够对皇帝有所根本地节制，如果他的作用发挥不好，一意孤行，那社会可就遭殃了。应该说，“八王之乱”的主要原因就是晋武帝选择的接班人有问题，立司马衷为太子不当，选太子妃贾南风更糟糕，导致司马炎死后贾南风乘机上下其手，酿成动乱。唐太宗说：“惠帝（司马衷）可废而不废，终始倾覆洪基。”①

司马炎的糊涂，说到底还是皇权至上的专制制度造成的，中国古代对皇权，缺乏一种有力的制约、监督机制，往往个人一意孤行，就没人敢管了，致使他一错再错，终于酿成大祸。

四、不能善待少数民族，反抗烈火葬送西晋

西晋王朝不仅内部存在严重的统治危机，还有外患，即周边地区出了问题——史称“五胡内迁”。所谓五胡主要包括匈奴、羯、鲜卑、氐、羌等少数民族。这些少数民族生活在现在中国的东北、西北及河套以北的广大区域，主要以游牧生活为主。东汉以来，他们逐渐向黄河流域迁徙。北方少数民族内迁的原因大体是：

（1）受中原农业文明的吸引。农耕经济，春种秋收，生活稳定，不用四处迁徙，对周边民族有一定吸引力。他们逐渐向黄河流域移动。

（2）少数民族自身生存的需要。不少学者认为，北方自东汉末到三国以来气温下降，自然灾害严重。

著名科学家竺可桢先生曾写过《中国近五千年来气候变迁的初步研究》，在这篇文章中竺先生认为，中国五千年来出现了四次温暖期和四次寒冷期的交替发生。特别是寒冷期，一次比一次时间长，一次比一次强度大、气温低。其中从三国到六朝时代，进入第二个寒冷时期。

这时期的寒冷情况在史书中有一些记载。如，曹操在铜雀台（河北临漳）种橘，只开花不结果。225 年，曹丕率 10 万大军至广陵（今扬州附近）准备伐吴，然而，是岁大寒，结冰期比往年早许多，沿江的水道都结上了冰，战船不得入江，最后只能停止。这是目前所知的淮河封冻的最早记载。

《三国志·吴书·孙权传》：“赤乌四年（241）一月，襄阳大雪，平地雪深三尺，鸟兽死者大半。”《晋书》中多次记载春秋时节天气反常甚至降雪的情况，如：“武帝秦始七年（271）五月雪”；“武帝咸宁二年（277）八月暴寒且冰，河间暴风雪，寒冰，五郡国陨雪伤谷”；“武帝太康九年（288）夏四月，陇西陨霜伤麦”；“武帝太康十年（289）夏四月，八郡国陨霜”。有学者推算，当时的气温比现在低 2—4℃。中原地区尚且如此，北方的天气更加恶劣。

《十六国春秋》记载：“前燕慕容暐十四年（374），八月天降暴雨雪，雪深三尺，大寒，旅作役者冻死数人，士卒饥冻死者万余人。”当时慕容氏活动地区主要在现在的冀南、豫北一带，这段材料充分说明这一时期的寒冷。由于天寒地冻，大量牧草、牲畜都被冻死，住在草原的游牧民族无法生活，只好向黄河流域迁徙。

① （唐）房玄龄等：《晋书》，中华书局 1974 年版，第一册，第 82 页。

从汉末到魏晋，北方南迁的民族人数很多，达到数百万人。关中地区（今陕西）户口百万，其中少数民族占了一半左右。

少数民族内迁后主要居住在今甘肃、陕西、山西以至河北、辽宁南部的广大地区。怎样看待这么多的少数民族进入黄河流域呢？从经济发展上看，少数民族进入中原，就要改变原来的生活方式，适应农耕生活，加速他们的汉化。汉人呢，在与少数民族接触中，也可以向胡人学习，各民族杂居，互相吸取，取长补短，有利于民族融合，这是历史发展的趋势。作为国家统治者，应该利用民族杂居的实际情况，推行有利于民族交往的政策，这样做，有益于民族的发展和政权的巩固。

然而，西晋在接连不断的内乱中，已使统治者丧失了处理内迁民族问题的自信心，他们害怕少数民族内迁威胁他们的统治，所以对少数民族内迁的态度是坚决拒绝，而且要把他们赶出去。早在西晋灭东吴（280 年）之后，大臣郭钦就向晋武帝上书，提出要解决少数民族内迁问题："戎狄强犷，历古为患。魏初人寡，西北诸郡皆为戎居。今虽服从，若百年之后有风尘之警……宜及平吴之威，谋臣猛将之略，出北地、西河、安定，复上郡，实冯翊，于平阳已北诸县募取死罪，徙三河、三魏见士四万家以充之。裔不乱华……峻四夷出入之防，明先王荒服之制，万世之长策也。"①

郭钦的上书，杀气腾腾，把少数民族视为洪水猛兽，郭钦的建议虽然符合朝廷的意愿，但真正实施可就困难了。因为这些少数民族是经历了很长时间才迁到内地的，人数众多，分散各地，与汉族杂处，不可能将他们再迁回去。

由于西晋政府不能善待少数民族，实行民族歧视和民族压迫政策，激起少数民族的强烈反抗，他们不断起义，而且规模越来越大。比如匈奴人郝散、郝度元，氐人齐万年等都是带领少数民族起义的首领。

而晋王室内部由于爆发"八王之乱"，兵力分散，镇压少数民族起义没有取得成功，民族矛盾越发尖锐。元康九年（299），大臣江统写《徙戎论》，上书朝廷，再次呼吁朝廷把他们迁回故地。文章对少数民族持有强烈的偏见，竟然说"非我族类，其心必异，戎狄志态，不与华同"，还说"关中之八百余万口，率其少多，戎狄居半"，称戎狄是"人面兽心"，建议摒除胡人，"今我迁之，传食而至，附其种族，自使相赡，而秦地之人得其半谷，此为济行者以廪粮，遗居者以积仓，宽关中之逼，去盗贼之原，除旦夕之损，建终年之益。若惮暂举之小劳，而忘永逸之弘策；惜日月之烦苦，而遗累世之寇敌，非所谓能开物成务，创业垂统，崇基拓迹，谋及子孙者也"②。

江统的主张和郭钦一样，代表了西晋朝廷中那些思想顽固的汉人官僚的自我膨胀、盲目自尊，用鄙视的态度看待少数族，其实表现了他们内心的虚弱和不自信。历史证明，西晋统治者对少数民族歧视、排斥的态度，无助于解决问题，反而使民族矛盾、社会矛盾激化，后果极为严重。

相比较而言，在历史上，处理民族关系比较好的是唐朝，唐统治者以比较开放的心胸看待民族关系，唐太宗说："自古皆贵中华，贱夷、狄，朕独爱之如一。"③他乐于与少数民族打交

① （唐）房玄龄等：《晋书》，中华书局 1974 年版，第八册，第 2549 页。

② （唐）房玄龄等：《晋书》，中华书局 1974 年版，第五册，第 1533 页。

③ （北宋）司马光：《资治通鉴》卷一九八，中华书局 1982 年版，第 6247 页。

道，唐朝政府中有不少少数民族人做官。唐太宗不把少数民族看做异己力量，其中一个重要原因是唐朝自身力量强大，社会稳定，他的重臣魏征说“中国既安，远人自服”，就是这个道理。西晋由于自身不稳定，所以在处理与少数民族关系上显得很被动，很不自信。然而，当时少数民族的内迁和发展已成燎原之势，西晋政府想挡也挡不住了。

“八王之乱”平息后，西晋又有“永嘉之乱”，以匈奴人刘渊及其子刘聪、刘耀和羯人石勒为主力的反晋武装不断向西晋政府发动攻击，313 年，国都洛阳陷落，晋怀帝司马炽被俘，西晋残余势力又在长安成立小朝廷苟延残喘。在反晋武装的不断打击下，316 年，西晋最后一个皇帝司马邺投降，西晋王朝终于寿终正寝。

五、西晋灭亡的启示

纵观西晋兴亡的全过程，可以发现，西晋由兴到亡，犹如上山下山。上山者，司马懿、师、昭父子三人，司马懿发动高平陵政变，以迅雷不及掩耳之势消灭了曹爽集团，掌控了曹魏大权。为了夺取曹魏政权，司马懿父子经过 16 年的打拼，到 265 年，终于登到了山顶。司马炎继承父祖打下的江山，成为西晋的开国皇帝，但司马炎没有经营好司马氏的天下，由于选接班人失误，加之社会风气败坏、民族矛盾尖锐，西晋开始走下坡路。西晋衰败，如同滑坡，速度越来越快，司马炎之后的三个皇帝，个个短命，仅用了 26 年，就完全葬送了西晋帝国！

与强大的汉唐王朝相比，西晋缺少一个较为稳定、连续的统治群体是其短命的硬伤。比如，西汉从汉高祖刘邦经汉惠帝、吕后、文、景到汉武帝，六七十年间，推行清静无为的恢复经济的政策，国家恢复了元气，出现了“文景之治”的局面，为汉武帝时的大发展奠定了坚实基础。唐朝从李渊建国到唐玄宗虽然出现动荡，甚至武则天还改了唐朝的国号，但是唐朝没有大乱，根基未动摇，几代皇帝励精图治，持续发展，终于开创了繁荣的开元盛世。

西晋社会腐败，历史闻名。腐败问题历朝皆有，但像西晋这样自上而下、大面积的恶性腐败并不多见。

《晋书·惠帝纪》讲到西晋的社会风气时这样说：“纲纪大坏，货赂公行，势位之家，以贵陵物，忠贤路绝，谗邪得志，更相荐举，天下谓之互市焉。”

所谓“互市”就是交换。权与钱、权与人、权与色、权与所有有用的东西都可以交换，权钱交易，钱能通神，比富炫富，整个社会弥漫着一股钱臭味，严重腐蚀了社会机体。道德无底线，游戏无规则，腐败使西晋到处乌烟瘴气！

从西晋灭亡中还可得到两点启示：

一是民生最重要。在西晋社会连绵不断的动乱中，受害最深的还是老百姓。老百姓在战乱中流离失所，四处逃亡，大量人口死于战火或逃难途中。西晋战乱，究竟使多少人死于非命，无法统计。由于战乱不已，政府无暇顾及民生，导致保障农业发展的基础建设如水利工程得不到维护，所以当自然灾害来临时，由于灾害防御能力低下，水利工程失修，卫生预防全无，加剧了自然灾害，人民更加痛苦。据《晋书·五行志》记载，晋怀帝永嘉三年(309)，大旱，严重缺水，“河、洛、江、汉皆竭，可涉”。涉，即徒步渡水，黄河、洛河、长江和汉江的水都干了，可以趟水过河，可想旱到什么程度！永嘉四年(310)，闹蝗灾，“自幽、并、司、冀至于秦雍，草木牛马毛鬣(马颈上的长毛)皆尽”。这是说整个北方地区，蝗虫太多了，不仅草木被吃光,连牲畜身上的毛也被吃光了! 这是多么可怕的景象!

二是生命最可贵。在司马氏夺取曹魏政权和建立西晋政权的过程中,许多士人也遭到杀戮,他们自以为参与政治,可以“治国平天下”,到头来却陷入了权力之争的残酷游戏。《晋书·阮籍传》说:“魏晋之际,天下多故,名士少有全者。”士人不断被杀的惨痛教训,人口大量死亡的惨状,使他们渐渐清醒起来,他们意识到,人世间最珍贵的是生命,最舒心的生活是“贵适宜”,他们逐渐认识到“自我”,产生了与“政治”的疏离感,他们追求属于自己的生活,张扬个性,珍爱自我,行为举止标新立异,形成了内涵丰富的“魏晋风度”。在文学史上,被称为“人的自觉”和“文的自觉”的时代。

总之,短命的西晋王朝给后人的启示中,我觉得最重要的一点就是:关注民生,远离仇杀!

唐代文化对日本文化的影响

李寅生

李寅生，博士，广西大学中文系教授、文学院院长兼党委副书记、学位委员会委员和学术委员会主任，中国古代文学、中国古典文献学、汉语国际教育、日本语言文化等专业硕士生导师。

今天非常高兴应中山图书馆的邀请,来到革命先行者孙中山先生的故乡,给大家做一个学术演讲。在我的印象当中,一个市级的图书馆能够坚持做几百期的学术讲座,这是很难得的,在全国的同类图书馆当中,这也是非常少见的现象。中山图书馆之所以有这么大的魄力来做这件事情,而且坚持了这么久,也可以看出我们中山市人民的文化底蕴还是比较深厚的,所以我想这个地方不愧是出伟人的地方,今天来到这里我的心情也非常高兴。

今天给大家讲的题目是《唐代文化对日本文化的影响》。我们知道中国和日本的关系是非常复杂的,特别是像近些年来,围绕着南京大屠杀、慰安妇、中国劳工,乃至于最近产生的钓鱼岛争端等,两国之间的关系始终是曲曲折折的。为什么会曲曲折折?主要是我们两国的历史渊源太深,有太多的恩怨在其中。中国和日本的问题在于这两个国家是近邻,我们不可能搬到别的地方去,日本也不可能搬到别的地方去,所以这两个邻居还要在一起相处,已经相处了两千多年,估计后边还是要继续相处下去。

大家也知道,日本和中国的文化有不少相似之处,两个国家历史上往来的时间确实非常得长。长到什么程度呢?在中国的正史——二十四史当中,很多史书都谈到了日本。

在中国古籍中记载日本是最多的,特别是在三国魏晋之前,那时日本没有文字,所以他们国家的历史要从中国历史里面去找,在我们国家的历史中记载了他们的历史。不仅是日本,周边的这些国家,比如说韩国、越南,他们国家早期的历史也是由我们中国人给记录下来的,只不过后来他们文化逐渐发达了,有了自己的文字,然后又有了这方面的意识,于是才开始使用自己的文字写历史,在此之前想知道他们国家是什么样子,还要从中国的史书里找一些根据。

唐代是中国封建社会发展的一个顶峰,所以海外的华人一般到了国外都自称为唐人。唐人就是因为在唐朝的时候国家经济比较繁荣,国力比较强盛才有了这种说法,此外华人聚集的地方叫唐人街,这些历史都是从唐朝开始有的。中日有了这些交往以后,日本开始对中国文化非常仰慕,同时中国的文化对日本文化影响也非常大。这种影响不是单方面的,现在日本也使用我们的汉字,但他们除了使用汉字以外,又自己造了一些所谓的汉字,这些汉字又和我们中国的汉字不一样,有的字形虽然一样,但是意思又不同。韩国也保留了一些汉字,但像越南就完全把汉字废除了。我们看到在周边的这三个国家中在古代都是使用汉字、使用汉语的。如果有人去越南旅游,越南顺化有一个宫殿,也就是皇宫,这个皇宫完全是仿照中国北京的故宫建造的。北京故宫乾清宫上面有一个“正大光明”四个大字的匾，越南的那个皇宫大殿上面也是这四个大字，皇宫两边有对联。中国有对联，它也有对联，而且全是用汉语，连皇帝的诏书也是用汉语写成的，这个仪制几乎都是相似的，但是它的规模没有我们的大。

然而在周边这些国家里边，日本把中国文化继承和保存得非常好，韩国曾经有一度废除汉字，后来他又觉得废除了汉字以后，比如说像人名如果不用汉字的话，很多人的读音完全相似，韩国现在也开始使用汉字，如果有人去韩国旅游的话，就会看到韩国的标识上面都是有汉字的。只有越南因为后来成法国的殖民地，法国人为了让它完全脱离中国化，教他们使用越南语，帮他们造越南文字，所以越南才从汉字体系里边脱离出来。在周边这些国家里面，保存中国文字比较好的就是日本，所以我们看到日本人的名字都是汉字，但是读音不一样。

接下来我们就谈关于这方面的问题，中日两国之间的关系在史籍方面就有相关的介绍。我们首先知道中国的历史二十四史当中第一部就是《史记》，《史记》里面没有很明确地谈到日本，但是它谈到一个话题，这个话题是什么？就是秦始皇当年统一中国以后，为了长生不老，派徐福到日本去寻找长生不老药，徐福带了五百童男童女，先后去了三次都没有找到。事实上我们知道，现在也没有长生不老的药。徐福带了五百童男童女，最后一次去的时候，因为他知道如果这次再找不到药的话，秦始皇就不可能轻易地放过他，所以他没有回来。《史记》里边记载着说，徐福带了五百童男童女到了那边没有回来，这五百童男童女就在那个地方繁衍生息，形成了日本最早的先民。当然这是一种说法而已，有的人相信，有的人不相信，有的中国人相信，有的日本人也相信。比如说日本有一个前首相叫细川护熙，他就相信这个事情，而且他认为他的祖先就是从中国过去的五百童男童女当中的一个，因此他自称他的祖先是中国人，并且还专门跑到山东沿海一带去拜访徐福的那些遗迹。徐福当年大概是从山东日照那个地方渡海到日本去的，我们看到这个是《史记》里边记载的内容。司马迁在写历史的时候，态度非常认真，写得非常仔细，他不可能随便乱说，因为在中国的史书中《史记》是最好的一部，也就是说很多内容是非常可信的。如果不可信的话，司马迁就不可能往下写了，司马迁写的历史被称为“信史”，就是可以相信的历史。当然这是一种说法了。

还有另外一种说法，就是这个地方在古代就已经形成了后来日本自己固有的民族，这个民族在日本列岛上不断地生息，不断地繁衍，最后形成今天的日本民族。日本是单一的民族，就是大和民族，当然它也有少数民族，叫阿伊努族，中国史书中称为虾夷，就是现在北海道那个地方的民族。但这个民族人数很少，因此日本应该讲是一个单一的民族。我们知道，凡是单一的民族管理起来相对来说就容易一些。

日本是一个岛国，周边没有什么大国。在古代时，航海条件不发达，交通又不方便，所以日本相对落后，与外界隔绝的时间较多。大约公元二三世纪的时候，在当时航海条件还是极端困难的条件下，中国的文化才开始逐渐传到日本去。日本人学习中国，不是说从现在开始学，而是学的时间很长。

西汉时，中国当时皇帝的战略思想主要是在内部，内部在什么地方呢？一个是解决匈奴的问题，汉武帝用了几十年的时间，把匈奴彻底打败，另一个是对云南、贵州进行有效地管理,从秦始皇以后,两广地区也变成了中国的版图,汉武帝继续巩固这块地方。到了东汉时期,《汉书》里边首次记载了倭国,这是中国人对日本人最早的一个认识。中国人从那个时候开始,把日本这个国家称为倭国。

班固写的《汉书·地理志》记载了这个情况。汉光武帝,即东汉的第一个皇帝刘秀,这时日本派使者到刘秀这边来,刘秀赐给他一个金印,这个金印现在还保存着,在日本的福冈纪念馆里边。这个金印汉字是“汉委奴国王”,是日本非常重要的国宝,可以说是价值连城的。这个印比皇帝的玉玺规格要小一些。

当时中国人对日本的认识,还是停留在比较肤浅的层次上。这个时候中国的养蚕业传入到北九州,此外像北方的社会经济组织也传到日本。我们知道中国的社会组织是比较严密的,从商鞅变法的时候就开始把老百姓有效地控制起来,类似于建立现在所谓的乡镇制度。

到了汉代以后,中国的社会组织结构已经变得相应的完善了,比商鞅那个时候更加完善,商鞅那个时候只是做了一个开头,到汉武帝时期,不仅有乡镇的组织,还有一些完善的如怎么样推荐人才,怎么样选拔官吏,怎么样考核当官,等等。这一套东西都逐渐传到日本,日本开始学习中国的组织制度。除此之外,这个时候最重要的就是儒家的思想还有《论语》传到日本去,时间大概是公元3世纪到4世纪的时候。《论语》传到日本去,日本人开始学习《论语》,《论语》对日本人的影响非常大。我到日本时,在东京比较大的一个书店看了一下,日本人研究《论语》的书至少有20部:有单纯解释《论语》的,有教青年怎样学习《论语》的。还有一个日本大学叫二松学舍大学,创始人名叫涩泽荣一。涩泽荣一原来是一个商人,发财以后专门研究《论语》,他写了一本书《论语与算盘》,这本书的中心观点就是一个人要想发财,就应该一手拿着《论语》,一手拿着算盘。拿算盘是要考虑经济利益,拿《论语》是要加强道德建设,做所谓的儒商,不能仅仅是为了钱,什么原则都不顾了,为了钱什么违法乱纪的事情都做,这不行的。他对《论语》的研究已经达到这种程度,《论语》不仅仅可以教你做人,还可以教你经商。

从这个时候起,中国对日本的了解比过去增加了很多,过去对它的认识只是粗浅的,到了东汉以后,逐渐认识就扩大了。在《东夷传》里,提到两次日本到中国来进贡。但是到了三国的时候就不同了,三国时出现了倭人的记载。有一个日本著名的女王叫卑弥呼,她既有统治者的权力,同时又有宗教上的权力,实行的是宗教和政治的统一,类似于今天的政教合一。卑弥呼这时开始和中国进行一些深入地交往,交往的特点就是卑弥呼向中国除了进贡仆人以外,还送一些类似于日本造的昆布、硫黄等等,然后中国给她大量高档的奢侈品之类的东西。

到了4世纪中叶以后,北九州已经归入到日本所谓的大和朝,大和是日本现在民族的名字,这个大和实际上就是倭人的日语读音的演化,原来也叫大倭,但是“倭”和“和”的音有些相近,在没有汉字之前,我们看到这个音容易混淆,后来觉得这个倭不太好,于是称为和,日本人现在讲自己是大和民族就是这样。这个时候它和中国的南朝开始有一些往来,中国的史书《宋书》,即魏晋南北朝的南朝刘宋的历史,因为中国在魏晋南北朝的时候分成了南北两部分,南部是所谓的南朝,都城是在现在的南京,相继有四个朝代,即宋、齐、梁、陈,北边是五胡十六国。从地理位置上来看,南朝就是我们讲的江浙一带,这些地区和日本的往来比较多，这个时候日本从比较落后的社会，开始逐渐向发达的方向努力，而且已经取得了初步的成效，它觉得向中国学习还是很有必要的。南朝宋期间日本派了一共有六七次使者到中国，向中国通报一些情况，来中国学习。从这一时期起，日本人开始学习中国的汉字，在4世纪之前很多的日本人都是用汉字，用中国的字写他们的东西。从4世纪以后，日本人开始学习假名，假名实际上就是从中国汉字的偏旁部首来借用的，借用这个东西作为它汉字的读音。

中国的汉字不仅仅是一种文字，往往还有一种文化体现在里面，这种文化如果不是在中国生活一段时间，或者是对中国文化有一些特殊地了解，体会是不深刻的。日本人学习汉字，学习中国文化，而且一般文教和礼数也深受当时中国社会的影响。从那个时候开始，中国礼教传到日本去，日本人对这个东西很感兴趣，而且继承、发扬得很好。严格地说，这些东西到现在保存得比我们还要好。

日本开始全面向中国学习，是到了唐代以后，这个时候它对中国的学习就是非常得细致。唐朝是中国封建社会一个鼎盛时期，特别是从唐高宗到唐玄宗统治的几十年时间，是当时世界上最强盛的国家，政治、经济、军事、文化都是一流的。比方在军事方面，周边的一些侵犯我们领土的国家，或者与唐朝有领土纷争的国家统统被解决掉；在经济上，唐朝的GDP当时已经占到世界的四分之一。有了经济的实力以后，再从事文化活动就更好了。我们知道唐朝的诗歌特别有名，成为中国文化的重要组成部分，这时航海的技术也比过去提高了，因此日本人到中国来留学。周围的这些国家，对唐朝最仰慕的就是日本。日本人来唐朝，一部分是官方派来的，叫遣唐使；另外一部分是留学生，像我们今天留学一样，专门学习文化方面的知识。遣唐使是学习政治方面的，另外还有学问僧，是学习佛法，学习佛教的。

当时唐朝最高的学府叫国子监，类似于今天北大清华这样的最高学府，古代是府学合一，像国子监既是最高学府，同时也相当于今天的教育部，管理国家的教育。国子监是专门为国家培养高级人才的，当然它也有一些特殊的规定，一般老百姓要考试，但是对官员的子弟要有一些照顾。这个规定从古代就有，名额当然很少了。这种情况下，唐政府也留出一部分名额给外国留学生，像日本、韩国的学生都到中国的最高学府来留学。留学的目的一方面是学习中国文化，同时中国也希望培养一些亲华分子，这些人回去以后如果当了官，对中国会友好，类似于我们今天讲的“知华派”。当时在唐朝留学时间最长的达到三十多年，这个人就是阿倍仲麻吕，汉文的名字叫晁衡，这个人在唐朝留学三十多年，而且跟李白、王维这些中国一流的诗人关系都很好。从秦汉开始到唐朝，这一千多年属于日本有计划地学习中国的文化时期。学习这些东西后，然后逐渐吸收这些好的东西，在这个基础上形成日本文化，所以我们看到日本人讲自己和中国人是同文同种。同文就是我们都用一种文字，就是汉字，同种我们都是黄种人，在今天这种影响还是存在的。

唐朝的时候，疆域非常辽阔，日本、韩国这些国家都是我们的附属国。一方面是我们强大，另外一方面就是他们还比较落后。当时唐朝在世界上的地位，应该说属于一流的，中国人比较自豪的就是我们国家一个是文化发达，另外就是有一个悠久灿烂的历史。在唐代周围的环境中，很重要的就是形成了一个中国文化圈。这种文化圈，现在看起来好像觉得没有什么，但是在古代就了不得了。唐代的时候，以中国文化为主形成一个中华文化圈，不仅是中国人在学习它,周围这些国家,如韩国、日本、越南也在学习,而且以学这个东西为荣,这就是一种大国的标志。

在唐朝这些文化的发展当中,其中有两个皇帝作了很大的贡献,一个是唐太宗,一个是唐玄宗。唐太宗将一种非常好的社会制度发扬光大,如科举考试。在隋唐之前,选拔人才主要是察举,察就是上级来考察,像我们现在考察干部一样,举是下层的老百姓发现有好的人才,向上面推荐,过去我们选拔人才是靠这种察举制。察举制有它的好处,在察举制之前是按照血统来选拔人才,即世袭制。汉代实行察举制,比原来进步了一些。唐太宗时举行了大规模科举考试,通过科举考试来做官,使这种制度成为了中国的一个独创。我们的伟人孙中山先生曾经到英国,考察英国的宪政制度,他认为英国的宪政制度实际上就是从隋唐的科举考试演化而来的。

唐太宗过世之后,唐玄宗又接着进行了一些文化的改革,这时就形成了中国文化的一个极盛时期,不仅是诗歌,像绘画、书法等等,也出现了一批名家。除此之外,还有一个更大的东西,就是文化上的大气魄,这种大气魄是一般国家做不到的。

隋朝的时候,中国和日本之间还是有使臣往来的,隋朝在中国历史上是一个时间比较短命的王朝,只经历了三个皇帝,隋文帝、隋炀帝,还有一个叫隋恭帝,隋恭帝是隋文帝的孙子,是隋炀帝的侄儿。隋朝时间比较短,日本也是来了几次遣隋使。但真正开始大规模的交往是唐朝,其原因一个是从这时起日本国内的矛盾开始增加,另一个是唐朝在推翻隋朝的基础上,总结了隋朝灭亡的教训,建立了非常好的政治制度。日本来到唐朝一方面是从政治上要和中国进行友好交流,除了政治上以外,还有经济上、文化上的需求,还有贸易和学术交流。这个学术交流著名的就是日本向唐朝派遣学问僧和日本佛教界的规范。佛教最早产生于印度,传到中国来时是在东汉的汉明帝时期。印度的和尚鸠摩罗什和竺法兰,从印度到洛阳传播佛法,在洛阳建了白马寺,于是白马寺成为了中国佛教的祖庭。东汉的首都是在洛阳,佛教是从洛阳开始传播。此后曾经受到一些抵制,但到了南北朝时开始传播起来了。佛教在中国进行一些改革以后,慢慢地中国的老百姓就接受它了,这个过程也是很慢,当然接受它还有一个问题,因为佛教里面讲的很多东西,它和老百姓有距离感。

佛教从印度传到中国来,形成了所谓的汉传佛教,汉传佛教又从中国传到日本。日本人学习我们中国的佛教,他又进行了一些改革,这些东西和我们中国的不一样。佛教从印度传到中国来,中国佛教和印度的不一样,中国又传到日本去,日本的又和中国的不一样。当然这里边有两个非常有名的人,一个是吉备真备,一个是鉴真大师。吉备真备是日本人,他来中国学习唐朝的文化。还有一个就是中国的鉴真大师,他是到日本去传播佛法。日本在鉴真之前,佛教的戒律很松散,宗教现象比较复杂,后来有一些负面的社会效应,所以日本的天皇就请鉴真去规范日本的佛教界,就是以后当和尚必须要经过鉴真的受戒,鉴真认可之后才能够算正式的和尚。在当时的日本佛教界没有德高望重的人物,鉴真当时在中日两国的佛教界影响很大,所以人们就去请他。鉴真一共六次东渡日本,前面五次都没有成功,最后一次成功了。后来他在日本去世了,他去世以后,弟子们为他塑了一个像,现在也是日本的国宝,在奈良的招提寺。

在受唐朝文化影响以后,日本产生了一些自己的文化,进行了所谓的政治改革,这个改革就是大化改新,改新了以后就标志着日本已经完全进入到封建社会了。

日本是在大化改新的时候，仿照唐朝的制度，建立自己的典章制度。再有一个就是制定日本的年号，我们知道皇帝年号是汉武帝时候启用的，到了溥仪时年号就彻底废弃了。过去还有韩国用，越南也在用。但日本就比较聪明，年号几乎全是自己造的，现在日本的天皇年号叫平成，今年是平成二十四年(2012)。日本天皇年号有一个特点，就是这些年号大都取自中国的典籍。比如说平成取自王充的《论衡》这本书，这本书里边有一句叫“上平下成，天平地成”。因为当时日本正好经济危机，日本人希望日子过得稳定一些，不要失业，平成就是平平安安地成就一番事业之意。平成的父亲昭和，年号取自于《汉书》中的《董仲舒传》：“百姓谐和，昭明万邦。”昭和上面就是大政，大政上面就是明治，这些都取自于中国的典籍。

在儒学和哲学方面，日本也学习了很多中国的东西。当然它这方面的学习，头脑是很清楚的。比如政治方面，中国历史上改朝换代很多，皇帝换了很多，日本有一个特点就是没有改朝换代，日本从古代到现在天皇都是一个家族。日本强调万世一系，从古到今这个是皇帝一家的，没有大臣可以篡位，不能废掉天皇，这是从中国政治制度中学得比较好的一个方面。

另外，如中国历史上有宦官制度，日本觉得这个宦官制度不好，是对人权不尊重，包括像司马迁这类伟大的人物也都把他搞成像太监一样，所以日本历史上没有太监。中国历史上宦官干预朝政太多了，从三国时候那些宦官，再到像明朝的刘瑾、清朝的李莲英，干涉政治的事情不胜枚举，日本觉得这个不行，所以就没有这个宦官制度。

此外，还有中国古代的妇女裹小脚，日本人觉得裹小脚是对女人的一种摧残，中国裹了上千年，一直到新中国成立以后才完全废除。日本人觉得这些都是中国制度的糟粕，所以它不学，好的东西它就学，学完了以后它建立自己独到的东西。

除了这些东西以外，在日本还有一些东西如诗歌，其实日本人做古诗的水平不次于我们。日本人写的汉诗，全是用汉语写的，而且日本人写汉诗形成一个全国性的组织。我到日本去，看到日本东京有一个孔庙，建设得比我们还认真，其中的孔子像是明朝朱舜水带去的，一直保存到现在。中国山东曲阜孔庙前面有一棵柏树，是孔子弟子子贡栽的，日本派了一个农学博士，把山东曲阜孔庙前面那棵柏树的种子弄回去，在鹿儿岛培植，把树苗养大以后，移植到日本东京孔庙去。

奈良的招提寺，是鉴真大师那时候留下来的建筑，一直保存到现在，和唐朝宫殿的情形一模一样，而且还被列为世界文化遗产。里边除了佛像以外，还有像赵朴初等人的题字都在这里面，规模不是很大，但是保存得很好。

唐朝穿的服装是唐装，日本人学习之后根据自己的特点改造成和服。唐朝妇女服装的后面没有背带，日本的和服后面有一个像小背包的东西，是一个装饰品。

唐代文化传到日本去以后，有两个方面启示：一个是积极意义，积极意义就是日本学习唐朝的文化，能够辨别出好坏来；另一个是在辨别之后，把好的东西发扬下去，把不好的东西剔除掉，这一点对于我们现在改革开放吸收西方的文化非常有借鉴意义。

唐朝时，政府机关有一种监察官吏的官员，叫监察御史，权力很大，专门监察政府的官员。日本把中国的监察制度学过去，而且形成了一种独立的机构。机构独立以后，不管是首相还是其他官员，都可以进行有效地监督。

我们看到日本有做得很好的，如电器，细节方面做得是比较好的。它在向我们学习的同时，知道我们哪些东西好，哪些东西不好，然后一点一点地进行取长补短。今天日本成为世界经济强国，事实上，虽然说我们总的GDP已经超过日本，成为世界第二大经济体，但从人均消费来讲，我们还是和日本有差距。这其中还有一些包括个人的素质、精神面貌等，在这些方面反过来说，我们还是要真正地向日本去学习，比如说企业文化中的人文关怀，我们就应该向他们学习。强调以人为本非常重要，这当然不是一朝一夕形成的，还需要一个很长的努力过程，这些年我们的经济实力在提高，我想再经过几十年，我们慢慢地也会把自己的一些真正民族化的东西形成起来。

从孔夫子到孙中山:中国人的大同理想

方　铭

方铭,甘肃省庆阳市人。北京大学毕业,文学博士。北京语言大学教授、博士生导师、中华文化研究所所长、中国屈原学会代会长、《中国楚辞学》主编。主要著作有《战国文学史》《期待与坠落:秦汉文人心态史》《战国文学史论》《经典与传统:先秦两汉诗赋考论》《儒家经典与中国文化》《中国古代歌诗研究》《中国儒学文化大观》《诗骚分类选讲》《儒学与二十一世纪文化建设》《〈春秋〉三传与经学文化》等,发表论文百余篇。

感谢中山市图书馆香山讲坛给我提供这样的一个机会,让我能够和在座的各位在孙中山的家乡,讨论孔夫子与孙中山的联系。今天下着雨,各位朋友能莅临讲堂,我要对你们的到来表示衷心感谢。

中国共产党的重要领导人毛泽东曾说:“从孔夫子到孙中山,我们应当给以总结,承继这一份珍贵的遗产。”虽然毛泽东在他的一生中,大部分时候都是致力于破坏和改造中国的文化传统,但是,他也认为从孔夫子到孙中山,中国文化是一脉相承的。连接孔夫子和孙中山的最重要的文化根基,则在于孔夫子和孙中山,都期望通过全社会的努力,建设一个“天下为公”的“大同”世界。就孔夫子和孙中山所言“大同”而言,实与马克思主义所说的“共产主义”,也颇多相似之处。

一、孔子是中国文化的集大成者

近世学者研习六经,重视《易》《书》《诗》《礼》,而对《春秋》本身的关注,似嫌不够。特别是研究思想史和哲学史的学者,对《春秋》的思想价值,没有投入更多的精力去解读,这是很遗憾的。这从20世纪经学研究文献的数量分布上,就可以推知。这其中虽然有学术兴趣的原因,但也无可置疑的,有忽视《春秋》在六经中的重要价值的原因存在。

《史记·孔子世家》云:“孔子以《诗》、《书》、《礼》、《乐》教,弟子盖三千焉。”①实际上,六经之中,不独《诗》《书》《礼》《乐》是孔子的教科书,即使《易》《春秋》,也是孔子教学的蓝本。孔子整理六经,其直接目的是为了教学的需要,而经过教学活动,使六经得以传承下来,所以,孔子也间接地保存了上古文献②。

---

① (西汉)司马迁:《史记》卷四十七,中华书局1959年版,第六册,第1938页。

② 六经通过孔门弟子流传后世的事实也说明孔子用六经教授的历史。洪迈《容斋续笔》卷十四《子夏经学》曰:“孔子弟子惟子夏于诸经独有书,虽传记杂言未可尽信,然要为与他人不同矣。于《易》则有《传》。于《诗》则有《序》。而毛诗之学,一云子夏授高行子,四传而至小毛公;一云子夏传曾申,五传而至大毛公。于《礼》则有《仪礼》,‘丧服’一篇,马融、王肃诸儒多为之训说。于《春秋》,所云‘不能赞一辞’,盖亦尝从事于斯矣;公羊高实受之于子夏;穀梁赤者,《风俗通》亦云子夏门人。于《论语》则郑康成以为仲弓、子夏等所撰定也。后汉徐防上疏曰:‘《诗》、《书》、《礼》、《乐》定自孔子,发明章句,始于子夏。’斯其证云。”见洪迈《容斋随笔》,上海古籍出版社1996年版。

孔子编辑六经，见于孔子和孟子的言论，以及汉代学者的记载。《汉书·艺文志》曰：

《易》曰："宓戏氏仰观象于天，俯观法于地，观鸟兽之文，与地之宜，近取诸身，远取诸物，于是始作八卦，以通神明之德，以类万物之情。"至于殷、周之际，纣在上位，逆天暴物，文王以诸侯顺命而行道，天人之占可得而效，于是重《易》六爻，作上下篇。孔氏为之《彖》、《象》、《系辞》、《文言》、《序卦》之属十篇。故曰《易》道深矣，人更三圣，世历三古……

《易》曰："河出图，洛出书，圣人则之。"故《书》之所起远矣，至孔子纂焉，上断于尧，下讫于秦，凡百篇，而为之序，言其作意……

《书》曰："诗言志，歌咏言。"故哀乐之心感，而歌咏之声发。诵其言谓之诗，咏其声谓之歌。故古有采诗之官，王者所以观风俗，知得失，自考正也。孔子纯取周诗，上采殷，下取鲁，凡三百五篇，遭秦而全者，以其讽诵，不独在竹帛故也……

古之王者世有史官。君举必书，所以慎言行，昭法式也。左史记言，右史记事，事为《春秋》，言为《尚书》，帝王靡不同之。周室既微，载籍残缺，仲尼思存前圣之业，乃称曰："夏礼吾能言之，杞不足征也；殷礼吾能言之，宋不足征也。文献不足故也，足则吾能征之矣。"以鲁周公之国，礼文备物，史官有法，故与左丘明观其史记，据行事，仍人道，因兴以立功，就败以成罚，假日月以定历数，借朝聘以正礼乐。有所褒讳贬损，不可书见，口授弟子，弟子退而异言。丘明恐弟子各安其意，以失其真，故论本事而作传，明夫子不以空言说经也。《春秋》所贬损大人当世君臣，有威权势力，其事实皆形于传，是以隐其书而不宣，所以免时难也。及末世口说流行，故有《公羊》、《谷梁》、《邹》、《夹》之《传》。①

孔子整理了《易》《诗》《书》《春秋》，而《礼》《乐》至春秋而大坏，也依赖孔子的整理。《汉书·艺文志》曰：

《易》曰："有夫妇父子君臣上下，礼义有所错。"而帝王质文世有损益，至周曲为之防，事为之制，故曰："礼经三百，威仪三千。"及周之衰，诸侯将逾法度，恶其害己，皆灭去其籍，自孔子时而不具，至秦大坏……

《易》曰："先王作乐崇德，殷荐之上帝，以享祖考。"故自黄帝下至三代，乐各有名。孔子曰："安上治民，莫善于礼；移风易俗，莫善于乐。"二者相与并行。周衰俱坏，乐尤微眇，以音律为节，又为郑、卫所乱，故无遗法。②

又《史记·儒林列传》曰：

太史公曰：余读功令，至于广厉学官之路，未尝不废书而叹也。曰：嗟乎！夫周室衰而《关雎》作，幽厉微而《礼》、《乐》坏，诸侯恣行，政由强国。故孔子闵王路废而邪道兴，于是论次《诗》、《书》，修起《礼》、《乐》。适齐闻《韶》，三月不知肉味。自卫返鲁，然后《乐》正，《雅》、《颂》各得其所。世以混浊莫能用，是以仲尼干七十

---

① （东汉）班固：《汉书》卷三十，中华书局1962年版，第六册，第1704—1715页。

② （东汉）班固：《汉书》卷三十，中华书局1962年版，第六册，第1710—1712页。

余君无所遇，曰“苟有用我者，期月而已矣”。西狩获麟，曰“吾道穷矣”。故因史记作《春秋》，以当王法，其辞微而指博，后世学者多录焉。①

《史记·孔子世家》曰：

孔子之时，周室微而礼乐废，《诗》、《书》缺。追迹三代之礼，序《书传》，上纪唐、虞之际，下至秦缪，编次其事。曰：“夏礼吾能言之，杞不足征也。殷礼吾能言之，宋不足征也。足，则吾能征之矣。”观殷、夏所损益，曰：“后虽百世可知也，以一文一质。周监二代，郁郁乎文哉，吾从周。”故《书传》、《礼记》自孔氏。

孔子语鲁大师：“乐其可知也。始作翕如，纵之纯如，皦如，绎如也，以成。吾自卫反鲁，然后乐正，《雅》、《颂》各得其所。”②

孔子整理六经，对于《春秋》，则用力最勤，而其效果也最为显著。孔子甚至把自己一生功过的评价都寄托在后世对《春秋》的评价上，而《春秋》之成，的确也起到了预期的目的。如《孟子·滕文公下》云：

世衰道微，邪说暴行有作，臣弑其君者有之，子弑其父者有之。孔子惧，作《春秋》。《春秋》，天子之事也。是故孔子曰：“知我者其惟《春秋》乎！罪我者其惟《春秋》乎！”……孔子成《春秋》而乱臣贼子惧。③

《史记·太史公自序》载太史公司马谈将亡，执司马迁手而泣曰：

余先周室之太史也。自上世尝显功名于虞夏，典天官事。后世中衰，绝于予乎？汝复为太史，则续吾祖矣。今天子接千岁之统，封泰山，而余不得从行，是命也夫，命也夫！余死，汝必为太史；为太史，无忘吾所欲论著矣。且夫孝始于事亲，中于事君，终于立身。扬名于后世，以显父母，此孝之大者。夫天下称诵周公，言其能论歌文武之德，宣周邵之风，达太王、王季之思虑，爰及公刘，以尊后稷也。幽厉之后，王道缺，礼乐衰，孔子修旧起废，论《诗》、《书》，作《春秋》，则学者至今则之。自获麟以来四百有余岁，而诸侯相兼，史记放绝。今汉兴，海内一统，明主贤君忠臣死义之士，余为太史而弗论载，废天下之史文，余甚惧焉，汝其念哉！司马迁俯首流涕曰：“小子不敏，请悉论先人所次旧闻，弗敢阙。”……

上大夫壶遂曰：“昔孔子何为而作《春秋》哉？”太史公曰：“余闻董生曰‘周道衰废，孔子为鲁司寇，诸侯害之，大夫壅之。孔子知言之不用，道之不行也，是非二百四十二年之中，以为天下仪表，贬天子，退诸侯，讨大夫，以达王事而已矣。’子曰‘我欲载之空言，不如见之于行事之深切著明也。’夫《春秋》，上明三王之道，下辨人事之纪，别嫌疑，明是非，定犹豫，善善恶恶，贤贤贱不肖，存亡国，继绝世，补敝起废，王道之大者也。《易》著天地阴阳四时五行，故长于变；《礼》经纪人伦，故长于行；《书》记先王之事，故长于政；《诗》记山川溪谷禽兽草木牝牡雌雄，故长于风；《乐》乐所以立，故长于和；《春秋》辩是非，故长于治人。是故《礼》以节人，《乐》以

① （西汉）司马迁：《史记》卷一百二十一，中华书局1959年版，第十册，第3115页。
② （西汉）司马迁：《史记》卷四十七，中华书局1959年版，第六册，第1935—1936页。
③ （清）焦循：《孟子正义》卷六，见《诸子集成》，中华书局1954年版，第一册，第266—271页。

发和,《书》以道事,《诗》以达意,《易》以道化,《春秋》以道义。拨乱世反之正,莫近于《春秋》。《春秋》文成数万,其指数千。万物之散聚皆在《春秋》。《春秋》之中,弑君三十六,亡国五十二,诸侯奔走不得保其社稷者不可胜数。察其所以,皆失其本已。故《易》曰'失之豪釐,差以千里'。故曰'臣弑君,子弑父,非一旦一夕之故也,其渐久矣'。故有国者不可以不知《春秋》,前有谗而弗见,后有贼而不知。为人臣者不可以不知《春秋》,守经事而不知其宜,遭变事而不知其权。为人君父而不通于《春秋》之义者,必蒙首恶之名。为人臣子而不通于《春秋》之义者,必陷篡弑之诛,死罪之名。其实皆以为善,为之不知其义,被之空言而不敢辞。夫不通礼义之旨,至于君不君,臣不臣,父不父,子不子。夫君不君则犯,臣不臣则诛,父不父则无道,子不子则不孝。此四行者,天下之大过也。以天下之大过予之,则受而弗敢辞。故《春秋》者,礼义之大宗也。夫礼禁未然之前,法施已然之后;法之所为用者易见,而礼之所为禁者难知。"①

司马迁引用董仲舒的话,对孔子作《春秋》的原因,以及《春秋》在六经中的重要地位,进行了全面而准确地概括。用壶遂的话说,孔子之所以作《春秋》,是因为"孔子之时,上无明君,下不得任用,故作《春秋》"。孔子作《春秋》的作用,就是"垂空文以断礼义,当一王之法"②,为后世建立一个评价春秋社会人事的坐标。

《史记·十二诸侯年表》云:

是以孔子明王道,干七十余君,莫能用,故西观周室,论史记旧闻,兴于鲁而次《春秋》,上记隐,下至哀之获麟,约其辞文,去其烦重,以制义法,王道备,人事浃。③

《史记·孔子世家》:

子曰:"弗乎弗乎,君子病没世而名不称焉。吾道不行矣,吾何以自见于后世哉?"乃因史记作《春秋》,上至隐公,下讫哀公十四年,十二公。据鲁,亲周,故殷,运之三代。约其文辞而指博。故吴楚之君自称王,而春秋贬之曰"子";践土之会实召周天子,而春秋讳之曰"天王狩於河阳":推此类以绳当世。贬损之义,后有王者举而开之。春秋之义行,则天下乱臣贼子惧焉。

孔子在位听讼,文辞有可与人共者,弗独有也。至于为春秋,笔则笔,削则削,子夏之徒不能赞一辞。弟子受《春秋》,孔子曰:"后世知丘者以《春秋》,而罪丘者亦以《春秋》。"④

司马迁在这里的论述,也是在阐明孔子为何作《春秋》,以及《春秋》的意义问题。

对孔子作《春秋》的原因及意义的高度评价,体现了西汉学者共同的认识。西汉初年陆贾著《新语》,其中多次提及《春秋》的意义,如《术事》曰:

道近不必出于久远,取其致要而有成。《春秋》上不及五帝,下不至三王,述齐

① (西汉)司马迁:《史记》卷一百三十,中华书局1959年版,第十册,第3295—3298页。
② (西汉)司马迁:《史记》卷一百三十,中华书局1959年版,第二册,第3299页。
③ (西汉)司马迁:《史记》卷十四,中华书局1959年版,第二册,第509页。
④ (西汉)司马迁:《史记》卷四十七,中华书局1959年版,第六册,第1943—1944页。

桓、晋文之小善,鲁之十二公,至今之为政,足以知成败之效,何必于三王?故古人之所行者,亦与今世同。立事者不离道德,调弦者不失宫商,天道调四时,人道治五常,周公与尧、舜合符瑞,二世与桀、纣同祸殃。文王生于东夷,大禹出于西羌,世殊而地绝,法合而度同。故圣贤与道合,愚者与祸同,怀德者应以福,挟恶者报以凶,德薄者位危,去道者身亡,万世不易法,古今同纪纲。①

西汉中后期儒学复兴,涌现了大量儒学宗师,大儒刘向更是其中的代表。刘向在《说苑》和《新序》中,对孔子作《春秋》,也是给予了高度的关注。他不但认为《春秋》是周德由盛而亡后必然出现的,体现了继往开来的新德,同时,也赞同有国者不可不学《春秋》的论断。《说苑·君道》云:

夫天之生人也,盖非以为君也;天之立君也,盖非以为位也。夫为人君,行其私欲而不顾其人,是不承天意,忘其位之所以宜事也。如此者,春秋不予能君,而夷狄之。郑伯恶一人而兼弃其师,故有"夷狄不君"之辞,人主不以此自省惟,既以失实,心奚因知之。故曰:"有国者不可以不学《春秋》。"此之谓也……

孔子曰:"夏道不亡,商德不作;商德不亡,周德不作;周德不亡,《春秋》不作;《春秋》作而后君子知周道亡也。"②

刘向认为,孔子所作《春秋》,体现了高度的社会责任感和是非正义感,体现了对天道人事的深刻认识和透彻了解。《说苑·贵德》曰:

仁人之德教也,诚恻隐于中,悃愊于内,不能已于其心。故其治天下也,如救溺人。见天下强陵弱,众暴寡,幼孤羸露,死伤系虏,不忍其然。是以孔子历七十二君,冀道之一行,而得施其德,使民生于全育,烝庶安土,万物熙熙,各乐其终。卒不遇,故睹麟而泣,哀道不行,德泽不洽,于是退作《春秋》,明素王之道,以示后人,恩施其惠,未尝辍忘。是以百王尊之,志士法焉,诵其文章,传今不绝,德及之也。

……

周天子使家父毛伯求赙金于诸侯,《春秋》讥之。故天子好利则诸侯贪,诸侯贪则大夫鄙,大夫鄙则庶人盗。上之变下,犹风之靡草也。故为人君者,明贵德而贱利,以道下,下之为恶尚不可止,今隐公贪利而身自渔济上,而行八佾,以此化于国人,国人安得不解于义?解于义而纵其欲,则灾害起而臣下僻矣!故其元年始书螟,言灾将起,国家将乱云尔。③

《说苑·至公》曰:

夫子行说七十诸侯无定处,意欲使天下之民各得其所,而道不行,退而修《春秋》,采毫毛之善,贬纤介之恶,人事浃,王道备,精和圣制,上通于天而麟至,此天之知夫子也。于是喟然而叹曰:"天以至明为不可蔽乎,日何为而食?地以至安为不

① (西汉)陆贾:《新语》,见《诸子集成》,中华书局1954年版,第七册,第4页。

② (西汉)刘向撰,赵善诒注:《说苑疏证》卷一,华东师范大学出版社1985年版,第33—35页。

③ (西汉)刘向撰,赵善诒注:《说苑疏证》卷五,华东师范大学出版社1985年版,第106、173页。

可危乎,地何为而动？天地尚有动蔽,是故贤圣说于世而不得行其道,故灾异并作也。"夫子曰:"不怨天,不尤人,下学而上达,知我者其天乎?"

孔子生于乱世,莫之能容也,故言行于君,泽加于民,然后仕;言不行于君,泽不加于民,则处。孔子怀天覆之心,挟仁圣之德,悯时俗之污泥,伤纪纲之废坏,服重历远,周流应聘,乃俟幸施道,以子百姓,而当世诸侯,莫能任用。是以德积而不肆,大道屈而不伸,海内不蒙其化,群生不被其恩。故喟然叹曰:"而有用我者,则吾其为东周乎?"故孔子行说,非欲私身运德于一城,将欲舒之于天下,而建之于群生者耳。①

刘向还认为,《春秋》体现的道,是君子务本的产物。《春秋》对是非的评判,是国之鉴镜。《说苑·建本》曰:

孔子曰:"君子务本,本立而道生。"夫本不正者末必倚,始不盛者终必衰。《诗》云:"原隰既平,泉流既清。"本立而道生。《春秋》之义,有正春者无乱秋,有正君者无危国。《易》曰:"建其本而万物理,失之毫厘,差以千里。"是故君子贵建本而重立始。

魏武侯问"元年"于吴子,吴子对曰:"言国君必慎始也。""慎始奈何?"曰:"正之。""正之奈何?"曰:"明智,智不明,何以见正,多闻而择焉,所以明智也。是故古者君始听治,大夫而一言,士而一见,庶人有谒必达,公族请问必语,四方至者勿距,可谓不壅蔽矣;分禄必及,用刑必中,君心必仁,思君之利,除民之害,可谓不失民众矣;君身必正,近臣必选,大夫不兼官,执民柄者不在一族,可谓不权势矣。此皆《春秋》之意,而元年之本也。"

……

公扈子曰:"有国者不可以不学《春秋》,生而尊者骄,生而富者傲,生而富贵,又无鉴而自得者鲜矣。《春秋》,国之鉴也,《春秋》之中,弑君三十六,亡国五十二,诸侯奔走,不得保社稷者甚众,未有不先见而后从之者也。"②

孔子作为中国文化的集大成者地位的确立,实际上是确立了孔子作为中国文化史上"教主"的尊崇地位。自孔子而后,中国古代社会就成为了一个政教分离的社会,孔子作为"教主",是"真理"的化身,这有助于中国古代社会虽然长期处于专制、集权的政治环境下,社会还能大体遵从儒家的仁义之道,不至于脱离人道太远。孔子作为"教主"的存在,使受教育的儒生在入仕之后,时刻记得以孔子的思想去"校正"君主,而大部分君主也不敢"凌驾"于孔子之上。而如秦始皇这样试图建立"政教合一"体制的专制君主,最后都难以逃脱亡国的下场。

---

① (西汉)刘向撰,赵善诒注:《说苑疏证》卷十四,华东师范大学出版社1985年版,第392页。

② (西汉)刘向撰,赵善诒注:《说苑疏证》卷三,华东师范大学出版社1985年版,第61、73页。

二、今文经学继承了孔子思想的真正价值

自汉代以来，有所谓今文经学和古文经学的分野，虽然从东汉以降，今文经学渐有式微之相，但是，今文经学的真正衰落，却是20世纪的事情。自康有为之后，近代研究经学的学者本来屈指可数，而因丧失了对孔子及中国传统文化的敬畏，推翻了作为偶像的孔子，也就清除了今文经学生存的土壤，今天的六经研究，不但远离了今文经学，甚至也已经远离了古文经学。

近人周予同在《经今古文学》一书中，总结今文学和古文学的不同，提出了十三种分野：

今文经学：

（1）崇奉孔子；

（2）尊孔子为"受命"的"素王"；

（3）认孔子为哲学家、政治家、教育家；

（4）以孔子为"托古改制"；

（5）以六经为孔子作；

（6）以《春秋公羊传》为主；

（7）为经学派；

（8）经的传授多可考；

（9）西汉都立于学官；

（10）盛行于西汉；

（11）斥古文经传是刘歆伪造之作；

（12）今存《仪礼》《公羊》《谷梁》《小戴礼记》《大戴礼记》和《韩诗外传》；

（13）信纬书，以为孔子微言大义间有所存。

古文经学：

（1）崇奉周公；

（2）尊孔子为先师；

（3）认孔子为史学家；

（4）以孔子为"信而好古，述而不作"；

（5）以六经为古代史料；

（6）以《周礼》为主；

（7）为史学派；

（8）经的传授不大可考；

（9）西汉多行于民间；

（10）盛行于东汉；

（11）斥今文经学是秦火残缺之余；

（12）今存《毛诗》《周礼》《左传》；

（13）斥纬书为妄诬①。

---

① 朱维铮：《周予同经学史论著选集》，上海人民出版社1983年版，第1—2页。

西汉学者去孔子不远，他们知道孔子是中国文化的集大成者，并知道孔子周游列国，在于推介他的政治主张，他以《春秋》为天下立德，所以，是春秋时期的精神领袖，是“受命”的“素王”，是哲学家、政治家、教育家。他意图恢复周礼，实现仁政，“托古改制”，不能成功，退而教学，整理六经，为教科书。孔子整理六经，有所选择，如周秦时期晋国太子申生和秦公子扶苏都实践过的“君让臣死，臣不敢不死，不死即为不忠；父让子亡，子不敢不亡，不亡即为不孝”的观念，孔子则选取圣人革命的主题和谏父过失的行为规范，并通过教学活动，代代相传。孔子整理《诗经》，立足于“无邪”和“兴、观、群、怨”之主题；整理《尚书》，则独取“天听自我民听，天视自我民视”之主题；作《易传》，则立足于君子自强不息与厚德载物，如此等等，为后世树立全心全意为人民服务的行政理念和修身法则。孔子之后，学生遵奉孔子学说，六经之传，虽经秦火，难免有记忆缺失，但师徒授受，仍然弦歌不绝，清晰可考，所以西汉之初，借批判暴秦的时代潮流，得立于学官。虽然今文经学难免有门户之见，但与古文经学徒有文字，而没有系统的师承的口授，微言大义之间有所存，自然是肯定的了。

古文经的出现，具有偶然性，因把孔子仅仅看为史学家，没有能洞察周公与孔子的区别，所以崇奉周公，以孔子为“信而好古，述而不作”，所以仅以孔子为先师，以六经为古代史料。古文经学家只看到了今文经学是秦火残缺之余的历史事实，却没有认识到师徒私相授受的师承优势。因此，尽管《毛诗》《周礼》《左传》有其价值，但是，这种价值是不能代替今文经学的独特性的。

今文经学的衰亡和古文经学的兴盛，表面上看，是相信出土文献，还是相信师承的问题，实际上是产生于地方自治政治环境中的思想自由时代的价值观，如何在中央集权时期的专制主义旗帜下寻求生存空间的策略考量。孔子的政治主张，在中央集权体制下，与专制主义精神背道而驰，所以，孔子从政治家蜕化演变成了文献家，最多只保留一个传承文化的教师爷的尊严，而失去了政治导师的光环。孔子作为政治家的身份的全面恢复，只有当专制皇权瓦解以后，才可能实现。

所以，孟子在中央集权没有开始的时候，认识到了孔子作《春秋》的价值，以及孔子作《春秋》的深意。《孟子·离娄下》云：

> 孟子曰：“王者之迹熄而《诗》亡，《诗》亡然后《春秋》作。晋之《乘》，楚之《梼杌》，鲁之《春秋》，一也。其事则齐桓、晋文，其文则史。孔子曰‘其义则丘窃取之矣。’”①

《史记·孔子世家》曰：

> 太史公曰：诗有之“高山仰止，景行行止。”虽不能至，然心向往之。余读孔氏书，想见其为人。适鲁，观仲尼庙堂车服礼器，诸生以时习礼其家，余祗回留之不能去云。天下君王至于贤人众矣，当时则荣，没则已焉。孔子布衣，传十余世，学者宗之。自天子王侯，中国言六艺者折中于夫子，可谓至圣矣！②

孔子至圣，然只有善良而又有智慧的人，才能理解孔子作为一个伟大圣人的价值。后世对孔子的尊崇，大部分时候，不过是因其传播六经的功绩。孔子所取之“义”，又有多少时代

① (清)焦循：《孟子正义》卷八，见《诸子集成》，中华书局1954年版，第一册，第337—338页。

② (西汉)司马迁：《史记》卷四十七，中华书局1959年版，第六册，第1947页。

能够领会呢?

在专制主义即将灭亡的时候,近代民主革命者康有为首先从今文经学,特别是从《春秋公羊学》中找到了革命的思想渊源。康有为《春秋董氏学自序》曰:

道、教何从?从圣人。圣人何从?从孔子。孔子之道何在?在六经。六经粲然深美,浩然繁博,将何统乎?统一于《春秋》。《诗》、《书》、《礼》、《乐》并立学官,统于《春秋》,有据乎?据于孟子。孟子述禹、汤、文、武、周公而及孔子,不及其他书,惟尊《春秋》。《春秋》三传何从乎?从公羊氏;有据乎?据于孟子。孟子发《春秋》之学曰:"其事则齐桓、晋文,其文则史,其义则丘取之矣。"《左传》详文与事,是史也,于孔子之道无与也。惟《公羊》独详《春秋》之义。孟子述《春秋》之学,曰:"《春秋》天子之事也。《谷梁传》不明《春秋》王义,传孔子之道而不光焉。惟《公羊》详素王改制之义,故《春秋》之传在《公羊》也。"①

三、孔子的政治智慧和政治坚守

《孟子·万章下》云:

孟子曰:"伯夷,圣之清者也;伊尹,圣之任者也;柳下惠,圣之和者也;孔子,圣之时者也。孔子之谓集大成。集大成也者,金声而玉振之也。金声也者,始条理也;玉振之也者,终条理也。始条理者,智之事也;终条理者,圣之事也。智,譬则巧也;圣,譬则力也。由射于百步之外也,其至,尔力也;其中,非尔力也。"②

孔子之所以被孟子认为是圣之时者也,在于他具有伟大的人格魅力和无所不能的政治洞察力,透彻地了解时代大势和个人际遇的关系,了解天命之不可违抗,知道用行舍藏,能与时进退,"人不知而不愠"。不为了闻达富贵而进,不为了个人得失而退,以天下为己任,舍生忘死,鞠躬尽瘁,死而后已。

孔子是个政治家,在他担任行政职务时,无论大小,都有政声。《史记·孔子世家》载:"孔子贫且贱。及长,尝为季氏史,料量平;尝为司职吏而畜蕃息。由是为司空。"③而夹谷之会,更显出孔子的政治智慧和政治韬略。《春秋·定公十年》曰:"十年,春,王三月,及齐平。夏,公会齐侯于夹谷。公至自夹谷……齐人来归郓、讙、龟阴田。"

《左传》曰:

夏,公会齐侯于祝其,实夹谷。孔丘相。犁弥言于齐侯曰:"孔丘知礼而无勇,若使莱人以兵劫鲁侯,必得志焉。"齐侯从之。孔丘以公退,曰:"士,兵之!两君合好,而裔夷之俘以兵乱之,非齐君所以命诸侯也。裔不谋夏,夷不乱华,俘不干盟,兵不逼好。于神为不祥,于德为愆义,于人为失礼,君必不然。"齐侯闻之,遽辟之。

① 康有为著,姜义华、张荣华校:《春秋董氏学自序》,见《康有为全集》第二集,中国人民大学出版社2007年版,第307页。

② (清)焦循:《孟子正义》卷十,见《诸子集成》,中华书局1954年版,第一册,第397—398页。

③ (西汉)司马迁:《史记》卷四十七,中华书局1959年版,第六册,第1909页。

将盟,齐人加于载书曰:“齐师出竟,而不以甲车三百乘从我者,有如此盟!”孔丘使兹无还揖对,曰:“而不反我汶阳之田,吾以共命者,亦如之。”齐侯将享公,孔丘谓梁丘据曰:“齐、鲁之故,吾子何不闻焉?事既成矣,而又享之,是勤执事也。且牺、象不出门,嘉乐不野合。飨而既具,是弃礼也;若其不具,用秕稗也。用秕稗,君辱;弃礼,名恶。子盍图之?夫享,所以昭德也。不昭,不如其已也。”乃不果享。齐人来归郓、讙、龟阴之田。①

《公羊传》曰:

夏,公会齐侯于颊谷。公至自颊谷。晋赵鞅帅师围卫。齐人来归运、讙、龟、阴田。齐人曷为来归运、讙、龟、阴田?孔子行乎季孙,三月不违,齐人为是来归之。②

《谷梁传》曰:

夏,公会齐侯于颊谷。公至自颊谷。离会不致。何为致也?危之也。危之则以地致何也?为危之也。其危奈何?曰,颊谷之会,孔子相焉。两君就坛,两相相揖。齐人鼓噪而起,欲以执鲁君。孔子历阶而上,不尽一等,而视归乎齐侯,曰:“两君合好,夷狄之民,何为来为?”命司马止之。齐侯逡巡而谢曰:“寡人之过也。”退而属其二三大夫曰:“夫人率其君与之行古人之道,二三子独率我而入夷狄之俗,何为?”罢会,齐人使优施舞于鲁君之幕下。孔子曰:“笑君者罪当死。”使司马行法焉,首足异门而出。齐人来归郓、讙、龟阴之田者,盖为此也。因是以见虽有文事,必有武备。孔子于颊谷之会见之矣……齐人来归郓、讙、龟阴之田。③

《史记·孔子世家》曰:

定公十年春,及齐平。夏,齐大夫黎钼言于景公曰:“鲁用孔丘,其势危齐。”乃使使告鲁为好会,会于夹谷。鲁定公且以乘车好往。孔子摄相事,曰:“臣闻有文事者必有武备,有武事者必有文备。古者诸侯出疆,必具官以从。请具左右司马。”定公曰:“诺。”具左右司马。会齐侯夹谷,为坛位,土阶三等,以会遇之礼相见,揖让而登。献酬之礼毕,齐有司趋而进曰:“请奏四方之乐。”景公曰:“诺。”于是旍旄羽袚矛戟剑拨鼓噪而至。孔子趋而进,历阶而登,不尽一等,举袂而言曰:“吾两君为好会,夷狄之乐何为于此!请命有司!”有司却之,不去,则左右视晏子与景公。景公心怍,麾而去之。有顷,齐有司趋而进曰:“请奏宫中之乐。”景公曰:“诺。”优倡侏儒为戏而前。孔子趋而进,历阶而登,不尽一等,曰:“匹夫而营惑诸侯者罪当诛!请命有司!”有司加法焉,手足异处。景公惧而动,知义不若,归而大恐,告其群臣曰:“鲁以君子之道辅其君,而子独以夷狄之道教寡人,使得罪于鲁君,为之奈何?”

① (西晋)杜预注,(唐)孔颖达疏:《春秋左传正义》卷五十六,见《十三经注释》,中华书局1980年版,第2147—2148页。

② (东汉)何休注,(唐)徐彦疏:《春秋公羊传注疏》卷二十六,见《十三经注释》,中华书局1980年版,第2341页。

③ (东晋)范宁注,(唐)杨士勋疏:《春秋谷梁传注疏》卷十九,见《十三经注释》,中华书局1980年版,第2445页。

有司进对曰:“君子有过则谢以质,小人有过则谢以文。君若悼之,则谢以质。”于是齐侯乃归所侵鲁之郓、汶阳、龟阴之田以谢过。①

《春秋》三传和《史记》所记,虽然详略不同,而其事迹梗概,大体可以推知。孔子代行鲁国执政的短暂岁月,在历史上留下了浓墨重彩的一笔。

孔子是个政治家,同时,又是一个有政治坚守的政治家,这和他同时代及以后的政治家表现出了不同。《史记·孟子荀卿列传》云,战国时期,如孟轲等倡导王道仁政,被认为是“迂远而阔于事情”,因为“当是之时,秦用商君,富国强兵;楚、魏用吴起,战胜弱敌;齐威王、宣王用孙子、田忌之徒,而诸侯东面朝齐。天下方务于合从连衡,以攻伐为贤,而孟轲乃述唐、虞、三代之德,是以所如者不合”。但是,“故武王以仁义伐纣而王,伯夷饿不食周粟;卫灵公问陈,而孔子不答;梁惠王谋欲攻赵,孟轲称大王去邠。此岂有意阿世俗苟合而已哉!”②孔子不答卫灵公的问阵,不是孔子不懂战阵,而是不愿做助纣为虐者。孟子不是不知道当时领导人所好,而是不愿为了自己的功名富贵,而放弃对真理的追求。司马迁对孔子和孟子不愿“有意阿世俗苟合”的认识,正是看到了孔子和孟子作为真正的政治家的本色。

战国时期的成功政治家,常常是为了成就自己的功业,而不问政治的良善,趋炎附势,出卖良心。如《史记·商君列传》载商鞅游说秦孝公,曰:

孝公既见卫鞅,语事良久,孝公时时睡,弗听。罢而孝公怒景监曰:“子之客妄人耳,安足用邪!”景监以让卫鞅。卫鞅曰:“吾说公以帝道,其志不开悟矣。”后五日,复求见鞅。鞅复见孝公,益愈,然而未中旨。罢而孝公复让景监,景监亦让鞅。鞅曰:“吾说公以王道而未入也。请复见鞅。”鞅复见孝公,孝公善之而未用也。罢而去。孝公谓景监曰:“汝客善,可与语矣。”鞅曰:“吾说公以霸道,其意欲用之矣。诚复见我,我知之矣。”卫鞅复见孝公。公与语,不自知膝之前于席也。语数日不厌。景监曰:“子何以中吾君?吾君之欢甚也。”鞅曰:“吾说君以帝王之道比三代,而君曰‘久远,吾不能待。且贤君者,各及其身显名天下,安能邑邑待数十百年以成帝王乎?’故吾以强国之术说君,君大说之耳。然亦难以比德于殷周矣。”③

商鞅游说秦孝公,先说五帝天下为公之道,孝公不觉悟;然后说三王德治之道,孝公也无兴趣;商鞅改说春秋五霸之道,孝公以为善;商鞅明白孝公是个功利之徒,所以索性以等而下之的富国强兵之道迎合孝公,因此得重用。而商鞅自己也知道,以富国强兵之道治国,必然没有办法达到三代的水平。所谓“道之以政,齐之以刑,民免而无耻。道之以德,齐之以礼,有耻且格”④。

又《史记·苏秦列传》说苏秦先赴秦说连横之策,不被用,而改游说六国以合纵⑤;《史

① (西汉)司马迁:《史记》卷四十七,中华书局1959年版,第六册,第1916页。

② (西汉)司马迁:《史记》卷七十四,中华书局1959年版,第七册,第2343、2345页。

③ (西汉)司马迁:《史记》卷六十八,中华书局1959年版,第七册,第2228页。

④ (清)刘宝楠:《论语正义》卷二,见《诸子集成》,中华书局1954年版,第一册,第22页。

⑤ (西汉)司马迁:《史记》卷六十九,中华书局1959年版,第七册,第2241页。

记·张仪列传》说张仪先投苏秦,意欲合纵,不被用,而改游说连横之策①。苏秦、张仪在面临分裂和统一的大是大非面前,完全根据市场的需要,调整自己的主张,这与商鞅的自甘堕落,也有异曲同工之妙。

孔子培养的学生,大多有政治才能,《论语·雍也》载:

> 季康子问:"仲由可使从政也与?"子曰:"由也果,于从政乎何有?"曰:"赐也可使从政也与?"曰:"赐也达,于从政乎何有?"曰:"求也可使从政也与?"曰:"求也艺,于从政乎何有?"②

在孔子看来,他的学生果敢、通达、多才多艺,从政对于他们来说,简直就是小菜一碟。不过,孔子在肯定学生有从政能力的同时,对从政的原则,也是一刻也不放松的。《论语·尧曰》载:

> 子张问于孔子曰:"何如斯可以从政矣?"子曰:"尊五美,屏四恶,斯可以从政矣。"子张曰:"何谓五美?"子曰:"君子惠而不费,劳而不怨,欲而不贪,泰而不骄,威而不猛。"子张曰:"何谓惠而不费?"子曰:"因民之所利而利之,斯不亦惠而不费乎?择可劳而劳之,又谁怨?欲仁而得仁,又焉贪?君子无众寡,无小大,无敢慢,斯不亦泰而不骄乎?君子正其衣冠,尊其瞻视,俨然人望而畏之,斯不亦威而不猛乎?"子张曰:"何谓四恶?"子曰:"不教而杀谓之虐。不戒视成谓之暴。慢令致期谓之贼。犹之与人也,出纳之吝,谓之有司。"③

千言万语,为政最重要的是真正的把人民的利益放在第一位,爱护人民,尊重人民。

四、孔子的政治理想是实现大同

《公羊传》之《隐公元年》云:"所见异辞,所闻异辞,所传闻异辞。"④《桓公二年》云:"所见异辞,所闻异辞,所传闻异辞。"⑤《哀公十四年》云:"《春秋》何以始乎隐?祖之所逮闻也,所见异辞,所闻异辞,所传闻异辞。何以终乎哀十四年?曰:备矣!君子曷为为《春秋》?拨乱世,反诸正,莫近诸《春秋》。则未知其为是与?其诸君子乐道尧、舜之道与?末不亦乐乎尧、舜之知君子也?制《春秋》之义,以俟后圣,以君子之为,亦有乐乎此也。"⑥《公羊传》提到的所见、所闻、所传闻,东汉何休《春秋公羊传注疏》云:"所见者,谓昭、定、哀,己与父时事

---

① (西汉)司马迁:《史记》卷七十,中华书局1959年版,第七册,第2279页。

② (清)刘宝楠:《论语正义》卷七,见《诸子集成》,中华书局1954年版,第一册,第18页。

③ (清)刘宝楠:《论语正义》卷二十二,见《诸子集成》,中华书局1954年版,第一册,第417—418页。

④ (东汉)何休注;(唐)徐彦疏:《春秋公羊传注疏》卷一,见《十三经注疏》,中华书局1980年版,第2200页。

⑤ (东汉)何休注;(唐)徐彦疏:《春秋公羊传注疏》卷四,见《十三经注疏》,中华书局1980年版,第2213页。

⑥ (东汉)何休注;(唐)徐彦疏:《春秋公羊传注疏》卷二十八,见《十三经注疏》,中华书局1980年版,第2353—2354页。

也。所闻者,谓文、宣、成、襄,王父时事也;所传闻者,谓隐、桓、庄、闵、僖,高祖曾祖时事也。”①董仲舒《春秋繁露·楚庄王》解释说:

《春秋》分十二世为三等:有见,有闻,有传闻。有见三世,有闻四世,有传闻五世。故哀、定、昭,君子之所见也;襄、成、宣、文,君子之所闻也;僖、闵、庄、桓、隐,君子之所闻也。所见六十一年,所闻八十五年,所传闻九十六年。于所见,微其辞;于所闻,痛其祸;于传闻,杀其恩与情俱也。②

近人康有为《春秋董氏学·三世》曰:

三世为孔子非常大义,托之《春秋》以明之。‘所传闻世’为据乱,‘所闻世’托升平,‘所见世’托太平。乱世者,文教未明也;升平者,渐有文教,小康也;太平者,大同之世,远近大小如一,文教全备也。大义多属小康,微言多属太平。为孔子学,当分二类,乃可得之。此为《春秋》第一大义。自伪《左》灭《公羊》而《春秋》亡,孔子之道遂亡矣。③

董仲舒和何休关于所见、所闻、所传闻,还不算太过离谱,但到了康有为,显然所指,已经不是《春秋》十二世所能概括的了。春秋时代,实际就是一个礼崩乐坏的乱世,康有为以“‘所传闻’世为据乱,‘所闻世’托升平,‘所见世’托太平”,再把“哀、定、昭”三世和“太平”联系起来,把“襄、成、宣、文”和“升平”联系起来,把“僖、闵、庄、桓、隐”与“据乱”联系起来,这样的分类显然没有说服力。但是,康有为认为乱世、升平、太平的历史发展阶段论,无疑是有道理的。而且不但有道理,并且符合孔子对中国社会发展阶段的认识。

《礼记·礼运》记载了孔子这样一段话:

昔者,仲尼与于蜡宾,事毕,出游于观之上,喟然而叹。仲尼之叹,盖叹鲁也。言偃在侧,曰:“君子何叹?”孔子曰:“大道之行也,与三代之英,丘未之逮焉,而有志焉。大道之行也,天下为公。选贤与能,讲信修睦。故人不独亲其亲,不独子其子,使老有所终,壮有所用,幼有所长,鳏、寡、孤、独、废、疾者有所养,男有分,女有归。货恶其弃于地也,不必藏于己;力恶其不出于身也,不必为己。是故谋闭而不兴,盗窃乱贼而不作,故外户而不闭,是谓大同。今大道既隐,天下为家。各亲其亲,各子其子。货力为己。大人世及以为礼,城郭沟池以为固,礼义以为纪,以正君臣,以笃父子,以睦兄弟,以和夫妇,以设制度,以立田里,以贤勇知,以功为己,故谋用是作,而兵由此起。禹、汤、文、武、成王、周公,由此其选也。此六君子者,未有不谨于礼者也,以著其义,以考其信,著有过,刑仁讲让,示民有常,如有不由此者,在

① (东汉)何休注;(唐)徐彦疏:《春秋公羊传注疏》卷一,见《十三经注疏》,中华书局 1980 年版,第 2200 页。

② (西汉)董仲舒:《春秋繁露》,见文渊阁《四库全书》经部五春秋类,上海古籍出版社 1987 年版,第 702 页。

③ 康有为著;姜义华,张荣华校:《春秋董氏学自序》,见《康有为全集》第二集,中国人民大学出版社 2007 年版,第 324 页。

执者去，众以为殃，是谓小康。”①

所谓“大同”，就是在政治、经济、文化诸方面，人人拥有平等的权利。“天下为家”是专制主义的最大特征，统治者们为了自己的私欲，假借国家的名义，限制人民的自由权力。由于统治者丧失了人民的支持，只好用暴力来维护自己不公正的统治，并通过强权来推行专制主义人文意识。暴力和强权破坏了自由的传统、人民的民主权力和自由地表达自己意见、自由地支配自己的行为的权利被剥夺了，人民只有服从和牺牲的自由，而没有表示不满的自由，而统治者却逐渐地建立了推行专制主义的自由。孔子心所神往的是人人平等、自由的“大同”，“小康”时代虽能谨礼、著义、考信、著过，“刑仁讲让，示民以常”，已是不得已，至如孔子之时的鲁国，则违背礼义，“陪臣执国政，是以鲁自大夫以下皆僭离于正道”②，与“小康”之世相比较，在孔子眼里，无疑又退了一大步。

如果我们把孔子关于大同和小康、乱世的三个时代和公羊三世学说结合起来，我们发现，孔子认为：社会的发展经过了大同到小康，小康到乱世的一个蜕化过程，文教未明的乱世，正是春秋时代；渐有文教的小康时代，是升平世，对应的是夏、商、周三代，即禹、汤、文、武、成王、周公时代；而大同之世，远近大小如一，文教全备的太平世，则所指应该是五帝时代，以尧、舜禅让为标志。这个三世的蜕化过程，也是商鞅游说秦孝公时等而下之的四个过程的前三个阶段。《道德经》曰：“故失道而后德，失德而后仁，失仁而后义，失义而后礼。夫礼者，忠信之薄而乱之首。”③其论述由道而德而仁而义而礼的蜕化历史，正是由五帝到三王再到霸王再到君主集权时代的文化轨迹，五帝以道治国，三王以德治国，霸王以仁义治国，而到了君主集权时代，则用礼法治国，甚至只用刑罚治国了。

孔子指出了社会蜕化的三个阶段后，认为社会变革，也应该遵循三阶段，进行渐进式的回归。而回归的第一步，就是实现以德治国的小康时代，而小康时代又以周代最为进步，所以孔子主张首先恢复周礼，但是礼本身作为家天下的产物，孔子并不是无条件接受的。所以，恢复周礼以后，最终还是要向“尽善尽美”的大同方向发展。

恢复周礼，走向大同，最主要的是培养“仁”。孔子云：“君子无终食之间违仁，造次必于是，颠沛必于是。”④又云：“志士仁人，无求生以害仁，有杀身以成仁。”⑤孔子的弟子曾子云：“士不可不弘毅，任重而道远。仁以为己任，不亦重乎，死而后已，不亦远乎。”⑥孔子的弟子问仁，孔子回答说“爱人”⑦，“爱人”就是以善心对待同类，而其前提就是承认人的平等权利，而对人的平等权利的肯定，也就意味着承认他人的自由。孔子为了贯彻“爱人”的原则，提出了“恕”的行动纲领，学生问他“有一言而可终身行之者乎”，孔子回答说：“其恕乎！己所不欲，勿施于人。”⑧“恕”作为孔子“一以贯之”之“道”，是实现“仁”的基本途径，实现了“恕”，

---

① （东汉）郑玄注；（唐）孔颖达疏：《礼记正义》卷二十一，见《十三经注疏》，中华书局 1980 年版，第 1413—1414 页。

② （西晋）司马迁：《史记》卷四十七，中华书局 1959 年版，第六册，第 1914 页。

③ （魏）王弼：《老子注》，见《诸子集成》，中华书局 1954 年版，第三册，第 23 页。

④ （清）刘宝楠：《论语正义》卷五，中华书局 1980 年版，第一册，第 76 页。

⑤ （清）刘宝楠：《论语正义》卷十八，中华书局 1980 年版，第一册，第 337 页。

⑥ （清）刘宝楠：《论语正义》卷九，中华书局 1980 年版，第一册，第 159—160 页。

⑦ （清）刘宝楠：《论语正义》卷十五，中华书局 1980 年版，第一册，第 278 页。

⑧ （清）刘宝楠：《论语正义》卷十八，中华书局 1980 年版，第一册，第 343 页。

也就是实践了仁,孔子说:"夫仁者,己欲立而立人,己欲达而达人,能近取譬,可谓仁之方也已。"①"己欲立而立人,己欲达而达人"与"己所不欲,勿施于人"是一种行为原则的两个方面,都是"能近取譬"的"恕",其核心是把他人看成是与自己一样有平等权利的人,自己不愿意做的事,自己不愿意承受的痛苦,绝不能强加于人;自己想实现的愿望,应该允许别人实现。也就是说,要承认他人和自己有同样的平等权利,不驱使他人,不强迫他人,也就是说,要给他人自由的权力。

孔子在强调"爱人"的时候,更多强调的是给他人自由,他说,"躬自厚而薄责于人","君子求诸己,小人求诸人"②,即对自己严格要求,而对别人宽宏大量。孔子这样做,并不是认为自由对自己不重要,而是他要教导他的学生去治国平天下,治国平天下者只有限制自己的欲望,才能通过自己的身体力行,以模范的行为影响他人,进而创造一个好的道德环境,实现全民的福祉。所以,孔子说:"道千乘之国,敬事而信,节用而爱人,使民以时。"③"节用"就是抑制欲望,"爱人"就是强调统治者与人民的平等,"使民以时",就是要给人民更大的自由权利。所以,孔子赞扬原始氏族社会的"无为",他说:"无为而治者,其舜也与!夫何为哉,恭己正南面而已矣。"④"无为"就是不限制人民的自由,让人民自由地生活。

五、从康有为到孙中山

近代以来,中国的民主革命,让政治家和思想家们重新想起了孔子的大同理想,而这其中,以康有为最深刻,以孙中山影响最为广阔。

康有为《孟子微》说:"不忍人之心,仁也……一切仁政,皆从不忍之心生,为一切根一切源……太平大同,皆从此出。"⑤康有为认为,只要从博爱的立场出发,就可以产生平等、自由、民主诸观念,进而实现世界大同。这与孔子的逻辑线索一致。而谭嗣同《仁学》提出仁—通观念,认为"通之像为平等",而仁—通—平等是一脉相承的⑥。

孔子把大同看做是最终理想的观点,在郭店楚简《唐虞之道》中找到了佐证。《唐虞之道》以禅让为大仁大义大圣,曰:"唐虞之道,禅而不传。尧舜之王,利天下而弗利(自利)也。禅而不传,圣之盛也。利天下而弗利也,仁之至也……尧舜之行,爱亲尊贤。爱亲故孝,尊贤故禅……孝,仁之冕也;禅,义之至也……爱亲忘贤,仁而未义也;尊贤遗亲,义而未仁也……方在下位,不以匹夫为轻;及其有天下也,不以天下为重。有天下弗能益,亡天下弗能损,极仁之至,利天下而弗利也。禅也者,上德授贤之谓也。上德则天下有君而世明,授贤则民兴教而化乎道。不禅而化民者,自生民则未之有也。"⑦在这里,作者把"仁"、"义"、"圣"与天

① (清)刘宝楠:《论语正义》卷七,中华书局 1980 年版,第一册,第 134 页。

② (清)刘宝楠:《论语正义》卷十八,中华书局 1980 年版,第一册,第 340、342 页。

③ (清)刘宝楠:《论语正义》卷一,中华书局 1980 年版,第一册,第 7—9 页。

④ (清)刘宝楠:《论语正义》卷十八,中华书局 1980 年版,第一册,第 334 页。

⑤ 康有为著;姜义华,张荣华校:《孟子微》,见《康有为全集》第五集,中国人民大学出版社 2007 年版,第 414 页。

⑥ 谭嗣同著;蔡尚思,方行编:《谭嗣同全集》,中华书局 1981 年版,下册,第 291—293 页。

⑦ 荆门市博物馆:《郭店楚墓竹简》,文物出版社 1998 年版,第 157 页。

下为公的大同“禅让”的理想结合起来,并认为真正的治世的到来必然依赖于建立“禅让”的民主政体,这就使“仁”所具有的平等精神更加清晰。从而也证明儒家思想绝不是维护政治的专制主义体制的,而是把实现“大同”看做是最后的归宿。

辛亥革命时期,邹容以其《革命军》一书,吹响了争取人权、平等、自由的号角,但是,推翻清朝贵族与反对帝国主义的艰巨任务,使“不自由毋宁死”的英雄气概变得无足轻重。辛亥革命的领袖孙中山遂用民族主义取代了民主主义,以国家的自由取代了人民的自由,他甚至说:“外国革命是由争自由而起,奋斗了两三百年,生出了大风潮,才得到自由,才得到民权……民族主义就是为国家争自由,但欧洲当时是为个人争自由。到了今天……万不可再用到个人身上去。要用到国家上去。个人不可太过自由,国家要得到完全自由,到了国家能够行动自由,中国便是强盛国家,要这样做去,便要大家牺牲自由。”①毫无疑问,民族的自由、独立、强盛是非常重要的,但民族的自由、独立、强盛不能代替人民的幸福,人民的幸福必须有赖于人民的自由权力得到保证,保护人民的自由权利是国家存在的理由,如果抛弃了这一点,国家的存在就受到威胁,这也正是为什么暴秦不可一世,而人民并不幸福,法西斯德国的强盛给人民带来的只有灾难的原因。辛亥革命胜利了,但是,人民并没有获得自由,专制主义在中国以新的面貌粉墨登场。“在独裁的哲学里根本就没有平等观念,有时候他们也用到这个字,那是当符合于他们的目标时,但是这个平等是既无分量又无意义,主要是因为它们超出了感情经验的范围,他们认为世界上有两种人,一种是有权的,一种是无权的,有权的在上,无权的在下,无论种族也好,性别也好,都少不了优越的及低劣的区别。如不这样区分将是一件不可想象的事。”②孙中山的理论,必然导致独裁政府的出现,这也是为历史所证明了的。

辛亥革命并没有使人民感觉到自由已经实现,相反,20 世纪初期的动乱使中国人民再次认识到建设一个民主、自由、平等、博爱的社会的重要性,也就是在这个时候,马克思主义传入中国,并很快得到了中国知识分子的重视。正像马克思在《共产党宣言》中所说的那样,共产主义是一个“自由人”的联合体,“代替资产阶级旧社会的,将是这样一个联合体:每个人的自由发展,是一切人自由发展的条件”,而马克思的这个思想,是马克思主义最中心的思想,所以,恩格斯在为某杂志题词时,又重复了这句话,而《资本论》也多次发挥过这个意思。马克思主义本身就是“自由主义”哲学的一个部分③,共产主义的理想就是在全世界实现一个没有阶级、没有压迫和剥削、没有国家、没有政府的人人平等、自由的共产主义社会,这和孔子的“大同”理想有着天然的联系。马克思主义在中国的迅速传播:一方面体现了中国知识分子企图融合“大同”和共产主义的理想,重建中国传统人文精神的努力;另一方面,则是由于马克思主义从本质上说是自由主义的。虽然马克思主义在社会主义国家的实践中,可能有各种形态,也可能与自由主义的精神背道而驰,但这并不能影响马克思主义所宣传的共产主义理想所具有的自由主义的精神实质。也正是因为共产主义的理想符合中国人民理想的社会形态,马克思主义才能在中国取得成功。

---

① 孙中山:《三民主义》,见《孙中山全集》第九卷,中华书局 1986 年版,第 282 页。

② [美]E. 佛洛姆:《逃避自由》,见《写作参考》系列之四,上海文学杂志社 1986 年版,第 8 页。

③ [英]罗素:《西方哲学史》下卷,商务印书馆 1976 年 6 月版,第 129 页。

五百年来的世界与中国

张森文

张森文,暨南大学国际学院教授,博士生导师,享受国务院政府特殊津贴专家。主要研究计算力学中的数值方法,主持完成国家自然科学基金项目四项。曾到国内外多所大学任职和出席学术交流活动,个人著作甚丰,先后发表论文一百二十篇,主编专著三部。1999 年起入职暨南大学,兼任暨南大学全英教学教师俱乐部理事长,被评为暨南大学“十佳授课老师”,师生评价其“是一个从教学中感受幸福的老师”。

谢谢主持人，谢谢中山图书馆，这是我第二次来到这个讲堂，非常高兴有这样的机会来跟大家交流一些读书的体会。因为图书馆就是给我们提供一个读书的最好的环境，中山市是我们中国的一个圣地，今天到这来讲《五百年来的世界和中国》，有些特别的意义。因为中山在中国近代史上是非常重要的地方，从历史贡献来说是非常特别的一个地方。我们说一百周年的辛亥革命，正是中国在近代从一个非常兴盛的国家，变到非常衰弱，被动挨打，到重新复兴的一个转折点。一百多年前，从中山走出来的孙中山先生和一系列的名人，在中华民族的发展历史上留下了永久的记忆，值得我们永远纪念。所以生活在中山市，是非常幸福的，我来到中山市这一天，或者上一次来的时候，感受到我们中山市民生活的幸福感应该是远远高于其他一些城市的，这是中山市的文化建设，包括这个讲堂所带给市民的这样一个学习的、思考的，以及心灵修养的这样一个环境。

现在我开始我的读书报告，应该算是我的读书报告。因为这是根据对黄仁宇先生《中国大历史》《大历史不会萎缩》等一系列著作，以及从美国纽约大学回国，在北京大学任教授的韩毓海先生在去年发表的《五百年来谁著史》，以及美国非常著名的预言家，非常准确预言了现在的网络时代的奈斯比特谈到的《中国大趋势》（他写的书），以及做过好多位我们最高领导人的英语翻译的张维为先生去年出版的书《中国触动全球》等等，一系列的书来讨论。从大历史的角度，来看看五百年来，中国和世界是如何相互作用，使我们对这样的相互作用的过程中发生的那些事情，得到一个更好的历史哲学的认识。另外也认识我们今天的中国，到底处在一个什么样的地位，我们应该怎么样走好自己的路，真正达到中华民族的伟大复兴。这注定是个漫长的路，我们还要继续走，我们不但要使得我们自己的发展成功，还要对世界的未来，对人类有更大的贡献，即毛泽东主席提出来的“中国应该对人类有更大的贡献”。

大历史的概念，是由来已久，马克思以前的德国哲学家黑格尔就已经奠定了大历史的哲学立场。英国的历史学家汤因比分析世界各国的文明，他是以 600—800 年构成一个单元，指出其中一些非人身因素所产生的作用应该受到注重。他跟中国的关系很深，在论述各种文明的时候对中国文明有非常深刻地阐述。按照黄仁宇或者其他历史学家的观点，一致地认为中国有三大帝国时期：第一帝国是指的秦、汉，第二帝国指的是隋、唐、宋，而第三帝国，主要指的明、清，每个帝国也大概有 800 年左右。这三大帝国，跟我们完全搞自然科学的伟大地质学家李四光先生在 20 世纪 30 年代发表的文章很相近，我去年在讲座里（作者曾于 2010 年 4 月 10 日首次作客香山讲坛，编者注）引用的，他从中国历史内战的时间序列图大体上分开了三大帝国这样的循环，这就从数理的角度上也提出了一些证据。这对一个可以说是纯粹的自然科学家是很不简单的,可以说是数量历史学的第一篇中文论文。

黄仁宇先生首先提出中国的大历史的观念。他说必须从长久的观点,同时考虑中国的历史和世界历史,将中国放到世界范围内去考察,看一看世界上发生某些事情的时候,中国发生着什么。他并且指出,20世纪70年代“文化大革命”结束以后,中国必将进入数字化管理的时代,与世界先进的文明相互长期撞击之后,进入了一个融合的时期。他甚至说,到80年代,中国的革命就真正成功了,就是“文化大革命”结束以后,中国走向改革开放,说中国这100多年的革命,应该算是达到了一个成功点。而且呢,中国从此汇入世界文明这个潮流,中国人民100多年来,或再上溯350多年以来的血汗没有白流。从清末,中国走向衰弱的阶段,先进的中国人一直在想改变,讲革命,最后选择了从辛亥革命到毛泽东的土地革命,最后完成了这么一个革命的过程,中国人能够赶上世界发展的潮流,这些观点都是非常有魅力的,带给我们非常震撼性的思考。

我们知道黄仁宇十几岁就参加了国民党的远征军,跟着国民党到了台湾,后来到美国读历史。他写下了很多关于中国历史的著作,像《万历十五年》《赫德河畔看中国历史》《中国大历史》《大历史不会萎缩》,等等。他是一个国民党和美国所培养出来的一个历史学家,对中国的历史能够取得这样的认识,是非常难能可贵的。几十年来,中国变化之大,不仅令外国人,就是作为我们中国人本身都已经无法想象。中国的青年一代,20世纪80年代、90年代的,已经无法想象他们祖辈的生活方式。像我小时候,我的父辈和祖辈所过的那种生活,现在的年轻人已经无法想象,没有抽水马桶,没有手纸,或者叫卫生纸。中国青年生活方式的西化,包括麦当劳、快餐、迪斯科、街舞等等,以及计算机各种虚拟世界的游戏,更不用说他们在学校里所学的自然科学、经济学、心理学,还有政治学等等。今天除了顺应潮流,还有什么别的路可走?我们应该怎么样去跟我们自己的文化传统结合,来对付我们现代社会发展到今天所面临的诸多危机?我记得在前个礼拜,资中筠先生在暨南大学做报告的时候,就谈到中国和美国现在都在过个坎,美国是“占领华尔街”,因为美国的经济危机、金融危机伤害了中产阶级的利益。同时中国也在过一个坎,中国如何才能克服我们的官场腐败?这个坎分别都要过,过了以后的中美关系,可能会进入一个还继续相互作用的,比较顺当的发展时期。如果不能过去的话,那对中美关系,还有世界的格局,会有重大的或者负面的影响。

今天的中国人,可能会怀念欧阳修、苏东坡、陶渊明这些中国传统文化人,在中国传统农业文明高度发达基础上创造的生活的艺术。我们知道,林语堂有本书就叫《生活的艺术》,非常好地描述了从我们唐宋诗词所表达的,一部分没有走向官场的读书人,过一种乡居的生活。像陶渊明“世外桃源”的这种理想,以及中国文人的那种优雅的生活方式,与今天这种比较浮躁的,比较快速的,也是比较动荡的这样一种不安宁的生活环境,是有非常直接的、非常深刻地对比。

我们今天不得不问一句,我们今天和未来,会不会有田园牧歌式的《归去来兮》?中国传统的宗教哲学思想、伦理观念、做人处世的宗旨应该放在什么地位?中国自秦汉帝国所表达的社会政治的早熟,就像梁漱溟先生说的,中国文化是早熟的人类文化,中国政治的资源是无限的。中国政治发展历史提供的文化资源,其实对世界其他民族的文明,应该有深刻地影响。可是因为在语言交流上的困难,还没有能够很好地介绍给世界,深入世界各族人民的心中去。但是这已经形成了我们中华民族的历史逻辑,我们中华民族具有自己的文化历史的基因,也就确定了我们历史的发展有自己的路径依赖性,有自己的发展方式,循环的特征,这也是中国历史的宿命。

比方说2000年前,秦朝开始统一,以郡县制为代表的封建制度,郡县制、中央集权的制度,这个应该是中国历史的宿命。另外,虽然是中央集权,但是中央和地方之间的矛盾,永远是中国历史上矛盾的焦点,是一个非常值得关注的问题。中国的历史发展,因为中国地缘的特征,西部有天山,西南部是喜马拉雅山,北部是广袤的大草原,或者是荒漠、戈壁,东南是大海,这就使得我们在地理环境上,有一个足够大的相对封闭的环境。而且中国有一个300毫米的降雨线,大体上沿着我们明代长城的路径,300毫米以上的降雨的地方,主要以农业为主,而少于300毫米降雨线是牧区,是游牧民族。所以中国历史上的国防,主要的就是对付我们过去说的匈奴。中国历史可以说是草原游牧文化跟中华中原大地的,以农业文明为代表的文化之间相互冲突、融合的过程,所以在国防问题上,是中华民族所一直面临的重要挑战。到明代以后,则不单是这方面存在问题,我们东南沿海,我们的海洋文化,从郑和下西洋以后,同样面对着世界的挑战。下面我主要是着重这方面来讲讲。

中国的政治早期的成熟,也可能失去了一种进步的机会。我们曾经有过汉的九章法,唐律、明律到清律,我们的法律制度基本上没有太大的变化。明朝试图进行改革,但是失败了,张居正,他想要改革,为什么会失败,是非常值得我们思考的。因为明代是我们汉族人作为主体民族的最后一个皇朝。他为什么会走上没落,一会儿讲。明代的商品经济曾经非常发达,被欧洲人看成理想之国。但是从明代最后灭亡到清朝,有一段回光返照,封建王朝最后终于因为不再能承受农业文明发展局限所能承受的历史负载,只能够在西方面前,显出自己落后挨打的局面。

我们100多年的公共意志,一个民族的公共意志,就是变革图存,形成这样民族的公共意识,孙中山先生等革命先贤有非常伟大的贡献。所以我今天在中山纪念广场看见很多中山出来的,有名的革命家、商业家,或者文化大家,他们所表达的中华民族的公共意识应该是在一百多年前,因为改革的道路堵塞了,只有选择革命,上下翻转。一个是在上面推翻清朝,然后变成了军阀混战,然后国民党的政权改造了中国的上层结构。而共产党,毛泽东的农民革命,颠覆了基层,主要是草根的组织,让千百万组织起来的农民,为工业化的实现做出了很大的牺牲和伟大的贡献。中国的工业化初期的资本积累是广大农村给出的,为我们初步实现工业化提供了一个非常强大的支持。据统计,在20世纪50年代,我们至少从农民里面,通过剪刀差,得到了6000亿,那个时候的6000亿人民币是个很了不起的大数目,这是公开说的,还有一些民间组织的统计,大概18000亿,作为工业化的基础。我们有些人老是在说什么"合作化、公社化,毛泽东都搞错了",其实实际上是农村的组织化,把农民组织到一个队,一个合作社,然后在公社里面,使得政府能够不是面对亿万万的个体的农民,而是面对农村一级组织,能够把他们的剩余价值积累起来,变成中国工业化的基础。如果中国不走这条路,我们今天的局面还要糟。所以对中国近代史的历史唯物主义的评价,可能有不同的意见,但是对中国共产党和毛泽东主席,在中国现代的贡献要有正确的认识,我们不说"文化大革命"怎么样,我们说的在20世纪50年代到70年代,在改革开放之前,中国工业化的一些基础已经建立。这个实际上是为我们能够在"文革"结束以后,更好地走向独立自主、改革开放、走向世界、汇入世界发展的潮流,打下了一个非常好的基础。所以黄仁宇先生才说,到了80年代,中国的革命可以说是成功了。

在这个过程当中,我们知道清末的张之洞提出"中学为体,西学为用",认为还是要坚持中国的传统文化,作为一个主要的立国的根本,而西方的这些自然科学,这些技术,可以拿来为我们所用。黄仁宇针对他,提出应该以"西学为体,中学为用"。可能这两种观念,还要争论下去,我们这代人是不是能得到一个结论,都很难说。关于中国现代化,我们知道在20世纪30年代,曾经有一个非常激烈的争论,就是叫做"要不要全盘西化"。一个说"要全盘西化",另一个观点就是"不能全盘西化",要保护我们中华文化的这种神圣的地位。这个争论与暨南大学有很大关系,因为提出"全盘西化"的,是新中国成立后做过暨南大学校长、新中国成立前是岭南大学校长的陈序经先生;而作为反驳的,是以当时暨南大学的教授、后来做了十年校长的、我们的老校长何柄松先生为首的十教授,他们在报纸上打嘴仗。最后这个争论,是由胡适先生来作结的,说不要提"全盘西化",提"充分的西化",或者"充分的现代化"。

当然新中国成立后胡适倒变成了"全盘西化的、反动的"代表人物,我们批判他很多年,那今天来看的话,人家的很多观点,可能还是很对的,或者是很有建树。

现在回过头来讲讲500年来的欧洲。其实500年来的欧洲,是一个向现代的资本主义世界体系的这样一个转换的过程。在这个过程当中,就是在世界资本主义金融体系形成的过程当中,中国同时走向了衰弱。西方的两位著名的历史学家,(布罗戴尔)认为世界经济形成的时期,大致和中国的明朝重合的这个时期,这叫"漫长的16世纪"。此后的时代,被他们称作"漫长的19世纪",就是我们一般说的帝国主义时代。另外一位就是当代的美国历史学家,叫彭慕兰,他也把1350—1850年这500年的时间,称之为"漫长的16世纪"。因为在当时世界的经济体系中,货币体系从银本位逐渐向金本位过渡,只有在1850年以后,中国首先被西方的军事实力,进而是金融资本所控制和支配之后,"漫长的16世纪"才算真正地结束,现代的资本主义世界体系开始支配全世界。

"漫长的16世纪"是跟中国明代相吻合的。当时我们明代是什么一个情况?其实明代的市场经济被亚当·斯密,也就是《国富论》的作者高度赞扬,并且认为中国是市场经济的榜样。这点非常有意思的,大家如果看过冯梦龙的小说,如《古今小说》的第一篇就是《蒋兴哥重会珍珠衫》,这个故事讲的是湖北枣阳县的蒋姓商人,如何到广东来做买卖。七岁的时候跟着他爸爸过来,先假说他是亲家罗家的公子,因为罗家在广东做了多年的买卖,回湖北后过世了,已经多年没有走动了,广东商人欠他不少账,结果还受到广东人的非常好的接待,把账都跟他们结清了。这就是当时的商人信用是很强的,并不因为几年不来往了,欠了人的账就不还了。当然这是一个非常有意思的家庭故事、爱情故事,他后来娶了老婆,不得已又到广东做了两年的买卖,留在家的老婆被另外一个陈姓商人所勾引,两人发生不正当的关系。后来,蒋兴哥又跑到浙江去跑买卖。结果见到了勾引他老婆的商人,最后他发现了他老婆跟陈姓商人的秘密,因为他老婆把他给的珍珠衫给了陈姓的商人了。回来以后他就把这个老婆给休掉了。后来这个老婆就嫁给了一个县官做妾。而这个蒋兴哥非常有善良之心,把八大箱的嫁妆锁好,送到她船上,一分没有要她的嫁妆。然后陈姓商人,遇到抢劫,最后也败落,病死在路上。然后陈的老婆来处理他的后事的时候,也遇到了抢劫,变得身无分文。最后蒋帮她埋葬了这个老公,就把她娶成自己的老婆,这样一个换妻的过程……一个离奇漫长的故事。

只是看小说,你看不出多少东西来。但是你在小说里面,看到当时的社会形态,就是商界的信用体制,在明代是非常的发达,而且是非常的牢靠,就可以看出,为什么亚当·斯密把明代的市场经济看做是世界的一个榜样。但市场经济发展,不一定导致资本主义,很可能市场经济会导致一种高度平衡的陷阱。这是中国在现代发展当中仍然需要高度注意和避免的问题。所谓高度平衡陷阱就是指:分工和就业的扩大一定会造成人均收入的减少,而充分的竞争则会造成一般利润率的下降,而这更意味着这样的一个高就业、低收入、高竞争、低利润的社会,对于资本的积累而言,无疑又是最不利的。这同时还意味着,一个充分发达的市场经济,绝不会导向资本主义体制。而历史上的中国明代,恰恰就是这样一个高就业、低收入、高竞争、低利润的"理想型"的市场经济,或者说它是市场经济的极端,这反而使得资本剩余、资本积累很难实现。

其实明代不但在商品经济上非常发达,而且在科学上也是有成就的,有阴阳互动、五行学说,其中的天文学、植物学、药学,都有非常重要地发展。在哥白尼之前,中国天文学的知识还是世界领先的。在全世界的文化当中,只有中国文化将宇宙和人类,归结为自然自身的和谐因素,而不是造物主创造的产物。这种宇宙论和社会发生论,与近代科学世界观最为接近,而离宗教最远。这大概也是中国为什么不能形成一个统一的、占统治地位的宗教的原因之一。同时我们也不能否认,在中国的文化里面,太多感性的部分,而缺乏形而上的、抽象的部分,因此我们的数理逻辑就很缺乏。因为我们中国文字,它不是 ABCD,不可以做符号运算、代数运算,数理推理的过程不能很好地发展,这样使得近代的自然科学,不能够在中国发生,可以用来回答李约瑟之问。确实在这方面,中国比西方落后。我们首先跟西方所学的,就是它的自然科学、数理科学。李约瑟指出,中国在还没有牛顿经典力学以前,就有了爱因斯坦的宇宙观,太超前了。中国对宇宙模式的认识,我上一次在这讲《〈老子〉与分形——中国历史和文学中的分形》的时候,就讲到《老子》本身对宇宙模式的猜想,都已经接近了现代世界对宇宙模式的这种假说。但是缺乏了数理推导的基础,我们不能不说是一个遗憾,但是我也不能反过来说,中国就没有科学成就。

因为在 16 世纪,中国产生了辉煌的历法,我们的农历,不仅指导中国的农业,现在拿来指导世界其他国家的农业,都有很好的指导意义。我们关于节气的概念,有些国家已经在使用这样的概念。我们的植物学著作,《本草纲目》这样的中医中药的著作,以及《永乐大典》这样伟大的百科全书,这些比欧洲人要早很多。但是中国文化当中,在很大程度上缺乏发展现代数理科学的基因,这也是虽然中国有很多非常好的工艺技术,却没有能在高度农业文明基础上进入大规模工业化时代的重要原因。

我们讲实际上中国也很早开始走向海洋时代,就是郑和下西洋。有的说七下西洋,有的说九下,有的说现在的海图,包括哥伦布环球航海图,都不是欧洲人的发明,而是借助于郑和下西洋,郑和的团队很可能到过美洲。明代最后一次的大规模海洋活动,都比欧洲早了 65 年。但是中国不能全力面向海,是当时命中注定的必然,就是我刚才讲的,300 毫米降雨线,农业文明和游牧民族之间的矛盾,这个是中国主要的,几千年的国防思想。长城秦代就开始建,一直建到明代,到努尔哈赤他们入主中原的时候,指着那长城说,明代做得最没用的东西就是这个长城。清朝入关以后,长城就不再具有任何国防意义,以至于今天变成了中华民族爱好和平的象征,成为我们一个文化的符号。我们不能全面的面对海洋,在 500 年当中,其实中国遇到的危机,就是从海洋方面来的。讲到明代的大问题,我刚才讲到,国民党和共产党都非常重视明代灭亡的教训,就是最后一个汉民族为主体的朝代灭亡。我今天为什么要讲明代的这些问题,想跟我们现代社会所存在的有些危机建立联系,引起我们大家的警惕。因为明代,它的这个皇帝、儒生(读书人)和宦官(太监)之间的斗争,实际上就是正统儒学的

“重农抑商”,对商业中已经发展的海外贸易和民间商业诉求之间的斗争,充分彰显出明代的道学家的虚伪。

中国当时的精英集团,对中国社会应该如何发展,没有提供先进的决策和规划,而且非常迂腐,陷入完全是一种“犬儒”的状态,不关注国计民生,而是只关注他们自己个人的利益,而实际上中国社会的伦理学,在明代是进入了死胡同。我们知道,在明代规定的三纲五常,本不是原来孔夫子规定的,中国古代并不是这样。从汉代以孝治天下一直过来,直到明代,才把这个儒学变得非常的死板,变成了一种假道学。郑和航海的资料,是被一个儒生刘大武一把火烧掉,以至今天,不仅是今天,而且是在明朝政府后来还打算再造大船的时候,连图纸都找不着了。明代的时候,确实有一部分读书人,因为道学的影响,做了很坏的事情。

当然明代为什么不能面向海洋去发展,其中有一种解释,也有很大的原因。就是七下西洋以后,造船的木材,容易运输的、长江流域的大树都被砍伐光了,对生态环境造成极大地破坏,没有能力再用木材来造船。等到工业化时代的钢铁的年代,才有可能造出能够对付海洋长途运输、气候和海浪冲击这样的轮船。中国当时的木材已经没可能再支持这样的发展,这是一个问题。另外,当然我刚才已经讲了,我们面临的国家安全问题,在开始的时候,主要还不是海,还是北方民族的这些问题。当然中国在明代,大家都知道,还面临东南沿海的海盗问题,虽然我们有戚继光讨伐倭寇,说这个倭寇,说是日本浪人、琉球浪人,实际上大部分是我们沿海百姓。因为近海不让对外贸易,他只有走私。中国近代的走私,应该说在广东、福建沿海是很厉害。改革开放的时候,直到朱镕基总理上台,对沿海的走私,包括我们福建的赖昌星和我们广东的湛江、汕头,才进行充分地治理。其实在明代所面临的问题,在今天中国一样存在,可能在表现形式上有差别,但是面临的问题会重复,历史总是在重复某种相似形态。关于明代的对外关系,外国都是以朝贡的名义得到中国的经济援助。日本人曾经为此和琉球打了一仗,因为琉球长期得到明代的照顾,是一个朝贡的国家,日本人没有得到这个地位,眼红的不得了,最后把琉球给打败了,然后日本人也获得了朝贡的地位。而明代把琉球丢掉,实际上直到今天,还影响着我们中国走出第一岛链、第二岛链、第三岛链这样的问题。我们这几代人,还要面对东南沿海美国的“半月形包围圈”。

刚才我已经谈到,琉球地位的丧失,终于造成中国周边的形势的一个巨大的变化。因为琉球本来是北美、中美洲产生的白银输入到中国的主要通道之一。后来因为琉球被日本占领,白银输入通道中断了以后,日本人和朝鲜人倒反而从美洲输进了大量的白银。因此就使得我们在东边必须面对日本的问题。其实琉球的丧失对中国海洋的安全带来的影响是非常大的,因为明和琉球之间的海洋朝贡贸易体系的解体,是影响中国五百年命运的大事。因为缺乏了白银供应,后来的清代又不断地赔偿白银给西方列强,所以使得明朝败在这个金融体制上,清朝也败在金融体制上,被人掠夺,才达到不堪一击这样的地步。

中国每一个朝代一分封以后,就开始有藩镇割据。像唐代的安禄山反叛,因此中国在一个朝代里面,总是要打点内战,削地方势力,削地方势力弄得不好,就变成地方跟朝廷的战争,朝廷要派兵去把他镇压掉,这是中国历史当中的一个宿命。如果中央政府虽有足够的钱而没有社会动员力,就没有社会救济的能力。像汶川这样的大地震,没有国家的动员力就非常糟糕了。这一点恰恰在明代就发生了,明代是一个多灾多难的朝代,在中国气候史上,是在小冰河时期,所以明代的灾荒也特别多,可是恰恰是因为明代反对了所谓的封建(大概朱元璋分封曾引发接班的大危机),使得地方的力量非常得弱。你知道明代的太守连一个兵都没有，所以满族打进来以后，地方上是一点抵抗力都没有的，所以才有扬州“十日屠城”，“留发不留头，留头不留发”。李自成到了北京以后，发现明代不是没有钱，而是很多钱，烂在库里面，整个烂了，而赈灾这能力就没有，就靠李自成，农民起义军去赈灾。郭沫若在《甲申三百年祭》里面谈到，政府没有赈灾的行为，而靠农民起义军李自成去赈灾。

这个制度怎么造成的，就是反封建，当时削弱了地方官的权利，而中央政府的社会动员力，又大大地降低，这个原因就是中国社会，说它不封建，它是官不封建，吏封建。什么意思呢？就是中国的官从来是要异地做官，中央派个县太爷，可是县里面的吏，那些管财政的，管监狱的，这个吏是当地的土豪劣绅，恰恰是世袭的。所以这个吏，明代的吏，你们去看看吴思先生的《中国潜规则》，官不封建，吏有封建。这就使得中央政府的动员力极大地受到削弱，以至于无法对付清朝入主中原的任何有组织的抵抗。

明代的衰弱，应该是可以归结为道学家的虚伪堕落和皇帝的无为。这是我们需要吸取的教训。皇帝不做事，可以 25 年不开会，不早朝，不见你那个文官。然后道学家的空谈误国，因为社会比较富裕，明代是比较藏富于民的，一般来说地方上富裕，就使得那些读书人、道学家，搞伪道学，把儒家的学说发展到一种完全不实用的空谈。到清代以后，倒是曾国藩、左宗棠他们反过来，湖南出一大批人才，就是“经世致用，实事求是”，要求读书人要真正关注国计民生。

所以精英集团的堕落，我们要非常警惕。我们读书人一定要“家事国事事事关心，风声雨声声声入耳”。中国面临这样严峻的国际形势和环境，能不能够和平实现民族复兴还是一个问号。你看我们胡总书记提了，要有军事斗争的准备，为什么要这样说，因为你有了军事斗争的准备，你可能不用打仗就能实现我们的伟大的复兴，在世界重新崛起。这一点我希望大家在听了我这个报告以后，如果有机会、有兴趣的，适当的看一下明代的历史，然后从明代的覆亡，来得到教训。在中国命运决战的时候，1944 年，甲申三百年的时候，当时就围绕着明亡三百周年，进行了一个大讨论。当时柳亚子先生和郭沫若先生，都写了文章，特别是郭沫若先生的《甲申三百年祭》，作为共产党延安整风一个学习的教材。我想中国共产党在新中国建立后建立了强大的中央政府，同时给地方适当分权，一定也是吸收了明代的教训。

中国共产党建立了牢固的社会组织，首先是把一盘散沙的农民组织起来，把农业的利润从地主豪商手中夺取过来，用于国家工业化的建设。同时又为新中国培养了大量合格的现代劳动者，工业发展反过来使得过剩农业人口得以充分就业，这是中国国家复兴的最大的希望。

香港经济学家，在大陆改革开放中很有影响的张五常先生说，中国的以县级为单位的竞争的经济制度，也许是世界上最好的经济制度。同时他也充分肯定了新中国政权在二三十年里面，培养了大量的有知识的劳动者，使得我们 1978 年改革开放以后，能够涌入广东、深圳、珠三角地区。来打工的这些人，都是有文化知识的青年农民，这一点至关重要，因为旧中国不识字人太多，所以也不能因为现在我们教育的很多弊端，就说我们共产党的教育一团糟，这也是不符合事实。我想连黄仁宇先生和张五常先生，他们以海外的视角来观察中国的变化，都能得出这样的结论，我觉得我们应该很好地来学习。在中国这块土地上，朝代可以更迭，文化却没有中断，这一点非常重要。没有中断过，也不应该中断。如何发扬我们中华文化多民族融合的这种文化的新的力量，是今天时代所面临的一个命题。

谈到 500 年来的世界，实际上整个欧洲资本主义的发展过程，从道德的角度上看，它不是一个公正的、公平的，或者是符合人道的方式，而是掠夺，比方说掠夺非洲人口、掠夺美洲和亚洲资源建立起来的世界经济体系。我们想，今天为什么要讲这个，其实对比我们中国的历史，欧洲人至今没有完成一个统一的过程，这个过程中国早在2000年前就已经完成。我们知道在1000年以来，欧洲大陆内部旷日持久的互相杀害，在1490年的时候，欧洲人口只有6200万，却分为200多个国家，打了500年，消灭了不下170多个国家，剩下了30个，而直到20世纪90年代，还打了一个科索沃战争，又把南斯拉夫分裂成7个国家。而南斯拉夫战争，你要追它的根源，它仍然是一种宗教冲突的战争。因此到今天剩的三十几个国家，还在讨论欧共体，要不要统一成一个欧洲的联盟，但是又发生了现在的经济危机。

我们现在有3万多亿美元的外汇储备，1万亿是买美国的国债，将来不管怎么样，我们要用好这样的资本，希望能够转换成中国在未来世界上更加大的影响力。这个当然我们还要看，因为最近我们解放军成立战略规划部，这个使美国人很恼火，要求透明度，增加透明度。这个战略规划部是干什么的，其实中国不用回答。我们说和平崛起，但是你看看我们的历史剧《汉武大帝》，大家都看过，在那样的环境里面，对付匈奴，对付游牧民族的入侵，汉代积累了两代，或者到第三代皇帝以后，他才能够有足够的国力，用武力的办法来达到汉代疆域的扩大和和平，把那些游牧民族赶到荒漠之外。当然最后他们是往西走，影响欧洲。在世界史里面也讲到，本来德国是往东进入，然而受到蒙古成吉思汗从东往西一直打到欧洲的，这么一个发展过程的阻碍。今天我们所面临的，中国要和平崛起，你要没有自己的实力是不可能的，一定要有足够强大的国力。中央政府的权利和经济实力，保证了我们的社会动员力。

实际上如果讲到今天的西方，是以战争投资，或者以战争金融来推动资本积累的果实。西方的银行制度怎么形成，就是欧洲要打仗，然后当时的帝王、政府，要跟资本家借钱，所以有钱人商量，建立了银行，以国家信用，向这些商人借钱，来维持它的运转，这样形成的金融，或者资本积累的模式，可以称作战争金融。今天来看西方世界并没有变化多少，因为美国今天的金融危机，主要也是因为它的军工集团、金融寡头掠夺了大部分财富，才形成了占领华尔街这样的运动。今天它对于中东的几次战争，都是为了资源，例如伊拉克战争、阿富汗战争。西方资本主义和帝国主义的发展，在道义上是不合理的，或者说是违反人类社会的正义性。

实际上在500年的世界历史上，中国代表着勤劳革命和市场经济的发展模式。所以我们不要一说市场经济，就意味那是西方的东西，不是中国的东西，中国只有改革开放以后才有市场经济，这是非常错误的观念。中国在明代有世界上最发达的市场经济，我刚才说了，如果你不相信，你看一下明代的小说，那时的社会形态，人们的生活是怎么过的。同时中国在这500年当中，没有发动真正意义上的侵略战争，就是以自己的辛勤劳动积累财富，一直到1830年左右，中国的国民总收入，仍然占世界的1/3左右。中国现在还远没有达到这样的水平。

中国应该能够达到这样的水平，因为中国人口现在仍然是最多，而且有这样的非常雄厚的劳动力和相当高的文化水平，这点比印度应该是强很多。讲到“漫长的19世纪”，实际上是讲英国资产阶级革命到第一次世界大战的历史。第一次世界大战以后，当然英国就没落，就变成了美国称霸世界，至今也大概有一百年左右的时间。列宁提出帝国主义是资本主义的最高阶段、垄断阶段。那个时候，列宁就提出和平和发展的两个主题。但实际上在“漫长的19世纪”没有解决，一个都没有解决，而今天呢，仍然也还是面临着这样两大主题，究竟谁战胜谁,仍然没有定论。中国人民一定还要有危机感,我们能不能够重新复兴,占据我们民族应该有的地位,这是每一个中国人所应该思考的问题。

但是在应对中国自身存在的问题上应该走什么道路,仍然存在着很多争议,有各种各样的思潮。各种思潮的活跃,一定会酝酿着中国更好地走向未来的这样一个环境,这样的氛围会达至好的制度安排。我是有这个信心。

下面我就想引用老子的话,关于人世社会,老子曾经说:“失道而后德,失德而后仁,失仁而后义,失义而后礼,夫礼者忠信之薄而乱之首。”老子是对的,所谓礼,我理解实际上指的是法律制度,原来大家都很平和的时候,很朴素的时候,不需要这些东西,但是你有了这些东西以后,是不是问题都解决了呢?不是的,而恰恰可能会是社会混沌和混乱的一种局面。这句话其实非常值得我们现在中国人很好地加以思考,如何治理这个国家,实在不是一件容易的事情。中国的知识分子,为了中国的政治经济文化发展,一定要有自己非常负责任的智库、思想库。或者类似战略规划部所做的,不仅是战略方面的、军事的,而且对我们社会的制度设计,特别是对治理腐败的制度建设,形成一些共识,通过我们中国特有的民主的方式,达到民意的那种统一。

一百多年来,中华民族的伟大精英和革命先行者的思想之源,主要来源于我们广东的康有为的《大同书》,以及孙中山先生的“天下为公”、“世界大同”的这些思想。这些现代模式,是从孔夫子到孙中山再到毛泽东,再到邓小平改革开放走过的一个过程。西方人也是这样看,他认为一个另外的世界是可能的,而这一切取决于我们今天的行动,能不能够用中国勤劳的模式,来取代战争的掠夺的这种模式,达成世界比较均衡地发展,让人类有更加和平的未来。这是一种伟大的理想。实际上在整个漫长的西方启蒙时期,正像法国的启蒙思想家所预言,没有一个人在他们著作的某一部分,不对中国倍加赞扬,只要读他们的书,就一定会看到对中国的赞美。实际上在前面经历过以法国人为代表的,欧洲人非常崇拜中国的时期,但是我们也经历了中华民族非常失落的一百多年。

在世界上,我们能不能够有自己的中国模式?实际上,从20世纪开始,近代中国所面临的遭遇是两重的:一方面就是如何建立起新的中国的认同,也就是结束中国国家四分五裂的局面;另外一方面,就是要建立新的现代世界的认同,就是中国在世界上处于什么样的地位,如毛泽东所说的能不能够自立于世界民族之林,对人类做出更大的贡献。无论是从康有为、孙中山到毛泽东,都是有这样的理想,就是毛泽东所说的,改造中国与世界。我们讲康有为,他的《大同书》的意义主要有两方面:一方面重建中国文化的认同,作为现代中国制度改革的基础,重新把中国统一起来;另一方面,要重建现代世界的图景,来重建现代世界的认同。所以一方面是对中国主要传统文化的整理、批判和继承,另一方面,主要是对欧洲近代文化的整理、批判和继承。这一点中国和西方的知识分子之间,应该有更多地交流和融合。

我们来看是否存在中国模式,或者中国的道路。不能够把中国的改革和中国革命者的思想视为空想,视为乌托邦。因为一百多年来,中国的革命和改革的历程,已经昭示着以人民战争的方式击溃帝国主义的军事霸权是可能的;而以勤劳革命的方式完成工业化发展,也是可能的;同样的按照劳动者的愿望和斗争,去变革生产方式,造成一个不断改革的正义公平的社会,也是可能的。中国今天的正义,就是如何解决贫富分配不公、缺乏社会正义的一些方面,我们已经有很充分地认识,就是如何在适当的时候,出台正确的政策,能够达成真正比较公平、公正的,一个正义的中国社会。在我们建立中国模式的时候,让我们来看奈斯比特提到的《中国大趋势》向世界描述的中国新的发展模式。他说,支撑中国新社会长治久安最重要、最微妙的,也是最关键的支柱,是自上而下和自下而上力量的平衡,即所谓的纵向民主,是中国民主自上而下的指令,动员组织,以及中国人民自下而上的参与所形成的新的政策模式。西方的所谓的民主是平铺的,所有的选民一人一票,平铺。中国应该有一个除了平铺这个部分以外,还一定有纵的方面,上下沟通,自上而下和自下而上的这种很好的力量平衡,一个很好的沟通渠道。太平铺了,实际上使没有社会动员力的中央政府,一到危机无计可施。所以现在美国人反过来说,要看看中国怎么办,他也想办,但他的办法只有一次、两次发钞票,叫做"量化宽松",可能明年还要再大发钞票。用这种方式,利用美元的霸主地位,来把财富往他那集中,来解决他的问题。但是我相信如果他只要这样做下去,我们的三万亿美元的外汇储备,虽然被损失掉了,但是美国人的霸主地位,一定也同时被损失掉、被消除掉。中国一定会有比现在更大的在世界上的影响力。所以"量化宽松",你别以为他可以随意地把别人口袋的钱变成零,然后解决了他的问题。奈斯比特提到中国新社会的八大支柱:一个是解放思想;一个是自下而上和自上而下的结合;一个是规划森林,让树木自由形成,让每个人都得到自由,让更多的言论发表意见,让它比较自由地生长;还有就是"要摸着石头过河",这是我们邓小平同志提的,在实践中解决问题;再有艺术和学术的发展,就是文化建设。今天你看,我们提到文化产业的问题,珠海、中山市的建设,就是以它的文化建设,历史文化的这种名城,作为启动,作为带动,这具有非常巨大的意义。还有一个是融入世界,第七是自由和公平,然后第八,当然,我们希望体育,从奥运金牌到科学研究方面的诺贝尔奖。我们要经历这么一个过程,从八个方面来解决。

奈斯比特先生已经80多岁了,他把他的研究中心建在天津,他相信中国模式将以难以置信的力量影响世界。对别的国家来说,改革越多,中国模式就越有效。这一点,我想中国人已经开始展示一种与西方不同的、柔韧的发展模式。假以时日,它很有可能成为对西方式民主治理方式的一种真正地挑战。中国不仅改变自己,以适应全球贸易环境,同时也改变着全球的贸易环境。中国可以称之为一个极具战略眼光的国家,坚定呈现着自己的价值观。一方面我们要审视西方的历史发展,从中世纪以后的思想启蒙阶段,开始建立的那一套西方的,所谓自由、平等、民主等这些概念;同时我们中国要从自己的道路,从自己的历史发展里面,通过自己的理论和实践,形成人类普世价值观的重要的新的组成部分,这是中华民族自己所面临的一个重要的任务。而要完成这个任务,一定要保证我们自己社会的、健康的、平衡的,向着公正和正义顺利发展的道路,不要怕目前社会存在的种种的难题,非常多的矛盾,很多的混乱,我们从这种混沌当中,要看到我们中国需要走的那种比较清晰的发展道路。对中国的领导集团,或者中国的精英集团和中国的平民百姓,都要有一个很好的形成共识的这样的过程,对面临的一些重大问题如资源环境破坏、民生收入不均、教育不平等、思想道德滑坡等等,要在制度建设、思想文化建设方面加以很好解决。讲到道德,孔子说:"礼失求诸野。"你看佛山的那个小女孩悦悦被车轧了以后,为什么他要轧两次?为什么18个路人都不管?最后出来一个拾荒的老太太把她抱起来。所以礼失之后,要从我们的老百姓,我们最平常的百姓当中,在民间找回我们中华民族善良的、优良的道德。

所以不要以为读书越多,就会使我们道德水平越高,不是这么回事。我们应该从我们的文化的根上去认识。许多干部消极腐败,变得猪狗不如,如明代张居正说,道学家猪狗都不如,出不了好主意,不做实事,就会消耗社会的财富。奈斯比特在《中国大趋势》中说,中国能否实现建设创新型国家，很大程度取决于教育体制的转变，如果教育和其他机构依然坚持等级森严的家长制（就是“官本位”），那么建设创新型国家是不可能的。今天我没有时间来阐述，如何回答钱学森之问：“我们为什么培养不出杰出的人才？”这应该是另外一个讲演的题目，会有其他学者来做。大家要有信心，思想解放是需要时间的，西方国家是在大约两百年前才开始民主进程，直到1971年，瑞士的妇女才第一次有了选举权，所以不奇怪，不要以为西方就已经解放得很早。美国的种族隔离，直到20世纪60年代，马丁·路德·金做的演说《我有一个梦》，那个时候才开始真正结束了美国的种族歧视。所以思想解放需要时间，自由民主制度的建立，尤其需要一个长时间。从林肯的“民有、民治、民享”，到我们温总理提出“民有、民享，为民负责”的政策，中国式的开放和自下而上的社会创新，营造了纵向的民主。我们一方面要非常注意我们的媒体，我们的网络，让它有自由发言的空间，但是一定要把握正确的方向，这是每个人，每个读书人要有的社会责任感。在张维为先生的《中国触动全球》里面，进一步地论述了我们不能把中国的民主问题，简单地归结为官民对立，实际上中央集权是中国的历史逻辑，民主和政治统一的结合，人民和政府的结合。实行人民自下而上地有序参与，打击利益集团和地方势力，反对帝国主义列强，建立强大的为人民服务的政府，这样才能够使我们在列强竞争的环境中图存，避免利益集团的争权夺利，以至于国家分裂，人民痛苦。这是历史的结论。

我希望我们在未来的岁月里，一起来见证我们“中国崛起”这样一个伟大的时代真正地来临。我今天的讲座结束。谢谢大家。

珠江三角洲战略性新兴产业的选择与培育

毛艳华

毛艳华，中山大学港澳珠江三角洲研究中心经济学教授、产业组织与管理专业博士生导师。主要研究方向包括产业组织与产业政策、区域发展战略与管理、技术创新与产业升级、科技战略与政策、服务贸易与政策等。曾获得广东省科学技术奖三等奖、广东省社会科学首届学术年会优秀学术论文二等奖和广州市哲学社会科学优秀成果二等奖。主持国家级、省（部）、厅和地市等各类社科基金或科学基金十余项。出版专著（合著）三部，发表学术论文二十余篇。

各位中山的朋友：

晚上好！很高兴来到我们的香山讲坛，我想图书馆办活动是一种比较有利于传承文化的方式。2011年我在纽约大学访学，亲身体会到图书馆办文化活动是最受欢迎的地方，纽约的大街随处可见各种图书馆、艺术馆、博物馆，这些地方是文化和科学传承的最好场地。广东改革开放30年，科学技术是第一生产力，现在这个已深入人心，大家都可以接受了。那么，我们珠三角这个地方，目前人均GDP已经超过了7万元人民币，即超过了1万美元，像我们中山市还应该更高吧，就经济发展水平来看已经达到了发达国家的水平。因此，在这样一个经济发展阶段下，创新比任何事情都更重要，也就是创新驱动。从政策层面来讲，从中央层面到地方上，我们的省委书记汪洋同志讲了广东要成为科技大省，就是要通过科技创新来引领广东未来的发展，提升珠三角未来的竞争力。因此，我想今天与大家分享一下战略性新兴产业问题，更重要的是要宣传强调创新和科学技术的重要性。

自2008年全球金融危机暴发以来，世界各国都在抓战略性新兴产业的发展，也就是要占领科技的制高点，不仅是要依靠科技创新来摆脱危机的影响，而且要在新一轮的全球科技竞争中获得优势地位。珠三角地区经济高度发达，是全球主要的制造业基地。那么，为什么珠三角地区要加快发展战略性新兴产业呢？如何来发展战略性新兴产业？今天想要讲的大致内容包括六个方面：第一，21世纪的新科技革命与新增长方式；第二，珠三角地区加快转型升级的迫切性；第三，战略性新兴产业及选择标准；第四，战略性新兴产业的重点发展领域；第五，促进战略性新兴产业发展的工作重点；第六，扶持政策与配套措施。

谈21世纪的新科技革命与新增长方式，必然要先回顾一下历史上的科技革命与产业变革。首先我想给大家介绍一下，科技革命和产业革命是怎么相互交织在一块的，怎么相互作用，从科技革命和产业革命的规律来讲，为什么说创新显得非常重要。科学技术它是指科学与技术，所谓科学它指的是人类认识世界的一个规律的总结。那么技术它主要是讲如何改造世界，是个工具，即相关的技巧、技术。我们一般把科学跟技术连在一块，叫科技。人类社会的科技革命到今天大致可以划分为五个阶段，也就是经过了五次科技革命。

在16世纪和17世纪，以伽利略、哥白尼、牛顿等为代表的科学家，在天文学、物理学等领域带来了世界的第一次科技革命。这场前后经历144年的科技革命是近代科学诞生的标志。我们知道，进入16世纪后，文艺复兴在欧洲各国空前盛行，这一场大规模的思想文化运动，带来了一段科学与艺术革命时期，揭开了近代欧洲历史的序幕，被认为是中古时代和近代的分界。当时，哥白尼、伽利略、笛卡尔等一批代表性科学家，在天文、物理和数学等领域进行了开创性的研究,标志着近代科学技术的诞生,这就是第一次的科学革命。也就是说从这个时候开始,人类认识世界有了一个比较好的科学观,所谓辩证唯物主义的思想,也就是不用所谓的教会、迷信的思想去看待世界。

18 世纪中后期,蒸汽机、纺织机的发明带动了第二次科技革命,这也是世界第一次产业革命,蒸汽机的广泛使用推动了英国的工业革命与现代化,纺织业、采矿业、冶金业等获得发展。第三次科技革命发生在 19 世纪中后期,其标志是内燃机、电机和电讯技术的出现,这带动了包括钢铁、石化、汽车、飞机等行业的发展。19 世纪中后期至 20 世纪中叶,以进化论、相对论、量子论等为代表的科学突破引领了第四次科技革命,其主体部分涉及物理学,并扩展到天文学、遗传学(DNA)、地学、计算机科学等。20 世纪中后期,电子计算机、信息网络的出现,带来了第五次科技革命。

我们说,科技革命引发产业革命,推动大量创新与经济社会的进步。因此,科技革命让"有准备"的国家受益良多。人类近代历史上每一次的科技革命都深刻影响和改变着国家的兴衰,民族的命运与世界的格局。那些抓住科技革命机遇的国家,率先进入了现代化潮流。英国抓住了第一次和第二次科技革命的机遇,率先成为世界强国,号称"日不落帝国";德国在英国之后,引领了第三次和第四次的科技革命,曾经是世界上最发达的国家;美国引领了第三次、第四次和第五次科技革命,是当代最强的国家;日本抓住了第三次、第四次和第五次科技革命,升级为发达国家。甚至一些欧洲的小国,抓住了第四次产业革命高科技产业发展的机遇,也快速成为发达国家。比如,芬兰和爱尔兰抓住了第五次科技革命机遇,互联网和信息产业快速发展,加入了发达国家的行列。芬兰的诺基亚手机很有名,爱尔兰像路由器、网络这些都是非常有竞争力的。

中国虽然是文明古国,在近几百年来却紧锁国门,未加入到现代科技发展的行列中。改革开放以来,面对第五次科技革命浪潮,我们大力发展信息产业,成为信息产业大国。可是我们仅仅是在核心技术的外围,研发能力不足,核心技术没有。比如说我们珠三角地区是一个全球性信息产业的基地,可是我们在产业的核心环节上缺乏芯片和面板这两个重要东西。又如说电视机"没有心没有面","没有心"就是没有芯片,"没有面"就是没有面板。平板显示技术的核心材料目前主要由全球三家企业垄断,包括日本的夏普和韩国的三星。我们虽然拥有大量稀土,可是我们缺乏技术从稀土中提炼出高纯度的硅,这是面板生产所需要的关键材料。所以你看我们是全球消费电子产业的大国,可是我们"没有心没有面",企业只能赚点加工费。

由于产业缺乏创新能力,在全球分工中我们只能做代工环节,企业只能赚点血汗钱。在很多年之前,大概是 2002 年或 2003 年左右,我到南海的官窑镇调研,考察芭比娃娃的代工工厂。芭比娃娃大家都知道是美国人设计的玩具,但它是一个全球性制造产品:假发从日本进口到中国,匹料从印度进口,中国负责制造,美国设计和销售。早在 1996 年 9 月 22 日美国《洛杉矶时报》刊登的文章《芭比娃娃与世界经济》,详细描述了中美产业和贸易分工的格局。这篇文章说,从中国进口的芭比娃娃玩具,在美国的零售价为 9.99 美元,而从中国的进口价仅为 2 美元。在这 2 美元中,中国只获得 35 美分的劳务费,其余 65 美分用于进口原材料,1 美元是运输和管理费用。要摆脱这种被动与困境,就要提高自主创新能力。

为什么说创新非常重要?2008 年暴发全球金融危机后,美国的失业问题严重,经济下滑很厉害。2011 年我在纽约大学访学,记得美国总统奥巴马多次谈到,美国在过去的差不多

100年，之所以能够引领全球经济，就在于它的科技创新。也就是美国它之所以能够成为全球经济的中心，就是它的科技中心、研发中心。我们知道，二战结束以后，美国为了抢占政治、经济和军事制高点，保持经济持续繁荣和霸权地位，几乎每隔10年左右便出台大型科技计划。例如，50年代战后核能计划，六七十年代阿波罗计划，80年代星球大战计划，90年代信息高速公路计划。科学研究促进了科技创新，推动了产业升级，支持了美国经济新的繁荣与持续发展。

我们已是全球第二经济大国，经济实力雄厚。如果能够抓住21世纪的新科技革命机遇，提高自主创新能力，加快转变经济发展方式，我们就有可能成为引领21世纪的强国。

首先，进入21世纪以来，一些重要科技领域发生革命性突破的先兆已经初显端倪，人类社会正在孕育第六次科技革命。也就是说，新的科技革命和产业革命就要出现了。为什么这样说呢？从科技发展史来看，奠定现代科技基础的重大科学发现多数发生在20世纪上半叶，“科学的沉寂”至今已达60余年。科技知识体系积累的内在矛盾已渐凸显，一些领域重要的科学问题和关键技术发生革命性突破的先兆已经出现。比如，重要的科学领域，包括物质能量的调控与转换，量子调控与信息传输，生命基因的遗传、变异、进化与人工合成，脑与认知的本质，地球的演化，等等。这些领域的科学问题最近几十年获得了重大的理论突破。同时，在关系现代化进程的战略领域，比如，能源、资源、信息、先进材料与制造技术、现代生态农业、人口健康技术、空天技术、海洋技术等，一些重大的技术问题也不断被攻克。因此，在今后的十几年或20年内，很有可能发生一场以绿色、智能和可持续为特征的新的科技革命和产业革命，将会改变全球产业结构和人类文明的进程。

其次，历史经验表明经济危机往往孕育着新的科技革命。通过科技上的重大突破和创新，推动经济结构的重大调整，提供新的增长引擎，使经济重新恢复平衡并提升到更高的水平。我们知道，1857年的世界经济危机，是第一次波及全球的生产过剩危机。这次危机引发了电气革命，推动人类社会从蒸汽时代进入电气时代。内燃机和电动机逐步取代蒸汽机，创造了电力与电器、汽车、石油化工等一大批新兴产业，同时大幅提升了机械、冶金等产业的发展水平，工业文明成为世界发展的主流。1929年的世界经济危机，是20世纪最为严重的全球经济危机。这场危机引发了电子革命，推动人类社会从电气时代进入电子时代。世界产业结构发生了重大变化，电子、航空、核能技术及其产业得到迅猛发展，并且引发了第三次产业革命。1973年的石油危机后，引发了对可持续发展的思考。同时，全球化、知识化、信息化、网络化的新时代逐步到来，有别于以往工业革命的新型人类文明形态正在逐步形成。

最后，面对全球金融危机，主要强国都在进行抢占科技制高点的竞赛，全球将进入空前的创新密集和产业振兴时代，战略性新兴产业已成为引导未来经济社会发展的重要力量。例如，在2009年美国政府出台了《美国创新战略》，提出将研发的投入提高到GDP的3%这一历史最高水平，力图在新能源、基础科学、信息网络、干细胞研究和航天等领域取得突破；后来又两次提出美国科技的主攻方向，包括节能环保、智慧地球等。欧盟宣布到2013年以前，将投资1050亿欧元发展绿色经济，保持在绿色技术领域的世界领先地位。英国从高新科技特别是生物制药等方面，加强产业竞争的优势。日本出台“数字日本创新计划”，促进绿色、智能和环保等新兴产业发展。俄罗斯提出开发纳米和核能技术。我们政府也相应制定了加快发展战略性新兴产业的相关规划。

我们再谈谈第三个问题，具体到我们珠三角地区，为什么加快转型升级极为迫切？改革开放以来,珠三角经济获得了高速发展。珠三角地区以占全国3.6%的人口和不足0.6%的土地,创造出了经济总量(GDP)占全国比重高达10.3%的经济奇迹。但是,珠三角地区近30年的经济高速增长是建立在对土地、能源、资金、劳动力及各种生产要素的高投入基础之上的,“三高一低”(高投入、高污染、高消耗、低效益)的粗放型经济增长模式所带来的负面影响主要体现在经济增长的不可持续性、产业结构升级缓慢和区域经济抗风险能力不强等三个方面。

目前,珠三角人均GDP已突破1万美元。根据世界经济论坛有关人均GDP与经济发展阶段的划分标准,珠三角整体的经济发展进入了效率驱动向创新驱动的过渡阶段,部分城市经济发展已进入到依靠创新驱动的阶段。因此,面对全球金融危机的暴发,广东省委、省政府抓住外部环境所形成的倒迫机制,提出了促进产业升级与技术创新的战略思路。这包括“双转移”战略、“双提升”战略、构建产业技术创新体系和加快发展战略性新兴产业等。

第四个问题是战略性新兴产业及选择标准。何谓战略性新兴产业,战略性新兴产业是以重大技术突破和重大发展需求为基础,对经济社会全局和长远发展具有重大引领带动作用,知识技术密集、物质资源消耗少、成长潜力大、综合效益好的产业。国务院总理温家宝在2009年9月21日和22日召开三次战略性新兴产业发展座谈会,听取经济、科技专家的意见和建议。温家宝总理强调,发展战略性新兴产业,是中国立足当前渡难关、着眼长远上水平的重大战略选择,要以国际视野和战略思维来选择和发展战略性新兴产业。与会的47名中科院院士和工程院院士,大学和科研院所教授、专家,企业和行业协会负责人就发展新能源、节能环保、电动汽车、新材料、新医药、生物育种和信息产业建言献策。

对于珠三角地区来说,加快发展战略性新兴产业的重要意义不言而喻:第一,缓解资源环境瓶颈制约;第二,促进产业结构升级;第三,经济发展方式转变;第四,增强国际竞争优势。中国经济总量居于全球第二位,但面临的国际经济环境越来越严峻。其中一个问题就是贸易壁垒非常大,也就是在传统产业,你没有核心技术,出口以量取胜,但发达市场国家动不动就以反倾销名义要给你高的关税,而美国的高科技产业就没有这些问题,它还对华限制出口。诺贝尔经济学奖得主斯蒂格利茨在北京论坛里面讲过一句话,他讲21世纪有两大重要的事件:一个是美国的高科技,另一个是中国的城市化。所以高科技是一个国家的竞争力所在。

那么战略性新兴产业怎么来选择?我们认为,发展战略性新兴产业要坚持四个方面的原则:第一,充分发挥市场的基础性作用与政府引导推动相结合;第二,坚持科技创新与实现产业化相结合;第三,坚持整体推进与重点领域跨越发展相结合;第四,坚持提升国民经济长远竞争力与支撑当前发展相结合。在这四方面的大原则下,战略性新兴产业的具体选择标准,应包括:产品要有稳定并有发展前景的市场需求;要有良好的经济技术效益;要能带动一批产业的兴起。而在战略性新兴产业发展的基本方向上,主要包括新能源开发和利用、信息技术与服务、生物技术与利用、低碳经济与节能环保。

第五个问题是有关战略性新兴产业的重点发展领域。在广东省战略性新兴产业发展“十二五”规划中,重点发展领域包括高端新型电子信息产业、新能源汽车产业、LED产业、生物产业、高端装备制造产业、节能环保产业、新能源产业、新材料产业。事实上,从全球的趋势来讲,一个就是新能源。我们知道从人类社会工业文明以来能源是非常重要的,所以现在世界上的战争都是为了能源,能源大战,美国的对外战争就是为了能源。那么新能源的开发和利用上,这个是一个方向,除了石化能源以外的非化石能源,比如说风能、太阳能、生物能源,像中国太阳能这几年发展得很好。你比如现在很多的路灯,像太阳能电子板就不用牵电线了,就直接用太阳能板来给路灯照明。还有一个就是信息技术服务,那么信息服务这个就是所谓的互联网,互联网技术非常重要。互联网这一块它的关键技术要开发出来可以使得它能够跟我们的生活紧密联系起来,跟我们的自动控制、智能化结合起来,你比如将来的住房智能化、智能家庭生活。现在广州提出的数字城市,数字城市无非就是通过信息产业,依靠互联网这个链。

生物产业领域涉及生物技术、生命科学、医药的研制研发这块。比如说分子生物学,也就是关系到人类未来的生老病死和生物育种等等。生物产业这一块在干细胞技术领域前景广阔,干细胞技术将来对生命健康和动物育种等领域都有不可估量的作用。低碳经济和节能环保,这就是循环经济这一块,低碳循环。循环经济这块国家非常重视,但是我们在循环经济领域还缺乏一些关键的技术,比如说处理技术。还有节能环保的一些材料设备,比如说海水淡化,这就涉及一些关键技术领域问题。珠三角地区是信息产业基地,我们的家用电器离不开高端电子器材,比如说像平板 LCD,也就是平板技术,就是刚才开始讲到的问题,只有开发出自己的高晶硅来,才能够做出自己的面板,不用进口。还有一个就是所谓的芯片,关键的芯片,你这个芯片如果不能解决的话,你很多家用电器没有芯。你将来要进一步的智能化、网络化,你就需要应用软件,这就是新兴高端的电子信息产业。比如说现在涉及互联网的相关 RFID 技术,我们现在要构建一个所谓的物联网,你没有这个相关技术的解决突破的话你就做不到。发达国家的食品安全不会出现那么严重的事故,就是食品从生产到餐桌上都有跟踪技术。

新能源汽车领域,我们中山也有新能源汽车项目基地。我们现在汽车产量很大,如果能够把新能源汽车相关核心技术解决好,那么就带动了该产业的发展。LED 产业这块的市场前景非常大,传统的日光灯它是不节能的,一个 30 瓦的灯一天照下来要多少度电?可是如果是用这个 LED 新的照明光源,它照一天,一度电都不要,并且亮度又好。高端装备制造业,比如一些钻井平台、船舶的装备等,还有我们汽车的高端装备,成套高端装备的研发、生产技术的自主知识产权非常重要,这涉及中国的真正竞争力。节能环保产业,在城市建筑、染水处理等领域的关键技术创新,对于我国城市化进程,提高城市化的质量极为重要。

战略性新兴产业发展的工作重点包括技术创新环节、产业化环节、市场培育环节和环境建设环节。在技术创新环节,是开展重点领域关键核心的技术攻关,加强技术创新公共服务平台建设;深化政产学研合作,大力培养和引进高层次人才,推进科技体制机制创新;开展一些重点领域的关键核心技术的公关,也就是怎么来突破一些核心关键技术。技术创新公共服务平台的建设,你比如说像我们现在在全省上布置了 100 多个平台,涉及各个领域。还有一个深化产学研的合作,产学研合作目前的典范就是我们的省部院合作,科技部、中国科学院、中国工程院等等这些。还有一个大力培养和引进高层次的人才,这个也是现在广东做得很多的,人才是第一生产力。最后就是推进科技体制创新。体制机制创新是非常重要的。就是怎么来强化企业的研发主导地位。我们企业它知道科技创新风险是很大的,那么企业它自己拿钱去做一些高风险的事它是不愿意的,所以往往一些关键技术、核心技术它需要很好的创新机制,比如说国家拨款、政府拨款,通过一些大企业跟中小企业联合的攻关。比如说在六七十年代,日本加强半导体产业的发展,后来到 80 年代就超过了美国的半导体产业技术。其成功方法就是通过把索尼、夏普、东芝这些大的巨头集中起来,大家围绕半导体产业成立了联合研究小组,这就是一个科技体制相关的一些政策激励,通过一些相关的税收政策,还有产学研的环节。

在产业化环节,主要是加强知识产权保护和管理,实施技术标准战略,推进技术创新成果产业化,促进产业集聚发展。产业化的环节主要是强化知识产权的保护,知识产权的保护非常重要,知识产权的保护我觉得这个是个根本的问题,我们的知识产权面临很多的挑战。如果没有基本的权利保护,没有产权的保护,企业家是没有创新能力的,是不愿意去创新的。当然我们这个转型时期企业家自身有一些问题,但是总体来讲我们企业家创业发展的环境是存在一些问题的。比如说,我去东京大学做访问学者,东京大学周边的那些饭馆,很多能够开100多年,这个都是家庭祖祖辈辈、世世代代都做这个东西。同样的,国外很多知名的制造企业,它都是百年老店,不会两三年就没有了。还有是实施技术标准战略和构筑产业链条。

市场培育和环境建设也是促进战略性新兴产业发展的工作重点。所谓市场培育,就是要大量培育骨干企业,珠三角规划纲要实施方案中提出,咱们珠三角要培养100家战略性新兴产业的骨干企业,也就是说相关的产业领域都要有一些龙头企业起到带动作用。作为创新最活跃的群体,创新性中小企业也非常重要,要解决科技融资这一关键问题。还有促进重大项目的建设,这个主要是一些政府的项目工程,还有重大的示范工程。环境建设主要是培育生产领域的环境,就是开发的新产品能够在市场推广应用,除此之外,就是商业化模式和业态创新。加强国内外的科技和产业合作也是提高产业环境的氛围。

最后一个问题是有关战略性新兴产业发展的扶持政策与配套措施。一是要加大财税政策扶持。要在整合现有政策资源、充分利用现有资金渠道的基础上,建立稳定的财政投入增长机制,设立战略性新兴产业发展专项资金,着力支持重大关键技术研发、重大产业创新发展工程、重大创新成果产业化、重大应用示范工程及创新能力建设等。结合税制改革方向和税种特征,针对战略性新兴产业特点,加快研究完善和落实鼓励创新、引导投资和消费的税收支持政策。

二是要强化金融支持。要加强金融政策和财政政策的结合,运用风险补偿等措施,鼓励金融机构加大对战略性新兴产业的信贷支持,发展多层次资本市场,拓宽多元化直接融资渠道。大力发展债券市场,扩大公司债、企业债、短期融资券、中期票据、中小企业集合票据等发行规模。进一步完善创业板市场制度,支持符合条件的企业上市融资,推进场外证券交易市场建设,满足处于不同发展阶段创业企业的需求,完善不同层次市场之间的转板机制,逐步实现各层次市场有机衔接。扶持发展创业投资企业,发挥政府新兴产业创业投资资金的引导作用,扩大资金规模,推动设立战略性新兴产业创业投资引导基金,充分运用市场机制,带动社会资金投向处于创业早中期阶段的战略性新兴产业、创新型企业。健全投融资担保体系,引导民营企业和民间资本投资战略性新兴产业。

三是要加强企业技术创新能力建设。要构建新兴产业技术创新和支撑服务体系,加大企业技术创新的投入力度,对面向应用、具有明确市场前景的政府科技计划项目,建立由企业牵头组织、高等院校和科研机构共同参与实施的有效机制。依托骨干企业,围绕关键核心技术的研发、系统集成和成果中试转化,支持建设若干具有世界先进水平的工程化平台,发展一批企业主导、产学研用紧密结合的产业技术创新联盟,支持联盟成员构建专利池、制定技术标准等。进一步加强财税政策的引导,激励企业增加研发投入。

四是要加强知识产权体系建设。要加强重大发明专利、商标等知识产权的申请、注册和保护,鼓励民企申请国外专利。健全知识产权保护相关法律法规,制定适合战略性新兴产业发展的知识产权政策。建立公共专利信息查询和服务平台,为全社会提供知识产权信息服务。针对国内企业在对外贸易投资中遇到的知识产权问题,尽快建立健全预警应急机制、海外维权和争端解决机制。大力推进知识产权的运用,完善知识产权转移交易体系,规范知识产权资产评估,推进知识产权投融资机制建设。

五是要加强技术标准体系建设。制定并实施战略性新兴产业标准发展规划,加快基础通用、强制性、关键共性技术、重要产品标准研制的速度,健全标准体系。建立标准化与科技创新和产业发展协同跟进机制,在重点产品和关键共性技术领域同步实施标准化,支持产学研联合研制重要技术标准并优先采用,加快创新成果转化和产业化步伐。

六是要建设高素质人才队伍。支持企业人才队伍建设。加快完善高校和科研机构科技人员职务发明创造的激励机制。加大力度吸引海外优秀人才来华创新创业,依托"千人计划"和海外高层次创新创业人才基地建设,加快吸引海外高层次人才。加强高校和中等职业学校战略性新兴产业相关学科专业建设,改革创新人才培养模式,建立企校联合培养人才的新机制,促进创新型、应用型和复合型人才的培养。

七是要完善市场培育、应用与准入政策。鼓励绿色消费、信息消费、健康消费,促进消费结构升级。加大节能环保、新能源、新能源汽车等市场培育与引导力度,培育发展新业态。加快建立有利于战略性新兴产业发展的相关标准和重要产品技术标准体系。优化市场准入的审批管理程序,加快项目审批进度,减免行政事业性收费。要优先保障土地供给,降低土地购置成本。

我想强调的一个是:发展战略性新兴产业应处理好政府与市场的关系。在市场经济条件下,政府、市场和个人的边界是很清楚的,政府搞规划,市场做产业,那么个人自由流动。什么意思呢?就是政府我把规划搞好了,让市场来确定哪个产业在这里能发展,哪个地方不能发展。因为这个地价市场已经解决了,就这么高了,你要在这个地方发展,你就要承受地价的成本,这是市场来做的。那么同样你个人有这个技术能力和专业水平你就在这个城市待,在相应的产业找一份工作,你自由流动到别的地方,也不会受到户籍限制。这个市场、政府、个人它是很分明的,不需要我们这么麻烦,什么户籍限制,国外就没什么户籍,到哪里就到哪登记一下就行了。你在纽约华尔街看看,都是金融、贸易等相关的生产性服务业,我们知道这是市场选择的结果。因为它那个地方地产价格很高,一般的制造业在这里是不行的。所以像土地这个东西在国外是很重要的促进经济发展的一个要素。那当然了培育战略新兴产业也要有相应的土地政策去培育。

我觉得关键问题就是政府将来怎么来提供公共服务,这是个创新的环境。今天讲战略性新兴产业发展,谈科技与产业的关系,其核心问题就是创新。当今世界,科技创新对任何一个国家,对任何一个地方都非常重要。战略性新兴产业的发展,更多是抢占产业科技的制高点,更多的是带动整个经济的转型,带动整个行业的竞争力。所以我想更多的是大家要重视科技,重视创新,重视知识产权,尤其是要尊重企业家的创新能力,我们如果这点能够改变,包括法制建设一同推进,我想将来创新产业都能够有很好的起步。我们目前珠三角地区的新兴产业发展有长足的进步,但是如果是持续长远来讲,能不能提高它的创新就要靠我们的制度,“制度重于技术”。

这就是我今天跟大家报告的简短内容。谢谢各位!

M(主持人):好的,谢谢毛老师为我们观众介绍了这么多关于珠三角地区促进战略性新兴产业发展的工作重点,以及相关的扶持政策和配套的措施。接下来我们把时间交给在场的观众朋友,那如果有问题可以和我们的毛老师交流,有问题的朋友可以举手示意我。

提问1:我想请问毛老师,当然中国要发展的话就是要搞好经济建设,但是美国是靠发展高科技,我们熟悉的比如说香港他们并不重视科技,李嘉诚他也不是什么搞高科技发财的,所以我比较想知道,尤其作为个人来讲,要具备什么高科技吗?赚钱的方法有很多,很多国家其实都是重视科技创新的,但是他们都是一些发达国家,谢谢!

毛艳华:谢谢!美国做高科技,香港搞房地产,的确是每个国家或地区的发展情况不一样。为什么我今天还讲创新和战略性新兴产业发展呢?其实,香港它是一个比较小的经济体,也是经济很发达。但是我们如果要比较,我们就拿香港跟台湾来比。不管是1997年的亚洲金融危机,还是2008年以来的全球金融危机,台湾经济发展的稳定性它比香港要强很多,即受外部环境变化的影响更小。这是为什么?台湾有高科技,新加坡和韩国也有高科技,有大量的高科技制造业。因此,在“四小龙”当中,香港的经济波动性是受外界影响最大的,创新和高科技这是关键的关键。也就是说,香港没有高科技,香港经济的发展对国际环境和中国内地改革开放的政策依赖很大。如果当时80年代中国内地不开放,我想香港的制造业也像“亚洲四小龙”一样走上更高层次的工业转型,就不会把制造业移到内地来,慢慢做起房地产,它可能就是在加工制造业基础上发展一些像像台湾公司那样的,走这些高新技术产业发展道路。换句话说,如果我们珠三角也不搞创新,不搞产业转型升级,都去发展服务业我想这不行,也不均衡,会面临与香港一样的问题。多年前,当时的朱镕基总理就告诫上海市说,不要学香港一样依赖房地产经济,毕竟内地与香港的情况完全不一样。还有一个问题我觉得讲战略性新兴产业,像中国这样的大国,如果说你没有这样的领先东西,我们的国际竞争,我们的民族地位从何来?

当然,至于说我们每个人,是不是都要去做高科技,中山市都要大力发展战略性新产业,这个就是另一方面的问题。就是说个人他只是市场竞争中的一个参与者,能够好好去到市场经济中去竞争、去做,我觉得这个是个人跟市场的关系。但是,从市场的发展规律,从产业发展来讲,这是个规律,就是我们的传统产业它需要有科技的支撑,才会有持续的竞争力。我们的新兴产业的发展,要有技术领先来推动它,所以这个不是一个矛盾的东西。所以说从我们个人,一个小地方,一个大的国家,重视科技,它是非常重要的,重视创新是非常重要的,所以我想我们谈这个战略性新型产业,绝对不是我们大家都跟着喊高科技产业。我们现在中国的发展就是政府推动的太厉害,比如说LED、太阳能这些产业,现在过剩了,我们珠三角、长三角都是在大力发展,而我们发展的是什么呢?就是低端的加工,像在芯片和设计这些环节我们又不行。所以我觉得我们政府的关键角色是要帮企业解决关键技术,推动这个战略性产业的快速发展。这个我觉得大家应该吸取一些传统产业发展的一些经验教训,我们不能没有核心的东西,一定不能没有核心的技术。谢谢!

M:好的,谢谢毛老师。在场的朋友还有没有问题向毛老师提问?

提问2:毛教授你好,首先我要说明我是开了一个小时的车,来到这里听了一个半小时的演讲。问您两个问题,今天说的是新兴产业,那么刚才您也提到那两个方面,一个是手机,从现在我们满大街的触屏手机,我想起 2001 年一开始我们接触的第一台的诺基亚的彩屏手机,已经回不到那个年代了,这个是新兴产业。还有一个刚才您说的油价,油价最近到了另外一个产业里面,炼油产业,但是这两个产业刚才你说它的战略性体现在绿色、智能和可持续。但是也就是说到今天,珠三角它有地域限制,它又不能向炼油产业、向触屏那个新兴产业方面发展,那么怎么样在珠三角里面体现那个产业的战略性呢?

毛艳华:其实这个我想应该讲也不是这么绝对的。像珠三角这么多年发展来说,我们也有一些好的企业,也有一些核心技术的东西。打比方讲,前几天我们搞了一个论坛,当时 TCL 的总裁,他讲现在这几年自己搞了一个八寸的,就是电视机的面板,生产线,自己做了,也就不用引进了,也就相当于说,他现在做电视他就有自己的面板了,有"面子"了。我们的企业只要是有实力,它也知道那些核心技术是必须要用的,投资了几十亿还是多少亿来做这个生产线。实际上你说包括现在的能源这块,即使炼油技术我们广东没有条件,比如说像我们的珠三角也有石化产业,像我讲的这个新能源整合就是比如说像太阳能,你看现在在这个美国,内华达州的很多太阳能电池板都是中国生产的,美国就要限制进口对我们反倾销,说我们政府给太多的补贴了,对他们的产业造成了很大的侵害。其实,这是一种贸易保护主义,也就是说我们在新能源产业这些领域,我们已经有竞争优势。光伏产业的发展为太阳能的普及利用解决了许多技术性难题,我们对传统的化石能源依赖就降低了。

比如说将来的电动汽车,如果能用太阳能面板来做的话,那这个汽车是不是非常便宜了?像现在为什么消费不起?一个就是油价问题。还有一个就是汽车发动机贵,那将来如果使用太阳能,发动机技术的突破,那这个就是很好的产业,能够引领新的产业链发展。这完全是一个新领域,跟传统的化石能源领域是不一样的。我觉得我们珠三角有这个能力,也有这个实力。为什么呢?你比如说像中国现在有很多的先进的技术都到我们珠三角来产业化,这几年是比较明显的,比如生命科学领域,还有信息产业,数字家庭这个做得不错。如果数字家庭将来推广的话,对于我们家庭生活将来的信息化上用处都非常大的。所以这些东西我觉得我们珠三角应该有能力去做,毕竟我们是经济发达地区。谢谢!

M:好的,谢谢毛老师。

黄金投资在家庭理财的重要性

朱志刚

朱志刚,1995年毕业于沈阳黄金学院,在黄金白银采矿、冶炼、加工企业有多年的工作经验,对黄金及贵金属现货交易极为熟悉,对黄金市场分析有独到的见解。为中国首批黄金投资分析师、上海黄金交易所交易员、上海华通铂银市场交易员。现任广东省黄金协会副会长兼首席黄金分析师、广东粤宝黄金投资有限公司首席黄金分析师、佛山粤宝黄金投资有限公司总经理、广州京鑫投资咨询有限公司总经理。在黄金收兑方面具有一定的权威性,参与策划了国内首家黄金收兑大厅,检验黄金产品几万件,无一差错,深受广东地区群众信赖。

尊敬的各位领导、各位来宾：

很高兴来到中山，近年黄金的投资热潮很高，但第一根投资金条是在我们中山发行的，大家可能不知道，在2002年的时候我们中山发行了全国第一根粤宝金条，也是真正有投资意义的金条。今天来这里做讲座非常高兴，也很感谢图书馆给我们这次机会跟大家来交流。刚才主持人说了我很多称谓，但我最骄傲的一个称谓是黄金推销员。我想通过我今天一个半小时的讲座，你们回去以后多少都要买一点黄金，如果你真的不想买黄金你就买点白银。我们今年初在广州图书馆做了讲座以后很多投资者都赚了，我想更多的不是赚钱，是让你的资产保值增值。

那么黄金在理财中到底有多大的重要性呢？给大家讲个故事。在2007年，我们是最早在广州开营业大厅卖金条的。我们2007年之前金条都是10克、50克、100克这样去卖，那么突然有一天一个客人到我们那里，他说我要四条，那么我就叫我们的营业员去给他拿四条100克的，他说要四条各1公斤的，是个大客户，我们就把他请到了我的办公室。请问：您是要买4公斤做什么用呢？因为4公斤一般都是企业用的原料金，没有人买4公斤的金条来保值增值或者买来家里用的，他说了一句话让我很惊讶，他说："我买金条是为了以后买米用的。"大家觉得这句话说的有道理吗？当时我觉得很奇特。后来他讲了自己的一些经历，他是搞进出口贸易的，他说近几年他的生意逐年走下坡路，他已经将近50岁了，不可能像史玉柱一样，跌倒了再爬起来，能够再创业，得储备一些急用的资金。我们觉得他说得很有道理，就把他的故事讲给了一个记者，大家在网上可以查一查这个。经过记者一加工就变成这样的一个故事了：他说某年某月某日，一个神秘的客人走进朱志刚所在的某黄金公司，问老板有没有黄金来4公斤。大家在网上可以查查"4公斤黄金"，打入百度搜这几个字就可以在网上查到，这个新闻在网上铺天盖地出现。以后我们公司每一个星期，基本上都有两到三个客人买1公斤的金条，从此买大规格金条的人越来越多了。

2007年之后金价确实涨得飞快，应该说从2002年83块钱人民币涨到了320多块，涨了将近4倍，银价从最低的2块多，涨到10块，也是5倍。大家看看这10年黄金是一个牛市，但是很多人没有赚钱。黄金涨了10年，但是我们的投资者都没有赚钱，为什么没有赚钱呢？2002年的时候，我们在这卖金条的时候是86块钱，当时很多人没有看到这样的前景。还有一个是什么呢？是我们没有投资渠道，从2008年之后银行才开通这个纸黄金，开通黄金业务，那么这个时候金价已经涨到多少钱了呢？已经涨到200块钱以上了。

我们在海南做讲座，当时金价是160块钱，问：涨到200块你信不信？他们说信。金价涨到300块你们信不信?他们说不信。但是现在已经涨到300块了,那么我现在问大家说涨到400块你信不信呢?信。但是要小心了,这个价位蛮高的。所以我今天的一个话题是该不该买?买多少?这个是一个策略。

那么这几年黄金投资的收益率从2001年开始涨到2011年,你看2001年是2%,2002年是20%。那么2008年是5%,为什么2008年是5%,大家知道吗?金融危机,对。金融危机发生以后所有的大众商品都在跌,只有黄金没有跌。黄金只涨了5%,但是没有跌就是涨。所有的有色金属都在跌,只有黄金没有跌,所以黄金确实是一个很好的投资品种。那么10年你做生意有百分之十几的增幅,我觉得是一个很好的收益。

在北京我有一个朋友,2004年的时候他问我,存款现在是负利息,那么做一些什么好呢?我说你买实物黄金。当时他就买了大概有30多公斤黄金,那么大家想想,它确实比做生意还要好。当时他买大概是不到100块钱1克,那么现在的金价已经涨到300多块钱了,确实是一个非常好的投资品种。

为什么要买黄金呢?第一,黄金价格逐年上涨;第二,黄金非常稀有。黄金稀有到什么程度呢?我不知道在座的有没有是戴金首饰的,如果你带戴一个10克的金链子,那么我告诉你,你这个10克的金链子是用一卡车的矿石提炼出来的,为什么这么说呢?一辆卡车拉多少吨矿石呢?一辆卡车拉5吨矿石,5吨矿石里面提炼出来的黄金,那么它的品位是多少呢?是3克,一吨有3克就可以开采了,那么5吨矿石算下来是15克,就是不损耗的有15克黄金,但是经过冶炼、经过提纯、经过损耗,大概15克就变成10克,那么你的一条链子是用5吨的矿石提炼出来的,它是非常非常稀有的。

大家知道现在国内的黄金生产成本是多少吗?我们广东有个河台金矿,以前都是亏损的,这几年它一年的利润都是5000万,以前它的开采大概卖80块钱(1克)的时候,成本是60块钱;现在卖到300块钱,成本150多块。那么国外的黄金生产成本是多少呢?现在据说已经达到450美金。那么大家想金价最低的时候是250美金(1盎司),在1999年是250美金,那么现在大家知道是多少美金吗?1500美金,最高到了1574美金,昨天到了1539美金,又反弹上来。那么大家想想,那么金价会不会跌破400美金吗?还会跌到400美金吗?不太可能了,因为这个生产成本是逐年提高的。

最大的产金国是哪个国家?中国,确实现在最大的生产国是中国,是好事还是坏事呢?因为我们的金矿每一任矿长,都会在他这一任实现利润最大化,实际上都是掠夺性开采,把最好的矿挖上来,现在金价高我就拼命地挖,那么对我们的子孙后代是一件非常非常有危机的事情。

前段时间报纸报道说,再过10年中国的金矿就会采光了,不知道大家有没有看过这个新闻。那么会不会采光呢?应该不会,为什么呢?他说的会采光是什么呢?是现在保有的储量是4000吨。如果我们每年采300吨,消耗地质储量可能是400吨,有100吨是贫化掉了,10年就采完了。但是我们每年国家还投入钱去勘探,那么说每年还有新增的储量,应该说我们不断地有开发,应该不会被采完。

南非以前是世界上最大的产金国,现在我们已经超过南非了。南非最深采到地下3公里,非常热,就把水制成冰,把冰运下来,融化了以后再把水抽上来。大家想想,3公里下去以后这个成本是不是很大?越往下开采成本越大,中国也是这样,中国现在最深的是1公里。

现在楼市被限购,股票市场不太好,黄金市场是一个新兴的市场。那么说金市未来几年还会是牛市,所以大家一定要记住,现在高未必是最高。

第三,黄金有货币属性。全世界有多少吨黄金呢?有17万吨黄金,17万吨黄金中大概有10万吨是黄金制品,有3万吨是在银行,国外叫央行我们叫人行。那么我们的央行持有的黄金大家知道是多少吗?中国央行持有的黄金是多少呢?1054吨,那么美国的央行持有的黄金是多少呢?8000吨。2008年美国发生金融危机的时候,是不是会把它的8000吨的黄金卖给中国呢?不会的,为什么不会呢?因为这8000吨是它的储备,永远不会卖的,这也是美元成为世界货币的一个根基,它不会把这个根基卖掉的。

那么17万吨的黄金值多少钱呢?大概是4.7万个亿。那么中国的外汇储备有多少呢?3万个亿,大家想想我们的外汇储备是不是可以买到了全世界80%的黄金,我们都可以买回来,对不对?我们为什么买不到呢?美国不让我们买。如果我们的央行说要增加黄金储备这一句话,这个金价肯定会涨到2000美元。那么现在我们为什么让商业银行卖黄金呢?就是国家的政策,大家知道国家的政策让你们去买黄金,一定要记住听党的话,跟党走,藏金于民。

以前大家都知道我们国家是不允许买卖黄金的,在我们新中国成立之后我们的黄金政策是统收专营,家里的黄金都要交给国家,你不能私自买卖的。那么走私50克黄金就算大案,就相当于跟走私鸦片差不多的一个性质,那么什么时候开始放开的呢?也就是这几年才开始放开了。1982年的时候,才开始放开了一个金币的市场,1983年放开了首饰的市场,2000年才开始买金条,2002年黄金市场才放开。全世界的人均呢?大概是30克,约一盎司黄金。一盎司黄金是多少呢?31.1035克。那么中国呢?3克,跟世界这种平均数比相差了将近10倍。那么如果你没有31克黄金的话,你就没有达到世界水平,为什么跟大家说这个呢?刚才很多人举手说家里没有黄金,那么你应该达到世界水平,买一根50克的金条你就超过了世界的水平,那么你买一个小小的戒指,你就达到了国内的水平,3克的一个小戒指,所以大家一定回去以后要买一点黄金。起码全世界都有了,你为什么没有呢?全世界的央行都储备黄金了,你为什么没储备黄金呢?国跟家是一样的,国家都储备,我们的家庭也要储备。

中国的需求是越来越大的,去年的金价高的我们都不敢想象,我的一个堂妹在北京,天天让我帮她买黄金,我就不敢帮她买,我说太高了。她说:"哥,我看这个金价不对,天天都在涨,你天天说它高,今天还是天花板,明年就变成地板了。"后来她说我300块钱一定买进去,那么现在看她又赚了,现在320块了。中国的首饰需求是多少呢?中国的首饰需求大概是357.12吨,那么金条是121.88吨,金币16.61吨,全年是495.61吨,将近500吨,创造了历年来的高点,金价越涨,买的人还越多。那么按照经济学的理论来说,它有没有泡沫?金价有泡沫,但按照这么大的需求,它是没有泡沫的。那么最大的黄金消费国,大家知道是哪个国家吗?印度,那么印度去年买了多少吨黄金呢?800吨,去年它买的首饰是600多吨,我们买的首饰将近400吨。那么我们中国跟印度的首饰需求1100吨,占了全世界的1/2,就是有1/2都是中国跟印度买的,中国有可能超过印度。前一段时间我们问了世界黄金协会的一个专家,他说未来几年中国的需求会超过印度。中国应该说比印度的富人还要多,整体的富裕水平应该比印度还要高。那么印度为什么要买金大家知道吗?印度有个风俗习惯,其中的一条,印度嫁女儿的时候一定要陪送黄金,陪送得越多,她在家庭里受重视的程度、地位越高,所以他们很怕养女儿,就是这么一个道理,他们在婚庆季节,那种需求是非常大的。

2009年之前，我们的黄金储备还是600吨，后来在2009年我们就增加了400多吨，当时增加以后全世界都很震惊。他们就责怪中国，说你们买黄金怎么不告诉我们一下，怎么不通报一下黄金数量啊？但是我们的央行的副行长怎么说的？他说我们增持的黄金储备是通过我们的旧金回收回来的，说的也挺科学。

旧金和新金没有什么区别，总之我们的储备增加了，我们还会不会再增加储备呢？应该会，但一个政策就是藏金于民，让我们老百姓手里都有黄金。那么国家有这个政策了，大家一定要领会这个政策。那么大家可以去咨询，但是你最好买它自己的品牌，不要买它代理别的机构的一些品牌，那么这些品牌价格是非常非常高的。我们在佛山某一个银行，我不说它是哪个银行，请来了唐国强去卖黄金，一个推介会3个小时卖了几千万黄金，我觉得那个都是附加值非常非常高，你们要买就要买金条，买投资金条。如果你是佩戴，那是另外一回事了。特别是广东人结婚的时候都喜欢买手镯，我们回收黄金时，有一个番禺的女孩子卖给我们30多个手镯。她说结婚那天她的亲戚多，都很有钱，都送她手镯，她说戴了一串，都是手镯，就戴了几分钟，然后剩下的，她说现在价格高，都卖掉吧，赚了很多钱。所以你除非佩戴，最好是买金条，因为金条的手续费非常低，如果你买首饰大概是380元—400元，那么金条现在是330元左右。

金的颜色大家知道是什么颜色吗？金黄色，前面还要加个定语叫瑰丽的金黄色，太阳光的颜色就是金的颜色，也只有金的颜色像太阳光的颜色。这也是为什么你看起来金的颜色非常非常顺眼。我是做珠宝生意的，我最喜欢的还是黄金，钻石我不喜欢，因为它只是白色的，翡翠我也喜欢。当我们特别累的时候，我就会拿一块金，看着它非常非常舒服，特别有成就感。我把这个故事就讲给了我的投资者，我们佛山的一个投资者听了我的话，他也买了一块1公斤的黄金。晚上12点的时候打电话给我，他说朱先生你告诉我不高兴的时候看到这个金就很高兴，他说我看这个金我越看越不知道它是真是假，越看越睡不着觉。人民币我知道真假，这个金我就不知道它是真是假。后来我告诉他，我说你如果有怀疑的话，教你一招，你用牙咬一下，如果有牙印了，那么说明是纯金，但是这个不是很科学。或者，你第二天早上开车过广州，我带你去检测中心检测，他就笑了。用牙咬确实也可以鉴定的，因为他没见过这么大一块金，看了以后真的是越看越觉得它有假。虽然我们有发票，有证书，他都觉得有假，其实不会的，你越看多了以后，越知道金的颜色很独特的。

黄金就是货币。马克思说了，金银天然就是货币，但是货币天然不是黄金。就是说你买的金，你买的就是货币，买了最原始的货币。为什么现在国家要储备外汇？现在国家想要货币多元化，我们说外汇美元太多了，储备点欧元吧，只有欧元也不行，那怎么办呢？我们还要多增持点黄金。前几年的时候，有的学者说我们国家要增持黄金了，金价都涨到1000美金以上了，他才说我们要增持黄金了，金价在三四百美金的时候为什么不说呢？大家可以翻开《广州日报》2004年的一期，查一下"400美金买入并持有"，有我个人一张很大的图片。2004年我们就认为400美金的话，绝对是一个好的买入价位。但是我们只是一线的工作人员，没有那么大的力量。如果真的有人听这句话的话，我觉得我们的央行储备肯定会很多。我们在2009年之前是600吨多一点点，占外汇储备多少呢？1.4%。那么中国现在是1054吨，增持了454吨，有进步了。那么未来几年，黄金储备有人说会增持到2000吨，我觉得非常有可能，那么如果中国增持黄金储备的话，人民币才会有地位，才会被人接受。

我毕业的学校叫沈阳黄金学院，就是因为黄金是非常特殊的。我的一些同学在黄金武警部队里,但他们都是技术工种。只有中国有黄金武警部队,用来找金矿的,说明国家对黄金是非常重视的,现在大的金矿区还有黄金派出所。

第四,黄金的购买力是千年不变的。当时在古巴比伦时代,一盎司黄金可以买350条面包,现在一盎司黄金仍然能买350条面包。虽然这种对比很极端,但是大家可以想想它的购买力是没有变化的。大家说现在黄金从200多美金涨到1500多美金了,不是贵了那么多了吗?是不是黄金涨了很多?但是我告诉大家,不是黄金涨了,是因为钱不值钱了。你的钱贬值了,美元贬值了,黄金是跟美元挂钩的,美元不值钱了,黄金自然涨了,发生了一系列的通胀。大家可能没看到,我在广州印象是非常深的,2007年100万买一套很好的房子。但是现在要250万才能在郊区买一套房子,所以其实是你的钱不值钱了,你手里的钱贬值了,不要怪你自己没有去做这件事,而是发生了通胀。大家想通胀资金会流到哪里去呢?商品市场里面去,每天我们都要吃饭、吃菜,我们的豆油是不是都在涨价呢?豆油涨得很厉害,现在是猪肉涨得快,豆油也在涨,你会不会拿2万块钱去买豆油呢?2万块钱买来的豆油你用一间房子装不进去,但是你买黄金呢?我告诉你2万块钱买的黄金多大呢?就是我大拇指这么大,这么大就是2万块,所以黄金体积小、价值高,确实容易储藏。

黄金有三重属性,商品属性、货币属性,第三点就是投资属性。世界上只有黄金有这样的属性,铂金可不可以呢?铂金也不行。铂金从来没有当过货币,虽然铂金价值很高。那我告诉大家,下一个投资品种可能是铂金。投资完了黄金、白银,下一个投资的品种大家可以关注一下铂金。如果大家想买铂金的话,可以关注一下这个投资,可能在很低的价位买到这个品种。

刚才我讲了这么多,我问大家,人民币是不是你的财富?人民币是不是最终的财产?它不是最终的财富,最诚实的资产就是黄金,纸币不是最终的财富,黄金才是你诚实的资产。

刚开始卖金条的时候,北京的菜百很多人就排队,北京的冬天是非常冷的,排了两三百米的队去买黄金,说明大家对金条还是非常喜欢的。为什么他们把脸蒙上,大家知道吗?他怕别人知道他是谁,有可能是哪个官太太,有可能怕自己的邻居看自己买那么多金,怕别人看见,怕自己的同事看见,因为中国人是怕露财的。2000年发行的是千禧年金条,是中国最开始卖的一个品种,到了北京的菜百才知道,买金的人那么多。大家在中山,我也看了易华百货,冷冷清清的,我在广州看的包括六福、周生生也都是冷冷清清的,但是我去了北京的菜百,真像菜市场,那些人买金真的就像买菜一样。你们要去了以后,你非觉得这些人有神经病,但是你去了以后你也忍不住去买,它那里真得便宜,比广东的金便宜。为什么广东这边贵呢?因为我们商场的租金比较贵,因为广东人有钱所以可能就贵一点,但是它相对的便宜,虽然便宜,买的人数量也是非常大的。

黄金有投资的优点:一个是财富的储藏和保值,第二点是分散投资风险,第三点它的流动性好,变现容易。具体的我都不跟大家去讲这三点,如果你认为这三点非常重要的话,我认为你应该买。黄金市场是个"三公"的市场,公开、公平、公正,可以抵御通货膨胀。

我觉得中山的氛围可能还没有起来,那么大家可以告诉自己的朋友,黄金可以少量地买一点。我有一本书,就是这几年提出的"家有一金,处事不惊",就是家里有1斤黄金,1斤是多少呢?是500克,就是你就不用担心了。买黄金像什么呢?买黄金就像你家庭储备的一部分,这一部分是什么用的呢?不是为你赚很多钱、让你能赚很多钱,是什么用呢?比如说像我们出差,我们出差以后会备感冒药、拉肚子药,但是我们出差可能不会拉肚子也不会感冒,这样的一个东西。

就像一个国家的核按钮,这个核按钮你不会轻易按动,所以黄金就起这样的一个作用。那么就像你家里有一套房子,这个房子是涨到1万块钱一平方米,还是涨到2万块钱一平方米,还是它跌到1000块钱一平方米,你都不会卖的,因为你要住,黄金就是这样的作用。

中产阶层必备1公斤黄金,这个中产阶层的定义不一样,我觉得用中国的一个俗语叫什么“五子登科”的人应该就叫中产了,什么叫“五子登科”呢?车子、房子、票子、妻子、孩子。那么有这“五子”的话再加“一子”,就是金子,就叫“六子登科”了。你中产阶层有辆车,那车子20万的话是一个普通或者稍稍高档一点点的车,那么20万的话就可以买1公斤黄金了。还有中山的客人跑到我们佛山买金的,我们见到了两个,一个顺德的老板去到我们那里,一个人就买了10公斤的黄金,最牛的一个客人,他跟我很谈得来,他说早认得你就好了,我买一个风水树都要20万,买你这个黄金1公斤才20万,这个太便宜了,太好了。所以越来越多的人去买黄金,你一个风水树有可能会枯了,20万就不见了,就打水漂了。你还不如买黄金世世代代地相传下去,他说我为什么买10条呢?他有5个女儿,一个女儿2条。

所以很多人都开始买,买来是给自己的后代。而且他现在发现一买一卖能赚钱,现在也开始做投资了。“中产阶层必备1公斤黄金”,这个在网上大家可以查到的,现在《理财周刊》就把我这个建议也发表了,就是说中产阶层必备1公斤的黄金,现在全国很多的地方都认同我们这个观点,1公斤黄金也不多。

去哪里买呢?去银行、商场,有信誉、实力雄厚的黄金公司。什么叫有信誉呢?你要看看它有没有不良记录,它的管理怎么样,你看看它有没有成立10年以上。这个公司昨天才成立的,我想问你,你信它吗?你买了它的金,它说可以回购,后天就倒闭了,去哪回购啊?所以一定要10年以上的经营背景,那么你看看它的注册资金有没有100万呢?你一看才10万块钱的注册资金,或者30万的注册资金,你买一条黄金就30万了,那么你千万不要去这样的小公司去买。如果有开这样的公司的人不要跟我计较,这是我个人的观点,不过确实小可以做大,但是我建议投资者第一步先这样买比较妥当。

你还要找本地的服务商,比如说你在中山有很好的一个服务商,我觉得你就买本地的服务商,因为你对它知根知底,到处都是加盟商。你也不知道哪个加盟商的实力强,那么你要找本地有实力的,你知道它这个本地品牌做得很大,做了几十年的老品牌了,那么你买它的就应该比较划算。那么金条的话还是SGE,是上海黄金交易所的一个标志,如果你买投资金条最好是买这种1公斤一条的,非常便宜。那么AU9999,还有它的编号、重量、品牌,那么有了这些标志之后,你就可以买了;另外一定要发票,千万不要说我图便宜不开发票,你开了发票才有保证;另外要有证书,它有编号出户单。瑞士金条非常受欢迎,很多人还是崇洋媚外的,觉得国外的质量好,但是我告诉大家,差不多。但是如果你实在觉得它好的话,是为什么呢?它确实在国外可以流通。

刚才我们说了金有一号金、二号金。一号金是4个9(99.99),二号金是多少含量呢?三个9一个5是二号金(99.95),3公斤一条的,都是首饰上用的。

哪些投资品种呢?大体分四类,实物黄金、金条、金币,首饰算不算呢?我们觉得也算,但是首饰买来以后不划算,当投资不划算,但是黄金首饰是首饰里最好的一个品种,为什么呢?你戴完以后还能卖钱。

车你用一天就是二手车了,但是黄金没有二手的。所以首饰里面黄金是最好的一个品种。那么纸黄金可以到银行去做,最早的是中行的“黄金宝”,建行的“龙鼎金”,还有工行的“如意金”,有很多纸黄金。那么“T + D”(黄金、白银延期交易品种,编者注)可以找我们代理,如果你们对“T + D”有感觉或者有这种需求,那么我们有一个模拟大赛,等一下我们有工作人员,需要的话可以发给你们,可以免费参加模拟大赛,最高的奖项可以奖一根我们的粤宝金条,但是不是1公斤的,是10克的,我们的银币,大家可以做一下这个,你一定要先做模拟再做真正的交易。

前一段时间很多人亏钱,刚才我们看到白银一跌,很多人亏损亏得很厉害,他就像买股票一样去买这种衍生品种,那么亏的时候亏得是非常非常大的。那么我们公司我的客户非常好,我有一个大客户是汕头的。他一个月可以做30吨的白银,他去年花了100万,赚了400万,今年他赚了700万,非常非常厉害,而且他亏钱都是亏小钱。

一个人投资不是这个人有很多的预见,分析师也不可能看得那么准,80%以上对的都已经不错了,但是一个职业的投资人他最大的特点能够止损,守纪律,能知道我亏损多少就把它砍掉。我们也帮别人操盘,砍别人肉的时候是非常容易下手的,但是砍自己肉的时候,左想右想就下不了手。比如赚10万块钱都没出去,现在赚7万块钱,等一等吧,然后就剩5万了,想想一半不见了,原来10万现在剩5万了,不见了又等,一等到本钱了,到了本钱说赚钱的时候都没出去,现在保本还出去什么,越想最后就亏钱了,所以投资也是这样的。

做期货是风险非常大的一个品种,黄金投资我觉得最好的投资就是实物黄金的投资,买实物,我们也叫家庭主妇式的一个投资方式。我说你别做什么股票了,你就跟我们做黄金就好了,刚才我们说那冯大姐,买进去以后她就放到家里,那就赚了20万,这个《广州日报》也登了,这种投资叫家庭主妇式的投资,你不用看股票有上千种。

我们指的是实物优点,谁去忽悠你啊?很多外盘的一些投资人忽悠你说,放大100倍的,一天可以赚100万,一天可以赚1000万,他没告诉你,你那个投入的5万美金或者10万美金可以一天都没有了。我是广东省黄金协会的一个副会长兼首席黄金分析师,有一个客人跑到我那去投诉,这个客人就一点精神头都没有,非常非常疲劳,一看就知道他做外盘了,他觉得自己被愚弄了,这种是非法的机构,大家不要做。

要做什么呢?做上海黄金交易所的,做上海期货交易所的期货,做银行的黄金,还有我们这种交易所会员单位的这种黄金是比较可靠的。

现在每涨100美金的时间是非常非常快的,原来从300美金涨到400美金用了两年的时间,400美金到500美金用了一年的时间,500美金到600美金用了半年的时间,600美金到700美金用了一个月的时间。

那么前一段时间有人炒大蒜,“蒜你狠”,炒大豆,“逗你玩”是吧?炒这些东西,这些东西能炒起来吗?不能炒起来,为什么呢?发改委不允许,涉及国计民生,大家生活的这些东西不允许你炒的,还有一个你炒大蒜,你炒得很高,那么全国农民都不种田了,都种大蒜去了,价格马上就下来了,炒不起来的,其他东西也是这样。

但是你炒黄金就不一样了,100个金矿点,最终才能找到一个金矿,那么这个金矿比如说金价涨到2500美金了,你会开采出很多黄金来吗?周期要很长的,你不是用一年两年就勘探出那么多黄金来的,所以它还会涨,那么周期要长,另外黄金你拿到手里不会烂的。为什么大家炒黄金呢?就是这个,所以说黄金成为了人们抗通胀的非常非常重要的一个手段。前段时间我也觉得很奇怪,我说是不是只有中国人在买这个黄金呢?后来我问朋友,他去美国,他说现在美国人也在买黄金,美国的老百姓也在买黄金,都在买,欧洲人也在买,我指的是老百姓,普通投资者。为什么呢?欧洲小规格的金条断货,他们投资金币,包括加拿大、美国,他们的金币都断货,说明什么呢?说明大家都开始买黄金了,不光是中国人在买。货币宽松政策是什么,大家知道吗?货币宽松政策说白了就是印钞票印多了,原来你有1个亿又印了1个亿,你原来有1000万,原来是10%,现在就成了5%,是不是这样?钱被稀释了。如果还是实行货币宽松政策,那么很多钱都会流到黄金市场里面,那么前几天的报纸说美国继续实行第三轮的量化宽松政策,那么说美金还会走弱,黄金还会走强,欧洲的主权债务危机还会恶化,所以说黄金还是一种"香饽饽"。

据说越南禁止进口黄金,金价比国际市场高出40%,在越南你租房子不是说以越南盾标价,它是以美金标价,我这个房子多少美金一平方米,所以黄金确实是家庭资产里面一个非常好的配置。很多国家都在买黄金,中国在买黄金,印度在买,俄罗斯在买,其实国家跟老百姓也是一样的,国家富了就开始买这些东西了,家里实在揭不开锅了可能会卖点这个黄金。前一段时间很多人去我们那卖黄金,他为什么要卖黄金呢?买房子要交税,差那么一点点。广东人有个习惯,不太喜欢跟别人借钱,我们北方人周转一下无所谓的,都是亲戚朋友,我给你周转一下吧,借2万、3万我过两天还给你了,过了半年还给你了。但是广东人亲兄弟有时候也是不喜欢借钱,我觉得这个习惯很好,他就把自己的首饰拿来卖了。原来欧洲央行卖黄金,现在欧洲央行也开始买黄金了,有些国家基本上不卖黄金了,那么黄金的需求会越来越多。

还有地缘政治,地缘政治是什么?中东、利比亚问题,伊朗的问题,有这些问题的时候,黄金的价格肯定是涨的,原油涨,金肯定要涨的。原油在100美金每桶以上,这时金价都是一个很好的价格。那么黄金跟原油的比价关系是什么呢?就是一盎司黄金可以买17桶的原油,大家可以算一下。还有美元弱势,金价会涨,储备多元化。中国人要买黄金,俄罗斯也要买,这么多个国家要买,金价肯定要涨。另外黄金有个季节性,大家知道,五六月份也正是你买金的好时候,每年的基点都是在这个位置,但是也不一定准。

www. age999. com 和 www. jingxingold. com 是我的咨询网站,可以咨询一些知识,也可以打电话给我。我今天就以英国的一个谚语结束的我演讲——"当我们拥有黄金的时候心里怀有恐惧,而当我们失去黄金的时候面临的却是危险。"怎么来认识这句话呢?当我们拥有黄金的时候,心里为什么怀有恐惧呢?就像刚才那些人把脸都挡上,因为怕你的邻居是小偷,心里就想我有2公斤黄金放到家里安不安全。当我们没有黄金的时候,面临的为什么是风险呢?因为你没有黄金了,像我们刚才第一个客人说的,有可能买米的钱就没有了。谢谢大家,我就讲这么多。

世界上最危险的事情是阅读

郭文斌

郭文斌，祖籍甘肃，1966年生于宁夏西吉县。现任银川市文联主席、宁夏作协副主席、《黄河文学》主编，宁夏大学、宁夏师范学院客座教授。全国宣传文化系统“四个一批”人才，享受国务院政府特殊津贴。先后就读于固原师范、宁夏教育学院中文系、鲁迅文学院，著有畅销书《寻找安详》等。长篇《农历》获“第八届茅盾文学奖”提名，短篇《吉祥如意》先后获“人民文学奖”、“小说选刊奖”、“鲁迅文学奖”，短篇《冬至》获“北京文学奖”，散文《永远的堡子》获“冰心散文奖”，部分作品被翻译成外文。

尊敬的各位朋友:

在开始分享之前,请允许我给各位致敬!给我的朋友高以谨女士和她的先生阎玉宏先生致敬!也对今天不在现场的吕梅馆长致敬!刚才主持人讲到了,《寻找安详》就是从这儿诞生的。两年前,经高以谨女士介绍,吕梅馆长邀请我踏上我们这片神奇的土地,是第一百零八位登上香山讲坛的主讲人。不久,中华书局祝安顺先生打来电话,说吕梅馆长强烈推荐我的讲稿,让我发给他看看。祝先生大家可能知道,他是于丹《论语心得》的出版人,因为《论语心得》,他在出版界享有很高的声誉。没想到书稿发过去第三天,他就来信告诉我决定以比较隆重的方式出版,这就是现在大家看到的《寻找安详》。我在后记里写到了跟祝安顺先生的一些书信交流,他当时确实比较激动,说这是他期待已久的一部书稿,并把它和《论语心得》做了对比分析。出乎意料的是,首版不到一个月就售罄,现已多次重印。

因此,两年后,再次踏上这片土地,心里真是充满着感动和感恩,觉得这片土地,真是我的福地。

一、中华大地上第一个"文学之乡"的故事

今天我给大家汇报的题目是《世界上最危险的事情是阅读》。这些年,我走访了许多学校、单位,发现大家都在比赛阅读量,学校之间,班级之间,特别是家长之间。这固然很好,但是有一个重要的问题我们必须搞清楚,那就是阅读量是重要,但读什么样的书更重要。

大家可能已经注意到,前段时间,中国作协文学基金会把第一个"文学之乡"的牌子授给了宁夏西吉县,吕梅馆长看到这个消息,联系中山的企业家,给他们捐赠了40台电脑,我这次来的另一个任务就是代表受赠方参加捐赠仪式。顺便给大家说一下,近些年,吕馆长已经联系中山的爱心人士,为我的家乡西海固地区捐了30多万元的钱物,并且即将踏上我的故土,亲手把它们送到孩子们手上。同时,她还启动了多省市读书联动,请我故乡的孩子到南国来开眼界,等等善举,让我十分感动。借这个机会,我也代表孩子们向她和爱心人士表示衷心感谢。

第一个"文学之乡"诞生后,有不少媒体追问,第一个"文学之乡"既没有授予鲁迅的故乡,也没有授予茅盾的故乡,而授予郭文斌的故乡,你怎么看待这件事情?我说我心里非常清楚,这个牌子既不是授予我的,也不是因为我而授予的。如果说授予这片土地有它的合法

性，那也是因为这片土地上的一种高贵心灵。大家都知道，西海固是一片比较贫瘠的土地，但因为文学使这片贫瘠土地上的人们拥有了一颗富有的心。不久前，宁夏卫视做了一期节目，两位农民作者的发言让我既感动又汗颜。比如主持人问其中一位叫袁志学的，"听说你给奥运会写了一部献礼长篇，请问这本书在哪个出版社出版的？"他说："还没有出版。"主持人就很诧异，"没出版怎么献礼？"不想他说："在我理解，我们看到祖国强大了，看到这样的奥运盛会在我们这片国土上举办，作为一个国民，作为一个农民，作为一个真正感受到祖国强大的农民，把我内心的这一份祝福写出来，觉得已经献过礼了，出版不出版已经跟我没关系了。"他的回答真是太精彩了。然后主持人又问："听说你白天在劳作，晚上写作，请问白天的您和晚上的您哪一个更真实，哪一个是更真实的自己？"我也很紧张，心想他会怎么回答？他说："我觉得劳动的我和写作的我都同样的真实。"为什么？他说："在我理解，劳动也好，写作也好，无外乎都是为了悟道。"主持人有些听不懂。他补充说："参禅悟道。"大家可以想象我们当时的震撼。一位农民，居然把他的生命意义定义为参禅悟道，这太让人吃惊了。在我看来，这才是最原始意义上的写作。带着这种心态写出来的文字，才是最原始意义上的文学。像我，虽然已经明确要带着一种祝福心态去写作，但像他们这么纯粹，还真达不到。

还有一位农民作者，讲了他的经历，让现场的听众更加意外。他叫康鹏飞，曾是一位典型的问题青年。典型到什么程度？典型到他的家人对他持放弃态度。他给大家讲：一个冬天，他在石嘴山市的大街上游荡，路过一个书摊，就顺手牵羊拿走了人家的两本书，其中一本书他是流着泪读完的，当他读到其中一句话的时候，心中就像扔进了一个炸弹，突然意识到不能再这样混下去了，必须金盆洗手，重新做人。第二天，他带着一种十分感恩的心态，给主人送书钱，主人当然很感动，又送他一本书。他说，就是这两本书，让他浪子回头，开始了新的人生，第一本让他觉醒，第二本给他方向。哪两本书呢？一本《平凡的世界》，一本《了凡四训》。这位浪子，不但回头，前年还被宁夏文明委树立为道德模范，这个转变可是太大了。就在康鹏飞金盆洗手的时候，和他一起闯世界的另一位孩子因为犯罪被判八年。在这八年中，我一直跟他保持通信，发现他一点都不坏，只不过喜欢模仿一些畅销书和电视剧的情节去逞能。我就鼓励他好好改造，他被提前两年释放，现在带着一个建工队，也不时做一些小公益。

二、"监狱"的本意和我们的"菩提树"

这样的故事，让我越来越清晰地认识到，阅读是一件值得警惕的事情。所以有次在一家监狱讲课，我就从"监狱"两个字讲起。"监"是一个人站在那儿，对着面前的清水，打量自己，即时时刻刻打量内心的状态。"狱"是左边一个"犬"，右边一个"犬"，中间一个"言"，它告诉我们，世界上最危险的事情，也是最需要我们看守的东西就是"言"。一条狗不够用，需要两条狗，前门一条，后门一条，才能把得住，这才叫真正的"监狱"。

所以，我给我的诗集起名为《我被我的眼睛带坏》，并不是说我的诗写得有多坏，多糟糕，而是想让每一位读者拿到这本书的时候去思考一个问题，如果说这个世界上有问题青年、问题心理、问题家庭，它的源头在哪里？我认为是不良阅读。不说别的，以性行为为例，现在全球每年有 4500 万人堕胎，有近 7 万人死于堕胎，不少为未婚青少年，各位，每年因为自然灾害死的人是多少？这7万死于堕胎的孩子，难道仅仅是一个社会行为吗？我个人认为不是，他肯定有一个阅读背景。中国人讲“心物一元”，就是说当他的眼睛进入一个信息，然后在他的心中投下一个影子的时候，自会有一种生理反应。现在，有不少媒体常常在做一个广告，无痛人流，请问各位，人流是无痛的吗？所以当后来我看到有一位电影演员借自己的经历讲人流的危害时我特别感动。她说人流是什么感觉呢？手心拉一刀，然后把手伸进冬天的冰水，就是那种感觉，怎么会是无痛人流？她还告诉人们人流的许多没办法治愈的后遗症。她讲道，有一位女孩，特别想要一个孩子，但是因为做过好多次人流，很难坐住胎，后来终于保住了一胎，就辞掉工作在家静养，但是很不幸，感冒了，咳嗽了一声，掉了，至此就永远失去了做妈妈的资格。我们可以想象一下，一位女孩，没有做妈妈的资格，那是什么感受？大家想想，这位女士的悲剧，难道没有阅读的责任吗？这是诸多社会病相中的一例。

所以，我认为，这个世界上没有所谓的问题青年。如果说有，问题也出在文化上，出在我们文化产品的准入制度上，出在我们的阅读环境上。当然，我讲的这个阅读不单单指读书，包括阅读一切传媒。这时，我们再体味古人讲“思无邪”，你就觉得我们的祖先真是太伟大了，太慈悲了。他告诉我们文化的意义是什么，文学的意义到底是什么。这些年，我一直在讲一个观点，文化的意义就是反污染，文学的意义也是反污染，我不知道大家是否同意。为什么呢？《三字经》有言，“人之初，性本善”，人的心灵就像刚刚出厂的茶杯，当初都是一样的，晶莹剔透，一尘不染，但是后来因为装了不同的东西，有了差异。为什么有些人一生很健康、很顺当、很如意？就是因为他的污染程度低，或者说他的除尘能力强。我们都知道，有些人用的茶杯什么时候看上去都是晶莹剔透的，有些人的茶杯就失去了它的原形。我们同样知道，如果要盛墨汁，茶杯一次性就会失去原形。

从这个意义上，我们看神秀的这个偈，“身是菩提树，心如明镜台。时时勤拂拭，勿使惹尘埃”，已经很了不得了。因为有六祖慧能存在，所以神秀显得不高明，但是对我们常人来讲神秀已经非常伟大，他已经意识到我们的身是一个菩提树，心是一个明镜台，要时时勤拂拭，勿使惹尘埃，就是说灰尘一落上去赶快擦掉，不然的话，久而久之，就会形成一层遮蔽。我们为什么不聪明，因为被遮蔽；我们为什么不吉祥，因为被遮蔽；我们为什么会有问题，因为被遮蔽。

我们本有的那一层智慧之光透不出来，从这个意义上说，神秀已经非常伟大了，更不要说慧能的境界。“菩提本无树，明镜亦非台。本来无一物，何处惹尘埃。”他讲此偈时，已经彻底解决了污染的问题，我们看他在听了师父弘忍给他讲解《金刚经》大意之后的心得。“何其自性，本自清净；何其自性，本不生灭；何其自性，本自具足；何其自性，本无动摇；何其自性，能生万法。”用大家好理解的话演绎一下就是：哪里知道，我们的本质本来就像刚出厂的杯子一样，都是那么透亮；哪里知道，我的本质是不生不灭的；哪里知道，我们的本质中什么都不缺；哪里知道，我们的本质不受外在影响；哪里知道，我的本质能够生出我们想要的一切。这是大意，不是原意，要了解究竟义，大家还是要看经典的解释。

既然如此，我们还求什么呢？只要我们愿意把目光折回来。在我看来，实际上，这是两位智者从两个不同的方向阐述了生命的本质而已。这时，我们再回过头来看这两位伟大的智者，他们一生在寻求什么呢？说得简单一点，无非就是反污染的方法论。这又说明什么？说明我们的心灵本来就是清静的，本来就是干净的，本来就是晶莹剔透的，只不过环境污染太厉害。其实，跟现在相比，那时的文化环境该是多么干净，像神秀、慧能这些智者尚且要如此用功地去追寻反污染的方法，当下社会的人文环境比当年不知要复杂了多少，多元了多少，真是不敢去想。中国古人把我们的心不叫心，叫心田。意味着什么呢？意味着我们的心灵是一个田野，任何进入眼睛的信息都会成为一个种子，只要是一粒种子遇到土壤肯定会发芽结果，这些无数的种子其实最后形成了我们的潜意识，而人在最重大的时候作出的决定都是潜意识支配的。细想起来，这是一个再简单不过的常识。古人甚至认为，潜意识具有异地成熟性，我们今天读到的一句话，可能在很多年之后开花结果。当一个人在关键时候脑海中闪过“执子之手，与子偕老”，他对婚姻是一种态度；如果闪过“不在乎天长地久，只在乎曾经拥有”，可能就是另一种态度。还有那些寻求短见者，很可能是当年读过的一本书或者一首诗成为他轻生的推力。也看到一些报道，某电视剧播出后，有不少小孩模仿剧情上吊，差点闹出人命。据报，现在自杀人数已经远远超过交通事故，如此惊人的数字，除过全民焦虑的大背景之外，恐怕和传媒有很大的关系。

曾有这样的体会：看到别人有好事，心生嫉妒时，赶快起诵《太上感应篇》中的“见人之得，如己之得”，就释然；送别人一件东西，不久又后悔了，赶快起诵《太上感应篇》中的“与人不追悔”，就释然；帮了别人一个忙，却未得到对方的感谢，心里不快，赶快起诵《太上感应篇》中的“施恩不图报”，就释然；想起曾经伤害过自己的人，心里不免会有怨恨，赶快起诵《弟子规》中的“恩欲报，怨欲忘；报怨短，报恩长”，就释然。可见潜意识中的句段对人的解脱作用。

前段时间，我们搞了一个论坛，有一位读者让我解答一下，为什么有那么多诗人自杀？搞得我很尴尬，因为我以前都还真没有想过这个问题。为什么呢？各位请想一下，跟他的职业有关系吗？有。跟他选择的文体有关系吗？有。如果留心一下文学，我们会发现写小说和散文的人自杀的少一些，诗人多，特别是现代诗人。他提醒我们思考一个问题，人的职业、人的阅读背景跟我们的生命状态密切相关。我们现在只说我的孩子一天读一本书，觉得很开心，却没有问在读什么书。

三、《弟子规》是加了三聚氰胺的毒食品吗

为此，当我听到有位专家讲，千万别让孩子读《弟子规》，那是加了三聚氰胺的毒药。我觉得他低估了一个常识，也低估了家长的智商。《弟子规》是多少家长世世代代选择的结果，有谁愿意给自己孩子的食品里投毒？有家长问他，《弟子规》《三字经》这些经典有毒，那孩子读什么啊？他说读《格林童话》《安徒生童话》。

我们不说别的，单说二者的心量，《弟子规》是什么样的心量？“恩欲报，怨欲忘；报怨短，报恩长。”别人对我好，我要一辈子记着甚至世世代代记着，别人伤害了我们，忘掉吧！《格林童话》《安徒生童话》呢？你细细去看，它里面有种强烈的复仇精神。大家想想，一个人带着复仇的精神度过一生，能安详吗？能快乐吗？不可能。我们翻开中国历史，会发现中国人几乎没有向外族发动过侵略战争，它的文化背景是什么呢？《弟子规》里面讲的“凡是人，皆须爱，天同覆，地同载”。它没有说我只能爱黄皮肤的人，不能爱蓝眼睛的人对不对？“凡是人，皆须爱”，它的心量大到这种程度，怎么可能发动侵略战争呢？

这时我们再回过头来看中华民族五千年的文化传承，会发现它无一例外地在讲一个字，

"爱"。五千年来,江山一代一代的换,王朝一代一代的换,但这个文化传统从来没有中断过,那就是爱的教育。"凡是人,皆须爱。"对于"爱"这个字,有各种各样的解释,有人说,"爱"是把自己的"心"给他人。还有有人考证,繁体字中间的"心"是"胃"状,象征着知冷知热。我们再看"冬则温,夏则凊",冬天到了我们要想到爸爸妈妈该添衣服了,夏天到了我们要想到爸爸妈妈该减衣服了,我在长篇《农历》里面具体写过类似情节。"冬则温,夏则凊",这句话其实是讲知冷知热,一个孩子从小在父母身上养成知冷知热,将来就会在兄弟姐妹身上知冷知热,在同学身上知冷知热,在同事身上知冷知热,如此,他将来即使做了总统,也能知冷知热,而只有一个知冷知热的总统才会给老百姓谋福利的。

因此,我们怎么能说《弟子规》是加过三聚氰胺的毒食品呢?见过大孝子王希海父亲的人都惊讶,一位卧床20多年的植物人,身上居然没有疮痕,原来20多年来,王希海都是把手放在父亲身下睡觉,当他感觉手掌被压麻了时,就给父亲翻身。为什么?我的手压麻了,说明父亲的身体也该麻了,应该是翻身的时候,知冷知热啊!

四、打开一本坏书意味着打开霉运

至此,各位朋友心中就会有一个概念,应该给孩子推荐什么样的书呢?提供正能量的书。讲孝、敬、惜的书,一本书,孩子看完就有孝敬父母的冲动,好书;有尊敬老师的冲动,好书;有热爱生活、保护自然、保护心灵的冲动,好书。相反,恶书,大家同意这个观点吗?请问,有多少家长好好考虑过这个问题?我还认为,与其花时间读一千本垃圾书,还不如把一本经典读一千遍。

我在长篇《农历》里讲了这样一个故事:

> 盲尼听完晚课,师父说,天已经很黑了,你打个灯笼回去吧。盲尼说,我一个瞎子打灯笼有什么用?师父说,有啊,你是瞎子,但别人看见你手中的灯笼可以让开你啊。盲尼说,那我就打上吧。不想半路仍和一个人撞了一个满怀。盲尼说,难道你就没有看见我手中的灯笼吗?对方说,你灯笼里的灯早已灭了。盲尼恍然大悟:原来一切外在的光明都是靠不住的,一个人需要找到自己本有的光明。

由此可见,能够帮助我们找到本有光明的书就是好书。

相反,如果我们打开一本坏书,意味着我们打开了霉运。我不认为世界上有好坏人,只认为世界上有好运气和坏运气的人。好运气的人碰到好书,坏运气的人碰到坏书。

现在,每天有700多种书上市,我们如何给孩子把关?

我有两点建议:一是尽量读经典,因为经典是经过时间检验的。在我看来,与其花时间读一千本垃圾书,不如把一本经典读一千遍。为什么?如果我们读过《水知道答案》,就知道,我们读一千遍经典,等于接受了圣人的一千次祝福。而我们读一千本垃圾书,意味着我们往心灵上泼了一千次硫酸。所以我建议朋友们,早上读一个小时经典,晚上读一个小时经典。早上提醒我们今天怎么度过,晚上检查我们哪些没做到。

二是看作家的立场,最朴素地讲,看他有没有写作底线。我给我主编的《黄河文学》提了三个倡导:第一,办一份能够首先拿回家让自己孩子读的杂志;第二,办一份能给读者带来安详的杂志；第三，办一份能唤醒读者内心温暖、善良、崇高和引人向上的杂志。当初我提出这个倡导的时候，大家还有些担心。不想几年之后，我们的发行量翻了5番。所以，我认定，只要我们带着责任感、崇高感办刊和写作，是饿不着的。就我这种非著名作家，现在都有那么多出版社约稿，而且每本书首印都不低于1万册，差不多两三个月就可重印，有人一买就是几百册，甚至几千册地义捐，还有茶叶公司随茶赠送，何况那些著名作家？只要带着责任感去写作，不会没有饭吃的。中国13亿人，养活几位作家太不成问题了。关键是作家要找到读者心中缺了什么，然后带着责任感，带着父母心肠去创作。

拙著长篇《农历》出版后，银川有个楚文女士打电话，想买2000册《农历》捐给那些想读书但买不起书看的孩子，大家可以想象我当时的心情。不想我爱人说，虽然是好事，但你还是要冷静调查一下，2000册《农历》按定价要6万块钱，如果她是一时激动或者一厢情愿，将来她家人找你麻烦怎么办？我觉得有道理，就找了个理由到她家去，是她的儿子接待的我，大学刚毕业，他的一通话让我非常羞愧。他们全家一致决定做这件事，而且约法三章：第一，不搞捐书仪式；第二，不让媒体知道；第三，不能暴露他们的身份。你看，我们都在讲安详了，仍然如此防备，大家就可以想象社会上人们防备到什么程度。那个房子只有60平方米，连茶几都没有，只有一个圆桌上面铺着桌布，既是茶几又是书桌又是饭桌。这位大学生告诉我，他还要把这2000册书包好书皮，刻一个章，“像五月六月那样成长”，盖上去，再捐出去。我就给责任编辑讲了此事，让给她一定的折扣，然后告诉他们双方联系方式。

去年，第八届“茅盾文学奖”落幕之后，有不少朋友说，郭文斌你就别气馁了，下一届肯定是你了。确实，要么你就干脆别提名，干脆别进前20，要么你就杀进前五名，这个第七，让人遗憾。我说我已经非常知足了，我这个非著名作家，评委能送到这一程，我已经非常满足了，莫言先生才是第四名呢，蒋子龙先生才是第十名呢，我还有什么不知足的呢？再说，更给我鼓励的是像楚文这样的读者，我估计在中国的作家里，被别人一次买2000册义捐的作家不是太多，所以我更在乎这一种“嘉奖”方式。

这也进一步坚定了我的文学观。

在拙著《农历》的创作谈中，我写了这么一段话：“奢望着能够写这么一本书，它既是天下父母推荐给孩子看的书，又是天下孩子推荐给父母看的书，它既能给大地带来安详，又能给读者带来吉祥，进入眼帘它是花朵，进入心灵它是根，我不敢说《农历》就是这样一本书，但我按照这个目标努力了。”为了尽可能接近这个标准，我反复修改书稿。书稿排版后，我仍然让出版社寄来校样修改，同时复印多份，让同事、朋友包括妻儿看，对于他们提出的不妥之处，我基本都作了修正，一次又一次，直到第六次时，编辑说他作了几十年编辑，出了几百本书，没有见过像我这样追求完美的，他实在没有耐心再给我寄了，我才作罢，否则大概还要修改第七次、第八次……《寻找安详》等书也同样。这些拙著出版后有不少读者批量义捐，让我更加坚信，心灵感应是存在的。

非常喜欢著名作家陈建功先生讲过的一句话：“好作家只追求来世报。”我的理想是，几百年后，还有人在读郭文斌的书《寻找安详》《农历》《〈弟子规〉到底说什么》，那我会非常荣耀。我的子孙后代，从他的书柜上，拿下一本郭文斌写的书，非常荣耀，那我将含笑九泉。

为了提醒自己，我把一则禅宗公案抄在笔记本首页，不时看看：

> 百丈禅师每日上堂，常有一老人听法并随众散去。有一日却站着不走。师乃问，立者何人？老人云，我于五百世前曾住此山，只因讲错了一句话，被罚作五百世

狐狸,今服刑期满,乞师依亡僧礼烧送。师应,老人乃去。次日,师令众僧到后山找亡僧,众僧不解,因未闻禅林近有亡者。师便带众僧在山后去觅,果无亡僧,却有一只黑毛大狐狸死在大磐石上。师告因由,僧皆大惊。遂恭然依亡僧礼火化安顿。

别人讲错了一句话,被罚做五百世狐狸,这些年,我不知讲错了多少,写错了多少。

那么,选到好书,又如何真正得到它的滋养呢?我的观点是,最好的阅读是做。一本书,我们不能让它落地,它跟我们的生命没有任何关系。一个面包,你不吃它,永远是个面包,吃了才能补充我们的营养。一粒种子不进入土壤,永远在粮仓里面,永远不开花、不结果,只有落地它才能长成参天大树。

至于如何落地,我在《〈弟子规〉到底说什么》一书中,通过"六个原则"讲了我的一些体会,在《寻找安详》一书的修订版里,通过"在生活中应用安详"一章,讲了我的一些探索,如果有兴趣,大家可以看看。

当代中华文学有没有大师

黄维樑

黄维樑，香港中文大学一级荣誉学士、美国俄亥俄州立大学博士。历任香港中文大学中文系讲师、高级讲师、教授，台湾及内地多所大学客座教授，现任台湾佛光大学文学系教授。编著书籍有《中国诗学纵横论》《香港文学初探》《中国现代文学导读》《突然，一朵莲花》《黄维樑散文选》等二十多种，其作品曾获文学奖，入选各种选集及编入中学语文教材。

一、为什么讲这个题目

各位朋友:

大家晚安!讲座的开始总是说今天很荣幸、很高兴来到这里参加这个讲座。我当然也很荣幸、很高兴。不过还有别的感受,就是很舒服,也很亲切,因为是来到孙中山先生的故乡。香山,也就是中山,他是革命的先行者,我们肃然起敬,也觉得很亲切,因为孙中山先生是广东人,我也是广东人。孙中山先生所讲的普通话,之前叫国语,带有广东的口音,我也有点广东的口音,所以觉得很亲切。

中山市的市容更美丽了。我们到中山先生的故居去,看到有很多他的文物展览出来,看到地方非常整洁,我们觉得很高兴,我觉得中山人的幸福感会更强,还有馆外这条新路非常气派,大概是一条迎宾的大道。我这次再来中山市,感觉非常良好。

今天的讲题是《当代中华文学有没有大师》,这是我自己定的,倒不是这里主办者指定或提议要我讲的题目。我为什么会讲这个题目呢?我接受邀请之后,就想该讲什么好。看一下香山讲坛的背景,一看,两三年前有一位先生讲的题目是《当代文学为什么没有大师》,看了摘要之后,觉得我的看法颇有不同,所以就定了这个题目。我相信诸位手上有一份讲义,右边是特别小的字,也许大家要费点力看。我为了节省纸张,环保,请大家包涵。

这里已经很清楚列出我要讲的纲要。一开始就解释什么是中华文学,下来就讲到底是文学大师满天飞呢,还是没有大师呢?接下来讲什么是大师?什么是文学?评定文学大师的标准是什么?评价文学大师的难处在哪里?还有,评定者本身应该有什么条件?我会用几个古代中外的文学大师做“试师石”。再下来,我指出,当代中华文学有大师,并举出一两位做例子。

一个英国的文学批评家有这样一个理论,就是把某些古代文学经典当做“试金石”。到底眼前这个作品好不好,他用古代经典作家的作品或者一些片段来比一比,试一试。这里说的“试师石”,就是要和古代中外的文学大师比一比,看看当代这个作家那个作家是不是大师。

二、中华文学・大师

这里我讲中华文学,为什么不叫中国文学呢?中华文学范围更广,除了中国内地,还可以有台湾、有香港、有澳门,还可以包括别的地方,不管是欧洲、美洲、非洲,什么洲的作家用中文写的作品,这是中华文学,说是汉语文学也未尝不可。我们知道,在20世纪,中国内地之外还有很多地方都有华人聚居,各地的华人都有文学作品。所以一个大的范围,就是中华文学,就像现在西方有“英语文学”一词,我们不说英国文学、不说美国文学、不说加拿大文学,凡是用英语来写作的文学作品,我们说是英语文学。汉语文学也是这个意思,中华文学也是这个意思。

什么是大师呢?师是老师的师,也可以是军队,一个师有多少人。“师”这个字,已经有很长远的历史,在古籍里面早就出现了。“师”再加上一个“大”字更有“大气”、“大度”之意。香港有“大律师”,20多年前香港拟制订基本法的时候,有人建议把在上诉法庭上替当事人进行辩护或诉讼的律师改称为讼务律师,不用原来的“大律师”名称(不用上法庭,只在律师事务所做一些文件,关于买卖房子、离婚那些事的,称为事务律师),但遭到“大律师”反对,因为“大”字太好了。

大师就是对某一种知识、某一种技能有高度的修养,有突出成就的人,在这个行业、专业,我们称他是大师。英文有一个词master,它有好几个意思。古代的学徒,学一门手艺,木匠也好,铁匠也好,裁缝也好,不管是一年、两年、三年,多少年,学到一个阶段,他的老师说可以做一个结业的作品,做出来之后,他的老师说,行,而且可以加入一个行业组织,这个人就称为master,也就是中文说的师傅,他的结业作品称为masterpiece。Masterpiece我们现在通常译为杰作,其实masterpiece本来没有杰出不杰出之意,只是及格的作品而已。英文里面有master-class(大师班)一词,有个大字好像就了不起了,其实也不怎么样。有一个外国的著名钢琴家来中山市演奏,演奏之外,他请当地一些学钢琴有相当修养的青年来表现一下,教他们一些手法,就谓之大师班了。

在中国,佛教的高僧也称为大师。古代的官也有大师、大夫这些名目。因此在中文里大师这两个字颇令人肃然起敬,比起master这个词,听起来感觉要高。

什么是文学呢?我不知道在座的诸位,有没有以文学做你们的专业的,不管是在读书,读的是文学系,或者现在工作,跟文学有关系。我知道这里的讲坛非常多元,什么题目都有,不只是文学、艺术这些。文学是什么?简单来说就是语言的艺术,就像音乐是声音的艺术,绘画是线条跟色彩的艺术一样。文字或者语言,经过艺术的处理,形成的作品,就是文学。文学表达人的思想、感情,反映社会,也可以批判社会、反映人生,也可以批判人生。文学是语言的艺术,艺术是它的本质,语言是它的媒介。

现在满天都是大师,到处都是大师,有史学大师,有国学大师,有绘画大师,有音乐大师……例如西方的绘画大师就有:优雅深邃的大师达・芬奇、和谐典雅的大师拉斐尔、高雅而奔放的17世纪巴洛克绘画大师鲁本斯、弘扬民主的现实主义绘画大师杜米埃、朴实无华地描绘农村田园的现实主义大师米勒、不幸而执著的疯子绘画家凡・高、追求原始生活的后印象画派大师高更、汇集现代艺术流派的绘画大师毕加索等等。

香港某所大学的关于中国文化课程的网页,其中有一个这样的栏目"来见见大师"。一页里就有30多位大师。我有一位朋友,称他的老师(浙江人,叫木心)是国际汉学大师,前两个月去世,是一个散文家,恐怕知道的人不很多,被称为"迟来的大师"。席慕蓉在台湾近日的媒体上被称为文坛大师。研究《红楼梦》的专家,有的是红学大师,周汝昌是其中一位。金学——有两个意思,一个是《金瓶梅》的研究,一个是金庸研究——也有大师。北京大学中文系一位教授严家炎是金学(金庸)大师。有金的,有红的,有没有"白学大师"呢?不少人研究白先勇的作品,说不定将来也有白学的大师。

有一些行业好像没有大师。像姚明已经退役了,新的篮球明星叫林书豪,好像从来没有人说姚明是篮球大师,也没有说前几天去世的女歌星惠特妮·休斯顿是音乐大师或者歌唱大师。对这些人,我们大概用明星、巨星之类的称号。大师总是有相当的年纪,往往是德高望重的人。"德高望重"的篮球选手,大概只能当教练,所以篮球似乎没有大师。

好像也没有革命大师的叫法,我们尊崇孙中山,可是不称他为革命大师,他逝世前说"革命尚未成功"。其实,革命一次成功就可以了,不要永远的革命。如果有很多革命,这个社会、这个国家就只有动乱了,所以我们不要革命的大师,古代如此,现在也是这样。在多种的大师当中,还有算命大师、优化大师、极简主义大师,还有蝴蝶椅大师,还有驯犬大师。大家可以上网查一下,2012年1月28号深圳卫视6点半的新闻,就介绍一位赵先军先生,他被评为中国唯一一位国家训犬大师。还有一个叫"涮大师",大概是火锅店的名称,不晓得诸位去过没有。还有一个经济学大师,他姓郎,这个郎先生据说出场费很高,而且在演讲以前,有"三不主义":不能拍照、不能录音、不能把他的演讲内容上网。我奉行"三可主义":你们拍照、录音、上网都可以。那人真是"经济学"大师,他有经济学的眼光,知道如何发挥有限资源的最大效能,他大概一个题目可以讲好多次,不同地方都讲。我这次是特别为了香山讲坛来讲这个题目的,花了不少时间准备的。

讲了大师,又讲了文学是什么。下面的问题是,一个时代到底可以有多少个大师呢?中国作家协会有几千个会员,这几千个会员里面,有哪一些被称为文学大师呢?有没有一个比例呢?百分之一或者千分之一或者万分之一,可以称得上是大师呢?假如一个世代是20年至30年,中华文学一个世代可以有多少个大师?是一个,两个,三个,50个,100个?标准在哪里?名额有多少?目前有大师满天飞这种情形,也有人说一个大师也没有。

三、评定文学大师的五项标准

这里说的评定文学大师的标准当然只是我建议的标准。体育运动比赛、科学研究等方面,都有非常精准的衡量的标准。我们说科学方法,就是这样的:通过观察,通过分析,可以得到一个学说,甚至一个定律。你再去做,还是这个时间,还是这个长度,还是这个重量,可以重复地得到同样的结果。人文学科可以吗?人文学科的文学、历史、哲学、音乐、绘画等等,没有这样的标准,没有这样可反复做实验得到预期的结果这回事。人文科学不是科学,只能说是学科,顶多说我们尽量用科学的方法,来研究各种人文的问题。

文学评论也如此,它没有科学的精准,不可以重复做试验,得到同一个结果,可是我们又不能没有标准。老师给学生打分数,总是有甲乙丙的不同等级,数学的、物理的分数准确,可是作文呢？同一篇作文给A老师来打分数，也许给他75分，B老师来打说不定只给57分，分数有时候相差很大。这个就是人文学科包括文学的研究、评论，跟自然科学不同的地方。

可是我们总是要为文学评论定一些标准，虽然定标准是很难的事情。1500年前南朝文学理论家刘勰创作了一部文学理论著作《文心雕龙》，他定下了六项指标。上面提到"试金石"，英国19世纪作家安诺德(Matthew Arnold)既写诗，也写文学评论，在从事文学批评的时候，常常痛苦不堪。人家问他，当代某某作家的作品到底好不好？你打分数会打多少分？他说我没有天平。他非常认真，所以对评价的事寝食不安。后来他说这样子吧，我们找来"试金石"，就是古代西方的经典之作或其著名片段，作为比照当代作品优劣的"试金石"。如果称得上是大师，其作品应该跟"大"有关系：大气魄，大格局。他用了"气度恢弘"(grand style)一词，作品写国家、民族、战争、存亡的大事——相当于当代宏大叙事(grand narrative)的说法；如写儿女情长的生活，则应该有广阔的视野或时代背景。

标准之一是大格局。大，大到惊天地泣鬼神的那种，还有，要有大的篇幅，也就是长的篇幅。古代西方的叙事诗，像古希腊《荷马史诗》，篇幅很长。中国《诗经》的作品，有些很短，只几十个字；唐朝的绝句，短的只有20个字。这类诗的作者就没有机会成为大师了？却又不然。作品篇幅虽短，但可以写很多首。题材不同，技巧多姿，打动人心，影响深远，一首一首短的或者比较短的诗，加起来，像杜甫他流传到现在的诗有1400多首，他绝对是大诗人，是诗人中的大师。

大的格局在这里包括大的篇幅、长的篇幅，包括产量多。可是产量多不表示就是好的，这个道理大家应该很清楚。从前香港有位作家叫高雄(名字跟台湾的高雄市一样)，也叫三苏。他写得极快，写得极多，他写作的方式是缝衣车的方式。什么是缝衣车方式呢？他的左手拿着纸，右手拿着笔，写的时候右手不动，几乎不动的，动的话也在小范围内。他的稿纸则往上边拉。为什么这样写呢？省力。他一个早上可以写5000—7000字，不会很累。也因此，他所写的稿子，一定要找专人来排字。从前是一个铅字一个铅字的排字，不是打电脑。他非常高产、多产，可是高产、多产当然不见得就是这里所说的大格局，就有可能成为大师。

标准之二是大创意。创意是什么？大家最近几年来都听到这个词——文化创意产业。香港、深圳的报纸，经常有版面出刊"文化创意"。文创，是最近十多年来全球非常通行的一个词。英国政府成立了专门的研究指导小组，投入了大量的资金及资源发展文化创意产业。后来韩国也重视，为什么有那么多韩国的歌受欢迎？还有电视剧《大长今》？这跟政府非常重视创意产业(包括报纸、电视、广播电台、音乐、杂志)是有关系的。创意就是有创新的意念，在文学方面，模仿或者照搬某些作家的风格，写出来的作品就没有创意。

可是要判断创新与否非常之难。你作为一个读者，作为一个批评家，面对的作品究竟有没有创意，如果你没有胸罗万卷，就没有办法在比较后下结论。

标准之三是有大量的好评。今天下午有一位电台的记者跟我谈文学的评价问题。我说几乎没有一个作家只有获得好评的，总是有好评，也有坏评。电影、电视剧也是这样子。最近颇受好评的《白鹿原》出来的时候，也不只是一片叫好之声，总是会有一些好评也有坏评。假如一个作家获得的好评远多于坏评(评论者包括一般的读者和学院派的批评家)，多数人肯定他的作品、称赞他的作品，他成为大师的可能性自然高一些。好评、坏评的数量是可以通过比较具体地、机械地统计得到结果的。

标准之四是大影响。这个问题也不能用一两句话就能讲清楚。十多年前,香港某所大学举办一场张爱玲作品的研讨会,两岸有不少学者、小说家参加,其中有来自上海的著名小说家王安忆。很多与会者都非常推崇张爱玲,说她是张派的祖师奶奶。有人说张爱玲影响很大,你看香港的钟晓阳、台湾的苏伟贞、上海的王安忆都受她影响,都是张派这个祖师奶奶的传人。那个研讨会我不在场,不过听人说,王安忆提出她没有受张爱玲的影响,她写作的时候内地还没有出版张爱玲的作品。所以说谁影响谁要很谨慎才行。假如这个作家说,我喜欢杜甫的诗,读了一遍又一遍,甚至从十八岁一直到八十岁都读杜甫的诗,学他的风格写作,像清代的翁方纲;有了这样的说法,再讲杜甫影响了翁方纲,自然没有问题。可是作家没有这么说,我们又没有其他证据,而你硬是说他受杜甫、张爱玲或其他作家的影响,这就危险了,或者说不科学了。一个作家影响大到形成一种风潮、流派,那当然是有很重要的文学史地位了,有资格成为大师候选人了。

标准之五就是大销量。洛阳纸贵,大家争相阅读。不过也要注意,不见得具备大格局、大创意的作品,就一定有大效应。反过来,那些在生的时候没有什么销量的,后来却成为重要作家、大作家,文学史上也有不少。在西方文学论述中有两个词语,一个是重要作家(major writer),一个是次要作家(minor writer),称得上大师的,起码是重要作家。很多重要作家在世时作品没有什么销量,甚至受到坏评,例如,19 世纪浪漫主义诗人济慈(John Keats),他书出来之后卖不出去,也没有什么好评,甚至有坏评,就是今天说的不叫好也不叫座。可是他死了之后,没过多少年,慢慢受到好评,受到重视,学院派的批评家把他高高地标举,结果他成为英国浪漫主义的一个重要诗人。

像刚才说的那个疯子一样的绘画大师凡·高,在生时只卖出去一张画,而且价格很低,买主是他的弟弟。他的弟弟是画商,哥哥画画,他也只买了一张而已。他后来真的疯了,自杀了,三十七八岁就死掉。他死了之后,那些画慢慢得值钱,愈来愈值钱。20 多年前,他的一幅《向日葵》拍卖,我记得是卖了 4000 万美金,换算成港币是 3 亿多元。有香港的专栏作家数一数,这张《向日葵》大概有 30 朵花吧,那么一朵花就值 100 万港币了。所以,大师不一定有大销量。不过假如又有大格局、大创意、大好评、大影响,还具有大销量的话,那这人是五星级的了,大师之称名副其实。

四、评价文学大师的难处

刚才说评价文学是很难的事,评价文学大师可以说更难。有什么难处呢?第一,文人相轻。你是作家,人家问你某一个作家是不是大师。文坛不称我为大师,他写得跟我差不多,甚至比我差,为什么要称他为大师。这就是古代文学批评家刘勰所说的“崇己抑人”,是文人相轻。曹操的儿子曹丕说“文人相轻,自古而然”,从古到今都如此。第二,就是刘勰说的“贵古贱今”。古代的好,现在的不行了,这种心理非常普遍,历史上有很多例子。司马相如,汉武帝很欣赏他,司马相如就是跟卓文君私奔的那个才子。“原来这个司马相如是现代的人,我以为他是个古代的人,写得那么好!”汉武帝知道他是现代的人,不值钱了。第三,就是贵洋贱华。洋指西洋,我们一听这人是诺贝尔文学奖得主,这个是爱尔兰的名诗人,这个是美国的普利策奖小说家,就肃然起敬。十余年前有一个华人作家得诺贝尔奖,这人一定了不起，是洋人所重视的，所表扬的，那一定是大师了。一定是这样子的吗？你们知道诺贝尔文学奖有多少评选委员懂中文吗？瑞典的这个皇家学院，负责评选诺贝尔文学奖的有18位委员，其中只有一位老先生是懂中文的。他可以读多少中华文学作品呢？他到了五十几岁才开始关注、研读中国的现代文学。他读书时学中文，研究的是《左传》、中国的方言。他读得了多少中文的作品呢？他推荐过一位赵先生，没有得奖，后来推荐了一位高先生，结果高先生在2000年得了诺贝尔文学奖。诺贝尔奖这个光环可大了，可圆了。（在台湾，有一位诺贝尔奖的得主，一位姓李的先生，是化学家，他一获诺贝尔奖，就好像成为万能的大师了，教育靠他主持，政治亦然。）

真的是这样子吗？瑞典皇家学院懂中文的评选委员马悦然，能读遍这么多的中华文学，而且有超凡的鉴赏力？这位先生有没有能力去阅读大量的作品，有没有能力去批评、去判断？中华作家很多，作品很多，“文情难鉴，谁曰易分”，很难分别文学作品到底写的是什么，是好是坏，谁说容易分辨呢？

所以说还有评定者本身具备的条件。假如你没有什么贵古贱今、贵远贱近的心态，这很好了，但你自己得有多深厚的文学修养，多广泛的文学阅读，才有能力去评定你在研究、在评论的这个作家到底成就在哪里？这评定者本身要不要也是一个文学大师？最少是一个文学研究的大师，甚至是一个超级大师。

我们常常说，某某是文学大师，例如王国维，有人称他为文学大师，或者国学大师。王国维当然有成就，可是他有一些话是非常站不住脚的。他在一百年前说，我们中国人没有科学的精神，不像西洋人，西洋人很重视分析、很重视分类，可是中国人不会分析，只是凭直觉做事，也不去分类，不到紧要关头不分类。王氏的说法简直荒谬。假如中国人不会分析、分类，那么，《诗经》《尚书》《礼记》等古籍内容的分类从何而来？古代的文学批评也善于分等、分类，像南朝文学批评家钟嵘，就把诗人的成就分为上、中、下三品（古代的官阶更有九品之多）。《文心雕龙》《文选》等也有各种各样的分类，一些文学创作的分析性之强，简直令人吃惊。随便举个例子，如曹植的《洛神赋》，它写得非常细致，把洛水之神（传说是作者的嫂子甄后）的五官体态服饰分部分、分层次来描写：

> 远而望之，皎若太阳升朝霞；迫而察之，灼若芙蕖出渌波。秾纤得衷，修短合度。
>
> 肩若削成，腰如约素。延颈秀项，皓质呈露。芳泽无加，铅华弗御。
>
> 云髻峨峨，修眉联娟，丹唇外朗，皓齿内鲜。明眸善睐，靥辅承权。
>
> 瑰姿艳逸，仪静体闲。柔情绰态，媚于语言。
>
> 奇服旷世，骨象应图。披罗衣之璀粲兮，珥瑶碧之华琚。
>
> 戴金翠之首饰，缀明珠以耀躯。践远游之文履，曳雾绡之轻裾。

中国科学上的分析性更不要说了。我去过西安看兵马俑，看到铜车马的介绍说铜车马的配件（内地有汽配一词，是汽车配件之意，香港则称零件），大大小小有2000个。古代中国人没有分析力？不作事物的分类？前几年我在四川大学讲学，有学生说，我们中国的文学批评不行，都是直觉的、笼统的，不像西洋的有分析性、有体系。我说：“你们去看看都江堰，李冰父子所建设的，如果没有科学、没有分析、没有系统性，可以成就这样的大工程吗？”

王国维说中国人不分析、没有分类。一个人被称为大师，可是他有严重的错误，应不应该保留这个大师的美名呢?季羡林前几年说你们不要称我为大师,我没有这个资格,当不起大师。我认为王国维最少在文学评论方面不是一个大师。最近有人指出,台湾作家蒋勋,号称美学大师的,著作和演讲中错失很多,似乎可和余秋雨的相比。上海的金文明数年前写了一本书叫《石破天惊逗秋雨》,指出余秋雨散文里面林林总总的硬伤。我不晓得余秋雨算不算散文大师,有人说他是,这么多的硬伤要不要让人对他的大师之名有所保留?你要评价谁是大师,谁不是大师,得有非常广博的学问,得好好去看这些作品,而且你得有非常高明的判断能力,不能人云亦云。

很多网上的评论,只是信口开河。大家随便发个讯息,"畅所欲言"。所以评定谁是大师,谁不是大师,不是人人有资格的。最好是由一组高水平的专家,经过慎重地研究讨论之后,才定下来。不过我们好像没有这个做法,在中国没有,在外国大概也没有。

五、中外古今文学大师略说

这一方面我只能简略地说。今年是2012年,我们纪念杜甫诞辰1300周年,也纪念英国小说家狄更斯200周年诞辰。凑巧的是,这两位诗豪、文豪都只活了58岁。712年到770年这是杜甫,1812年到1870年这是狄更斯。他们都是大师,历史证明他们符合上面所说的大格局、大创意、大好评、大影响、大销量。杜甫的诗集,所谓的大销量,不能跟郭敬明的小说销量相比,这是相对来说的,而且有个历史的过程,在古典文学里面,到现在为止,杜甫还是有很大的销量。大格局不用说,杜甫的诗什么都写,写他跟太太之情(倒是没有写男女的恋爱),写朋友,李白、杜甫是朋友,杜甫一次又一次写诗赞美李白。还写时代、写社会、写山、写水、写战争、写历史、写艺术。1400多首诗里面,不是说题材没有重复的地方,可是可以说非常多元化,非常丰富,这是他的一大特色。

杜甫的创新在哪里?在盛唐的诗人里面,李白、王维、杜甫都著名,杜甫写的律诗最多。有五言的律诗,有七言的律诗。他确立了律诗这种体裁。一种文学的体裁、形式建立之后,代代相传,杜甫之后一千多年还有很多人写律诗。形式主义一词带有贬义,但不表示形式不重要。周围看看,现在不管是央视播新闻,或者是广东卫视,或者香港的翡翠台、明珠台、国际台,新闻播报的形式是美国新闻界确立的。或者是一个主播,或者是两个,他们读新闻稿,可是不能从头到尾二十几分钟只读新闻稿,一定要播早前拍摄或现场直播的新闻片断,而且重要的是这些片断,这种形式是美国的新闻传播界确立的。再看看我国的春联,对联一定是上联在右边,下联在左边,一定要工整,名词对名词,动词对动词,平声对仄声,仄声对平声。形式是人类文明的一个贡献,现在我们用的手机,它界面的功能也是一种形式。你看乔布斯影响多大,他去世,全世界几乎像死掉了父亲、兄长一样。杜甫确立了律诗的形式。英国文学超级大师莎士比亚,在文学形式上,一样有他的贡献,譬如莎氏十四行诗(Shakespearean sonnet)。大创意还包括创作技巧的推陈出新、技巧的精湛,技巧的精湛说来话长,以后有机会再谈。

说到大影响。狄更斯在200年前的2月7日诞生。2月7日有一个全球性的活动,从澳大利亚(Australia)到津巴布韦(Zimbabwe),世界24个国家轮流接力朗诵狄更斯的作品,24个小时日夜不断。不说别的,光说这个,就可以知道他世界性的影响力。我们看不看他的

《双城记》,电影也好,小说原著也好,至少知道有这本小说。

刘谦最近两年上央视春晚舞台表演魔术,名气愈来愈大。美国的魔术大师是大卫·科波菲尔(David Copperfield),他本来不是姓科波菲尔的,因为喜欢狄更斯的作品《大卫·科波菲尔》(早期译做《块肉余生述》),就连姓也改了,改为小说主角的姓。我们中国人说大丈夫行不更名、坐不改姓,这位魔术大师,受了狄更斯的影响,连姓也改了。

杜甫、狄更斯,还有曹雪芹、莎士比亚等等,都符合上面说的五个标准。中华当代有没有文学大师呢?钱钟书是一位文学大师,不过他已经去世有13年了。王蒙现在70多岁了,他基本上也具备了刚才所说的文学大师那几个条件。

六、文学大师余光中

这里我举的例子是余光中。你们读过他多少作品?喜欢不喜欢?有没有听过《乡愁》?应该有的,而且读过。很短,很浅易的。"小时候,乡愁是一枚小小的邮票;我在这头,母亲在那头。长大后,乡愁是一张窄窄的船票;我在这头,新娘在那头。后来啊,乡愁是一方矮矮的坟墓;我在外头,母亲啊在里头。而现在,乡愁是一湾浅浅的海峡;我在这头,大陆在那头。"

温家宝先生前几年引述过里面的句子。这首诗好像李白的《静夜思》,余光中现在有"乡愁诗人"之称。他不只写这一首诗,《乡愁》只是他一千余首诗中的一首,它名气大,余先生说它像一张大大的名片,遮盖住他的面目,大家误以为他只有《乡愁》。

《乡愁》是1972年写的,这只是余光中诗的一千分之一。他是大格局的作家,题材广阔。《乡愁》之外,有《民歌》。《民歌》有没有听过?

传说北方有一首歌
只有黄河的肺活量能歌唱
从青海到黄海
　风　也听见
　沙　也听见

如果黄河冻成了冰河
还有长江最最母性的鼻音
从高原到平原
　鱼　也听见
　龙　也听见

如果长江冻成了冰河
还有我,还有我的红海在呼啸
从早潮到晚潮
　醒　也听见
　梦　也听见

有一天我的血也结冰
还有你的血他的血在合唱
从A型到O型
　哭　也听见
　笑　也听见

这首《民歌》的写作,比《乡愁》早了几个月。四川著名作家流沙河说,这首诗发出了中华民族最强大的声音。黄河最北,黄河结了冰,就不会有声音了,不会流动了,它意思是国家已经到了一个差不多死亡的地步了。不怕,还有长江,长江要是结了冰,还有红海,就是人的血。我的血也凝固了,人死了,还有你的、他的,从A型到O型,哭也听到,笑也听到。这首也是比较浅易的,像歌谣,跟《乡愁》一样。余光中还有很多诗,有一些看起来比较深。

现在要读给诸位听的一首叫《唐马》,请看讲义。因为时间有限,我不能读那么多。大概是这样子的。博物馆里面,有一尊唐三彩,是一匹马,放在软软的垫上,诗人想到这匹马是真马的时候,那种雄风,有"秦时明月汉时关"的那种意象。"月明秦时,关峙汉代",有"大唐的雄风",有"长鬃在风里飘动,旌旗在风里招,多少英雄,泼剌剌四蹄过处泼剌剌"。这是活生生的马,是战马,是保卫国家民族的战马,可是现在是在博物馆里面的唐三彩,软绵绵,"绿绸垫子垫在你蹄下,一方小草原驰不起战尘"。诗人想,假如现在中国的边境又有战争了,这匹唐三彩马会否摇身一变,变成有大唐雄风的马呢?他的思想,前前后后古古今今,到了最后非常巧妙,他写的是香港。最后写的是:"浑不闻隔音的博物馆门外,芳草衬踏,循环的跑道上,你轩昂的龙裔一圈圈在追逐,胡骑与羌兵?不,银杯与银盾,只为看台上,你昔日骑士的子子孙孙,患得患失,壁上观一排排坐定,不谙骑术,只诵马经。"这些子子孙孙患得患失为什么?就是赌马,下注的马到底跑赢了没有?他在讽刺香港人,"不谙骑术,只诵马经"。你们知道马经是什么吗?不是《诗经》。很多香港人中学时读过一两首《诗经》,毕业之后就忘掉了,只看马经。熟读教人如何下注的马经,周末跑马,哪些马有希望可以跑冠军,就下注去赌,香港甚至有马经报。

这是余光中诗的另一个样本,他还有很多名篇、很多杰作。他写散文,包括评论家称的"大品散文"(有相当的长度,四五千字,甚至万多字,气势雄长的)。他在30—40岁写的,如《逍遥游》等,甚至有一种飞扬跋扈的风格。他建立了"余体散文",年轻的、年纪大的很多读者都非常喜欢,成为他的粉丝、知音。《逍遥游》写到1960年代台湾很多大学毕业生到美国留学,读一些一毕业就可以找到工作的、可以取得绿卡的专业,如图书馆学。那些"五陵少年",课余为了赚取学费、生活费,要洗碟子、端菜盘,背负摩天楼沉重的阴影。那些"长安丽人"(杜甫诗谓"长安水边多丽人")不去加州长堤选美,就深深陷落"在书城之中,把自己的青春装进洋装书的目录"。这些年轻的女留学生,青春年华就消磨在图书馆里面,编进洋装书的目录,是外国的书,不是中国的书。《逍遥游》又说:"当你的情人已改名玛丽,你怎能送她一首《菩萨蛮》?"男的女的都去了美国,或者女的在美国,男的在台湾,也许因为要服兵役还未去美国。这个女的本来叫玉珍、曼仪,到了美国改名字了,玛丽(Mary)、莎莲(Salin)什么的,且可能交上Peter、Paul之类的美国男友了,怎能送她一首《菩萨蛮》?《菩萨蛮》是宋词的词牌,这个句子充满了中国人跟西方人、中国文化跟西方文化的交流或冲突,意思浓缩,耐人寻味。

余光中的文学成就,下面尝试加以概括,论述时尽量用我国文学批评经典《文心雕龙》的话语。余光中于1928年出生于南京，祖籍福建永春。1950年到台湾，创作不辍，诗名文名渐显，至1960年代奠定其文坛地位。他手握五色之笔：用紫色笔来写诗，用金色笔来写散文，用黑色笔来写评论，用红色笔来编辑文学作品，用蓝色笔来翻译。数十年来作品量多质优，影响深远，其诗风文采，构成20世纪中华文学史上璀璨的篇页。

在龙年出生的余光中，其诗心、文心仿佛与《文心雕龙》呼应。《情采》篇说“圣贤书辞，总称文章，非采而何”，可见文采的重要。余光中情采兼备，而“采”使“情”得以传之久远。“光中”就是光彩夺目的中文，他笔下总是奇比妙喻如龙飞凤翔。其《逍遥游》《登楼赋》《咦呵西部》诸篇写中西文化、异国风光，抒发昂扬的意志，或“太息啊不乐”（diaspora）情怀。作者向中西文学传统吸收营养，而锐意铸造新词汇、新句法，正是《辨骚》篇说的“取镕经意”、“自铸伟辞”，其散文创作号称“余体”，他为中国现代散文的艺术开辟新境界。刘勰强调“首尾周密”，“体必鳞次”的组织、秩序之美，这正是余氏《民歌》《珍珠项链》《控诉一支烟囱》和其他诗作谋篇的特色。像余氏新诗脉络清晰、明朗可读而意蕴丰富的，求诸20世纪60年代的台湾现代诗、80年代的内地朦胧诗，极为罕见。当然，余氏的诗歌管领风骚，其成就绝不止于结构圆美。

《原道》篇认为文学的功用在于“经纬区宇”、“炳耀仁孝”（治理国家，使道德伦理获得宣扬）。余氏诗文有感时忧国之思，对世道人心常有讽喻，有儒家精神。

余光中在评论、翻译、编辑方面也卓有贡献，五色笔耕耘数十年，成为当代文学的重镇，影响深远。光是说他的诗被刻成石头或金属碑牌摆设出来，内地有，台湾更多，内地的承德、成都的杜甫草堂、岳阳洞庭湖边、泉州闽台缘博物馆都有……台北、台中、台南、台东有，高雄更多，这是他影响的一个具体表现。

《体性》篇把文学的风格分为八类：典雅、远奥、精约、显附、繁缛、壮丽、新奇、轻靡。基于不同文体的性质、不同的时空创作背景，加上他这个“艺术多妻主义者”的多方尝试、自我超越，余光中诗文有广阔的题材、繁复的情采，其书写风格可说涵括了上述的“八体”。他是博大型作家，他具有上述的“五大”，是当代中华文学大师。批评家对余氏作品或有《知音》篇所论的仁智之见，其崇高地位则广获肯定。《总术》篇说美文佳章“视之则锦绘，听之则丝簧，味之则甘腴，佩之则芬芳”，这正道出余氏情采的丰美。如果用《风骨》篇的形容，那么一生系乎“文心”，以“雕龙”为志业的余光中，“藻耀而高翔，固文笔之鸣凤也”。

时间已到，不再讲了。有时候我们称某某为大师，只是客气而已。大师，除了我上面所说的之外，也可说是年纪大的老师吧。我跟儿子讲故事，讲到“大人国”，大师是什么？就是“大人国”的老师？说到年纪大的老师，我算是了。在座之中，一定也有一些年纪比较大的老师，就请诸位“大师”多多指教。谢谢。

西方现代主义文学与当代人类精神困境

冯黎明

冯黎明,文学博士,武汉大学文学院教授、博士生导师,主要研究方向为现代文学理论与现代思想史,出版《语言的欢悦》《技术文明语境中的现代主义艺术》《走向全球化》《20 世纪欧美发达国家文化》等著作十部,发表学术论文与评论一百余篇。主持国家社会科学研究基金项目"文化现代性视域中的艺术自律问题研究"、教育部人文社科基金项目"学科互涉与文学研究方法论革命"。

今天在这里跟大家一起来探讨一个问题,我们可以将这个问题的实质描述为"人在宇宙中的地位"。这是一个哲学人类学的话题,最早描述这个话题的是谁呢?是生活在20世纪上半期的一位德国哲学家,名叫马克斯·舍勒。马克斯·舍勒写过一本书,这本书的标题就是《人在宇宙中的地位》。其实,这个问题涉及我们建立在人道主义基础上的整个现代思想体系和观念的合法性问题。当然,我们知道现代思想有两个很重要的基础:一个是人类的主体性,另一个是人类理性。这两个东西演化出了我们现代的各种各样的思想体系,各种价值观念和认知方式都受到它的影响。

近代以来,我们一直坚信这么一个信念,那就是在莎士比亚所塑造的那个曾经被生死问题弄得百思不得其解的哈姆雷特嘴里所说出的那句话。哈姆雷特说:"人是多么伟大的一件杰作,万物的灵长,宇宙的精灵。"这句话背后的意思是什么呢?在世间万物当中、在宇宙当中,我们看到最伟大的存在是人,宇宙的核心是人,人是主体的、中心的。似乎长期以来我们都坚信这个建立在人道主义基础上的人本论、人道论、人类中心论、人类主体论,我们不曾怀疑过它,我们坚信它是真实的。我们把人道主义作为一个正面的标签,来奖励给那些做出善行的人们。

但是我们看到,哈姆雷特兴高采烈地说出了这么一句充满自信的话之后,在西方的历史上却演化出了这样的历史后果,那就是,人类中心主义在给我们带来很多优秀文明成就的同时,它又引发了一种现代性的隐忧。现代性的历史中隐含着一条文化发展的暗线,这条暗线是什么呢?是人在宇宙中的地位发生了危机。人道主义、人类中心主义、人的主体性意味着人类知识和思想的自觉,也意味着人类盲目地脱离了我们生存的大自然。

我们可以坚信人类有自由意志、自觉意识,我们可以用科学技术去彻底地改造我们生活于其间的这个宇宙、这个自然;彻底地改造它的面貌,让它为我所用,为我们提供便捷的生活工具和无尽的资源,我们可以自觉地组织起来改造我们的社会制度以建立所谓"应当"的生活方式。比如说,人类创立宪政民主这样一种社会制度,进而展开为积累财富和发挥财富的功能而进行的那些技术性的社会实践。我们相信我们开展这些活动之后能够形成一个合理的社会组织,并推动技术进步、财富积累和精神自由。人类先验的自由意志和自觉意识使我们坚信,人类必将走向一个富足、繁荣和自由的时代,占据主体性地位的人类将有能力把自己送入永恒福祉的天地。

但很不幸的是,在19世纪末期,现代性之隐忧呈现在我们眼前了。人类文明出现了一种前所未有的合法化危机,尤其是在先发现代性的发达的资本主义工业文明社会之中,荒诞感和孤独感油然而生。它最大的表现是什么呢?就是我们的主体性危机,我们的人类中心论危机。这里的一个标志就是现代主义文学中描写的“渺小人物”。

近代文学中人格观念的变化清楚地显现了这一危机。从中世纪一直到现代,文学艺术作品中描绘的“人”发生了数次重大的变化。我们知道,中世纪的时候,在世的、感性的、具体的、肉体的、生命的人没有价值,人的价值在哪里呢?在上帝那里,在彼岸的、先验的神所赋予我们的价值。因而,人的价值不是内在于世俗世界的,而是超越日常生活的。

到了文艺复兴,人们开始着手解除神学意识形态的这种霸权地位,把人的价值拉回到我们世俗存在中来。但是文艺复兴时代的文学并未把人完全拉回到世俗生活的日常状态,我们看到,文艺复兴时代的文学想象了一种新的人,就是世俗世界当中的贵族。这是从神界回到人间的真实的人,但是他又不是一般的人,而是一些出将入相的大人物,这些真实而非凡的人体现了人类存在的价值。

到了19世纪,这种人的价值世俗化进一步往前发展。19世纪文学走出了把真实的非凡人物视作人格之本真体现的文艺复兴传统,转而描述真正的世俗生活,描绘那种社会身份和生活场域都完全世俗化的人物。比如巴尔扎克笔下描绘的那些人,再比如像《红与黑》当中描写的于连这样的人。

但是这些人身上仍有着一种出污泥而不染的精神禀赋。他们虽然是市井小人物,像司汤达的长篇小说《红与黑》描写的主人公于连,他就是一个锯木匠的儿子,社会身份够平凡的了。但是实际上他显示出一种超脱平凡的精神禀赋,是什么呢?超凡的聪明。他的主体意识,他的智慧,他的生存技能,他的知识视野,不是一般人所具有的,有别于常人,而且他身上还有一种高贵的气度。

18世纪的法国思想家、也是浪漫主义思潮的开创者卢梭,曾经描绘过这样的人,他认为这种人能够体现他的人格观念,叫什么呢?叫高贵的野蛮人。生长于市井而志存高远,就是于连这一类的人,身在江湖,心存魏阙。

进入20世纪之后,我们看到被现代文学所描绘出来的人是何样形态呢?这是一种社会身份、价值观念乃至生活情趣都渺小至极的人物,他们渺小地、猥琐地、软弱地、无力地和被动地生存着,无奈而且自卑地面对着自己的生活世界。人类一度高唱人道主义的赞歌,借理性自诩为宇宙的中心和主宰的力量,为什么会走向这样一种境地?

在这里我们发现一种历史性的悖论,那就是:西方思想文化走出中世纪后,通过文艺复兴建立起来人道主义和理性主义的宇宙观,在20世纪,也就是所谓现代性的工程全面展开乃至于取得了令人震惊的成就的这个时代里面,为现代性工程提供思想基石从而催生了现代社会的那个人道主义和理性主义宇宙观却遭遇了合法化危机。这里的历史悖论的隐含意义是什么?是主体性的人类展开了现代性工程,而现代性却摧毁了人的主体性。这就是近代哲学家反复讲到的,所谓的异化。人的异化,这也是现代文学最重要的主题。

我这个讲座的标题,以前是在硕士生、博士生里面讲现代主义文学时涉及的一个问题。今天在这里,我们把这个问题展开为关于现代主义文学的一个总体性理解,这就是:现代主义文学的核心主题是人道主义危机和理性主义的危机,也可以理解为主体论哲学的危机。事实上我们可以比较清晰地看到,从19世纪中期以来,西方思想家们关于人的反思,大不同于启蒙时代的思想。

大家知道,马克思还是坚信人的伟大。在他看来,人的本质是什么呢?自由自觉的劳动。何谓自由？依据人的需求和目标去设计、设想一种状态，并且实现这种状态，让它满足我的需求，实现我的目标。何谓自觉？按照人类对大自然的精确的、普遍的、确定的认知，掌握自然规律，以至于改造自然界，把它变成为我所需的形态。掌握普遍规律、实现自我需求，这种自由自觉的劳动就是人的本质。而在马克思看来，资本主义的私有制条件下，劳动处于一种异化状态，劳动者无法获得自由自觉的体验。所以，马克思后来提出了一系列的人类解放论的工程，都是要恢复人类的自由自觉的劳动本质，马克思坚信人类终究会走出异化劳动的困境。

19 世纪晚期，尼采，这位比马克思的年龄小了一代的德国哲学家，他却说了一句话，当然他是引述另外一个法国文人所说的一句话，“上帝死了”。也就是说，过去那至高无上的神把我们的思想凝聚成一个同一性的整体，我们可以根据这些最基本的原则来理解这个世界，来掌握这个世界，来评价这个世界。这个基本原则的顶层，就是一个最高原则，就是一个终极的价值，就是一个真理的本原。尽管它源于神学的预设，但是毕竟还有一个将自然和我们人的思想总体化、整体化这样的精神家园，但是它死掉了，我们怎么办？

尼采说，人为自己立法。这句话言说的似乎是一个个性解放的主题，但实际上它里边暗含的最大的问题是，还有没有先验的统一价值规定我们生存的共同意义？人类还有没有一个我们可以共同去追求的东西？如果人为自己立法，每个人都为自己来设定生存价值的原则，并且论证这个原则的确定性和正确性，那么犯罪还是不是某种“反价值”的事情？这里面可能生成出一个什么问题呢？那就是价值相对论。价值相对论，你有你的价值，我有我的价值，我们两个之间找不到一个共同的价值。那么这里面问题就大了。

这个价值相对论是现代性工程的设计者们没有想到的东西。它最终导致了什么样的结果呢？价值相对主义的后果可能是这样：任何个人都可以打着个性解放的旗号，干任何危害他人的事情；任何人都得不到共同价值的保护，因而成了精神流浪者。这让我们在此见出人类主体精神的合法化危机。

而到了弗洛伊德，这位奥地利的精神病医生提出了一套新颖的心理学理论体系，即精神分析学。弗洛伊德首次肯定了非理性在人类行为中的功能。关于弗洛伊德，可能在座的朋友都有些最基本的了解，弗洛伊德并不是一个性解放论者，精神分析学也不是性本体的伦理学。弗洛伊德思想最重要的功能何在呢？是揭示了我们过去所尊重为人类主体性之本源的那种东西——即理性——并非人类意识和行为的真正动因。

我们过去相信理性主义，相信我们能够用一个合理的逻辑框架、清晰的因果关系来认识自然，认识宇宙，乃至认识我们自己的意识和行为。

不仅如此，我们还要用自觉的意识来控制我们的行为以实现我们的生活目标。因为人有理性，所以人很伟大，是宇宙的中心，是世界的主体。人道主义和理性主义在现代思想里面是一页纸的两面，不可分割。但是，弗洛伊德发现，人类很多的行为是非理性的，甚至是反抗理性的，比如说，艺术创作就是这样的活动。单纯地按照理性原则来开展艺术创作，肯定不能生产出好的艺术。弗洛伊德的精神分析学发现，艺术家跟正常人有些不同，或者说有些反常。我们在日常生活中就可以看出，真正的艺术家，尤其是那些伟大的艺术家，都介于正常人与神经病之间。如果他太清醒了，他能成为艺术家吗？这也就是说，创作伟大艺术这件主体性意义的事情，是人能够做出的一番很伟大的事业，而非理性在这些伟大事业中起到了非常重要的作用。

就此而言,你怎么能够用理性排斥非理性呢?弗洛伊德思想让我们看到了另外一些东西,就是长期以来被理性主义所排斥的非理性,从潘多拉的盒子里面放出来了。非理性一旦被放出来,它能不能在一个合理的范围内被我们所共同认识乃至于有益地发挥,如果不能,它会演化成什么?果然,弗洛伊德谈这个问题之后没多久,我们人类果然就出现了毁灭性的非理性行为。20 世纪上半期,这个所谓理性的世界上出现了两场疯狂的世界大战。

二战之后德国知识分子意识到,人们应该反思的就是有着 8000 万人口的高度理性的德意志民族,为什么让希特勒这样一个疯子掌握了权力?这里就有一个值得我们反思的现代文明问题,即怎样看待理性的危机?如果是非理性不加合理地管制,那么它就是在困境当中放出来的一头猛兽,它就会危害人类的生存。

另外,在进入 20 世纪之后,还有很多思想家对人在宇宙中的地位作了很深刻地反思,这里面涉及著名的思想家海德格尔。他认为,人生存于大地之上是"诗意的栖居"。"诗意的栖居"是什么意思呢?在他看来,人的本质是对存在的理解,我们如何得以理解呢?在语言当中理解,也就是说,人类在语言中追问大地和我们自身存在的意义。我们又从海德格尔的思想当中发现一个问题,那就是现代人要在审美的维度上确定自己生存的本质,在诗当中寻找我们安身立命的家园。当那些高于诗、大于诗、重要于诗——诸如上帝、道、理性等的存在本体抛弃了我们之后,孤独的自我迫不得已要向一个不太重要的文明场地转移,以至于从这里来寻找自己的存在的问题,因而仍然是让我们看到了人的存在的危机感。

还有,从 20 世纪 20 年代开始出现的一个西方马克思主义的重要流派叫做法兰克福学派。这一学派对现代资本主义社会进行批判,认为现代社会是一种所谓单面社会。马尔库塞认为人的本质就是人性的丰富性,人的全面发展,而现代社会则把人单面化,这种物欲化的、商品化的、工业化的、技术化的所谓发达社会把人异化成为一种单面的存在。在这个社会中,人只能服从现实而无法超越现实,只能认可现实而无法否定现实,只有对物质的欲望,而没有精神的欲望,等等,人失去了全面发展的内涵,成了单面化的、工具化的生命体。

二战之后还有一些重要的生存哲学的思想流派,比如说存在主义。存在主义哲学的领袖是法国思想家萨特,但是萨特思想的来源是我们刚才提到过的德国哲学家海德格尔。他是 20 世纪最伟大的思想家之一,但是因为他与纳粹党之间剪不断理还乱的关系,曾经在战后的知识界里备受争议。"二战"结束的时候,盟军攻进了德国之后,曾经审查他并且取消了他上讲台的权力,一直到 1951 年才允许他重上讲台。

存在主义大师萨特在 20 世纪的法国思想界里面,也是影响非常深远的一个人物。萨特曾经很崇拜中国,1955 年他和波伏瓦一起访问过中国,后来还肯定中国的"文化大革命"。由于种种原因,西方有一些知识分子对于中国那个时代的理想主义精神是充满向往之情的。

萨特是一个坚定的主体论思想家。1964 年的时候,萨特曾经跟结构主义社会学家列维·斯特劳斯展开了一场争论。结构主义依据整体结构决定论否定了个人的主体性,认为作为个别元素的个人对社会体制、属性和历史的作用并不是很大,重要的是这个社会结构,一种先于个人存在的制度性结构是个人无法改变而且只能依存的决定性力量。而萨特坚决认为社会历史是由诸多个人创造的,个人的主体性是历史进步的动力。在这个争论当中,萨特作了一个长篇的演讲,后来出版为一个小册子,叫《存在主义是一种人道主义》。后来有人就质疑他,你说存在主义是一种人道主义,好像人道主义就必然是正确的,你为什么认为人道主义是正确的?那你怎么论证这个人道主义是正确的?人道主义为什么必然是正确的呢?

萨特并未拿出关于人道主义必然正确的论据来。

直到19世纪80年代以后，生态主义思想的普及使得人们开始认识到，人道主义并不必然是正确的，人道主义里面有些东西是应该予以纠正的。因为什么呢？因为人道主义认定了人的主体性，并且将人的主体性视为一种权力，一种自由支配自然的权力。在生态主义看来，人并不必然地拥有这个权力，尤其是人没有权力按照自己的意志支配自然。在今天，谁敢说人类可以随意改造自然？

比如说我们的环境问题，可能就跟那种人类主体论的思想体系有关。其实在萨特的时代，生态问题已经引起人们的注意了，但是萨特没有这方面的意识，他仍然执著于启蒙现代性的一些传统话题，还在谈个人的自在、自为、自主，这些问题其实早已被所谓人类解放论或批判理论反复谈论。

到了20世纪70年代的时候，法国著名思想家米歇尔·福柯说了一句话，叫做“人死了”，继尼采说“上帝死了”之后，他来了个“人死了”。大家可以看看福柯，一个有着极其新颖且复杂乃至于诡异的思想的一个现代学者，而且他是比较早的因为艾滋病死了的那批人，尽管一辈子没结婚，但还是因为艾滋病死了。学界至今关于他的思想仍然争论不休，这足以见证他思想的诡异。

在现代学术的学科类型中，福柯属于哪个学科是一个说不清楚的问题，把他归入哲学、文学理论、社会学、语言学、历史学、人类学等等之中都可以。我们现在大致认为他是一个社会学家。他写了什么呢？他研究过精神病的历史，写过一本《癫狂与文明：古典时代的癫狂史》；他研究现代监狱的起源，写过《规训与惩罚：监狱的诞生》；他研究医院，写过《临床医学的诞生：一种医学观点考古学》；他研究性观念，写过《性史》；他研究知识，写过《知识考古学》，等等。把这些东西当做学术研究的对象，说明他要用人们素来认为是边缘、异质的东西来对抗那种人道主义或理性主义的总体性。福柯对黑格尔的历史理性极为不满，他声称“一切必须历史化”，人的存在的本质就在于那种历史个别性。他认为所谓的人道主义、人类主体论、人的解放，这都是讲的什么呢？讲的是所谓总体的解放，但是人的存在是个别的，历史也是由个别事件组成，所以没有什么总体性，总体性的说法是对人的个别性和历史的事件性的遮蔽。对于福柯来说，没有什么建立在人类中心之上的总体性世界，也没有什么以人类中心为逻辑的总体性历史。他说的“人死了”，不是说我们一个个都犯病、都死了，不是这个意思，他指的是人的主体性死掉了，人类中心论死掉了。

近代以来我们一直相信人道主义和理性主义，相信人是宇宙的主体，大自然是客体，我们可以用理性来改造它们。人和自然是一个主仆关系，我是主人，它是仆人，我的自由意志和自觉意识可以随意支配这位仆人，福柯主张这样一种幻觉应该死掉。其实人在宇宙中就是一个平凡的存在，人和自然应该是平等存在的。对人类主体性幻觉的批判是福柯思想的一个极富启发意义的内涵。

关于当代思想中现代性批判所涉及的主体性反思问题，我们时间有限不展开来谈，但是我们应该清楚现代思想在主体性问题上跟启蒙时代已经大有不同了。

那么我刚才讲到，从中世纪以来，西方文学中的“人格观念”一直在朝向世俗化演变。在中世纪，完美人格就是圣徒，因为远离世俗而分享了一种神学的超验价值。到文艺复兴时，完善人格回到了生活世界中，体现在贵族人物身上，贵族人物既生存于世间又超越俗世。到19世纪，欧洲文学热衷于描写所谓“高贵的野蛮人”，即具有市井人物的身份但是又具有超凡的才智,比如《红与黑》中的于连。在这之后我们看到,西方现代主义文学把人的存在状态彻底世俗化甚至把人渺小化。随着支撑西方现代性的思想体系发生危机,即我们说到的人类主体性的危机,现代主义文学中的人类生存状态也失去了过去那种自信、自满和自强的气度。那么我们就来看看现代主义文学究竟怎样消解了人类的主体性。

一、关于人类行为的非自觉性的表现

进入20世纪不久,理性主义的统治开始动摇。理性主义是近代西方思想文化为人类主体性提供的依据,但是经过弗洛伊德的精神分析学理论和第一次世界大战这场非理性的战争之后,人们开始对它发生了全面地怀疑。

在第一次世界大战的时候,有一群年轻知识分子反感战争,为了躲避战火,就跑到哪里呢? 跑到瑞士。大家知道,瑞士是永久中立国,远离硝烟。这帮人大多是艺术家、诗人,他们经常聚会于伏尔泰酒店。当年大思想家伏尔泰被法国国王驱逐出境之后就寄居在这里,这家酒店由此得名,估计老板也是个文化人,善待知识分子。这帮穷困潦倒的文人就经常性地到这里来混吃混喝,一天到晚没事儿就在这里神侃,什么艺术啊,诗啊,真理啊,历史啊,等等,不一而足。其中有一个来自罗马尼亚的年轻诗人叫特里斯唐·查拉,此人侃来侃去侃出了一个惊世骇俗的说法,诗是什么呢? 诗是DADA。法语里面有这么一个单词。DADA是什么? 你跟小孩子一起玩游戏,那个小婴儿不会说话,就只会跟你说什么,DADA,DADA,就这个意思,所谓儿童的呓语而已。查拉说,诗就是这个东西,诗就是无意识当中说出的那些无意义的语音。

于是乎这帮人就被称作DADA派,一个崇尚非理性的先锋主义诗歌流派就此诞生。一战后,DADA派在法国流传很广,很快就演化出一个变种,即超现实主义。超现实主义在DADA派的基础上,进一步张扬非理性,抵抗理性主义的社会秩序和文学范式。

有一个诗人叫布勒东,布勒东就是前前后后发表了3个超现实主义宣言的那个诗人,他心头一热就发布宣言。布勒东发明了一种写诗的方法,叫什么呢? 叫自动写作法。自动写作法怎么写? 拿张纸,拿支笔,眼睛闭上,笔就在纸上动,留下的痕迹这就是诗,直觉所到之处即为诗。

超现实主义后来成为一种普遍的艺术形式。在绘画、戏剧、电影等领域都有过超现实主义实验,其中最有名的是西班牙的超现实主义画家达利,此公专门画一些梦里才有的景象。

DADA、超现实主义等先锋派挑战所有的艺术准则、艺术范式、艺术惯例、艺术秩序和艺术体制。这种挑战意味着什么呢? 在先锋派看来,一切社会和文化的规则、体制、秩序、逻辑等都是理性主义的产物,压抑或扭曲着人的本真生命直觉,先锋派要走出理性的阴影。

另外一种文学潮流在第一次世界大战前后出现,这就是意识流。著名的爱尔兰大文豪詹姆斯·乔伊斯的《尤利西斯》和《一个青年艺术家的自画像》,这些长篇小说都是意识流文学。意识流文学描述的是什么呢? 它就写人的直觉、梦境、无逻辑的联想、无以名状的情绪,甚至胡思乱想。

《尤利西斯》的主人公是一名叫做利奥波德·布鲁姆的爱尔兰小市民。小说写布鲁姆在某一天上午的活动,小说中出现的是布鲁姆对各种各样的事情和人物的心理感受,是他内心的种种不可理喻的想法。小说出版后曾经流行过一句话：一百个人中只有不到十个人能把《尤利西斯》读完。这里的原因在于，《尤利西斯》无法用传统的文学范式加以说明。

法国的大文学家普鲁斯特的《追忆逝水年华》也充分体现了意识流文学的特点。《追忆逝水年华》译成汉语有将近300万字，厚厚的几大卷。这部长篇巨著就写一位多愁善感的年轻人内心里泛起的成长经历中的各种情绪或心态，堪称一部无意识的成长史。小说写主人公毫无逻辑地回想到自己过去经历的某些场面、事物和人，甚至一块小点心的味道，等等。对于我们这些从中国古典小说和欧洲经典小说中培养起文学阅读习惯的人来说，《追忆逝水年华》简直不忍卒读，把这本书读完的话，有点累人。你说读完就这么困难，但是普鲁斯特居然能够写完这部书?!

如果说19世纪现实主义小说写的是人类的理性，那么20世纪的先锋文学描写的则是人类行为的非理性。我们人类素来崇尚理性，理性给我们带来了行为的自觉和精神的自由。我们的自觉意识可以指导我们去作出一种合理的行为，得到我们所期待的结果。但是，在先锋文学家看来，我们人类的行为没有什么理性可言，人的行为是非自觉的。现代性的人类解放工程所依赖的前提就是人类理性地启蒙，但是这启蒙的结果竟然是理性的危机。

二、关于生活世界的荒诞化的描写

在理性主义和人道主义看来，我们人类生活于其间的这个世界是按照我们人类的理智和意志予以理解、予以掌握、予以支配、甚至予以改造的。比如说我们可以用牛顿力学解释所有的宇宙运动，而牛顿力学就是人类理性的实践性成果。牛顿的著作《自然哲学的数学原理》建立了用理性解释世界的范式，哲学家笛卡尔也强调用数学原理解释世界，科学技术的胜利使得我们越发相信宇宙人生都是依据理性原则运作的。

但是，在表现主义文学家卡夫卡的笔下，我们人类生活在一个不可理喻、难以把握而且充满敌意的世界上。卡夫卡是一个很怪异的人：他是学法律专业的，但是兴趣却在文学；他有一个强悍专制的父亲，但是他自己却多愁多病；他一直单身，也渴望有一个家，也爱上过一个女人，但是几次谈婚论嫁却又不结婚。为什么呢？他向往爱情但是害怕婚姻，他觉得一个女人整天在你眼前晃来晃去的，影响写作，其实他又不是职业文学家，他是一个保险公司的小职员。

大家知道卡夫卡的一个最重要的作品叫《变形记》。小说里的小人物格里高尔一早上起来，躺在床上发现自己不是人了，变形为一个甲壳虫，怎么翻也翻不了身，而且周围的人对他投来鄙视的眼光。还有一篇小说《地洞》，《地洞》里的小鼹鼠整日为贮藏过冬的粮食而惶惶不安。它在地下打洞，把粮食藏在洞里，刚放好又觉得不安全，于是又打一个支洞，把粮食搬运进去，刚刚放好又觉得不安全，于是又打支洞，又搬运粮食……小鼹鼠就这样整天生活在危机意识之中，它总是觉得外边有敌人要来抢它。惶惶不可终日的小鼹鼠隐喻着人类，卡夫卡想说的是人类和我们的生存世界之间的敌对性关系导致了个人生存的一种恐惧感。

他还有两部著名的长篇小说，一部叫《城堡》，另一部叫《审判》。《城堡》描写了一个人类身不由己的故事。在一座山上“云深不知处”有一座城堡，城堡里住着一位伯爵，据说伯爵很富有，也有很大的权力，周围的人们都必须服从他。但是大多数人并没有见过他，也没有跟伯爵交往过,但是只要一说伯爵,大家都毕恭毕敬、诚惶诚恐。有一天,伯爵家的电灯坏了,找人修电灯,传下话来,从外地找来了一个电工来修理。电工来了,走到山脚下准备好工具,要上山去修电灯了,这时城堡里传下话来,就这儿等着,伯爵叫你上去就上去,于是电工就等着。等了一些时候再去问,伯爵还是传下话来,你等着。过了一天又去问,山上传下话来还是要他在这里等着,他想走,但是一旦要走就有人来说伯爵马上要你去修电灯了啊,于是又不敢走。电工走又走不了,上山要伯爵同意,离开也要伯爵同意,电工没有自己的“主体性”。一天过去了,两天过去了,三天过去了,一年过去了,两年过去了,电工在这里结婚了,盖上房子了,老婆生了一大群孩子了,电工也一把年纪了,伯爵还没叫他去修电灯。但是只要他一想要走,马上就有人来找他说,伯爵马上要叫你去修电灯了,你不能走。他又不能走,伯爵又不叫他上山,他就在这里无所事事而又身不由己地等待着。外部世界制约着每一个人,而作为个体的人却根本没有对抗或者超越外部世界的可能。卡夫卡笔下的人个个显得渺小、无奈和逆来顺受,毫无主体性可言。

他的《审判》写的就是一个典型的人类渺小的故事。《审判》的主人公是一位小职员,小说中称其为K,卡夫卡小说中的主人公多半名为K,也许这就是暗喻他自己。K是一个银行的小职员,过着索然无味的平凡生活,属于那种活一天跟活一辈子差不多的人。但是某一天他平静的生活被打破了,当他在某个“人间四月天”里领略到一丝生活的美好时,忽然来了两个陌生人,声称K犯了事,几月几号到高等法院开庭审理。从此开始,K的生活进入了多事之秋。至于K到底犯了什么事,小说从头到尾也没交代,这正是卡夫卡的高明所在,因为K犯了什么事并不重要,重要的是他所生活的这个世界认定他犯了事,这个世界比他强大,具有将他玩弄于股掌之间的无边法力,所以他只能听命于那个高高在上的高等法院。到了那一天,K只能去高等法院听候审判。让人忍俊不禁的是,那控制着芸芸众生的高等法院居然是在这座城市的某一条小巷子里,而且房屋破败、杂草丛生、污秽不堪。高等法院审判大厅里坐着一些无所事事的人,K摇唇鼓舌地为自己申诉了一大通,以为话音一落就会感动法官,宣布K清白无事。事实上是法官对他的申诉根本没有兴趣,只是叫他过些时再来开庭。此后K就一天到晚地为自己请律师找证据,一心想恢复自己的清白,日子一天一天过去,高等法院也没再来找他,K以为自己没事了。又到了一个“人间四月天”,K经历了一场莫名其妙地骚扰之后再次感受到生活的美好,正在这时,那两个人又来了,他们声称,高等法院判决K死刑,马上执行。两人把K带到郊外,用刀杀死了K。临死时,K见到行刑者摆弄刀,心想:这跟杀狗差不多。

不要把《审判》当成法律故事来读,它其实跟法律完全无关。卡夫卡笔下的K就是现代人的代表,作为个人K是渺小的,他所处的这个世界可以任意地玩弄他、控制他,他只能被动地服从外部世界的强大意志。他没有主体性,没有自觉意识,没有自由意志,那个代表着外部世界力量的高等法院根本不是个人意志可以改变的,它认定你有罪你就有罪,至于你犯了什么罪这不重要。这里可以看出卡夫卡从头到尾不交代K所犯何事的背后原因。同时,卡夫卡笔下的世界也是一个人类理性不可认知的神秘存在,小说中的高等法院本身就是一个非理性的机构,无法理喻它的存在方式。在从笛卡尔到马克思的近代思想家那里,理性是宇宙运动的基本规则,人能够依据理性认识乃至于改造世界,这也是人类主体性的来源。但是卡夫卡给我们描述了一个人类理性无法解释的世界,这个世界正是因为不可理喻所以法力无边,而个人永远只能被动地接受这个世界的控制,尽管人类陶醉在主体性的美梦之中。

三、作为原始生命能量的本我的凸显

本我的凸显是什么意思呢?“本我”这个词来自于弗洛伊德的精神分析心理学。弗洛伊德把人的心理内涵分为三个层次:一是本我,二是超我,三是自我。本我是人的本能,其中性冲动构成了主要的内涵,是一种非理性的生命本能,它属于潜意识或前意识,是我们的意识所无法把握、无法理解,也无法表述的。超我是普遍的社会规范,是建立在父权崇拜基础之上的道德戒律,它规定着人类社会的一般行为,理性是超我的核心或主轴。而自我则是我们每个个体的基本人格形态,它是由本我不断地进入超我、超我不断地规范本我而形成的一种人类心理的现实形态。文明就是超我对本我的一种理性主义的压抑、约束,加之以理性的塑形以引导其合理转移和宣泄的结果。人类文明,尤其是现代文明,一直是在用超我的理性意识排斥和压制本我的原初生命冲动。所以我们毫无疑问地相信理性才是人类的本性,相信理性的意识才是社会生活和历史的合法化依据,相信对原初生命之本我状态的压抑的合理性和必要性。可以说,所有普遍道德的根本就是禁欲主义,我们在禁欲主义的幻觉中把本我排斥在人类文明成就殿堂之外。

在弗洛伊德看来,作为原初生命本能的俄狄浦斯情结就是一种本我的体现。俄狄浦斯情结即恋母情结,指的是早年对母亲的依恋,这种依恋实际上是将母亲作为性冲动得以满足的对象。这种潜意识状态的本能在后来的文明教化中逐渐转移为对父权崇拜道德谱系的皈依和服从。人的性意识逐渐获得普遍规范的形式,获得理性社会的认可,从而成为我们每个个体的自我。

但是现代主义文学家和艺术家用一种“叛逆诗学”对待超我,他们崇拜原初生命本能,并以此反抗所有社会规则。何谓叛逆?就是超越理性主义的文明秩序,用法兰克福学派的话来说就是“否定的认识论”。现代主义文学艺术否定道德秩序、否定政治秩序、否定文化秩序,甚至连艺术秩序也一并否定。我们在现代文学艺术史上看到一种过去从来未曾有过的现象,那就是各种文艺流派的“乱纷纷你方唱罢我登台”,今天一个流派,明天一个流派,印象派、后期印象派、野兽派、立体派、表现主义、未来主义、抽象表现主义、集合艺术、大地艺术、概念艺术、超级写实、装置艺术、现成品艺术等等,不一而足,有些短命的文学流派仅仅生存几周。这样的一种流派的纷呈更迭,成为现代艺术史上的一道特殊的景观。对于现代艺术家来说,任何一种艺术形式,一旦体制化,就意味着一种超我形成,超我必然以规范或戒律的方式压抑或束缚本我,就像理性主义的社会规范压抑束缚人类生命本能一样,所以他们要抵抗、要破坏、要叛逆,仿佛只有这叛逆才能使他们摆脱理性主义规则这一超我而回到生命的本我。二战以后,西方文坛上的各种先锋派,大都以反文明的姿态出现,比如“垮掉的一代”、嬉皮士荒诞派等等,更不用说那些所谓反小说的小说、反戏剧的戏剧、反诗歌的诗歌。

20世纪20年代在德国出现的表现主义戏剧就是所谓反戏剧的典范。表现主义戏剧没有矛盾冲突、没有人物性格、没有故事主线,就是一群人跑到舞台上捶胸顿足、呼天抢地,时而发狂大笑,时而垂头丧气,让买票进场的观众后悔不迭。表现主义戏剧后来经过著名戏剧家布莱希特的改进有了一些合理的形式,此是后话了。人们可能无法理解表现主义戏剧的这种无厘头的做法,但是它的确隐含着某种现代情绪,这是一种对理性主义文化的反抗,是用人类前理性的生命本能解构理性化的社会规范和文化秩序,其中显露出的是理性主义文化精神的危机。

到了20世纪50年代中期的时候,在美国出现了所谓“垮掉的一代”。当时著名的《金西报告》披露了美国男性的性道德中存在的一些问题,比如长期以来中产阶级道德掩盖下的偷情现象等。这激发了年轻人的一种反叛情绪,1951年出版的塞林格的小说《麦田里的守望者》,这部描写年轻人叛逆行为的作品也为“垮掉派”提供了精神营养。“垮掉的一代”张扬一种反正统的文化精神,尤其是张扬那种为中产阶级道德所不能容忍的放纵行为。

小说家凯鲁亚克在那个时代也十分有名,他的《在路上》写几个无所事事的年轻人开着吉普车去西部的故事。小说中的几名男女青年一丝不挂地招摇过市,以一种极具叛逆感的方式挑战普遍性的社会道德规范。他们去西部的目的绝非普通大众所能想象,既不是找工作也不是旅游,而只是想闻闻西部城市上空飘散的空气,那空气里有中国人吸食鸦片的味道。在这帮“新青年”眼中,所有被人们视为天经地义的社会规范,其实都是为着中产阶级一己之利而编织出来的谎言,是利益集团为了掩盖其私欲而压抑人的本源生命的意识形态说教。所以他们要有意与这些道德原则相背离,要用一种我行我素、放浪形骸的自由行为来超越一切道德规范。这些人自称为“垮掉的一代”,其实他们并不自认为堕落,而是以一种反讽的方式明确告诉世俗社会的人们:在你们的眼中,我们就是垮掉的一代人。

四、关于人生意义失落的描述

理性主义的主体性哲学把一种意义和价值赋予现实人生,使得日常生活具有了一种超越性的意义。但是现代主义文学关于现代性的反思却发现人类生存并不像理性主义那样建立在自觉意识和自由意志之上,相反却充满无意义的荒诞感。

荒诞派戏剧把表现人生意义的缺失当做文学主题。荒诞派文学关于人的存在思考来自于存在主义哲学,事实上很多存在主义哲学家也写过荒诞主题的作品,比如加缪、萨特等人。但是我们在这里说的荒诞派特指20世纪50年代在法国出现的一种戏剧艺术流派,这种戏剧在艺术形式上跟大多数现代主义文学一样带有强烈的实验艺术色彩,但是它在思想内容方面的冲击力更为引人注目。最早出现的荒诞派戏剧是在二战结束后,但是那时没有人能够看懂这些古怪的东西,观众反应冷淡。

几年之后,旅居巴黎的爱尔兰作家贝克特推出了《等待戈多》,这部剧的上演引起了轰动,带来了荒诞派戏剧的热潮。其实《等待戈多》讲述的故事很是晦涩,并非大众都能理解的,但是该剧关于现代人生活于一种莫名的等待之中的观点却激发了人们的强烈共鸣。这部剧上演后,观众们对“戈多”到底是谁十分感兴趣,有人拿这个问题去问作者贝克特,贝克特说,我哪知道戈多是谁啊?我要是知道就把他写出来了。问题的关键就在这里,即我们谁也不知道我们虔诚期待的那个“救世主”——用现代社会学的术语也可以称作“理想社会”——究竟是个什么样子,但是我们现代人又依赖那个明日的美景引导我们的生存,甚至于用它来给我们的生活注入意义和价值。在我们的“现代意识”中有一个非常重要的内容,那就是理想主义,即一种关于完美社会必将来临的信念。法国学者安托瓦纳·贡巴尼翁在

《现代性的五个悖论》一书中认为“未来教”是现代性的一个特征，我们现代人总是坚信“明天会更美好”，鲁迅借狂人之口说，将来的世界是容不得吃人的人的，这也是一种“未来教”。贝克特敏锐地发现了现代人身上的这种“集体无意识”，并且将其视作现代生活的基本观念。

《等待戈多》是一部三幕剧，剧情和人物关系极为简单。大幕拉开，走上来两个流浪汉，一个叫埃斯特拉贡，一个叫弗拉基米尔，两人互致问候，然后就一阵胡言乱语，东扯西拉。其中一个问另一个来这里干什么，另一个回答说来等待戈多，问的人说我也是来这里等戈多。过了一会，跑上来一位牧羊童，告诉埃斯特拉贡和弗拉基米尔说戈多今天不来了，两人只好约定明天再来等戈多。第二幕其实有重复第一幕的情节，还是两个流浪汉来这里等戈多，还是那些没油没盐的闲言碎语，而且还是牧羊童来说戈多今天不来了。第三幕时，这些乱七八糟的东西又一次重复，只是到结尾处有所变化，当牧羊童说戈多不来了之后，两个流浪汉十分绝望，说戈多不来咱们怎么办呢，其中一个说我们自杀吧，另一个说这是个好主意。于是两人开始想各种办法自杀，但是这些办法都不能实现，最后想到上吊，到处找绳子，最后想到解鞋带，但是怎么解也解不开，于是两人对着观众摊摊手，无奈地说，一点办法也没有。大幕落下，故事结束。

《等待戈多》这部戏对于大多数普通观众来说也许百思不得其解。其实你千万不要在传统戏剧观念层面上来理解这部戏，它表现的不是故事、不是矛盾冲突、不是人物性格，而是现代生存的一种普遍经验，即所谓存在的荒诞性。作者把这种荒诞性理解为现代人用一个缥缈虚无的“明天”来引导我们的生存，把我们生存的意义和价值视为等待那个“明天”的过程，而这个“明天”也许永远不会来临。德裔美国学者利奥·斯特劳斯说现代性起源于“如此”和“应当”的分裂，即我们在“如此”的生存中找不到意义和价值，于是设定一个乌托邦性质的“应当”来引导我们去超越“如此”，以获得意义和价值。在《等待戈多》中我们看到，那两个流浪汉“如此”的状态是衣衫褴褛、形容枯槁，而他们寄希望的那个“应当”却是一个永远不会降临到“如此”之中的戈多，但是他们只能等待，除此之外他们没有别的生存之道。

文艺复兴之后，西方思想文化中间逐渐形成了一种进步论的历史观。这种进步论的历史观跟过去统治人类思想的宗教历史观不同。宗教历史观是一种循环论的历史观，即世界起源于一个伟大开端，最终回到那个伟大开端。进步论历史观认为人类社会是由低到高的进步序列，是由野蛮到文明、由原始到现代、由自然到科学、由狩猎到工业、由部落到国家的进步过程。现在比过去进步，将来比现在美好，人类社会最后必将走入永恒幸福的极乐世界。在进步论历史观的作用下，我们越来越相信未来社会，相信时间会把我们送入终极的自由和繁荣境界，相信我们现在的处境就是奔向未来的过程，相信我们生存的意义和价值就是等待（或者叫做奋斗）美好“明天”的到来。进步论历史观不承认当下生存状态的意义和价值，因为它把一切意义和价值都寄托在“明天”。进步论历史观用“历史发展的规律”赋予历史以总体性的逻辑，把一种所谓“必然性”注入历史，因此使得所有关于未来的崇拜都套上了科学主义的外衣。加上达尔文进化论的普及，进步论历史观在20世纪成为一种最为普遍的历史意识。进步论历史观要所有活在当下的现代人都相信自己是按照历史规律生活着的，一旦你离开历史规律，你就失去了生存的意义和价值，甚至连自杀都困难重重。

有一个荒诞剧作家叫尤奈斯库，是从罗马尼亚到法国的。他写了一个剧叫《秃头歌女》，但是这个剧的内容跟歌女没有任何关系。一男一女，走上台来，坐在一条凳子上面，背景咚咚咚咚有火车的声音，看着好像是两个人坐在火车上的。

这一对男女于是开始聊天。你好啊,你去哪里?我去某某地方。你是住哪个城市,我住某某城市,哎呀,我也住那个城市。你住哪条街上,我也住那条街上,又越发亲近了。你住那幢楼啊?我也住那幢楼呢,你是住哪个房子,我也住那个房子,你睡哪个床上,我也睡那个床上的了。聊着聊着这一男一女就开始怀疑,咱俩是不是夫妻啊?那个男的问女的,我们有点像是夫妻呢,女的说,真的有点像,我们仔细回忆一下,我也想想我们到底是不是夫妻?想来想去越来越感到咱们像是夫妻,但是又不敢确定。中国人说夫妻"同床异梦",大概也是这个意思,不过荒诞派戏剧中人跟人之间关系不仅仅是"同床异梦",甚至于根本上就是陌生人。

尤奈斯库后来有一次谈到关于《秃头歌女》,他说这部剧写的是人与人之间的隔膜,其写作动机源于他自己学外语的经历。实际上该剧的主题已经远远超出了所谓语言交流困难的问题,它涉及我们能否在同一性的意义原则之上合理交流的问题,而这个问题又涉及个人主体性的问题。阐释学哲学家伽达默尔曾经认为,发端于文艺复兴的个性解放最后走到了把每个个体变成了他人无法理解的地步。所以哲学阐释学要解决我们怎样才能合理交往的问题。当理性用同一性的意义和价值原则统治我们的意识的时候,我们的交往都可以在理性原则上进行,从而达到相互理解的境地。但是在同一性原则解体的语境中,我们失去了共同的意义和价值原则,人际交往能否达成真实性与合理性,这就成了问题。我们的社会生活总是在交往中展开,也总是在交往中获得意义经验,在交往合理化出现问题时,生存意义的迷失也必然要产生出来。意义和价值来自理解,无法理解意味着失去意义和价值。

还有一个荒诞派的剧作家叫让·热内。此人堪称当代文学的怪才,他是一个弃儿,原本混迹于小偷流氓之中,而且习惯偷盗。但他又是一个文学奇才,在监狱里写出许多作品。后来被判终身监禁,萨特、毕加索等人都出面为他说话,获释后他住进旅馆写作,感到极度不自在。在萨特看来,热内的偷盗行为就是他的一种存在方式,就像热内写出那些才华横溢的作品一样,都是他的存在方式。热内的《小偷日记》把他的偷盗生活写得非常具体细致,典型地表现了"荒诞"的生活状态。热内的人生很好地诠释了荒诞派文学关于人生意义虚无的观点。

对于荒诞派剧作家来说,近代理性主义制造了一种虚幻的宏大叙事,并且将这个宏大叙事加之于每个个体,于是我们都相信我们依据于一个必然性的原则而生存着。事实上,当我们揭开日常生活的真实状态时才发现,那个宏大叙事跟我们个人的生存毫无关系,一旦意识到这一点,我们就陷入到荒诞之中,因为你这时无法在你的生存世界里找到你的存在依据了。把理性主义宇宙观中充满意义感和价值感的世界描写成为无意义的荒诞世界,这种文学同时也常常出现在存在主义哲学家们手中,比如萨特、加缪等人就写过荒诞主义文学。尤其是加缪的小说《局外人》,这部作品的内容可以用加缪本人的一句话来解释,即荒诞意味着演员与背景之间的断裂。小说写一个叫莫尔索的年轻人因防卫过度伤害他人性命而受到审判的故事,故事主人公不知道为什么觉得朝他走来的那名黑人要伤害自己,于是掏枪打死了那人,然后被捕、受审。整个过程被用一种中性的、冷漠的笔调来描写,使得所有事件都显得跟莫尔索无关一样,而且他自己都把这桩司法案件当成跟自己无关的事,像听别人家的故事一样听着法庭的审理,直到最后的判决,莫尔索也觉得跟自己没关系。他是一个冷漠的"局外人",在这个世界上他看不到任何意义和价值。

荒诞派戏剧之后,法国又产生了一种以搞怪为特点的文学流派——新小说。新小说有几位大家,如阿兰·罗布-格里耶、娜塔丽·萨洛特、克洛德·西蒙等等。新小说的文学观念很有叛逆味道，这些作家声称要跟传统小说彻底决裂。他们认为欧洲的传统小说就是类似于“伯爵夫人下午三点出门散步”之类的东西，完整而充满戏剧感的故事情节，个性化的人物性格，等等。阿兰·罗布－格里耶写过一些理论文章，叙述他们的文学观念。在新小说家看来，世界就是物的存在，物体存在于那里，没有激情、没有故事，它冷漠而客观地存在着而已。但是欧洲的经典文学总是站在人类意识主体的角度把物质性的世界看做某种激情、观念或意识的对象，用人类的理性来整合升华物质性的世界。新小说要的是把世界本来的物质性写出来，甚至于把人也当做物来描写。所以我们读新小说是很有些不习惯的，因为这里边只有关于场景、物体的客观而且零散的描述，没有完整的事件，也没有人物性格，更没有浪漫的激情。

克洛德·西蒙在1985年获得诺贝尔文学奖，这意味着西方文学界认可了新小说的那些叛逆性的文学追求。西蒙作品里的世界都是一些散乱而冷寂的印象，跟过去文学满怀激情去观察世界完全不一样。其实这里边有一个非常重要的变化，即理性主义主体论眼中的世界肯定是整体性的，充满主体意识的，哪怕福楼拜、左拉等人也只是将主体的激情和意识隐藏在故事背后，而新小说则是整个否定主体激情和意识，否定理性的这一伟大功能——即理性能够把散乱而冷漠的世界变成整体而激情的世界。小说写法的这种变化背后，其实是整个西方思想文化的转变。

新小说的代表人物是阿兰·罗布－格里耶，他的《橡皮》《窥视者》在中国也拥有部分读者。《橡皮》中一名警官奉命去调查一件凶杀案，这桩凶杀案怎样缘起、涉及何人、犯罪动机、侦破过程等都朦朦胧胧的，语焉不详。相反倒是警官去那个城市、在一个小商店买一块橡皮、他在街上走来走去、警官看到各种各样的城市场景等等，这些断断续续、零零散散的印象不断出现，几乎组成了整个作品。这不是一部侦探小说，而是一篇关于人与世界关系的哲学反思，当作者意识到世界并不是按照人类意识而理性的构成时，他头脑中的人就跟客观物体没什么两样了，而客观世界也失去了逻辑变得不可捉摸。

近代理性主义对主体性的塑造使得现代社会的价值观被一些伟大原则绑架，这些原则无所不在地控制着现代社会，个体作为生命的本真状态遭受着扭曲和异化，因而现代社会中的个体生存往往是不真实的，甚至是荒诞的。美国的黑色幽默派文学就表现了这样一类的主题，即人类以为自己在为着一个伟大原则或者辉煌目标而奋斗着，他们“急急如丧家之犬，忙忙似漏网之鱼”在这个世界上自以为是地忙碌着，其实他们是在以救火般的步伐奔向深渊。黑色幽默派文学的特点就在于它热衷于表现一种末日来临时刻的自嘲，它是幽默的，更是黑色的。

英语里有一个成语“Catch-22”，来自于约瑟夫·海勒的小说《第二十二条军规》，意思是无法逾越的障碍。《第二十二条军规》是黑色幽默文学的代表性作品，在现代西方文学中地位很高。小说写第二次世界大战时一个美国空军中队驻扎大西洋海岛的故事。小说主人公叫尤索林，是一个轰炸机的飞行员。黑色幽默文学中的主人公大都是这些小人物，他们被派上前线拼命，而且还被冠以各种伟大的意义，诸如保卫世界和平、消灭法西斯、捍卫祖国独立等等。而尤索林则是一个对所有宏大叙事毫无兴趣的小人物，他把自己当成了政府雇佣的短工，干完活尽快回家。尤索林怕死，想活着回家，所以他的空勤任务完成得很好，殊不知他是为了早日完成指标好回家休假，因为第22条军规规定空军飞行员执行任务多少次之后就可以休假。

但是等尤索林飞够那么多次数,申请休假时,长官告诉他,根据第22条军规,一个空军飞行员能够顺利执行多少次任务而不受伤,说明他具有继续执行任务的能力。尤索林想根据第22条军规获得休假的愿望被第22条军规否定了,于是他只好另觅途径达成愿望。他听说,按照第22条军规患有精神疾病的人不能执行空军飞行任务,于是尤索林找到医生,声称自己患有精神病,而医生拿出一本军规叫他看第22条,那上边写着,凡是自己声称自己是精神病的人可以不将其视为精神病,因此尤索林不是精神病,不能休假。这个小岛上似乎空气中都弥漫着第22条军规的味道,在这种空气中,任何一个小人物的任何愿望都无法实现,只要你产生个人愿望,马上会有一条被称为"第22条军规"的戒律出现,阻止你愿望的实现。

尤索林生活在一个他永远无法理解的世界,这个世界与他的生存格格不入,在所有的事情上都限制着他,规定着他。于是尤索林就干脆我行我素了:他不住军营,跑到外边树上做一个窝,整天在那上边睡觉;将军视察时,他脱光屁股站在队伍中;他甚至把飞机开到敌方去做生意,等等。但是没人惩罚他,按照第22条军规,他这些事情都被认可。

有人说黑色幽默文学写的是大难临头时的幽默。黑色幽默派的作品中充满着各种玩笑或荒诞不经的故事,这些作家是在探索人类生活的这个世界到底是不是理性的或者伟大的,他们看到的是这个世界的无意义,是人跟他的生活世界的断裂或隔膜,是人类在灾难前的茫然无知和自我欺骗。

从18世纪思想家们那里开始的现代性工程是一项人类彻底改造自身和世界的庞大计划。德国学者哈贝马斯认为,现代性工程由三个方面组成,即实证的知识、普遍法律与道德、自律的艺术。现代性工程的终极目标是人类解放,在从笛卡尔到黑格尔的欧洲思想家那里,宪政民主、三权分立、自由市场经济、个人自由、实证知识、理性主义文化、民族国家、市民社会等等,这一切就是现代性的内涵,是人类走向自由的必然途径。而这一切的基本前提就是人的主体性,只有在人的主体性得到肯定的条件下,现代性才能得以实现。但是早在现代性工程展开之初,其负面的因素便露出端倪。

关于现代性的负面影响的反思,最近几十年来成为西方学术界的一个重要话题,像英国学者安东尼·吉登斯的《现代性的后果》、加拿大学者查尔斯·泰勒的《现代性之隐忧》等,都对现代性进行了全新地反思。实际上西方知识分子对现代性的怀疑性反思早就有所表现,比如卢梭、席勒、尼采、韦伯、海德格尔、阿多诺等人,马克思对现代性也有所批判,比如在《共产党宣言》中关于现代社会的名言:一切坚固的东西都烟消云散了。美国学者马歇尔·伯曼就用马克思的这句话作为一部对现代性反思的著作的题名。

在现代性之隐忧日益显露的同时,学者们开始反思现代性的基础,即主体论哲学的问题。海德格尔把现代性的根源归结为"主体性形而上学",认为近代思想脱离了希腊思想,用人的主体性制造一种形而上学的东西来超越大地。而弗洛伊德的精神分析学又让人看到,人类主体性的依据,即理性,并非人类精神的全部内涵,非理性同样左右着人类的行为。在福柯那里,干脆就出现了一个惊人的说法——"人死了",其意思是作为自以为能够主宰世间一切的那个主体的人,死掉了。法国的文学批评家罗兰·巴特则说,"作者死了"。他的意思是,主体论哲学塑造的那个统治文学的"作者"失去了意义生产之主宰者的地位,读者同样也是意义的创造者。美国学者福山说,历史终结了,意思是由主体论哲学设想出来的进步论历史观想象中的那种历史发展的最后境界,已经到来了。现在的生态思想对虚妄的人类主体论也是极为反感的,生态思想甚至认为环境问题的起源就是主体论思想导致人类疯狂改造自然。

许多学者谈到现代性的负面影响,比如韦伯的"牢笼社会"、海德格尔的"装置社会"、马尔库塞的"单面社会"、汉娜·阿伦特的"极权社会"等等,而这一切都是根源于对人类主体性的崇拜。所以现代文学中出现解构、反讽主体论的意义经验,是现代性反思的重要内容。实际上文学艺术中的现代性反思先于思想文化中的现代性反思,因为审美现代性本身就是反启蒙现代性的。美国学者卡林内斯库认为,有两种现代性,即启蒙现代性和审美现代性,审美现代性是因为反抗启蒙现代性而生成的。卡林内斯库说的启蒙现代性相当于社会的现代化,而审美现代性则体现为各种现代主义文学艺术潮流。我们在卡夫卡、贝克特、海勒等人的作品中看到的那种个人渺小、世界荒诞、生存无意义等意义经验,正是审美现代性对支撑着启蒙现代性的主体论哲学的怀疑的结果。

主体论哲学之所以能够支撑现代性工程,乃是因为它把世界分解为人和自然两个部分,而且将其中的人定位为主体,将自然定位为客体,进而给予主体以按照自己的意志支配改造客体的权力。当人以主体的身份从大自然中跳出来后,人的自由意志和自觉意识得以张扬,人类创造物质财富和精神财富的能力得到发挥,因而人类历史进入到现代性的时代。在这个时代,我们人类获得了前所未有的繁荣和自由,毫无疑问这是一种历史进步,谁也不会否定现代性工程在这些方面的伟大成就,而取得这些成就的主观原因就是人类主体意识的强化。只有独立于自然之外,人才能按照自己的自由意志和自觉意识观察世界、改造世界,人类文明的历史就是人和自然分离的历史,文明程度越高,人越发远离自然。在人类受制于自然的时代,人身上固然较少"文明病",但是却很难摆脱自然的限制,因而也很难有自由意志和自觉意识的实现。

但是,现代性把主体论哲学张扬到了一种"虚妄"的程度,因而带来了一系列的精神问题。这里主要就是人与生活世界的断裂,这一断裂导致现代人脱离历史、个人脱离群体、人类脱离自然,其结果就是我们的精神失去家园,处于流浪状态。人与其生活世界的断裂使我们成为了两面人:一面是脱离外部世界羁绊的自由人,一面是失去外部世界的孤独人。美国学者弗洛姆声称要"逃避自由",就是害怕自由带来的孤独。现代文明的很多精神问题都跟人与其生活世界的断裂有关,比如孤独、流浪、冷漠、个人渺小、相对主义价值观、真实感丧失、极端功利主义等等。正是因为这一切都跟主体论哲学有着千丝万缕的联系,所以审美现代性对启蒙现代性的反叛就直接指向了主体性,现代主义文学艺术意图通过解构主体论来克服现代文明的危机。

其实这里关键是一个"度"的问题。作为高级生命体的人在宇宙中的地位既有不同于其他生物的一面,即人有高于自然物的自由意志和自觉意识;当然也有同于自然物的一面,即人自身也是大自然的一员,不可能"拔着自己的头发跳出地球"。所以我个人在这个问题上持一种"中庸"的思想,人的两面都不能极端化,任何一种极端化都可能给人类带来痛苦。现代思想文化和审美文化对现代性的解构和质疑,其对象只是现代性的那些极端性的表现。那些质疑现代性的知识分子自己同样在享受着现代性带来的优越的生活条件,他们解构主体论哲学的同时也体现出一种主体意识。其实人生在世最重要的一件事情就是处理自己与外部世界的关系问题,这个关系太远你就会感到很孤独,太近你又会感到不自由,现代主义文学艺术对主体论哲学的解构大都出于这种关系失调的原因。

在我看来,中国文化在这个问题上有一些值得我们继承的东西。中国文化是在农耕生产方式中生长成型的,这一文化体系跟自然的关系非常紧密,就像我们的以象形文字为基础的语言系统一直保持着自然物的视觉形态一样,我们的文化也有着强烈的"大地感"。在现代性让我们离自然越来越远的现代社会里,中国文化也许能够给我们提供一种复归自然的家园感。

限于时间,我们今天就跟大家交流到此。有劳诸位到此捧场,本人深表谢意。

当众讲话诀窍

殷亚敏

殷亚敏，第三届中国金话筒金奖获得者，原中央电视台“新闻调查”主持人，中国视协主持人委员会副会长。珠海广播电视台总编辑、高级记者，北京师范大学珠海分校兼职教授。先后为中央人民广播电台“经济之声”、上海电视台、江苏广电集团、广东电视台、湖北广播电视总台、贵州电视台等栏目或单位进行当众讲话课程培训。还曾为复旦大学、北京航空航天大学、东北大学、中国刑警学院、沈阳师范大学、中山大学、华南理工大学、暨南大学、深圳大学、上海师大剑桥国际学校等大学进行“大学生讲话能力训练”培训。

尊敬的中山各位市民朋友:

大家晚上好!

我是从珠海到中山,寻根问祖来的。因为珠海就是从中山分出去的,中山是珠海的根。中山确实是一个人杰地灵、让人骄傲的地方。今天上午查了一些资料,说中山在清朝200年科举制度期间,出了2名探花、107名进士,这个水平相当于中原最发达地区的水平。可见,中山在明清时候教育水平就很高。另外,据2010年统计数字,中山的地域占广东的1%,中山的人口占广东的2.7%,创造的生产总值是3.8%,这是一个非常骄人的成绩。

所以,今天来到中山香山讲坛和大家共同交流当众讲话的诀窍,非常荣幸。

什么叫当众讲话?今天就先请大家跟我一起来共同体验一下。什么叫体验呢?体验就是用你的身体来验证一个道理、一种技能、一种方法。

首先,要请大家体验一下什么叫讲话,然后给大家介绍一下什么叫讲话的魅力,魅力怎样才能提升,提升为什么要用21天。

让大家体验的就是这句话:中山真漂亮。这是我发自内心的一个感受,尤其是从珠海到中山,一下高速公路,沿着市区的道路一看,真得很漂亮。

这句话要求大家跟我来一起说,第一遍怎么说呢?要求大家面无表情地说,就是脸上的肌肉不允许动,“中山真漂亮”,这是第一遍,要求大家这样说。第二遍,要求大家微笑着说,我不知道各位,尤其是小朋友们知不知道怎么微笑,嘴角上翘,眼睛要笑眯眯的,这才是真的笑。第三遍,要求微笑加上手势,伸出大拇指说“中山真漂亮”。

好,要求大家第一遍面无表情地说,开始。“中山真漂亮。”对,很好,大家做得很符合要求,人人面无表情。第二遍,微笑,先把微笑做好,嘴角翘起来,牙齿露出来没有,眼睛笑眯眯了没有?第二遍,开始。“中山真漂亮。”对,大家一会儿来辨别这三遍哪一遍效果最好。好,第三遍,微笑加上手势:“中山真漂亮。”

好,请问大家,这三遍当中哪一遍的效果最好?第三遍,没错,回答得非常正确。为什么第三遍就讲得最好呢?为什么?加了什么?加了手势。对,加了手势。加了表情,所以,这就叫当众讲话。

一个好的当众讲话一定是有表情、有手势的,再加上语言。所以,大家千万不要以为讲话只是用口在讲,一定是口、手、脸三管齐下。所以,我就给讲话下了一个定义。

好,小朋友们,我们一起来看看,大家把这个讲话的定义用普通话读一遍,开始。“一人对多人,口、手、脸共同参与的多媒体表达。”对,这就是当众讲话。

从口里讲出来的话一共分为两种：一种叫谈话，一种叫讲话。什么叫谈话，谈话就是两个人之间，一对一的这种交流，你来我往。而讲话呢，就像我这样的，站在台上，面对众人。而这种形式其实每个人都会用到，因为我在大学里上课，我就发现大学生要找工作，必须要会当众讲话，面试才能够拿到高分。

那么，每一个做管理的人、做市场营销的人，要当公务员、做老师、做律师，可以说人人都需要当众讲话。而学会了讲话，你就会谈话，什么意思呢？就是讲话和谈话之间有很多共同的规律，讲话难度更高一点，要面对的人多。所以，你把讲话学会了，回过头来自己去学谈话就很容易了。

好，接下来讲第二个词，魅力。什么是当众讲话的魅力？什么叫魅力？吸引人，没错，吸引人的力量，就叫魅力，就是一种不由自主地被吸引。那么当众讲话的魅力体现在哪里？就是四个字：胆、声、情、识。

胆是什么？大胆，对，大胆，往台上一站，沉着自信，人再多，我能够非常好地发挥，妙语如珠。无胆是什么？无胆就像点灯一样，把这个开关总闸一拉，一片漆黑。所以，有些人讲话，事先准备的讲话稿滚瓜烂熟，但是一上台、一害怕，忘得一干二净，脑子一片空白。有一位主持人，第一次担任大型晚会的主持，上场报幕，这样报的：下面请欣赏新疆歌舞《掀起你的头盖骨》。（众笑）她就是因为紧张害怕。正确的应该是什么？《掀起你的盖头来》，但是呢，就是因为紧张，就把它说错了。

有了胆，讲话就如虎添翼，无胆，就是讲话的拦路虎。这是第一个字，胆。

第二个字，声。声是什么？包括3个要素，声音，没错，因为话从口里讲出来。我总结，声有三个方面：第一，气息是否通畅；第二，吐字是否清楚；第三，声音是否圆润，这是第二个字，声。

第三个字，是情。情是什么？就是你的感染力、感情，这个感情是内在的东西，别人怎么能够感受得到呢？我发现就是四个字，叫抑扬顿挫。抑是什么？就是讲话声调你要会低，扬呢，是会高起来，顿，是会停顿，挫，是会转折。

温总理在哈佛大学有次演讲，就用到了宋代的一个大儒张载的四句话。如果一个讲话没有感情的人会这样说："为天地立心，为生民请命，为往圣继绝学，为万世开太平。"这个就是没有抑扬顿挫的。那么，温总理怎么讲，是这样讲："为天地立心，为生民请命，为往圣继绝学，为万世开太平。"这就叫抑扬顿挫，你看，"为天地立心，为生民请命"，这个抑扬顿挫全出来了。这是第三个字，情。

第四个字，识。识是什么？就是你讲话的内容要有见识，你的讲话内容是不是比别人讲得更加深刻，是不是比别人讲得更加新颖，能够吸引人。大家看过电影《建国大业》，在延安撤离的时候，毛主席讲了四四一十六个字，那么，我看了一遍就记住了，很多人都记住了。毛主席当时讲，延安撤和不撤就是叫"存人失地，人地皆存；存地失人，人地皆失"，这是讲延安，如果你把我们的队伍，人撤退了，有生力量保留了，那么最后延安还会回来。如果你现在要硬守着这个城，最后可能人、地都没了。你看，十六个字，内容非常深刻，非常辩证，而且表达非常有文采，对仗工整，让人一下就记住，这就是讲话的识。

有个问题请教大家，大家说"胆、声、情、识"这四个字可不可以组成两个成语？声情并茂，没错，算一个。胆和识呢？有胆有识，没错。你看，你的讲话有胆有识、声情并茂，那就一定是讲得非常有魅力。

那么,这四个字,我们怎么样来学习呢?这就是今天要跟大家共同分享的,通过“耳、定、舞、诀”四个字来分别解决“胆、声、情、识”。

耳,就是耳语练声法,讲悄悄话,就是你天天讲悄悄话,早晨半小时,晚上半小时,就会让你的气息通畅,声音悦耳,吐字清楚,这是今天要跟大家交流的第一个方法。

那么,第二个就是定。定是什么?就是笑定、眼定、站定,通过三定让大家胆量一下子就提升,就具备。

第三个字就是舞。舞是什么?手舞足蹈、眉飞色舞,通过手势的训练让大家的讲话能够富有感情,学会抑扬顿挫。

第四个字就是诀。诀是什么?叫“一简二活三口诀”。就是讲话开门见山亮出一个字的观点,叫一简;二活,紧接着用鲜活的事例来说明观点;三口诀,就是两个以上的观点你要把它压缩串联,也就是将论点和论据巧妙地组合。这样,讲话的内容就好听好记。

通过“耳、定、舞、诀”这四个字,来解决“胆、声、情、识”四大难题。

那么,为什么说21天可以学会当众讲话呢?因为我出了一本书《21天掌握当众讲话诀窍》,很多读者开始一看,就说这个人肯定是卖广告的,21天怎么能够学会当众讲话呢?我这确确实实是被冤枉的。因为我在大学教了6年书,我发现,只要学生按照这个方法天天练习,21天就可以初步掌握当众讲话的诀窍,而3个月就可以形成当众讲话的魅力。

为什么说21天?

第一,哲学上讲量变到质变,任何东西只有量的积累,才有质的变化。

第二,美国行为心理学研究的规律,新的习惯的养成前3天最重要,3周可以形成基本的习惯,而3个月就可以形成恒定的习惯。

第三,肌肉记忆。天天练习,形成习惯,最后就变成肌肉记忆。什么叫肌肉记忆呢?来跟大家一起做个实验,请各位伸出你的双手,第一次交叉,来,第二次交叉,第三次交叉,好,请问各位,刚才是右手大拇指在上的请举手,对,右手在上面,好,放下来。左手大拇指在上面的请举手,好,放下来。这叫什么?这就叫肌肉记忆。为什么?你看,你想都没想,有的人就是左手,有的人就是右手大拇指在上面,这就叫肌肉记忆,就是不用脑子想,你的肌肉已经形成记忆了。

现在再反过来,原来左手大拇指在上的,现在变成在下,原来右手大拇指在上的,现在反过来。好,现在反过来再来一遍,好,开始,第二遍,第三遍,是不是很不习惯?这个不习惯就是什么呢?这就是你要靠大脑理性支配,你的肌肉还没有形成记忆。

那么,学习当众讲话也是肌肉记忆。比方说,有的人讲话时这样子,“尊敬的各位领导、各位来宾,大家好”,面部非常的紧张,脖子青筋暴起。这叫什么?这叫错误的肌肉记忆,他是这个地方(指脖子)紧张。那么我们科学的方法是什么呢?天天说话不累的方法是什么呢?应该是哪里紧张?小腹紧张,嗓子放松。小腹形成肌肉记忆。

“尊敬的中山市各位来宾、各位市民朋友,大家晚上好!”你看,我刚才说话是哪地方累了,是小腹累,脖子肌肉放松,这就是正确的肌肉记忆。而今天教给大家的方法,你天天练习,21天就会形成正确的肌肉记忆,原来说话脖子紧张,你天天按照今天教给大家的方法练习,你以后就会形成小腹紧张,脖子放松。

NBA的球星科比投篮,他有一次手指头骨折,投篮不准了。为了形成新的神投,用新的手型动作练习了一个夏天,练习了10万次投篮,最后,又形成了肌肉记忆,还是神投手。

一、耳语练声法

我们就来讲第一个字,耳,来解决用气发声的问题。

现在有一个问题请教大家,不吃饭,只喝水,能够活几天?7 天。没错。不吃不喝?3 天。不呼吸呢?1 小时,1 分钟都不行,对不对?说明什么?水,饭和呼吸,哪个对人更重要啊?呼吸。对,呼吸最重要。所以,你看,活人和死人的区别在哪里?就是一口气。有这一口气就是活人,没这一口气就是死人。所以,学会呼吸不单单是为了说好话,还是首先为人的健康,精、气、神。

那么,正确的呼吸是气沉丹田,丹田的位置在哪里?谁知道?肚脐下面。不错,肚脐下面,几寸?几个手指?3 个,没错,哇,大家都是内行啊,说话非常精确。对,肚脐下三指之处,就是说讲话的时候应该这个地方会紧张,脖子是放松的,这就是正确的方法,但是很多人都不会用这种丹田呼吸。

根据我教学当中的发现,不会讲话的,讲话用声方面的毛病,四个字"嘶、哑、浊、弱"。嘶,就是有些人说话声音是嘶哑的,听起来非常不悦耳。第二个,哑,很多老师每周 5 天的课,前 3 天还能凑合,靠金嗓子喉宝,到第 4 天就不行了,讲不出话来。还有一个浊,浊是什么?吐字不清楚。弱是什么?有气无力的:"各位老师,各位同学,大家好。"有的人看着身材魁梧,但是一讲话少气无力,生活当中很多这样的人。

微软的首席执行官鲍尔默,五大三粗,不会用声,把嗓子喊坏了,去日本的一次演讲只能取消了。我去年到一个开发区做培训,听说区里的书记和主任春节期间双双做了声带小结手术,为什么?因为招商引资压力太大,天天与人谈话,讲话方法不对,嗓子充血,声带小结,最后全部失声,没办法,就利用春节长假做了手术,这就影响了自己的工作。还有一位教授,连续讲课十几天,最后失声,做手术,一年停课。

那么,解决这种用声不对的方法在哪里?就是要学会耳语练声法。什么叫耳语练声法?现在就让大家来体验,怎么体验?我们第一遍要求大家放开声音读绕口令《稀奇》,好,开始。"稀奇稀奇真稀奇,麻雀踩死老母鸡。蚂蚁身长三尺六,八十岁的老头躺在摇篮里。"

好,刚才大声读的时候,大家是哪个地方用力?嗓子,有没有小腹用力的?有。好,会这里用力的,我恭喜你,这是正确的方法,用嗓子就是错误的。好,第二遍让大家共同体会丹田用气,怎么体会?把右手放在最前边,作为一个话筒,用悄悄话说,开始。

"稀奇稀奇真稀奇,麻雀踩死老母鸡。蚂蚁身长三尺六,八十岁的老头躺在摇篮里。"

刚才这样讲话哪个地方累?是不是小腹累?对,一定要牢牢地记住刚才的这种肌肉记忆的感觉,这就叫气沉丹田,这就叫科学的用气发声的方法。所以,你天天早晨半小时、晚上半小时,用这种方法练习,你就可以学会丹田用气发声。天天早上用耳语叫儿子起床:"儿子,起床了,早餐做好了。"就这么说话。

两个人说话,你也说,我也说,又很高兴,很开心,又把气息练了。这样呢,天天讲,小腹天天累,累了 21 天以后,哎,就不累了。然后,声带放松了,你的声音马上变好了,用气就学会了。我们再来体会一遍,来,右手做话筒,用耳语。

"稀奇稀奇真稀奇,麻雀踩死老母鸡。蚂蚁身长三尺六,八十岁的老头躺在摇篮里。"

没错,就这么天天坚持。我的很多读者看了我的书,然后自己早晨半小时、一小时练习,学得很快,一个星期就有效果了。练到最后,一出声自然而然的就形成了肌肉记忆。

什么叫耳语法?我们现在用悄悄话把这个定义来读一遍,开始。"就是悄悄话的方式,快速掌握用气发声的训练法。"对,就天天用这个方法,快速掌握用气发声。

这叫什么呢?这叫大道至简。真正的道理让别人一听就会,这才叫真的有用的道理,这才是大道理。很多人讲东西非常的玄乎,你听了半天,云山雾罩,最后你还是学不会,那就叫没有把这个事物的规律真正地掌握。真正地掌握事物规律一定是非常简单的,那么大家一听就明白,一学就会。

那么,为什么要用耳语练习,有三美的效果。我不知道大家同意不同意?美声、美身、美神。同不同意?美声,同不同意?同意。美身呢?同意。为什么?为什么会美身呢?天天这里累有什么好处?对,收小腹的。是不是腰就结实,柔韧有力,不会腰发粗?美神,美神就是你的气质会改变。

我们先说,美声。

第一,小腹紧张,这就是气沉丹田了,在丹田的这个位置,这个地方紧张,就是气沉下来了,所以下沉丹田。

第二,是吐字不清楚的人,你天天用这种方法练习悄悄话:"稀奇稀奇真稀奇,麻雀踩死老母鸡。"天天说,哪个地方用力?双唇会用力,双唇是管什么的,双唇是管吐字清楚的,你天天这个地方用力,它的肌肉就结实,肌肉结实你的吐字就有力了,就清楚了,站在这里讲话最后一排都听得清清楚楚。所以,用悄悄话练,把嘴皮子也练了。

解放中间是什么意思呢?中间指的是嗓子,就是原来你老是讲话青筋暴起,累嗓子,现在一说悄悄话,不用嗓子,声带就放松了,这样你会解放嗓子,再也不会累了,再也不会嗓子充血了,再也不会嘶哑了,这是第一,美声。

再说美身。第一个,刚才大家都明白了,天天说,就练你的腹肌。第二个,用丹田呼吸,你的肺部就全部用上来了,如果是脖子紧张,呼吸浅,你的肺部只用到1/3。第三,气色好。大家说什么叫气色好?白里透红,是不是叫气色好?是。那么,为什么?你看,说你的脸色好,为什么要加气呢?而且要把气放在前面?为什么?是不是气好色才好?气息好脸色才好。你看我的一个学生,一个读者,我发现他非常有悟性,练习完了,自己照镜子。所以,我这个广告语是最好的广告语,"耳语是最好的唇膏"。抹唇膏只是抹在表面上,你天天练气,气和血是互相推动,共同运行的。气好,血好,嘴唇才有血色,是不是显得这个人很健康、很年轻、很青春?

最后是美神。每个人第一次上台是不是都会自己暗示自己要沉住气?沉到哪里?丹田。沉到丹田,没错,气定神闲,是不是气先定了,神才闲?所以,气息练好,神态才安闲,你气质才会好。你看,气质,前面一个字是什么字?气,也就是说呼吸气沉丹田了,气好,质才会好。

用耳语法练习还有两不的效果,不吵,不累。在家里大家都用耳语说话,吵不吵?不吵,谁都不影响,在办公室也可以用,在教室也可以用,都可以这么说话,谁都不影响。这个方法好不好?好。对,第二个,不累,哪不累?嗓子不累,长期练习,嗓子就不累,而且练到最后讲话都不累,叫"两不"。

练耳语法有三个要点:笑、手、镜。

什么叫笑、手、镜？笑，就是微笑着练。怎么样微笑着练习呢？首先，是气息通畅，捏着鼻子，先皱着眉，然后微笑，有没有感觉鼻孔放大了？放大了，气息进得多还是进得少？多。所以，你天天保持微笑的状态，你的呼吸就好，吸进的新鲜氧气就多，呼出的二氧化碳就多，气息一下就沉下来了。

其次，声音悦耳。为什么？你愁眉苦脸的时候，口腔是扁的，天天吊着脸，口腔是扁的，微笑之后呢？口腔大了还是小了？大了。大了之后声音有共鸣还是没共鸣？有。对，所以，天天保持微笑，你的声音马上就好听。

最后，舌头软了还是硬了？软了。对，舌头软了，是不是说话结巴、口吃的人叫笨嘴拙舌？拙是不是一种僵硬的状态呀？一微笑舌头就放松了，所以，微笑是一个非常重要的抓手。你只要天天坚持微笑，你说话的声音马上就好听，气息马上就通畅，我们来体会一下。我们体会一下气息，先微笑，开始。

“稀奇稀奇真稀奇，麻雀踩死老母鸡。蚂蚁身长三尺六，八十岁的老头躺在摇篮里。”对，微笑，在微笑的时候练耳语。

“稀奇稀奇真稀奇，麻雀踩死老母鸡。蚂蚁身长三尺六，八十岁的老头躺在摇篮里。”对，一定要微笑着练习，不微笑不要练，这是第一，笑。

第二，手是什么？加手势，为什么要加手势？加了手势以后讲话生动还是不生动？生动。形象还是不形象？形象。没错，我来做一遍，大家看一下，看加了手势以后的效果。

“稀奇稀奇真稀奇，麻雀踩死老母鸡。蚂蚁身长三尺六，八十岁的老头躺在摇篮里。”

好，来跟我学，用悄悄话的方式。

“稀奇稀奇真稀奇，麻雀踩死老母鸡。蚂蚁身长三尺六，八十岁的老头躺在摇篮里。”非常好。来，再跟我练习一遍，学完之后，自己可以设计动作，尤其是可以带着孩子共同来设计动作，这本身就密切家庭关系，培养孩子探究学习的兴趣，而且加上手势以后，孩子记东西就记得非常快。

我今天做讲座有一个最大的体会，就是今天来到现场的观众中年轻人非常多，这一点同我们珠海文化大讲堂不一样，因为我在珠海文化大讲堂也做主持，我发现那里老人家很多，但是今天来的年轻人多，还有带着孩子的年轻父母多。说明什么？说明这个代表城市的未来，孩子是这个城市的未来，这么多的家长带着自己的孩子，而且这么多年轻人，那么就预示着这个城市的未来是非常美好的，所以这一点感受我非常深刻，向中山的朋友致敬。这是加手势练。

第三个，对着镜子练。如果母女两个，父子两个，儿子看着父亲练，父亲看着儿子练，看着哪里？看着对方的眼睛。如果自己一个人，就对着镜子练。为什么？第一，镜子是最好的老师；第二，对着镜子就有对象感了，练习眼神了，你说话就不是对天说了，是对着人说了，讲话的欲望就强了。

笑、手、镜，这是练习的要点。恒心不够，尤其是小朋友学习恒心不够，练习《人一之》。

“人一之，我十之，人十之，我百之，百折不挠，滴水穿石。”好，来跟我学学，跟我来。“人一之，我十之，人十之，我百之，百折不挠，滴水穿石。”非常棒，掌声。尤其是让自己的孩子把这个天天练习，遇到困难的时候、学习中遇到难题的时候、遇到挫折的时候就反复练习这个，练习完了之后就进入了自己的潜意识。就是说，别人付出一分的努力，我付出十分的努力，你最后长跑一定是冠军，一定会超越别人，成功地笑到最后的一定是你。这个 PPT 留给大家,另外,还有我的新浪博客都有专门的练习,还有视频都在上面,还有书上都有练习的动作,这个我们就不多讲了。

再练一个绕口令,嘴皮子无力,讲话吐字不清,天天练习这个:“八百标兵奔北坡,北坡八百炮兵炮。”你看,是不是专门练唇的?吐字不清楚的,专门练习这个,这个都留给大家了。好,我们一起来练,悄悄话啊。“八百标兵奔北坡,北坡八百炮兵炮。炮兵怕把标兵碰,标兵怕碰炮兵炮。”

很棒,掌声送给大家。万众一心,这种气发出来,这种声音,这种气场,非常好。要求21天,天天用耳语练习一个小段,就刚才那三个当中你选一个,根据自己的情况,强化训练,可以形成腹部的记忆,口部的记忆,让你的嗓子放松。做老师的、做律师的、做管理的、做营销的,都可以让你一下子就学会了正确的用气发声的方法,受用一辈子,你的声音由不好听变好听,由嘶哑变成悦耳,气息原来很弱的,让你的气息非常地通畅。一个读者小郭,43天,还有三位网友,21天练出共鸣了。

好,把这一句话用悄悄话把它读一遍,开始。“简单练到极致就是绝招!天才就是重复最多的人!”

没错,这就是大道,这就是每一个孩子、每一个学生、每一个年轻人都应该坚持的,天下没有捷径,只有天道酬勤,只有你比别人付出更多,认准一个方法,锲而不舍,反复练习,最后就会产生奇迹。

好,时间关系,刚才讲了第一个字,耳,是练声的方法。

二、三定练胆法

现在来讲第二个字,定,三定:眼定、笑定、站定,是练胆量的方法。

什么叫全无胆,什么叫半无胆呢?全无胆,就是一对一的讲话都不好意思讲,害怕,害羞,内敛,不敢讲。这叫台下讲话无胆,然后让他站在台上讲话更无胆,台下无胆,台上无胆,这叫全无胆。

什么叫半无胆?我发现很多人在下面讲话手舞足蹈,但是一旦上台就开始打哆嗦,这种就叫半无胆。

那接下来这个三定的方法,全无胆也治,半无胆也治。为什么三定能治全无胆和半无胆?这是用的中医内病外治、外病内治的辩证治疗的方法。你看中医,如果你脸上起了疙瘩,医生不单单给你抹了药,还会给你开吃的中药,内部的调理。消化不良,会用针灸、刮痧等外在方法治疗。我们的胆量属于内心的心理素质,但是可以通过外在的改变,体态语的改变,让他的心理素质坚强起来,让他有胆。

大家先来看我做一个练习,是有胆还是无胆啊。“尊敬的各位老师,各位同学,大家好,我的演讲完了。”这个是有胆还是无胆?无胆。你们是从哪看出来的?他是低着头的。低着头,眼睛敢不敢看观众?不敢。有没有笑容?没有。有没有站直?没有。对,说明大家非常聪明,非常有悟性。无胆是内心素质,但是它一定会在你的体态语上表现出来。

那么反过来说,当我们把一个人外在的体态语改变了,是不是给人的感觉就变了,我再做一遍。“尊敬的各位市民朋友、各位来宾,大家晚上好!”这个是有胆还是无胆?有胆。从哪里看出来的？站直，笑容，眼光的交流，对，所以，今天教给大家学习这三定，你就可以胆量突破，你就可以是个有胆之人。

先来讲笑定，从现在开始，每一个年轻人、每一个作家长的，先从自己微笑开始，教自己的孩子微笑，一定要把微笑作为家庭文化的核心内容，微笑像灿烂的阳光，这就是人格的魅力。如果天天吊着一个脸，就没有任何的魅力，笑定是人格魅力的核心。

好，下面让大家来共同体验："各位领导、各位来宾，大家好。"第一遍，要面无表情，皱着眉头、苦着脸，往下吊着。

"各位领导、各位来宾，大家好。"是不是声音都很暗淡？好，再微笑着说一遍。

"各位领导、各位来宾，大家好。"哪一遍说话的效果好？第二遍。对，你看我们这么听都能听出来，微笑时说话效果会不一样。平易近人和盛气凌人的区别在哪里？还没张口，就在表情上了，所以我们做管理的、做家长的、做老师的，一定要学会微笑，这样给人传递的第一信息就是非常阳光、非常灿烂、非常亲切的。

笑定的好处有三好：好声、好身、好运。

好声刚才已经讲过了，好身是什么？我们中国有句老话，六个字："笑一笑，十年少。"有没有科学道理？有。对，这是非常有科学道理的。为什么？从中医角度讲，"通则不痛，痛则不通"，这个通指的是什么通？筋络通。微笑的时候，筋络一定畅通，最舒服；而你皱着眉、苦着脸的时候，筋络一定是不通的，你的皮肤都是收紧的，你的毛孔都无法进行呼吸，人就很紧张，很不放松。

讲个例子，彭鑫博士，可以上网查一下，他讲了仁义礼智信与疾病的关系。他就说，人的疾病都跟你的性格、跟你的心情、跟你的价值观密切相关。他有一次遇到了一个河北的企业老总来找他看病，他望闻问切，开药，给他开了四逆汤。这位老板得的什么病？肝硬化。但那个彭博士一看，他就说，你呀，是性格病。为什么？一进来我看到你一直是绷着一张脸。这个老板说："你说得太对了，我在单位的时候，天天就爱发怒，爱发火，所以员工看见我都是躲着走。我自己也觉得很不舒服，好像人被裹了一层东西，紧紧地包裹一样，天天都是这样一种状况。"所以，怒伤肝，就是这样一种性格酿成了肝硬化。

彭博士说，我给你开四逆汤，中药。同时，你要从现在开始就练习微笑。结果回去以后天天练习微笑，3 个月之后肝硬化减轻了，专门打电话告诉彭医生，说："医生，我的病减轻了，正在好转。"

一个人天天在微笑，就是不会让人发怒，就是让你开心，所以，好身。

第三是好运。微笑就像镜子一样，你对别人微笑，别人会对你发火吗？你对别人微笑，别人会这个样子吗？不会，绝对不会的。所以，你对老师微笑，老师就对你微笑；你对同事微笑，同事对你微笑；你对客户微笑，客户对你微笑。这就是镜子原理，因为什么？人大脑当中有一个模仿神经，看到对方的表情，下意识就会模仿。

我们来看个例子，我的学生，考上了香港中文大学的研究生，大家来看这一段话，看看微笑是不是可以改变命运。靠什么考上研究生的？微笑。对，本来他的英语并不是非常出色，但是怎样通过面试了呢？微笑。因为中国人，我们中华民族整体上是一个内敛的民族，不爱微笑的民族，而如果有一两个人他特别爱微笑，是不是就显得特别出众？是不是就特别容易给面试官留下好印象？

但是微笑是需要练习的，通过练习人人都可以学会微笑的。我去一个开发区做培训，开发区的书记说他不会笑,很苦恼。还有保险公司的老总不会笑,他父亲是个大学教授,他说父亲不会笑,所以他也不会笑,家庭遗传。所以,这个家庭遗传,从我们今天听课开始,一定要让它到此为止,把这个遗传斩断,从现在开始练习微笑,把微笑变成家庭的文化。

那么怎么练呢?练哪个字呢?引,为什么这个字就可以练习微笑呢?体会一下。引——,有什么感觉没有?它有什么变化?嘴角是不是向上的?嘴角是不是咧开了?牙齿露出了,眉是不是打开了?对,眉开眼笑,太对了。眉开眼笑、愁眉苦脸,都在眉上,微笑的时候眉是怎么样的?开的,眉一开,眼睛自然就笑,眼一笑,就是真笑。而愁眉呢,是什么状态?大家做一下,是不是这样的?是不是一个川字形?而微笑,当你说"引"的时候,眉就打开了。所以,练习这个字就是练习肌肉的记忆,让你的肌肉记忆由原来往下走变成往上走。天天练,最后微笑就形成了肌肉记忆,不管任何场合你都是面带微笑。

怎么练?第一,加手势,加哪个手势呢?引,是第几声?第三声,加第三声的手势。加手势以后呢,带着你的眉先动,又把普通话念标准。第二,停3秒钟,为什么要停3秒钟?看我做,大家看为什么要停3秒,看一下,引——1、2、3,为什么停3秒?"保持。"说得很对,保持你的笑容,而且对着镜子看,眼睛就看到了镜子里的笑容,是不是视觉又加强了一次记忆?对。

第三,用悄悄话,把刚才的练丹田气结合起来。好,我们一起连续5遍,引——,悄悄话,开始。

对,下去就这么练,好,现在母子为单位、父子为单位、朋友为单位,两个人一组,互相看着练,一个人5遍,开始,悄悄话。一定要练习,光听一下没有用,你一定要体验,体验就是用你的身体验证,你的面部表情形成肌肉记忆。好,停下来,希望大家下去以后坚持练习。

刚才讲了笑定。接下来讲第二定,眼定,用眼神传达对对方的善意和专注。眼睛的重要性,重要在哪里?因为什么?因为眼睛是心灵的窗户,是千真万确的。大脑有12对神经,其中有5对就是分管眼睛的,所以眼睛动一动,就是你的大脑在转,这是第一。

第二,尊重人,吸引人。我们来做一个现场的练习,先看着天说:"各位领导、各位来宾,大家好。"开始。

"各位领导、各位来宾,大家好。"这是自卑还是自傲?自傲。好,第二遍,低着头,看着地,开始。"各位领导、各位来宾,大家好。"这是自傲还是自卑?自卑。好,第三遍,看着我,看着我的眼睛,面带微笑,开始。"各位领导、各位来宾,大家好。"这是自卑还是自信?自信。自信,对,没错,自信就在你的眼睛上。所以,跟人谈话看着对方的眼睛,对大家讲话看着大家的眼睛。

怎么看?近看眼、远看片、方位准、眼神虚、左右中。什么意思?

近看眼,就是两个人谈话看着哪里?看着他的眼睛,不要看头顶,也不要看别的,看着对方的眼睛,看着眼睛就是尊重,而且可以观察他的表情。讲的时候看着对方的眼睛讲,听的时候看着对方的眼睛听,这是两个人之间的交流。

远看片是什么?远看片就是当众讲话的时候,像我这样,站在台上面对众人,怎么远看片呢?第一,方位准,分左右中三个方位。什么意思?方位准就是说把全场划分为左中右,先看左,"各位领导",再看右,"各位来宾",再看中间,"大家好"。我刚才看了几个方位?3个。对,左、右、中,对,这就叫方位准,这样是不是全场都兼顾到了?对。是不是每个人都觉得我的眼光在跟他交流?是。这个我们一会儿练习。

第二，眼神虚，先看我这样做对不对？“尊敬的各位领导、各位来宾，大家好。”这是什么毛病？贼眉鼠眼，是不是？所以当众讲话千万不能只盯着一个人看，要盯着一片看，叫眼神虚。怎么看？“尊敬的各位领导，”是不是这一片都觉得我在看他，“各位来宾，大家好。”

好，来跟我体验，先数1、2、3，我再做一遍，大家看一下，面带微笑，先看前方，1、2、3，“各位领导”，1、2、3，“各位来宾”，1、2、3，“大家好”，1、2、3。

好，我们一起来，从数数开始，停3秒很重要。开始，1、2、3，“各位领导”，还看着这个方向，1、2、3，“各位来宾”，1、2、3，“大家好”，1、2、3。

好，这遍我们出声，再来一遍，开始数，1、2、3，“各位领导”，1、2、3，“各位来宾”，1、2、3，“大家好”，1、2、3。

好，要教大家一个诀窍，就是我们主持人怎么向观众要掌声，关键在哪里？就在那个大家好，大家连紧一点：“大家——好。”来跟我一起，大家开始：“大家——好。”今天学会了，以后你们在上台讲话的时候，想要掌声，千万不能说请鼓掌。所以，我们这种就是通过声音变化：“大家——好。”一高一长，掌声自然就来了。好，我们站起来练习一遍，全体起立。双腿并拢，脚后跟并在一起，站直，面带微笑，挺胸收腹，一边数，看着前方，1、2、3，开始。

1、2、3，“各位领导”，1、2、3，“各位来宾”，1、2、3，“大家——好”。

请坐，记住要点，回去练习，全家人一起练习，同事一起练习，今天大家学会，但是你还没有变成你的肌肉记忆，还没有形成习惯，可能让你一上台又忘了。所以，下去要反复练，天天练，练上21天，你就学会了。一看就像一个训练有素的主持人，播音主持专业毕业的，绝对是专业的水准。不要笑，就这几个小技巧，马上就看出一个人的专业素养，这是眼定的要求。

站定，站定说明你的心很定，站定就是自信的表现，站定是给人的第一印象。

站定怎么练？一是站直，二是站定，三是走快。什么叫做站直？尤其是今天带着孩子来的家长一定要训练自己的孩子养成好的站姿，我们中国人形容良好姿势有四句话，叫“站如松、坐如钟、行如风、卧如弓”。这四句，我现在越练越发现，老祖宗讲得真是太好了，确确实实，从古到今，你只要按照这四点做，这个人一看一定是训练有素，精神状态非常好。

什么叫站直？就是两腿要并拢，一棵松，站直是一棵松，不是两棵松，你不能腿分开。

要站直，什么叫站直？关键在这里，脊椎和腰带的交叉点，这个地方一挺，挺胸收腹就起来了。尤其是有的孩子长期学习，腰都已经弯了，背都驼了，回家让他贴着墙练，对着镜子练，在这个点一点。来，大家起立，一起点一下交叉点，把手放在这里，站直，双腿并拢，一棵松，面带微笑，开始数，“1、2、3、4、5、6、7、8、9、10”，个个站如松，掌声送给大家。

今天我真的是非常非常感动，为什么？父母是为自己的孩子在做表率，你来听讲座，表明你的这样一种学习的心态，带着孩子来，本身父母就是在做榜样。而且在练习当中，父母都刷的一下就站起来了，全身心地投入，这个都是身体力行在影响你的孩子，都为自己孩子的成长做表率，在细微处为孩子做榜样，耳濡目染，非常难得。

第一是站直，第二是站定，站定是什么？就是停3秒再开口。上台以后，自己先默数，1、2、3，“各位领导”，1、2、3，“各位来宾”，1、2、3，“大家——好”，1、2、3。

我请问大家，为什么要停3秒？定下来。对，让自己定下来，这个非常非常重要。心是什么？心是水，心如止水，只有站定了才能心如止水，心如止水，思维才清楚，才能有灵感。所以，一定要数。第一是稳神，第二是稳场，第三是克服紧张。所谓紧张，你老是暗示说别紧张、别紧张，越说越紧张。因为什么？潜意识不记负面的信息，不记否定的信息，只记“紧张”,不记“别”,只记得紧张、紧张,越说越紧张。但是,你看你数的时候,1,2,3,是不是就忘了紧张了?对。他就把紧张覆盖掉了。所以负面的情绪是被覆盖掉了,不是你反复强调的。这一点非常重要,所以大家一定要数,数的时候你就忘了紧张了,这是第二,站定,停3秒才开口。

第三是走快。行如风,什么叫行如风?先看看我这样是不是行如风?不是,说得对,刚才有人说很懒散,我刚才那个毛病在哪里?手。对,甩手无力,身体是不是在晃?对。步伐是大了还是小了?大了。对,所以,要想行如风,走出这种精神头,一定要步伐小,要快,胳膊要甩起来,再看我走一遍。好,走到这里,一定要快,我再走一遍,一会儿我会请观众上来进行练习。这样,胳膊甩起来,然后步子要小,速度要快,这就是走快。

好,现在我们把这个站直、站定、走快结合起来,把笑定、眼定、站定结合起来。

想请几位现场的观众上台来跟我一起来练习,愿意练习的举手。小朋友第一个,好,两个,好,已经走上来了3个、4个小朋友,掌声送给小朋友,5个、6个、7个、8个、9个、10个,好,可以了。好,我们在台下走吧。没想到这么踊跃,这么热烈,我没见过这样的场合,给这些勇敢的观众掌声。

我再走一遍,大家看一下,面带微笑,行如风,这样走,胳膊一定要甩起来,不能这样啊。我再走过去,看着大家跟我一起走,面带微笑,一定要快,行如风的感觉就出来了。来,跟我走。面带微笑,别忘了,走。好,面带微笑,很好,再来一遍,走。大家看着,胳膊甩起来,动作要快,对,不错,面带微笑,不要忘了,胳膊不要转,胳膊肘不要打弯,面带微笑,面带微笑。

再走一遍,向前看着观众,面带微笑,很好,很棒,好,来,再来,不错,很好,小朋友非常有胆量。

站直,脚后跟并拢没有?站如松没有?脚后跟是并在一起的,微笑,看着前方,大家帮着数,开始,1、2、3,“各位领导”,来,一起。我们再数,1、2、3,“各位领导”,1、2、3,“各位来宾”,1、2、3,“大家——好”。

很棒,再来一遍,再来一遍,都看着前方,小朋友们非常棒,开始,1、2、3,“各位领导”,1、2、3,“各位来宾”,1、2、3,“大家——好”。好,下去就座,好,掌声送给他们。

好,第二组,面带微笑,小碎步,行如风,对,再走一圈,跟着我,不要拐弯,对,好,微笑了没有?看着观众,数,开始。1、2、3,“各位领导”,1、2、3,“各位来宾”,1、2、3,“大家——好”。再来一遍,第二遍效果就更好了,开始。1、2、3,“各位领导”,1、2、3,“各位来宾”,1、2、3,“大家——好”。好,再来一遍,第三遍跟第一遍就是天壤之别了,我发现刚才第二遍就比第一遍好了很多,因为这个小朋友就很自信了。再开始,1、2、3,“各位领导”,1、2、3,“各位来宾”,1、2、3,“大家——好”。

好,非常棒啊。年轻人代表着中山的未来,代表着中山的希望,这么多小朋友这么有胆量的上台来练习,我们再次把掌声送给刚才勇敢上台的观众们。很棒,真得很棒啊。包括在大学的培训里面,从来没有出现过这么多人敢于上台的。有些大学可能一开始就不敢上,我们今天这样,一看举手如林,这么多人都举起手来,愿意上台。所以中山观众这种参与意识、互动意识、敢于上台的胆量,非常非常难得,再把我的敬意用掌声送给大家。

好,这就是第二个字,定,是三定,通过三定的练习,回去以后对着镜子、对着家人,慢慢地,先开始对人少,再对着人多,所以,刚才为什么说练习很宝贵呢?他们面对这么多人敢于上台练习 3 遍，可能一下子胆量就彻底突破了。大家今天学会这个方法，下去以后可以跟家里人、跟同事、跟朋友、跟同学一起练习。

好，三定练胆法到这里就讲完了。课后的作业：不会微笑的，21 天对着镜子练习，天天练"引"，早晨 100 遍，晚上 100 遍。

讲话太快，不会停顿的，就练习"停 3 秒"，这个非常有效，慢慢练就成了习惯。

眼睛无神的，就练睁眼法。什么叫睁眼法？是这样，前上方一个点，一闭一睁，一闭一睁，一闭一睁，早晨 100 下，晚上 100 下，开始眼睛练得很累，但是，3 个月以后效果非常非常神奇。第一，年龄大的人眼睛会怎么样？是不是往下耷拉？但是我通过 3 个月以后眼皮回来了，双眼皮，为什么？眼皮是不是肌肉？对。松弛的时候会耷拉，反复练习肌肉，肌肉结实是不是眼皮就紧了？是。第二，眼珠黑白分明，年龄大了以后叫人老珠黄，珠黄是什么？就是你的眼白不白了，血丝沉淀得多了看起来是黄的，通过这种练习，一睁一闭，血液循环加快了，眼白的黄没了，又白了，所以黑白分明。第三，是练脑，因为眼睛本身是靠大脑支配的，实际上你的视神经在进行练习。

所以，你看似简单练到极致，就是绝招，就是这么一个简单的方法，不需要吃药，也不需要你每天去健身房，花钱也不需要，但是关键要有恒心。所以，我认为，天下的事想成功，唯有持之以恒。

好，我们再用悄悄话把这句话来重复一遍，开始。"简单练到极致就是绝招，天才就是重复最多的人。"这就是铁律，这就是规律，人要按照这个办就一定能够成功。这是讲的第二个字，定。

三、"双人舞"练情法

现在来讲第三个字，舞。我们知道出色的演讲家、政治家、经济学家，他们都是很善于加手势的。这个手势能够代表讲话的激情。

我曾经在中山主持过著名管理培训师余世维的讲座，一共主持过 3 次。他讲话也是手舞足蹈，他为什么像我这样用纽扣话筒，不用这种手拿的话筒，为什么？不能做动作，是不是？方便自己做手势？对，方便做手势。我来模仿一段余世维讲话的手势。余世维说，作为总经理，公文来了一定要及时处理，千万不能文件来了之后，塞在柜筒里，锁在抽屉里，存在电脑里。是不是很生动？很生动。是不是讲话加了手势就很吸引人？对，把观众的眼球一下子就吸引过来了。所以，我们要学会手势语。

我们要想做一个好的讲话者，吸引人，一定要口、手、脸一起动。怎么动？我们做一个体验。

好，先不加手势说一遍："芝麻这么小，西瓜这么大。"开始。"芝麻这么小，西瓜这么大。"我们有些善加手势的观众不由自主的就想加。好，我们现在加手势，手里捏着什么？芝麻，看我做："芝麻这么小，西瓜这么大。"一起来一遍。"芝麻这么小，西瓜这么大。"加了手势以后讲话效果好还是不好？好。生动还是不生动？生动。对，这就是讲话的秘诀，就是你要想讲话吸引人，你就要加手势，你要想让别人不听你的讲话，不吸引人，那你就不要加手势。

我们再来体会一遍,体会这个手和眼的配合。眼看着哪里?芝麻,对,要看到手里捏着芝麻。“芝麻这么小,西瓜这么大。”对,非常棒,你看,这么大,语气是不是很生动?是。对,这就是“双人舞”,就是手舞足蹈、眉飞色舞。

我们用悄悄话把“双人舞”的定义读一遍:“手舞足蹈、眉飞色舞,让当众讲话有感情的训练方法。”

为什么要“双人舞”?练情,练脑,练全,这是什么意思,来一一跟大家讲。

练情,就是讲话没有感情的人,讲话自己都不想听的人,越讲越没劲的人,加上手势马上改变。

我们来体会:速度、力量、激情。先不加手势来一遍,开始。“速度!力量!激情!”现在我们加上手势看有感情和没感情,看我做:“速度!力量!激情!”一起来一遍。“速度!力量!激情!”是不是马上激情澎湃?对。好,一起来一遍,全场的观众开始。“速度!力量!激情!”

记着平时讲话没有感情的,你就天天练这个小段,早上100遍,晚上100遍,不要笑,21天就改变了,改变什么?以后你讲话不由自主的就形成了手的肌肉记忆,就不由自主地加动作。一有动作,语言就生动形象。为什么呢?这是由人体节奏的一致性决定的。人的动作有力,不可能语言是软绵绵的;人的动作轻柔,不可能语言是铿锵有力的。当我们随着讲话内容,做出不同节奏力度的手势时,我们的语言自然就变得抑扬顿挫,有感情了。

第二练脑。既练右脑,又练左脑。什么叫练右脑?大家说右脑是管什么思维的?管逻辑思维还是形象思维?形象。对,左脑呢?抽象。右脑是管形象思维的,左脑是管逻辑思维的。所以,凡是一个成功的人,是不是应该左脑和右脑都很发达?对。我们加手势既可以练右脑,又可以练左脑。

先说练右脑。为什么可以练右脑呢?因为一加手势,就可以把脑子里储存的形象调动出来,眼前马上浮现出形象来,这样反复练习,形象思维就发达了。比如说《望庐山瀑布》,在座的小朋友,你们知不知道这是谁的诗?李白。没错,在学校都学过,在学校念可能都是没有感情的:“日照香炉生紫烟,遥看瀑布挂前川。”是不是这样读啊?好,现在看我加上手势以后看是什么感觉。

来,看一下:“日照香炉生紫烟,遥看瀑布挂前川。飞流直下三千尺,疑是银河落九天。”

这样是不是马上生动形象了?如果让孩子加上手势这样来练诗歌,是不是一下就有了兴趣?是的。他就这么看到那个形象了,看到这个形象,思维就得到了开发,加上手势之后孩子是犯困还是不犯困呢?那么就有精神了,学习就不是枯燥的事儿,是好玩的事儿,很有兴趣的事儿,而且让自己的筋骨、筋络全都活动了,是不是学习效果更好?而且更关键的一点,加上手势之后记忆力更强了,记东西更快了。

大家来跟我学,右手看到了什么?太阳、瀑布。“日照香炉生紫烟,遥看瀑布挂前川。飞流直下三千尺,疑是银河落九天。”非常棒,掌声送给大家。是不是这样一朗诵,个个都是朗诵家?对。是不是抑扬顿挫全都出来了?对。因为什么?你这样一伸手,就把脑海中的形象调出来了,眼前就看到形象了,看到形象你就触景生情了。因为客观存在的景叫外形象,但是我们的眼睛一看到,一接受,就存到大脑里,变成内形象了。朗诵诗歌的时候,我们要想办法把内形象调出来,靠什么调呢?靠手势,手势一做,你看刚才的芝麻,手里有芝麻吗?没有,但是脑海里有,这一做脑海里的芝麻就出来了。所以,这手势就是一个指挥,就是一个龙头，抓住手势，朗诵就好了。

那么，为什么要培养形象思维？形象思维就是创新思维。大家知不知道鲁班当初发明锯子是怎么发明的？他的手被草割了，手被什么割了？一根草，那根草带锯齿一样的东西把他手划破了，然后，他就由这些草联系到了木工工具，就发明了锯子。这是不是形象思维？是。这是不是就是联想？是。所以，培养孩子接触的各种事物越多，脑子里储存的各种形象就多，将来他在创新的时候，特别容易通过联想产生创新思维。因为什么？联想，就是交叉创新，就是把一个原来不相干的东西跟你要创新的这个东西，两个很巧妙、很有机地结合起来，这就是创新。

比方说詹天佑，詹天佑当时在修中国第一条铁路的时候，山坡陡，动力不足，火车怕上不去，没有办法。后来看到他的女儿在做女红，在做衣服时剪刀突然掉到地下了。掉到地下之后剪刀成了这样一个张开形状，他看到这个受到启发，然后这个路就怎么修了？修成了之字形，就上去了。这个灵感从哪里来的？就是从剪刀的状态来的。所以，你看，创新是不是交叉创新？从一个剪子联想到了铁路的走向。所以，培养孩子对文学的爱好，对诗歌的爱好，开拓他的形象思维，平时多带孩子走访名山大川，形象储存在脑海里，通过讲话加手势的方式调出来，形象思维就得到了很好地训练，将来就一定是一个创新的人才。所以，要通过这个方法练习形象思维。

第二个练左脑，左脑是管逻辑思维的。我发现很多大学生在演讲的时候，包括去找工作做自我介绍，讲自己的优点，你有什么成绩，你有什么优点，讲得没有条理。那么怎么有条理呢？

加手势是一个重要的方法，怎么加？给大家来演示一下。幸福快乐的人生要做到三乐，什么是三乐？这第一乐叫自得其乐，这第二乐叫知足常乐，这第三乐叫助人为乐。我讲了几乐？三乐。你们从哪里知道三乐的？手势。手势很重要，所以你看，一个是听觉上，说出来；第二个是视觉上的，手势做出来，这样是不是就让人觉得这个人讲话有条有理？什么叫有条？就是要一条一条的讲。所以你看很多会讲话的领导说，今天我讲三点，是不是你就明白了这个领导要讲几条？所以一定要学会这样。

来跟我一起做，第一乐、第二乐、第三乐，什么叫三乐呢？这第一乐叫自得其乐，这第二乐叫做知足常乐，这第三乐叫助人为乐。对，包括小朋友学会这样讲话，你在你的班里讲话，大家一听肯定是有条有理。再来一遍，悄悄话。什么叫三乐呢？这第一乐叫自得其乐，这第二乐叫知足常乐，这第三乐叫助人为乐。

大家想想，真正的快乐，天天的快乐，时时的快乐，是不是来自这三乐？对，名和利都能带来快乐，但是那个快乐是很短暂的，你要想真正地快乐，就要做到这三乐。这样，你在做事的过程当中，才会有快乐，在帮助别人的过程当中，施比受更加快乐，人只有知足才会快乐。这就是加上手势，左脑、右脑都可以练习。

第三练全。就是讲话可以用，读散文可以用，朗诵诗歌可以用，包括练四声都可以。

我们来重点说说朱自清的著名散文《春》。《春》中有一段话是这样的："坐着，躺着，打几个滚儿，踢几脚球，赛几趟跑，捉几回迷藏，风，轻悄悄的，草，软绵绵的。"你看你一加上动作，马上生动形象。所以喜欢散文、喜欢诗歌的朋友，大家都可以加上动作来练习，包括在家里自己对着录音机来录的时候，都可以加入动作来练习，一下子马上就生动形象了。人多一个爱好，就多一个生活的乐趣，叫自得其乐。

下面讲“双人舞”的“三手”原则,就是怎么样让你的手势做得美观、大方。

第一,叫手臂抬。什么叫手臂抬?大家现在跟我一起体会,看这样对不对。什么叫三乐呢?这第一乐叫自得其乐。这做得好看还是不好?不好看。毛病在哪里?手臂。对,说得很对,手臂夹在腰上了。手臂应该怎么样?胳膊肘抬起来,来跟我一起做。什么叫三乐呢?这第一乐,对,这是正确的,错误的咱们做一下,手臂夹在腰这里。什么叫三乐呢?这第一乐叫自得其乐。所以,记得,千万做动作不能这样子,不能这样,要怎么样?手臂抬起来,这是第一。第二,我发现现在很多男孩子做动作女里女气、妖里妖气的,体现在哪里?体现在手上。“第一个、第二个、第三个。”这个毛病在哪里?手。对,手的哪个部分?手腕。对,说得很对,手腕软。所以,千万不能说话这样,做动作要干脆利落,有鼓励人、激励人的动作,手腕不能软,要硬。

我们先做一遍错误的,“第一、第二。”讨厌。好,大家做正确的。“第一乐、第二乐、第三乐。”对,记得,手腕一定要用力,要硬起来。

第三是手指并、虎口张。虎口张开有力还是没力?有力。有些人说话他也做动作,但是他的手像鸡爪子一样的。什么叫三乐呢?他是这样做动作的。手掌一定要这样,什么叫三乐呢?虎口一张开,手指头就有力了。什么叫三乐呢?第一乐叫自得其乐。所以记得,手的三个动作,第一个要求是什么?手臂抬。手臂抬起来。第二个?手腕硬。手腕用力。第三,手指并、虎口张。各位,对着镜子练习,就按这三个要求练习,这样你的动作美观大方,一看就是训练有素,三定,加上手势,一看就知道肯定是最好的大学学了4年播音主持出来的。

好,这是“双人舞”,我们就讲完了。平时讲话没有激情的,就练习“速度、力量、激情”,天天练习,悄悄话练,既练声,又练动作,形成肌肉记忆。因为一讲话,想不加动作都难,自己加动作。

“三乐说”,练条理。心态不好了,讲话没条理就练这个。以后讲话一定要这样,今天我讲两点,今天讲三点,学会一条一条讲,这就叫层次,这就叫条理,这样讲话别人听得清清楚楚。

形象思维不够的,对语文不够热爱的,对古典诗词、文学不够热爱的,尤其是让自己的孩子,就练《望庐山瀑布》。通过这样,用快乐的方法,母女一起练,父子一起练,在这个过程当中让孩子看到家长这种爱学习、快乐学习的心态,孩子就非常乐意,容易培养对语文的兴趣。

再重复一遍:“简单练到极致就是绝招,天才就是重复最多的人。”

四、“一简二活三口诀”练识法

最后简单讲一下“诀”。“诀”是什么?就是讲话的内容。尤其是在座的各位父母,从事管理的,从事市场营销的,都要学会讲话的条理性,内容的条理性,要好听好记。

大家知道,有些单位开会的时候,会有人睡觉,为什么会睡觉?讲得很枯燥。那么什么叫讲话效果好呢?两好:第一,要好听;第二,要好记。什么叫好听?有故事,紧紧地抓住大家的耳朵,一直全神贯注地听。什么叫好记?不拿笔,不拿纸,听完了,记住了,这就叫好记。

怎么样做到好听、好记？这个方法大家看一下，这是我在珠海文化大讲堂，主持北京大学著名经济学家周其仁讲座的开场白。

> 今天请到的经济学家，不叫周其仁，叫周奇人。
>
> 周奇人有三奇：身世奇、讲课奇、剑法奇。
>
> 一是身世奇：下乡10年，在大兴安岭当了7年猎手。
>
> 二是讲课奇：他在300人的教室讲课，听众人满为患。路过的学生，探头一听，就被吸进去了。
>
> 三是剑法奇：他以经济学理论为剑，直指社会热点。为医保问题，连续写了41篇评论文章。
>
> 有请三奇教授周其仁……

好，看完之后大家来说一说，这段话的总的论点如果用一个字来表述是哪一个字？奇。再加一个字呢？三奇。没错，三奇，这是总论点，把下面的三个分论点都概括了。而且这样先说三奇，是不是引起观众的好奇心？是不是有一个悬念？所以，这样一看，又简洁，又有条理，所以这就叫口诀化。就是把三个观点压缩成两个字。分论点有几个？三个，每一个分别是几个字？三个字。对，这就叫简单易记，就是观点字数越少越好，三个字比较少，少了别人才记得住。

什么叫二活呢？身世奇后面，这就是举例子。我这不是给人干巴巴地讲道理，不是枯燥地用推理逻辑说话，而是用事实说话，事实要准确、具体、有细节。你看，下乡几年？10年，对，是不是很准确？那么在哪里当猎手呢？大兴安岭，这个地点是不是很准确？对，当了几年呢？7年，当了7年什么呢？猎人，对，这就叫讲话要生动，要准确，这样讲出来的例子别人才爱听，别人才喜欢听。

所以，“一简二活三口诀”都在这里，口诀化就是三奇，这就是口诀化的表述。什么叫一简，就是身世奇，观点要很简，而且开门见山，先说观点，然后讲例子，这样别人才能够听清。什么叫二活？就是讲完观点，紧接着讲例子。我们再来简单地给大家讲一下，什么叫“一简二活三口诀”，我们先用悄悄话来读一下。

对，我们来简单地给大家解释一下。一简，就是观点要用一个字、一个词、一个成语，最多不要超过四个字。仁义礼智信，一个字一个观点；唱念做打，四个字；说学逗唱，四个字，这是讲相声艺术形式的，相声要说学逗唱，一个字代表了一种基本功。

习近平同志在中央党校讲，领导干部讲话应该短、实、新，一个字一个观点，所以我们要这样讲话，就好记，这叫一简。我们中山有个精神，博爱、创新、包容、和谐。为什么只用八个字表现四个方面呢？是为了好记，长篇大论是记不住的。

二活，就是要有事例、细节说明观点。上甘岭战役时，守卫在上甘岭的是志愿军45师，师长叫崔建功，军长叫秦基伟。当时军长指挥上甘岭战役，崔建功这个师打得只剩下1/3的人了，这时候军长下命令：“崔建功你们师撤下来，让其他师顶上去！”但是崔师长怎么说，他说：“军长，打得剩一个连，我当连长，打得剩一个班，我当班长！”短短一句话，是不是把志愿军那种英雄主义的气概表露得淋漓尽致？这是不是一个经典的细节？一个故事就把你的观点表达得非常透彻、非常准确、非常经典。

所以，我们在讲话的时候，包括给孩子讲道理的时候，一定要学会用经典的故事来给孩子讲。一个观点,一个故事,我们做老师的、做家长的,都要用这种方法,滴水穿石,耳濡目染,孩子就会接受你这些道理,听进去这些道理。

三口诀,就是刚才的,把它编起来。“三农”,“三农”指的是哪几个农?农村、农民、农业。“三军”呢?海军、陆军、空军。“一塔湖图”,谐音是一塌糊涂,指的是北大,北大的三个场景。“一塔”,什么塔?博雅塔。“一湖”是什么?未名湖。“一图”,是图书馆。

说到图书馆,我今天进来一看非常感慨。我觉得20年前建的中山图书馆,建得比珠海早了很多年,但是当时建这么好的报告厅,说明中山人素质高,有超前的眼光。为什么中山经济发展好?跟重视文化、投资文化确实有非常密切的关系。从明清至今,中山在教育文化水平上一直是走在前列的,所以才有经济的高度发达。

三民主义谁讲的?孙中山。对,三民主义是不是也是一个口诀?民族主义,民权主义,民生主义。

下面这句话希望大家共勉,什么叫上等人?什么叫中等人?什么叫下等人?我们把它变成口诀化,加上手势:“上等人,有本事、没脾气;中等人,有本事、有脾气;下等人,没本事、有脾气。”

我们应该做什么人?上等人,应该怎么样才是上等人?有本事、没脾气。对,尤其是我们独生子女,对父母、对同学、对老师千万不能有脾气,一定要宽容、包容,对人和颜悦色,不爱生气,这样将来长大了才能做一个上等人。

我们来练习动作,用悄悄话说:“上等人,有本事、没脾气;中等人,有本事、有脾气;下等人,没本事、有脾气。”好,这三等人我们来共勉。那么可不可以把压缩的口诀压缩成两个字或者三个字,把这三个观点串起来呢?

上中下,这是第一种。还可以用三什么?三等人。还可以三什么说?三人说,三本说,可不可以?都可以。三本说,三气说,都可以,这样一压缩自己就好记了。通过这个气想到三句话,通过这个本想到三句话,这是为了好记。

好,讲完了“一简二活三口诀”,我们对应一下,一简对着后面的好,是哪一好?讲话简单好听还是好记呢?好记。二活对应哪个?讲故事好听还是不好听?好听。三口诀好不好用?好用,对,学会这个方法。

好,今天就跟大家分享了四个字,就是提升讲话魅力,掌握当众讲话诀窍的四个字,“耳、定、舞、诀”。今天,方法教给大家了。接下来就是大家回去以后练习了,父子同练,母女同练,练习21天,变成习惯,自己就是一个讲话的高手,讲话有魅力的人。

教好孩子就这么简单

莫忌华

莫忌华，宁夏中卫人，佛山市名教师。教学之余致力于家庭教育的研究。教育专著《谁教坏了孩子——一个中学教师眼中的中国教育问题》出版后，远销美国、日本，香港、台湾等地；新作《教好孩子就这么简单》出版后，立即登上图书畅销榜。

莫忌华不光有深厚的教育理论功底，而且是很好的实践者。他的儿子在中小学时是品学兼优的好学生，中学毕业以优异的成绩考入国内名牌大学。刚上大学一个多月，又以优异的成绩通过了新加坡南洋理工大学的公费留学考试，并取得新加坡政府提供的全额奖学金。他曾受邀在顺德、佛山、南海、广州等地举办家庭教育讲座几十场，在众多家长中引起热烈反响。

家庭教育是个复杂的事情,有的家长总感觉教育孩子力不从心,其实那是你没有掌握教育孩子的方法。如果方法得当了,其实教好孩子就这么简单。

我们在座的各位作为家长好多年了,那你想没想过,我们教育孩子的目标是什么?我们希望自己的孩子是什么样的孩子?

有的家长想让孩子是普通的孩子,只要他健康快乐就可以了;还有的家长就希望自己的孩子能够德才兼备、青出于蓝;还有的家长想让孩子长大后成为像胡锦涛、温家宝式的政治领袖;还有的家长想让孩子长大后成为像钱学森、杨振宁式的科学家;也还有一些家长想让孩子成为像李嘉诚、乔布斯式的商业巨子……概括起来就是希望孩子是好孩子,希望他们优秀、出色、能够成人,成才!那么你想过没有,父母对孩子有希望,孩子对自己的父母有没有希望?

可能有人就没有想过这个问题,光想着怎样要求孩子,就没有想过孩子想要什么样的家长。我来告诉你:孩子就希望自己的家长是好家长!希望他们平和、通达、能够是表率、是灯塔!概括起来我们家庭教育的目标就是:好家长,好孩子!

目标有了,但好孩子不是天生的,他需要家长的培养、教育和呵护,只有我们按照科学的育儿规律,对他进行精心地培养、教育之后,他才能够优秀、出色,才能成人、成才。

同理,好家长也是有条件的,不是说你有了孩子就自然而然成了好家长。你需要学习、需要努力、需要争取。只有那些善于学习,善于总结并努力实践的家长,才能成为优秀的好家长。

做好家长是每一个家长的心愿。但是好家长是有条件的,什么条件呢?我们说家长很多,但是如果把家长进行简单归纳的话,可以分为三大类。

第一类:有责任心,又懂得教育的家长。

他们能够按照科学合理的方法去教育培养孩子,他们的孩子也最容易成才。

第二类:没有责任心,也不懂得教育的家长。

他们说:反正我也不会,我也不管,我只要让你吃饱,穿暖就行了,其他的事情老师去管吧,学校去管吧。他们管得少,但是他们的孩子在客观环境比较好的时候,也容易成才!

什么叫客观环境比较好啊?就是上学进了个好学校——校风比较好;教他的老师水平高——教得好、抓得也紧;交的朋友——也比较上进,这些孩子也容易成才。而且,由于他们从小的成长环境比较宽松,往往敢想敢干,以后还可能做大事!

最可悲的是第三类家长:有责任心,却不懂得教育。

他们什么都想去管，但又管不到点上。管来管去就把孩子管死了、骂笨了！很多失败的孩子，就是这样的家长造成的。

这样说来好家长确实是有条件的！什么条件？那就是有责任心，又懂得教育。

什么叫懂得教育呢？那就是对孩子的要求合乎实际，不是太高，也不是太低。能关心孩子的身心健康，而不仅仅是身体的健康。还要经常和孩子进行交流，而且经常学习和反思。学习别人成功的教子理念，反思自己在哪些方面出了问题了，有没有改进的余地。

好家长的条件有了，我现在要进行测试了。请你准备好纸和笔，没有纸笔的你就用心算，最好是扣负分。看你离那个优秀的家长有多远？

第一个问题：你知道孩子的血型、身高、体重和出生日期吗？

这个 10 分，四个小问，不知道一项扣 2.5 分。当然我想在座的家长，都可以得满分。

第二个问题：你知道孩子的爱好和特长吗？

知道的给 10 分，不知道或者不是很清楚的给 5 分，一点都不知道的那你看给自己几分。

有的家长说，我知道孩子爱吃什么。我告诉你，我现在问的是除口味之外的爱好和特长。他爱好文艺呢，还是爱好体育？他喜欢书法呢，还是喜欢其他的东西？他的动手能力强呢，还是表达能力强？这是他的特长！作为家长，这些东西要清楚明白。如果仅仅知道孩子爱吃什么，最多给 2 分。

第三个问题：你知道孩子的同桌是谁？老师是谁？有哪些朋友？

这个问题由三个小问题构成，总共 30 分，知道的就满分，哪一项不知道，哪一项就是 0 分。

为什么？作为家长，如果你连孩子的同桌都不知道，那你平时对孩子的关注都关注了些什么？关心了些什么？作为家长，如果你连孩子的老师叫什么名字都不知道，电话也没有，那你平时怎么和老师进行沟通？作为家长，如果你连孩子有哪些朋友都不知道，孩子如果交上了坏朋友怎么办？那不把他拉下水吗？

第四个问题：你是否经常和孩子进行交流？

经常交流的给 10 分，偶尔交流的给 6 分，从不交流的你自己看着办。

第五个问题：你对自己的孩子满意吗？

现在我请你举手，对自己孩子满意的家长请举手！很好。掌声给你们，你们能得满分！

我看到还有少数家长没有举手，那就意味着你对自己的孩子不满意。你能说说不满意的原因吗？不好意思说！我知道有的家长是觉得孩子太调皮、不听话不满意。还有的家长是觉得孩子学习成绩太差不满意。看着别人的孩子又懂事、又聪明、学习又好，我的孩子又不懂事、学习又不好，我就不满意了！如果你这样想那就错了，大大的错了！别人的孩子再优秀、再出色那是别人的，不是你的！你的孩子再不优秀，以后你老了谁养活你啊？总是你那个孩子吧？

如果你对自己的孩子不满意，你必然对他左看不顺眼、右看不高兴，你就会对他批评、指责。如果一个孩子经常受到的都是批评、指责和打击，他能有什么进步的可能吗？他能够好起来吗？所以我们一定要对自己的孩子充满希望，要满意！

这个问题其实是双向的。不信拿同样的问题再问你的孩子。你对孩子满意的，孩子对你也是满意的。你对孩子不满意，孩子对你的评价肯定也是三个字，哪三个字？不满意！所以我们一定要对我们的孩子充满希望！

在这点，对自己孩子满意的给10分，比较满意的给7分，不满意的，你自己看给多少分？

第六个问题：你是否经常表扬或者批评孩子？是当众还是私下？

经常表扬的给10分，经常批评的给6分。当众表扬的再加3分，当众批评的再扣5分。为什么？我们说一个孩子如果在表扬声中成长，他就比较自信，就会越来越好；如果你当众批评他，他连尊严都没有了，一个没有尊严的孩子，他能够上进吗？

中国有句古话叫："人前教子，人后教妻。"现在看来这个话应该是错误的！正确的应该是什么呢？人前应该夸我们的孩子，有多好多好，至于说他的缺点不足，应该在人后跟他说：爸爸妈妈今天表扬你了，你有好多的优点，但是你在哪些方面还需要改进。这样孩子成长起来才快，进步起来才快。你同意我的观点吗？

第七个问题：你是否经常和同事朋友探讨、交流教育孩子的问题？

经常交流的给10分，偶尔的给7分，从不交流的那就5分以下你自己看着办。

第八个问题：你是否经常参加一些家庭教育讲座？

经常的给10分，偶尔的给7分，今天来的你至少已经有基础分5分以上了，但是不是经常？

请来做讲座的人都是经过筛选了的，或者他对家庭教育很有研究，或者他自己的孩子比较成功。按我们的俗话说："有那么两下子！"他没有两下子，应该有一下子，或者半下子。通过听，你来借鉴一下别人是怎么教育孩子的。所以经常听讲座的给10分，偶尔听的7分，我们现在到场的得到5分是没问题了。

第九个问题：你是否经常阅读一些家庭教育的杂志和书籍？

经常阅读的10分，偶尔的6分，从来不的那就5分以下了。为什么？等会儿我再细说这个问题。

第十个问题：你是否经常反思自己的教育行为？

我今天把孩子骂了一顿、训了一顿，或者表扬了一通，效果如何？你要反思！经常反思的给10分，偶尔反思的给7分，其他的那就5分以下！

我十个问题问完了，总分是120分，离总分越近你这个家长就越优秀！现在我看结果了。

100分以上，包括100分的请举手。有五分之一。太棒了！你们就是优秀的家长，把掌声送给你们。

80分以上，包括100分以上的请举手。这回就超过了一半。你们也是比较优秀的家长，但是你们在教育孩子的某些方面还存在着一定的不足，还需要努力，建议大家把掌声也送给你们。

余下的那些家长，我就不好意思问你了，你算下来可能也就四五十分，你是不是感到冒汗啊？你可能在想：我这个家长实在是太不称职了！不过不要紧，今天通过我的讲座，你肯定会想，我以后要努力做一名优秀家长！那么我建议广大的家长把最热烈的掌声送给你，以后争取做优秀的家长！

好家长的条件说完了。很多家长更关心的是：怎样做才能是一名好的家长？其实要做好家长也很容易，只要抓住以下几点就OK了！

第一，明确认识，负起责任，走出家庭教育的误区。

什么叫明确认识呢？我们说孩子的成长离不开家庭教育、学校教育、社会教育，以及自身的教育等等。孩子还小，自身教育还谈不上我们不说，社会环境我们也不说。我问你：你觉得对孩子来说，家庭教育重要，还是学校教育重要？

我既是老师，又是家长，我觉得在某种程度上，家庭教育比学校教育更重要！为什么？孩子从一出生，你是老师，你给他教育。孩子的好多习惯、品质是我们家长给他养成的。孩子到了学校，一个老师最多教他三年，有的就教一年、两年或者一学期，离开学校了老师就不教他了，但是你还要教他，你是孩子终身的老师！所以家庭教育更重要！

《三字经》不是已经说了："养不教，父之过；教不严，师之惰。"这个关系，已经很明确了。尤其在现在这个应试教育氛围比较浓的时候，学校由于升学的压力、考试的压力比较大，老师能够想办法把课上好，让你的孩子能够考一个好的成绩，也就说主要抓应试，孩子其他方面像心理、品质、习惯等我认为是我们家长来完成的。只有我们的家庭教育和学校教育很好地结合在一起的时候，我们的孩子才能够健康快乐地成长，你说对吗？

当然，认识有了，你还要走出误区。好多家长很负责，但是他走进了家庭教育的误区，他们的孩子也不能健康的成长。

误区有哪些呢？很多！挑主要的说就是这些：

第一个误区：认为教育孩子是学校的事。

有的家长说：我交了学费，把孩子送到学校里，那就是老师管了。这肯定是错误的！孩子的成长教育应该是家长和学校共同的责任。如果孩子出了问题，作为家长你首先要反思自己的责任，而不是去埋怨老师。时间有限我不再啰嗦。

第二个误区：认为树大自然直，孩子大了就懂事了。

很多家长都有这样的想法！孩子小的时候，有一些小的毛病、小的缺点采取包庇、纵容的态度，不给及时地指出，但是等孩子长大了，小缺点就变成了大缺点，小错误就变成了大错误，那不行！中国有句古话叫做："三岁看八十。"这就明明白白地告诉我们，前期的教育是多么的重要！所以在孩子小的时候，家长一定要重视对孩子的教育，尤其是品质、习惯方面的教育！

第三个误区：一个唱红脸，一个唱白脸。

有时候孩子犯了事，爸爸把他搞过来批评，甚至动了手，这个时候，妈妈就觉得太过分了，心疼的不得了，就去护着孩子，这就是所谓一个红脸，一个白脸。这样一护问题就出来了！孩子就不知道我今天做的这个事到底是对还是不对？说我不对吧？妈妈在护着我。说我对吧？爸爸又在打我，到底是怎么回事？下一次我到底应该怎么去做？更可悲的是，有时候两口子一个骂孩子，一个护孩子，孩子还没有教育好，两个家长当着孩子的面就掐起来了、吵起来了。这个时候必然有一个先让步：你说去吧，你管去吧，我不管了！这样一来，就给孩子一个印象：在我们家妈妈说了算，我只听妈妈的；或者我们家我只听爸爸的，妈妈说什么我才不在乎呢！所以父母教育的不一致，会造成一些不好的结果，我们要克服它。

还有一个误区，就是过分得严厉，就是"棍棒底下出孝子"。

很多家长就信奉那些老的东西，对孩子很严厉，稍有错误非打即骂。从教育理论来说，我们不应该打孩子。他那么弱小，有什么事应该给孩子讲道理，让他一点一点地去接受。如果你动不动就打孩子，很可能造成两种情况。哪两种情况？如果孩子还小你经常打他，那么他长大后就会胆小怕事，很懦弱，没有什么出息；如果孩子大了你还打他，那你猜猜，那个结果是什么？

对,逆反!说不上你刚想动手,他先把你撂倒了!所以我们不能随便打孩子,有什么事商量着来。其实好多家长也知道这点,就是忍不住。今天好好说,结果明天又犯了!再好好说,第三次又犯了!忍不住了,那就再说。第四次又犯了,这个时候手就上来了!这是不好的!在我们国家打孩子好像也不觉得有什么不对,要是在美国、在欧洲,你随便打孩子是会受惩罚的!警察就该来找你了!所以不能随便打孩子!

说到这点了,你们肯定有一个好奇心,莫老师打过孩子没有?我告诉你,我也打过孩子,而且打的次数还不少!

为什么这样呢?因为我发现了这样一个事实:就是好多中学生、大学生自杀的事,追他们的根子发现,这些孩子就是从来都没受过委屈、没受过批评、没有挨过打的孩子。他们的自尊心太强了,稍有不如意,他就想不开了。这个时候我就想:小时候我妈老打我,打的次数多了,我觉得都无所谓了!别人骂我的时候我就想:骂算什么,打都挨过了!我也能想得开!这个时候我就试探着打了一下我的儿子。

我第一次打我儿子时候,他表现得特别愤怒,觉得不能忍受。当时我就想:应该打对了!然后我过一段时间,就对儿子修理修理。以后打的次数多了他就没那么愤怒,觉得犯了错误挨挨打可能也是正常的,他就接受了这个。所以你说没打过孩子,我们提倡!打了孩子的,你也不要太自责。但是我要提醒你:孩子在小的时候适当地拍打一下,吓唬吓唬是可以的,但是你的孩子如果上了四年级以后,你就应该给他讲道理了,那时候他已经长大了!我的儿子四年级以后,我就再没有打过他。

我还要强调的是:你适当地拍打、吓唬是可以的,但是千万要注意频率!千万不要动不动就打孩子!而且在打孩子的时候手里要有分寸,你千万不要打得太重了,把孩子打出个三长两短,打残疾了,那就不行了!你不要打出个什么毛病来,你说是莫老师教的,不是的,我没有这样教你!我提倡不打孩子,实在忍不住了,轻轻地拍拍,让他知道错就行了!

还有一个误区:对孩子过度地保护,过分地溺爱!

有些家长觉得自己的孩子什么都是最好的!什么都由着孩子,孩子的什么要求都要满足!这样培养出来的小孩,没受过约束,没什么规矩,也没什么好与不好的道德规范,很容易出事!

作为教师,我见识过许多因为溺爱而“残废”的孩子。

有一个孩子小A,是三代单传的独苗,由于父母、爷爷、奶奶对其特别地关爱,从小到大没有自己出过门,没有自己买过东西,凡事都有家长帮他处理,帮他做主,久而久之他就成了满头耳朵就是没有脑子的废物,就连谈恋爱时,也要妈妈“辅佐”,尽管本人长相不错,家庭条件也好,但是谈了十几个对象都没有成功,再后来他成了名人,只要女孩听到他的名字,连面也不见就能说出他的几个愚蠢、幼稚的故事而摇头拒绝……

另一个孩子小B也是三代单传的独苗,但情况和小A正好相反,他是家庭的主人,家庭的所有事务都要依着他的意思去做。尽管家庭并不富裕,但他要什么就准能得到什么,手里的零花钱总是不少。后来他长大了,家庭无力承担他的消费,于是他就去偷盗、抢劫,其父母出于对儿子的“爱”竭力为其掩盖罪行、销毁罪证,并千方百计地阻挠公安机关的侦破工作,结果是父母、儿子全被逮捕。当这位糊涂的母亲痛哭流涕地忏悔时,一切都已晚了。

你看看,过度的爱,过度的关怀,那实际上是什么?灾难!爱过了头,那就是灾难了!所以,我们对孩子的爱,应该有所保留!

还有一个误区，就是成绩好等于一切好。

现在我们中国的教育评价是很有问题的！不管是学校还是家长，都认为学习好那就全都好了。那真是太错误了！孩子学习好，固然很好。但是学习不好的孩子，一样可以成才、成大事！

我刚到顺德时教过一个学生，学习成绩很不好，但是他除了学习其他方面都很好，和同学相处得尤其好！高中毕业的时候，别人都考上了本科或者重点大学，可他连个专科都没考上。结果他就回家了，之后他开了一个房屋中介所，帮别人卖二手楼。当时的条件连电脑都还没有，就一个电话、一个笔记本。你猜猜也就十年的时间，这个小孩现在成了什么？他成了千万富翁，手里有N套房子，开的是奔驰！去年过春节的时候，他那些中学同学一起聚会，有考上重点大学的，有读了硕士的，还有读了博士的，但吃过饭买单的不是那些考上大学的，而是这个没有考上大学的孩子！

今年春天我又听到了一个更令人吃惊的消息，这个没有考上大学的孩子又投资办起了企业，你猜猜帮他打理企业的是什么人？就是他那些上了大学的同学！由此可见，我们不应该只用成绩来衡量小孩。成绩好可喜可贺，成绩不好，我们要发展孩子其他方面的能力和素质。我们一定要坚信：成绩不好的孩子也同样能够成人、成大事！

前面讲了家庭教育的误区。我们要做好的家长，还应该按孩子能够接受的方式指导孩子。这个时候就要研究孩子，你用教育两岁孩子的方法来教育十岁的孩子显然是不行的。这个时候，我们做家长的一定要学习，要研究孩子，要知道他喜欢什么？反感什么？尽量按照他们能够接受的、喜欢的方式来培养、指导孩子。

孩子最喜欢的父母类型！你知道吗？就这些：

理解尊重子女，不摆家长的架子——他喜欢；

家庭和睦，以身作则——他喜欢；

欣赏自己，真正地关心子女——他喜欢；

对孩子的期望合乎实际——他喜欢。

如果他每次考试能考个80分，你硬要让他考100分，压力太大了，他就不喜欢你了！

孩子最反感父母的几种做法，作为父母，你知道吗？好！我告诉你。

第一，唠叨、暴躁，不问是非逮住就吵。

我有一个学生这样告诉我说："我最烦我妈了，一回到家，她就唠叨个没完，好像没有一件让她顺心的事。我一听她唠叨，我就进我的房间把门关上，我还在耳朵里面塞上小纸团，不听她说。"你看孩子是多么反感这个。我们的家长就不要唠叨，有些话说一两遍就可以了。

第二，动不动就埋怨、指责，爱拿自己和别人比较。

有一个学生告诉我说："我妈老拿我和邻居XXX比，老说我们家条件这么好，他们家条件那么差，但是你每次考试咋就考不过他呢？"孩子很气愤，有一次他的妈妈又这样说，他就说："你看他这样好那样好，我啥都不好，你给他当妈去，你不要给我当妈。"所以我们不要只看到别人孩子的好处，应该看到我们自己孩子的闪光点。

第三，采取命令式，不通情达理，过分限制自由。

一个学生这样告诉我：有一个礼拜天，他和同学约好了要去社区做义工服务，结果他的妈妈就不让去。

妈妈说:“你在家做作业嘛!”

他说:“作业我已经做完了。”

妈妈又说:“做完了你就复习嘛!”

他说:“我今天不想复习!”

妈妈又说:“不复习你就帮帮妈妈做家务,我们家也有好多家务,就相当于做了义工了嘛……”

结果他就非常愤怒,和妈妈大吵一顿,夺门而出。

我们看,这个家长就有点不通情达理。你让孩子做家务是对的,但你为什么早不让他做?孩子做义工的时候,你才让他做家务是不是有点不通情达理?所以我们要理解孩子,要通情达理!

第四,说话带脏字,穿着不得体。

孩子大了,当看到别人的家长都穿得那么得体,我的家长怎么这样,他就觉得有失面子。所以我们做家长的,应该在这一方面有所注意。

还有孩子最怕听到的几句话是什么?你想过没有?我告诉你就这些:

第一句:傻瓜,没用的东西,你简直是个废物。

这是孩子最不愿意听到!这样的话,对孩子来说太恶毒了。他本来不傻,你如果天天这样骂他,他就变傻了,我们不要这样骂他。

第二句:没长性,三分钟热度。

这样的话没有水平。孩子本来刚想上进,你这样一说,相当于一盆冷水浇到他头上,他还怎么努力?

第三句:住嘴,我说不行就是不行。

这个家长太专制了!你又不是皇上,为什么你说不行就不行呢?都现代社会了,有什么事可以商量着来嘛,对吧?

第四句:生只小狗还能摇尾巴,生个叉烧还能吃,我生你有啥用。

你说你这样的话骂出来,孩子怎么接受啊!

还有的家长说,别的本事没有,你玩起来可是世界冠军哦。你说过没有?很多家长都说过!这些东西,不是我编出来的,这是我和我的学生征集出来的,他最怕听到这些话。如果你用这些话去教育你的孩子,那就没有效果了,他很反感,他怎么能接受呢?所以我们要戒除这些东西。

我们要做好家长,还要掌握和孩子沟通的技巧。

很多家长在孩子还小的时候好像没什么沟通的障碍,但是孩子一上初中、上了高中就没办法交流了。孩子一句话都不跟你说,那是你没有掌握和孩子沟通的技巧!我告诉你,技巧就这么几个字:尊重、理解、平等、适当约束,时间有限我不展开。

说到沟通的技巧了,我问在座的各位:如果你的孩子是寄宿的,孩子一个礼拜没有回家了,你见到孩子的第一句话是什么?你怎么问你的孩子?

很多家长他是这样问的:“你考试了没有?考了多少分?得了第几名?”是不是这样?很多家长都这样问!这是一种最不好的问法。你如果这样问,相当于把你和孩子之间砌了一道墙,他就不愿意和你说了。

我是老师我知道,孩子在学校里面作业那么多、考试那么多,他很烦学习、很烦考试,你再要说那个，他就不开心了，他觉得你关心的是考试，而不是他自己。你应该问：你这个礼拜在学校里面过得开心不开心？你这样一问，他就觉得这是在关心他，他就很开心了！

他会告诉你，我很开心，或者我不开心。

为什么不开心？

考试考得不好——不开心了！

受到老师的批评——不开心了！

和同学闹了别扭——不开心了……

我这个礼拜很开心！为什么开心？说说看。

考试考得好——很开心嘛！

老师表扬我了——很开心嘛！

在同学面前露了脸了——很开心嘛……

这样你想要什么不就能得到什么嘛！

然后接着往下问：能不能把你们班、你们学校这个礼拜发生的有趣的事，说出来我们分享一下？他就会什么、什么、什么都说给你。然后你再准备一些他喜欢的、他关注的东西和他交流……这样你和孩子的交流，就越来越顺畅，哪有什么说不通的情况呢！

当然，和孩子的交流，除了说一些正面的信息之外，我们的孩子肯定会时不时地犯一些错误，谁见过世界上不犯错误的孩子？没有！如果不犯错误，他就是神仙！我们的孩子，只有在不断地犯错误、纠正错误的时候，他才能慢慢地成长！犯错误是他的权利！帮助孩子改正错误，是我们家长的责任和义务！帮他改正错误的时候，除了给孩子指出来之外，有时还要批评他。有的家长批评孩子就是臭骂一顿，那种效果是最差的。你第一次骂的时候，可能起点作用，你骂得多了，一点效果都没了，你应该掌握一下批评孩子的技巧！什么技巧呢？就这么几个字：

第一个技巧就是低声。

当孩子犯了事的时候，你把他叫过来，拉着他的手，比平时说话还要低的声音跟他交流：你今天办的这件事好像不是很好，像你这样优秀的孩子怎么会犯这么低级的错误？我相信你以后遇到这样的事情肯定不会这样处理，肯定会怎样、怎样处理……你这样说孩子会很乐意接受，可能会更有效果。

第二个技巧就是沉默。

你干脆不说话，你就把他叫到跟前，让他自己给你讲，这个事做得好还是不好？应该怎么办？你坐到那不吭气，脸一拉——这么长。你不说的时候，他心里就打鼓了！他就会想：今天爸爸妈妈会怎么样对我？我要怎么怎么样……等他反省了那么十几分钟后，你再跟他说，想明白了没有？想明白了，好，我相信你！这样的效果肯定会比你臭骂一顿好得多。

我们都有这样的经验：一个家里的两个家长，往往是一个爱说话，一个不爱说话。你孩子害怕的是哪一个？害怕的是那个不爱说话的！你整天唠唠叨叨，他才不怕你呢，他觉得你就是那样！所以有时候对待孩子要用沉默来对付。

还有一个技巧就是暗示。

当孩子犯的错误不是很严重但是非说不可的时候，我们不要立即给他指出来。我们可以通过讲故事的方法，把自己孩子身上的错误，按上别人孩子的名字，你说："我同事的小孩做了一个什么事，好像不是很好，如果是你，你肯定不会那样去做，你肯定会这样去做……"

孩子很聪明的,你这样一说他就知道你不是说别人而是说他自己!他觉得:爸爸妈妈给我留了面子,而且还给我指出了以后怎么办。他很感激你!他就会改正他的错误!这就是暗示。

还有一个技巧,就事论事。

孩子犯了什么事,你就批评那个事,你不要老把学习扯进来,又把以前犯了的错误扯进来,东拉西扯,那就没有意思了。他不愿意听!

有的两口子吵架,就因为一个很小的事情吵起来了,吵得很大!为什么?就是对方不就事论事,本来说的是今天这个事,他又把昨天的事扯来了,把去年的事也扯来了,把结婚前的事也扯来了,甚至把对方的父母也扯进来了,这样扯来扯去,对方不跟你急才怪呢!他有错都不改了!作为大人都这样,我们对待小孩更要就事论事!不要扯得太远!

要做好的家长,我们还应该经常学习和反思,要和孩子一起成长。

我们在座的各位虽然都是大人了,但是作为家长,我们还是小学生!要学习的!要成长的!我们要通过学习不断地提高自己!

有的家长说:我还学什么?我父母怎么教我的,我就怎么教我的孩子!你说能行吗?不能!为什么不能?年代不同了!我们成长的是什么年代?现在是什么年代?我们那个时候缺吃少穿,又没有电脑,又没有电影院、游戏机之类的。家长经常威胁我们的话是:你不听话,不给你饭吃。吓得要死,是吧?但是现在你跟孩子说:你不听话,不给你饭吃。他高兴得要死,我才不想吃饭呢!是不是?所以我们一定要学习,按照时代的变化来教育我们的孩子。

怎么学习?一是听讲座,二是要看书、看报。

有的家长从来都不听讲座,也不看书、看报,你的教育方法就比较落后!

听讲座是家长学习得最好、收效最快的方式。通过听讲座可以吸收、借鉴许多有用的东西。但是一般来说听讲座的机会不是太多,听高水平讲座的机会更少,所以看书学习就成为我们学习的主要形式,也是最有效、最好的学习形式。

但是现在还存在这样一个问题:到了书店,铺天盖地的书,不知道哪个书好?我推荐两本书:一本是《好父母,好孩子》,这本书是卢勤写的,她这个书写得很好!有好多的案例,很实用,文笔也比较美,你应该去看一下。还有一本书就叫《教好孩子就这么简单》,莫忌华写的。莫忌华是谁啊?对!就是本人!这本书是我教学二十多年的资料汇集,好多成功孩子和失败孩子的案例都在我的书里,你通过看书,会有所收获!

我之所以推荐这两本书而没推荐别的,就是因为现在有些书我不欣赏!他们说的故事很极端,要么就是孩子一下就坏了,要么又是好得不得了,像什么哈佛女孩子、剑桥男孩子,我觉得对我们普通家庭不实用!对我们普通家庭的孩子来说,我推荐的这两种书应该是最实用的!

除了学习还有反思!通过反思总结得失。总结自己在教育孩子方面,到底有哪些成功的东西?有哪些是失败的?为什么失败?今后应该怎么改进……

好多家长从来都不反思,糊里糊涂,孩子出问题了,那个时候又后悔的不得了!前几天我在武汉讲《谁教坏了孩子》,听完我的讲座,有几个家长就向我咨询、向我诉说,说着说着就哭了,他们说:"莫老师啊,我太后悔了!如果我以前听过你的讲座,多反思一下我的教育行为,我的孩子也不会落到今天这个地步……"

可见,作为家长要培养好孩子,必须要对自己进行反思,当我们的方法恰当了,我们教育出来的孩子才能成才、才能优秀!

最后是给家长的特别忠告。

你听我的措词,我是特别的,不是一般的,一般的我都不说。

第一个忠告,就是用心培养孩子,不要只用钱培养。

现在的教育成本很高,培养一个孩子要花很多的钱,没有钱是不行的,但是光有钱不用心也是不行的!

我见过一个老板,他向我诉苦说:“莫老师,我生意做得很大也很有钱。世界上的事,除了上月亮我做不到,其他的事我想做就能做到。但是我的儿子就是不争气,为培养他我钱也花了不少,小时候给他请保姆,大一点给他请家庭教师,又送他到贵族学校读书,可他就是不爱学习,不求上进,整天游手好闲……我拿他没办法……”我问他:“你一周和他交流几次?一起吃几次饭?聊几次天?”他说:“我哪有时间啊!我的生意都忙不过来……”我当时就对他说:“问题就在这里!你把心思主要用在生意上、赚钱上了,所以你的生意越做越大,钱越赚越多,你没有用心培养你的孩子,所以你的孩子才成了今天这个样子!虽然你也花了不少的钱……”相反,那些家境平平的家庭,他们用心去培养孩子,效果就不一样。

我告诉大家,我就是普通的老师,我的爱人就是普通的医务工作者。我们刚到顺德就发现,顺德这个地方升重点中学很难,如果考不上重点中学,就要几万块钱的择校费!考不上高中,又得几万!我们哪有这么多钱啊!

我爱人当时是中级职称,想要晋高级还要考试、还要学习、还要花很多的时间。当时我们就这样算账:就说晋个高级,一个月才能多发一百多块钱,一年一千多,十年才一万多。要是多花时间把孩子培养好了,这个钱就省出来了,而且还挺光荣的。与其自己晋职称花那个时间,不如把时间用在孩子身上——去用心培养孩子!

我们用心去培养孩子:孩子的每一个优点,我们都能及时地发现,并给他指出来让他发扬光大;孩子的每一个困惑,我们都能及时地给他化解;孩子的每一个错误,我们都能巧妙地指出帮他改正,这样孩子就过的健康、快乐、自信。小学毕业,以全校第一的身份考入了重点中学。中学毕业,又考上了名牌大学。没想到的是,刚上大学还不到两个月,又通过了新加坡南洋理工大学的全额奖学金考试,被选拔走了,而且是留学生班的班长,活跃在他们的学校,现在是中国留学生会文体部部长。见过我儿子的人都说:“莫老师,你这个小孩很有教养,和别的小孩就是不一样。”这个时候我就在心里说:我是用心培养出来的,用心培养的孩子,他就是不一样!

我想在座的各位,多数应该是和我一样的普通人,我们和那些大官、大款相比,他有钱,那是他的优势,我们有心,这是我们的优势,我们只要用心去培养我们的孩子,我们的孩子肯定能够出色、优秀,你说对吗?

第二个忠告,别揪住孩子的缺点不放。

我们说任何一个孩子,都有优点和缺点,我们做家长的应该尽量看他的优点,少说缺点。

我告诉大家:我教过的一个学生,有很多小毛病,学习成绩也很差,每次考试都是 30 多分,同学都看不起他,还给他起了个外号叫“X 傻子”。但是我觉得这个孩子品质比较好,比较听话,而且集体活动都很踊跃。我觉得这个孩子应该有进步的可能。

结果我就把他叫来,我说:“老师觉得你一点也不笨,只要努力肯定能赶上来!我明天要提什么问题,你能不能答上?”

他说:“能!”

我说:“好,我明天就提问这个问题,你来回答。”

第二天,我就提这个问题,他举手了、答上了,我就让同学给他鼓掌。

第二天,我又把他叫来,我说:“我明天还要提什么问题,这个问题比较难,你能答上吗?”

他说:“不能。”

我说:“我把答案说给你,你明天就照着答案来说,你能记住吧?”

他说:“能记住!”

第三天上课,我就提这个问题。在提问之前我说:“今天的这个问题很难,可能很少有人答上来。”听我这么一说,平时爱举手的同学都不敢举了。过了一会这个同学就偷偷摸摸地举起了手。他一举手,别人都用很不屑的眼光看他,心想:傻子怎么还敢举手呢?我让他回答,他的答案是对的!我就说:“你看他多厉害,你们都不敢答、答不上,他能答上,他多厉害呀!”这样同学对他刮目相看,他自己也觉得很有面子。以后的两个礼拜我都这样去鼓励他。他就很有自信了!

考试的时候,我说:“你要争取考及格,你有没有信心?”

他说:“有!”

结果考试的时候还是没有及格,考了58分,但是离及格已经不远了。这个时候,我没给他给58分,你猜我给了多少?我给了他62分。我要给他60分,他就会觉得可能是老师照顾我的,我给他62分,他一想:我真的是及格了!他就很有自信。然后我就在班上表扬他,我说:“你看谁有他进步大?他以前考30多分,现在考60多分,如果按他进步的速度来说,他该多么厉害啊!大家给他鼓掌!”然后我又说:“我相信他下一次考试肯定能考70多分,你们信不信?”下面同学有的说信,有的说不信。我说:“不信你就走着瞧!”结果下一次考试,他真的考了70多分!然后我又鼓励他,我说:“你下一次考试,应该能考80多分,你自己觉得能不能?”他说:“老师,我肯定能!”他很坚定。我说:“老师相信你。”结果,他真的考了80多分。以后他的成绩就稳定在80多分,不光我这一门课学好了,其他的课也上来了,而且以前的一些小毛病也没有了,像变了个人一样!通过这样的例子我们有什么启示?那就是——要尽量看孩子的优点,要往上推!

说到这点了,我还想说一些与教育孩子无关的话。今天来的好多都是女同志。你在家里面做了饭菜,如果你的老公说,今天这个饭很好吃,儿子也说很好吃,你该多么开心啊!你会说:好吃,我下次还这样做,而且做得更好。如果你做了饭,老公也说不好吃,儿子也说不好吃,你就很丧气,天天这样说,你还愿意给他们做吗?你会说:我做得不好你自己做去吧,是不是这样?所以,我在这儿奉劝大家:我们看孩子应该多看优点,少看缺点!赠你一句话:“缺点不说渐渐少,优点说多不得了。”为了你的孩子能够优秀、出色,你就应该尽量去夸自己的孩子!

第三个忠告,就是鼓励孩子动手做事。

好多家长都舍不得让孩子干活,通常对孩子说:“你只要好好学习就行了。”这完全是错误的!你让孩子好好学习的目的是什么?无非是考一个好的成绩、上一个好的中学、好的大学、找一份好的工作,是吧?如果成绩不好,上的中学不好,大学也不好,找的工作也不好,但是你想过没有,不管是好工作还是差工作,他总要工作吧?你不让他动手做事,他工作的时候怎么去处理遇到的事情啊?

有的家长说:“我的孩子是做大事的,这些家庭小事就不用。”我又不爱听了!什么叫大事?小事都做不来,能做大事吗?要说大事,我们谁能比得上我们的胡锦涛胡总书记?他总是做大事的吧?但是你看电视上他下到军营、农村的时候还会包饺子、剪窗花!他会包饺子,证明他从小已经具备了一些基本的生活技能,不是说他当了总书记才去学包饺子。从这样一件具体的实例来看,我们就明白了要从小培养孩子动手做事的道理!

有一些家长经常向我诉苦:莫老师,怎么我的孩子越大越不体谅人了?我把他照顾的那么好,什么都不让他做,可他就是不买我的账,动不动给我甩脸色。我说:怨谁呢?就怨你!你把孩子照顾得太好了!你没让他做过事,事事都是你付出他享受,时间长了他就觉得他享受是应该的,你为他服务也是应该的。当某一天你对他照顾不周的时候,他就觉得是你的不对了!要改变这种现状就应该从小就让他养成做事的习惯。做事不但可以提高他做事的能力,而且在他做事的过程中,能够体会到父母的辛苦。

说到这,我就想到了我的儿子。我的儿子从小学三年级开始,我们就让他自己洗衣服,再以后就让他拖阳台、擦桌子、买菜、做家务。到了高三,学习那么紧张,也一直这样坚持了下来。1999 年我儿子要高考了,但是那年过年的时候,我肩周炎犯了,胳膊抬不起来,我就把儿子叫来,我说:“你现在是我们家的壮劳力了,爸爸今年动不了,你妈妈没力气工作又忙,今年过年的这些事就落到你的身上了,你能不能承担起来?”儿子说:“没问题。”结果,扫尘、洗窗帘、擦玻璃、洗窗纱都是我儿子一个人干的。

有的家长说,这不是影响学习吗?根本不会!孩子的脑子需要休息,让他干活的时候,实际上让他的大脑处于一种放松的状态,他通过调整,再去学习的时候,学习效率可能会更高!

那是 1999 年的事。2000 年我儿子已经考上大学,准备去新加坡留学了。他在临走之前还要在家待一个来月,他就说:“今年过年我就不在家里过了,我还是把我们家的卫生先打扫了吧。”我说:“不用了,今年我能自己搞。”但是我和他妈妈都上班去了,他就把这些事情重新做了一遍,12 月就去了新加坡。在元月份过年之前,我儿子又打来电话说:“爸爸,我们家的卫生我已经搞了,应该还是干净的,如果妈妈觉得还要搞的话,你就不要动手了,你花点钱找个钟点工来干。”听了儿子的话,我就感到无比的温暖!

很多了解我的人说:“莫老师,你的小孩学习很好。”我就微微笑一笑。我心想:比我儿子学习好的孩子多的是,但是能够像我儿子这样理解父母、关心父母的,我觉得真得不多,我为我的儿子感到骄傲!

第四个忠告,就是鼓励孩子多交朋友!

为什么?因为我们现在多数都是独生子女,没有兄弟姐妹,以后他长大了,如果没有几个要好的朋友他该多孤单啊!我们说:“一个好汉三个帮。”他没有几个好朋友怎么行呢?所以我们要鼓励我们的孩子多交朋友,但是要交好朋友!交了不好的朋友,会把我们的孩子拉下水。这个时候,我们家长要把关。怎么把关?就是鼓励孩子把他的朋友带回家里来,在我们家里玩。最好我们也参与进去跟他们一起玩,通过观察交流发现哪个孩子学习好,品质也好就继续玩。如果发现那个孩子品质不好,你就要提醒你的孩子,少和这样的孩子在一起,起到一个把关的作用。

有的家长说:我家里搞的干净整齐,把他们请来,他们给我搞乱了怎么办?你想想:你的孩子要成长、要进步,你连这点都不想付出,你的孩子怎么成长呢?所以我们要鼓励孩子多交朋友,而且要把好关。

还有一个忠告,就是用好的言行,给孩子好的榜样。

这个问题很重要,但因时间的关系,我就不展开了。简单地说:好的言行,胜过好的语言。有的家长说我的孩子不爱学习,那你想想,你自己爱学习了没有?如果你回到家里从来都不看个报纸、看个书,你就是打麻将、喝茶、聊天……你的孩子能爱学习吗?我们要想让孩子好,自己必须要做出好的榜样,你同意吗?

最后一个忠告:比成绩重要的东西——习惯、品质、健康、生命。

很多家长很在乎孩子的学习成绩,其实与成绩相比习惯、品质、健康、生命更为重要!

好习惯成就好人生!

说到习惯,我们就说最简单的——挑食,不是个好习惯吧?很多孩子都挑食,家长会说:不爱吃这个,那我就给你做别的。这好像也没什么错。但是这样一来,你孩子以后的路就走不宽。我的孩子当时也很挑食,这个也不吃,那个也不吃,我就逼着他吃,不吃也得吃!当然我会给他讲道理:以后你的空间不是在我们身边,你要走出去,你必须适应各种饭菜,结果养成了不挑食的好习惯。现在到了新加坡就很适应那里的生活。去年我也去了新加坡,我觉得那个马来菜、印度菜难吃得很!但是他吃什么都觉得很香、很好。你看看,有了不挑食的好习惯,他的路就走宽了,不管走到哪里都不会为吃饭发愁了!

我有个考入北大的学生叫黄健荣。他活泼开朗,喜欢体育活动,特别喜爱篮球和足球,是学校足球队队长。只要是课外活动时间,你总能看到他在球场上奔跑。和那些死用功的学生相比,他花在学习上的时间最多是别人的五分之四。但就是这样一个体育活动占去很多时间的学生,他的考试成绩却是最好的。很多同学都很惊讶,为什么他不是特别用功,也不是最聪明的那个,学习成绩却总比别人要好?

一次我和他聊天,问他在学习上有什么诀窍,让他把自己的经验给大家传授传授。

他笑了,他说:"其实也没什么诀窍,就是玩的时候开心地玩,学习的时候专心地学就行了。再就是每天起来的时候先盘算一下,今天要做哪些事,复习哪些东西,做作业前,先把书和笔记看一遍,回忆老师主要讲了些什么,然后再做题。晚上睡觉前也是大致回忆一下,今天主要学了哪些新知识、新题型,哪些题是一个类型的,等等。还有就是为了节约时间,课堂笔记就记在书上,解题思路也都在书上,所以复习起来就容易。还有就是在自己感到脑子转不过来的时候,就不要死学。有时候一个题,我再怎么想都想不出来,但我打一场球后或者打球的时候,突然就有解题的思路了,这就是我喜欢打球的另一个原因,这些习惯都是小时候爸爸妈妈教的……"

看,好的学习习惯对孩子来说是多么重要!只要养成了好的学习习惯,学习成绩自然就会提高。

再就是品质。好品质比好成绩重要许多!

我们别的不说,四川地震的时候,不是出了个"范跑跑"吗?地震了,"范跑跑"作为老师不带着孩子一起跑,他自己跑了。跑了就跑了,有时候情急之下也可以原谅,可气的是他还无耻地夸自己多么聪明、多么机灵,在那个生死的关头,就是他的母亲他都不会救的……太可怕了吧!"范跑跑"是什么人?北大毕业的!一个危难时刻连自己母亲都不想去拉一把的人,父母要这样的孩子干什么?不要说他是北大毕业,就是哈佛、牛津毕业又能怎样?可见品质好重要,还是学习好重要。

再就是健康,健康是事业成功的保证。

说到健康,好多家长认为健康就是不生病。其实健康包括两个方面——身体健康和心理健康。

我们经常听到一些孩子经不住打击,动不动想不开,扑通跳楼了,那就是心理已经出现问题了,心理健康已经威胁到孩子的生命了!

上周以前的 9 天时间,中国名牌大学华中科技大学,有 3 个大学生跳楼自杀。还有一些中小学生,因为受到老师的批评或者家长的批评自杀了,还有的孩子因为和同学闹别扭或者遭同学误解、怀疑,为了惩罚对方或者证明清白而自杀——太可怕了!你看看这个:

> 中国已经成为世界上自杀率最高的国家之一。在 15—34 岁人群中,自杀更成为第一死因。而且,近两年青少年自杀呈明显的低龄化趋势。

复旦大学附属儿科医院心理科与上海教科院普教所在全市 8 个区、超过 2500 名中小学生中的最新调查显示,有 5.85% 的孩子曾有过自杀计划,而自杀未遂者则达到了 1.71%。数据同时显示,有 24.39% 的孩子曾有一闪而过的"活着不如死了好"的想法,而曾认真考虑过该想法的人数也达到 15.23%。但绝大多数的父母却对此一无所知!家长总觉得现在孩子这么幸福,吃得好、穿得好、玩得好,他还有什么想不开的?实际上孩子就有很多想不开!在这个时候,我就要提醒广大的家长:大家要注意对孩子进行生命教育,一定要教育我们的孩子热爱生命、珍惜生命。

因为学校教育的特殊性,它不可能每一个事件都去给你说,这个时候,作为家长一定要给孩子灌输:不管你受到了多大的委屈,别人怎么样冤枉你,你都要顽强地活下去,你只有热爱生命,顽强地活下去,以后才有翻盘的可能,否则你为了表白什么、为了证明什么,你生命都没有了,你还证明什么呢!所以,我提醒我们的家长,要重视这个!

怎么重视呢?就是不要回避这个问题。每出现一个案例,你就把它大大方方地摆到你的孩子面前告诉他:今天发生了一件什么事,这个事你觉得应该不应该?如果以后别人这样对待了你,你会不会这样去做?让我们孩子有这种免疫性!

当然,社会是多彩的,我们的教育也应该是多彩的。时间有限,我不啰唆,这个东西在我的书里面说得很详细,有兴趣你可以去看书。

话到此处应该结束,可是我还想强调一句:我们中国的家长,对孩子的这种超值期待,其情之切,其情之真,无偿付出的精神都是举世罕见的。其实,教育不是一个孤立问题,是整个社会文化、整个民族的问题,很复杂。满足过多、照顾过多、禁止过多、包办过多、期望过多都是负面的。现在,很多家长追求孩子学业的成功,这样的想法没有错。但我觉得如果着眼于培养孩子完整、独立的人格和人性,让孩子有良好的生活习惯、学习习惯和身心健康才是最重要的。如果具备这些,孩子取得学业成功的可能性很大。因此,学业的成功只是成功教育的一个方面,而不是全部。要实现这些目标,就要从小着手,做出规划。愿我们用自己的努力,实现我们的共同目标——好父母,好孩子。

爱与被爱
——家庭关系的艺术与技术

周小燕

周小燕,知名婚姻情感咨询专家、亲子沟通专家,任教于重庆师范大学教育科学学院心理系。热心为社会服务,每年接待上百场记者采访,在各大图书馆和大学进行多场公益讲座,为大众提供婚姻情感与儿童教育的专业咨询;是《新女报》《重庆晚报》《重庆晨报》《重庆商报》《重庆时报》《健康报》《家人》、重庆电台、重庆电视台等多家媒体特聘的心理咨询顾问,也是重庆重刑犯关押地渝都监狱的心理学客座教授、重庆市妇联等多家单位的演讲团队专家,荣获"健康重庆杰出贡献人物奖"。

非常高兴来到美丽的香山，感谢你们今天晚上来到这个香山讲堂，陪伴我度过愉快的周六夜晚，谢谢你们在这里陪伴我，谢谢。我从遥远的山城来到香山，心里忐忑不安，你们用热情接纳了我，我非常高兴。敬业才专业，每一次演讲我都是经过了认真地准备，当您听的时候如果记住一句、想到一点、做到一条，就是对我最大的尊重，也就是你今天的收获。这个收获就可能影响到你。

一、婚前选择爱的对象

托尔斯泰有句经典名言："幸福的家庭是相似的，不幸的家庭各有各的不幸。"家庭幸福与不幸的起点在哪里？其实从婚前对爱人的挑选就开始了，我经常听见有女性朋友说："当初我真是瞎了眼睛，嫁错了人。"女人挑选男人，就像女人挑选衣服，衣服看起来眼花缭乱，实际上只有两种，适合自己的和不适合自己的，男人看起来五花八门，其实也只有两大类，可以爱的和不可以爱的，乱穿衣服的女人可笑，乱爱男人的女人可悲。选择人生伴侣不能只凭直觉和偏见，而要讲科学和理智，我给男性建立了个"基因"库，并把各自的利弊分析清楚，请姐妹们擦亮眼睛选适合自己的男人来爱。

(1)天才男(他就是具备某种天赋或特异功能，比如艺术天才、商业奇才。利：他可能获得某个领域巨大的成功，你的名字可能与他连在一起流芳百世。弊：你一般不会是他唯一的女人，只是他生命里的过客，你得到的痛可能远远多于你得到的爱。)

(2)学历男(利：学历越高机会越多是知识社会的现实。弊：他可能真的是个书呆子，既没有生活能力，也没有生活情趣。)

(3)技能男(利：家财万贯不如薄技在身，技术能手总有立足之地。弊：他最好也许就是个高级打工仔，因为上司都需要他在基层做具体工作创业绩。)

(4)家世男(利：他就是所谓胎运好的人，出生大富大贵之家，什么也不干就有花不完的钱，什么能力也没有就可以得到好职位。弊：不知人间疾苦，也可能是个躲在父母身后不肯长大的小孩。)

(5)踏实男(利：他笨鸟先飞，勤能补拙，老老实实做人，踏踏实实做事，也能成就一番事业。弊：成功来得缓慢而艰辛，让女人等得太辛苦。)

(6)平凡男(利：没有花香，没有树高，我是一棵无人知道的小草；从不寂寞，从不烦恼，你看我的伙伴遍及天涯海角。通俗地说就是群众,指无数相貌、经济、职业、能力、未来都一般的普通人,走在路上扎堆看热闹的,开会负责热烈鼓掌的。弊:你只能安于平凡、享受平凡,不能期待任何奇迹。)

(7)空谈男(利:他擅长甜言蜜语和豪言壮语,把你哄得很高兴,以为捡到个宝。弊:宁可相信白天有鬼,也不能相信男人那张破嘴。他滔滔不绝描绘的都是海市蜃楼,他要么是语言的巨人行动的矮子,要么眼高手低,一事无成。最后还会变成社会怨男,觉得自己怀才不遇,需要你小心呵护他敏感的自尊。)

(8)混蛋男(利:男人不坏,女人不爱,他可以让你觉得自己很伟大,能用爱情去拯救一颗受伤的心。弊:你不仅把他拉不上岸,自己反而被拖下水,不死也要脱层皮,他是你一辈子的噩梦。)

话题:大家都暗中可以分析一下自己遇见的什么男人,他适合你吗?你感觉幸福吗?

在座的天才男、学历男、家世男、技能男都羞答答不愿意举手,踏实男有没有?举手的那么多,大家为踏实男鼓鼓掌,这些都是我们选择的对象。平凡男有没有?有一句话叫平平淡淡才是真,平凡的男人是女人的宝啊。空谈男有没有?特别会说甜言蜜语的,身边的女孩子笑嘻嘻的,很可能是空谈男。空谈男两大特征:甜言蜜语,豪言壮语。有没有人认识混蛋男,想想身边有没有?刚才我讲的是男性的基因库,我们女人都是在和男性打交道,我们如果和他们走进了婚姻里,婚内如何来经营爱的关系呢?

二、婚内经营爱的关系

我认为婚姻里主要处理好的有三大爱的关系:一是夫妻关系,二是婆媳关系,三是自我关系。

(一)夫妻关系

我们都说夫妻是前世的情分,到底是什么情分呢?“问世间情为何物,直教人生死相许?”我先跟大家分享一个故事,做个美丽阐述:

从前有个书生,和未婚妻约好某年某日结婚,到那一天,新娘结婚了,新郎却不是他。书生受此打击,大病不起。这时家人请来一游方僧人,看见他气息奄奄,僧人从怀里摸出一面镜子叫书生看……

书生看到茫茫大海边,有一名遇难的女子一丝不挂地躺在海滩上,路过一个人,看一眼,摇摇头,走了;又路过一人,将自己的衣服脱下给女尸盖上,走了;再路过一人,挖个坑,小心翼翼把尸体掩埋了。

僧人解释道,那具海滩女尸,就是你未婚妻的前世。你是第二个路过的人,曾经给过她一件衣服,她今生和你相恋,只为还你一个情。但是她要最终报答一生一世的人,是最后那个掩埋她的人,那人就是她现在的丈夫,书生大悟。

其实,今生你嫁的人,就是前世葬你的人,他陪在身边做你相濡以沫的爱人,这就是婚姻的秘密。请珍惜这个人、善待这个人,深深地喜欢,什么叫深深喜欢?阿难对佛祖说:“我喜欢上了一女子。”佛祖问阿难:“你有多喜欢这女子?”阿难说:“我愿化身石桥,受那五百年风吹，五百年日晒，五百年雨淋，只求她从桥上经过。”

而我们牵着爱人的手慢慢变老，不也在成就一生最浪漫的事吗？

今生我嫁的就是前世葬我的人，陪在身边相濡以沫不再让我受伤害，这就是婚姻的定义；有多爱就是化身石桥，五百年风吹日晒雨淋只求我的爱从桥上经过，这是多么美的姻缘。

毫无疑问，夫妻关系是婚姻里各类关系的主体，可是随着时间的推移，随着新鲜感的消失与激情的消退，婚姻的确会显得平淡琐碎，听之任之，夫妻关系也许逐渐要亮起红灯了。该怎么办呢？

夫妻间的交流：男性思维与女性思维的不同，男性思维更注重解决问题，更加直接高效，而女性思维更多在于表达状态与感受。夫妻表达与交流中要更多尊重对方的思维方式，并尽量以对方的思维模式来展开对话，选对时间和场合方能进行有效地交流。

夫妻异地：聚少离多的夫妻生活不仅是考验双方的感情，也会引起很多其他问题。由于分隔两地，彼此生活圈子重合很少，所以双方的信任尤其重要，双方一条心，为共同的目标奋斗，以期待更好的相见为希望。

激情消退的应对：结婚过日子，常听夫妻抱怨没有当初在一起的激情了，而是日复一日的平淡。双方不妨在保持各自的吸引力上下工夫，时常给对方一些新鲜感，偶尔变换一下双方的相处模式，都会让夫妻关系更牢固甜蜜。

(二)婆媳关系

常言道：“家家有本难念的经。”其中最难念的一本就叫“婆媳经”，甚至有人说婆媳就是天敌，要搞好婆媳关系难上加难。但婆媳关系又至关重要，甚至是家庭里仅次于夫妻关系的第二大关系，因为家里所有成员几乎都要或多或少地掺和进来。对于有的大孝子来说，婆媳关系有时高于夫妻关系，至少要左右夫妻关系。有时男人在闹离婚时也会以“她对我妈怎样怎样”为借口(大家都可以回忆起自己或身边人婆媳斗法的经典桥段)。怎样处理好婆媳关系，当然不会有什么“标准答案”。

先讲个小故事：从前有一对婆媳明枪暗箭斗了好多年，媳妇终于败下阵来，但是她还不死心，于是就想置婆婆于死地。这一天，她找到一个老中医诉苦：“婆婆对我太歹毒了，不是她死就是我亡，我想先下手为强，但是又不能让别人察觉，你给我开副偏方吧。”老中医看了看媳妇憔悴的面容，很同情地说：“我给你开两个方子：鸡肉炖板栗，吃了死得急；牛肉炒韭菜，吃了死得快。你就经常换着给她吃，一个月之后保证见效。”媳妇拿着药方非常开心，于是按郎中说的药方给婆婆换着吃。为了防止婆婆发现，就显得非常孝顺。婆婆看到儿媳妇对自己这么好，也就不再为难她了，把她当做亲生儿女一样对待，还把自己的金银首饰传给儿媳，媳妇终于被婆婆的真情打动了，不再有加害之意。眼看一个月就要到了，媳妇赶快跑到老中医那里说：“我不想叫我婆婆死了，你开一副解药吧。”老中医说：“为什么不让她死了？”媳妇哭着说：“婆婆对我太好了，以前是我没有真心对待她，所以她才对我不好，都是我的错啊。”听完媳妇的话老中医笑了，对她说那药方不是毒药，是补品，是修补婆媳关系的良药。

这是典型的讲故事说道理，要想人家怎样对待你，首先得看你怎样对待别人，要以心换心。“他怎样对你，是你教会的，你怎样对他，是他教会的。”这是人际关系的黄金法则，我这里对婆媳关系有些建议：做媳妇的一定要尊重、关心婆婆，遇事多和老人商量，并定期或不定期地给婆婆一些零用钱。逢年过节,要记着给婆婆准备点礼物。平时媳妇给自己的母亲送吃的、用的,最好同时给婆婆准备一份。一家人同桌吃饭,要注意先把好菜给婆婆,不能只顾自己的孩子和丈夫。尊重关心婆婆,还必须学会适应婆婆。婆婆大多是从艰苦生活里走过来的,生活习惯上难免带些勤俭节约的朴素痕迹。媳妇常常不易理解婆婆的习惯,有些举动,常会引起婆婆的反感,从而引起婆媳不合。在这种情况下,媳妇要注意控制自己,只要不是什么原则问题,就要尽可能地使自己的举动适合老人心意,必要时,甚至迫使自己迁就老人的某些习惯。等得到婆婆的欢心,再将老人的一部分旧习惯,用巧妙的办法渐渐改变过来。这样,婆媳关系会越来越融洽,夫妻关系会越来越和美。

在处理婆媳关系当中,儿子的作用很重要。婆婆有了烦恼,就找儿子诉说;媳妇受了委屈,要向丈夫倾吐。在这种情况下,做儿子的不能只听一面之词,指责另一方,火上浇油,加剧矛盾。做儿子的只有一碗水端平,既不使母亲感到失望,也不让妻子有苦无处诉,才能缓解婆媳矛盾。比如:遇到婆婆数落媳妇,作为儿子要尽量替妻子承担责任,缓和气氛;遇到妻子诉苦,则向她多做解释和安慰,使她消消怨气。儿子充当调解人,做好缓冲工作,婆媳关系才能日益好转。男人们永远要记住:一等男人调和,二等男人逃避,三等男人受气,四等男人加入战队。只有在婆媳关系中成为一个一等男人,才能还家庭一个安宁祥和、美满幸福。

女士们,大家觉得我说的对不对?希望你的丈夫、坐在身边的他,是个一等男人,在婆媳关系中做好缓冲和调和。在座的男士从今以后要当一等男人,做得好的再接再厉,我相信中山会更美,中山的家庭会更和谐。

话题:你在生活中看见或听见什么难忘的婆媳关系问题吗?

> 我妈半夜剪掉老婆长发,老婆要离婚。
>
> 我年前才结的婚,夫妻感情一直很好,现在老婆怀孕6个月。我老婆自幼喜爱长发,我妈不知从哪里听说,头发太长对胎儿不好,非逼我老婆去剪掉。两人为这事闹得很不愉快,彼此看对方都不顺眼。前两天两人又吵了架,我又上夜班没空理她们,谁知半夜时,我妈竟然拿剪刀进我们房里去把我老婆的长发强行剪掉了。为此,老婆不依,几次进医院非要拿掉孩子闹离婚。我实在头大啊……
>
> ——江津县　李先生

哎呀,老人家爱孙心切,把道听途说当科学指南,午夜凶剪夺媳长发,家庭风云突变,孙子危在旦夕……考验你应急攻关的机会迫在眉睫。你能做的:先虔诚表示你爱老婆、你爱孩子,就爱老婆的样子与头发无关,长发、短发、光头一样爱不变,头发剪了可以生长,婚离了、家散了、孩子没了,人生的遗憾就难以弥补了。再说老妈根本没有恶意,请老婆大人、准母亲大人海涵三思,腹下留人啊!接着给你老妈普及点逻辑常识:多少古圣和先贤,都是长发母亲生养的,比如李世民、李白……因为古代女子谁不长发飘飘呢?所以头发长短对胎儿的影响可能是民间新猜想,没什么参考价值。相反,像你太太这样的爱发、美发女,因为拥有一头秀发快乐、自信、心情好,不是对胎儿更有好处吗?如果婆婆大人能主动跟媳妇和解,也许家还是那个家,孙子还是那个孙子,最后皆大欢喜嘛!

(三)自我关系

成熟的人在解决与他人的关系的同时,一定要注意解决好与自己的关系,我们不仅仅是为丈夫活、为孩子活、为他人活,我们更重要的是为自己活,女人一定要使自己成长丰富,生命感觉更饱满,爱自己的人才能得到别人的爱。

第一个观点:命运在我手,千变万变不如自己改变,对别人不要求、不幻想,自己去创造去改变。在婚姻中,新的婚姻法出来了,大家知道靠别人是做梦,我是因为爱你,才和你在一起,我想要的东西我自己去创造,创造不了,我改变自己的心态,我爱我不完美的样子就可以了。

第二,做一些对自己意义重大的事情,接受重大的挑战,通过某些事情扩大生活视野,做各种各样让自己忙碌、充实和满足的事情,使自己不断成长,为自己的生活添加乐趣,为自己增加活力。这一段话说的什么意思呢?就像今天晚上大家来听讲座一样,香山讲堂这么好的讲座,我刚才看了一下都是邀请来国际国内的名流,大家在这儿来传播他们的思想,我们有幸到这里来接受新观念、新思想就是一种成长,为自己的生活添乐趣,增加活力,这是很有意义的事情,女性要享受除了柴米油盐之外的乐趣。

第三,对自己的需要明白。无论是什么需要,挑战的需要,自我表达的需要,获得机会,得到快乐,独处,与他人在一起消磨时光的需要……无论你需要什么,找到创造性的方式以获得需要。我经常说每个女人、男人都知道自己想要什么,没有人比你更了解你自己,当你有那些需要的时候,你要学习用积极的方式去满足它,比如新工作的挑战,表达的挑战,我一个人独处的需要,我和朋友聚会的需要。比如说像我,学习有那么多知识,我就有需要传递给社会,我就要有方式来满足我。一个人有知识不算快乐,当我看到我的姐妹们和我一样沐浴在智慧的光芒里,感受到知识的美,那就是我最大的快乐,谢谢姐妹们来陪我。

女人要不断地成长,终生学习,不断学习各种眼前看来好像还不太需要的东西。表面上也许不太有用处的学习经验,其实开发着自己心底某种美好的矿藏,激发某些内在的能量,也许没有什么实际的用途,却都是送给自己珍贵的礼物。在娇艳的青春退潮后,你还可以接着美丽,青春只有一次,春天却有一生,这一段话我跟大家分享的是现在提倡活到老学到老,因为学习让我们成长,我们很多时候把学习看成一个很功利的事情,这个学了对我有什么用?有可能在座的有的是独身主义者,也不需要了解异性,也不需要了解婆婆,但是这些东西你听了依旧有用,它让你开发你内心美好的矿藏,说不定听了我讲座,你明天就去恋爱相亲了呢!因为你觉得跟这些关系挑战一下也是人生乐趣,即使真的没什么实际用途,但是学习是女人送给自己珍贵的礼物,女人的青春很可能很短暂,只有一次,但是我们因为拥有了智慧之美,我们的春天就可以有一生。希望我的姐妹们和我一样迎接一生的春天,谢谢你们!这一部分自我关系,是我以女性的角度跟姐妹们的对话,我相信在座的男士同样希望自己的太太是这样的女子,一直成长、一直美好、一直懂得让你永远欣赏他,只有男性和女性彼此地激励与爱,才能让我们的社会更美。

三、终生稳定爱的后方

婚外情是婚姻最大的杀手,它的厉害我相信大家有所耳闻,即使你没有在生活里看到过,电视里也见识过好多。我和接待我的图书馆的先生们交流了,听说中山民风纯朴,经济发达,是一个传统观念保持得很好的地方,我听了特别的开心,特别高兴。我就希望我们中国经济不论怎么发达,我们依然拥有美好的道德守则和家庭规范。

以前女孩子在未婚男人里选丈夫,现在的女孩子是在所有男人里选老公。如果把成熟成功的已婚男人比喻为果实累累的大树,形形色色的第三者对这棵树的态度分为三类:第一种,"尝味道"——主要为情。有的女孩有恋父情结,就喜欢老男人。或者说,鉴于女性生理心理发育较早,其心理年龄普遍略高于同龄男子,若想寻找心理年龄相当的伴侣,或寻求来自饱经历练之后更加成熟练达的男性的照顾,以便得到充分的安全感,都往往有必要从所谓老男人身上着手。她可能不图金钱、不图名分,就想趁年轻过把瘾。第二种,"摘桃子"——主要为钱。尽管男女平等已成为基本国策,但放缓的经济增长、严峻的就业形势、趋窄的上升通道以及泛滥的物欲刺激,使得不少女生出现拜物倾向。她的目标和价位都一清二楚,票子、房子、车子,多捞一点算一点。第三种,"挖树子"——主要为名。她在获取足够的情感滋润和物质享受后,还寄希望于将这种不当关系长期固化下来。女人的青春苦短,老男人们的诱惑也多,为了达成那种目的,就唯有搞垮原配家庭,搞得人家妻离子散,使得自己得意洋洋登堂入室。每一种"小三"都对婚姻有杀伤力,因为真的想一辈子死心塌地当"小三"的女人几乎没有,大都对"转正"抱着期待值。现在很多离婚事件,的确是因为第三者插足。

这三种大家想一想哪个比例大?因为我处理过很多种,所以我明白,第一种很少也很可怜,因为她迷恋老男人,老男人可不一定是喜欢她的,感情游戏玩几年,老男人可能回家抱孙子了。第二种是现实的,比例很大,她很明白票子、房子、车子怎么算计得多怎么叫赢,她的目标价位一清二楚,这种叫"现实小三"。第三种是最狡猾的,因为她开始往往为以第一种的面目出现,都是说为情我什么都不要,怎么的纯感情,到最后步步紧逼,得意洋洋,搞得人家家破人亡、妻离子散,破坏力堪比原子弹。

要稳定爱的后方,我的建议是:第一,攘外先安内,对老公更好,对孩子更好,对公婆更好,家里岁月安好,风平浪静。第二,拒绝与小三任何形式的正面交锋,直接把她当空气,不听她的电话,不与她见面,不听她啰唆,因为她根本没资格和你交流。第三,不动声色地整理家庭财产,因为这个世界上既有愚蠢的男人也有不能被感动的男人,还有色迷心窍的男人,更有喜新厌旧的男人。如果你摊上了这样的极品,他犯规你千万别犯傻,自己的合情合理合法的权益一定要懂得保护和维护。因为你的软弱和仁慈就可能使"小三"名正言顺的:"坐我的位子,用我的票子,住我的房子,开我的车子,打我的孩子。"第四,不到万不得已决不轻言离婚。离婚再婚对孩子身心健康损害很大,因为再婚后的关系更复杂,对孩子身心健康损害很大。大到什么程度,你们哪一个人脑海中没有一个悲催故事呢?因为再婚后的关系更复杂,更难处,家人的融合更不容易。"爸爸一个家,妈妈一个家,听起四人爱,其实没有家。"

我们中国人特别爱孩子,可以说在世界上都是有名的,我们爱孩子,就要给他一个温暖稳定的家。幸福不就是一家人永远在一起吗?第四个观点请大家今天听了还要讲给周围朋友听，不到走投无路、无药可救绝不轻言离婚，因为这样的关系里孩子受伤最重。所以我现在的咨询婚恋关系中，我首先会问你们有孩子吗，如果是没有孩子的夫妻，我很可能说就随缘吧，缘来则聚，缘尽则散，随缘。但如果有孩子，我就会说我一定再尽快安排时间跟你们见面，我们探讨一下这个婚姻还有没有挽救的可能。我说我不是站在你们的立场上，我更多是站在你们孩子的立场上来看这个婚姻还有没有工作可做。因为在我心中所有的小孩都是无辜的天使，他们不应该因为我们成年人的错而受伤害。我在这儿再次请大家把我的观点传递出去，爱孩子就给他一个温暖稳定的家，幸福就是一家人永远在一起，谢谢大家！

现代社会人们的压力都很大，“我们好不容易，我们身不由己”。如果我们掌握了婚姻的技术与艺术，我们在家得到放松与安全，即使全世界的人都轻视我们，抛弃我们，至少还有你与我在一起爱与被爱。

这是我今天晚上的演讲。感谢你们的支持，再次深深感谢大家。

婚姻家庭关系中的法律问题

——依法厘清家庭是非,共同营造和谐家庭

李明舜

李明舜,法学教授,现任中华女子学院副院长,兼任中国法学会婚姻家庭法学研究会副会长、秘书长。主要研究领域是妇女人权、妇女法学、婚姻家庭法学等。参加了婚姻法修改、妇女权益保障法修改,以及部分省市妇女权益保障法实施办法的制定等立法工作。著有《妇女权益法律保障研究》,参与主编《婚姻法中的救助措施与法律责任》《女性面临的法律问题》《妇女法研究》《妇女人权的理论与实践》《家庭暴力防治法基础性建构研究》《婚姻家庭继承法学》《合同法教程》《呵护与守望》等著作。

这次来到中山参加香山论坛非常高兴，今天要和大家谈的是婚姻家庭关系中的一些问题，核心内容主要是大家都很关心的婚姻法司法解释三及其所带来的一些问题。当然，我们要全面地理解这个司法解释，还不能够仅仅就这个解释谈解释，因为婚姻家庭是一个社会问题，同时又是一个法律问题。有关婚姻家庭的法律是很多的，司法解释三仅仅是对婚姻法适用中的一些具体问题的解释，所以我们要想全面了解婚姻家庭中的法律问题，就需要把话题的范围放的更广泛一些。

为此，今天我准备给大家谈这么几个问题，第一个问题，婚姻的本质是什么，让我们从本质上认识婚姻到底是什么。第二个是我国的法律对婚姻家庭的规制。第三个是结合司法解释三，谈一谈当前我们婚姻家庭领域的问题和解决对策，核心是这么三个问题。

刚才主持人讲了，家庭是社会的细胞，家庭问题实际上它对于社会来讲也是最基本的问题，这也就决定了规范婚姻的法律必然是一个重要的问题。毛泽东同志曾经讲过，婚姻法是仅次于宪法的国家大法。也就是说，除了宪法这个根本大法外，最重要的就是婚姻法了，至少婚姻法是除宪法之外最重要的法律之一。谈到这个问题，我想有一个历史大家不能忘记，那就是新中国成立以后颁布的全国性的第一部法律，就是1950年的《中华人民共和国婚姻法》。大家知道，现代国家一般都是建立之后颁布宪法，然后根据宪法所确定的根本制度再来颁布其他的法。但是新中国成立以后颁布的第一部全国性的法律是婚姻法。为什么是婚姻法呢？这个我们就要谈历史，历史的问题很多都人不感兴趣，认为这都是已经过去的事情，实际上历史都以不同的形式在今天上演着，今天的很多东西也会成为明天的历史。所以对婚姻家庭问题我们的视角一定要非常开阔，多视角、多维度去认识。下面我就讲第一个问题，第一个问题就是谈一谈婚姻的本质，什么是婚姻。

关于什么是婚姻，不同的人有不同的解释，上一周我看到我们图书馆的一些广告，是周教授给大家讲的也是婚姻家庭的问题，我想周教授可能更多的是从社会学的角度或者心理学的角度谈婚姻。我今天要谈的是从法律的角度，法律视角下谈婚姻，婚姻是什么呢？婚姻就是一种为当时的社会制度所确认的，以永久共同生活为目的的两性的结合。也就是说婚姻首先它是一个两性的结合，但两性结合的形式很多，你可以同居，你可以这样或那样，但是并不是所有的两性的结合都可以叫婚姻。婚姻有其特殊性，它的直接的目的是以永久的共同生活为目的的。同时以永久共同生活为目的的结合也并不都是婚姻，只有这种以永久共同生活为目的的两性结合，同时为当时的社会制度所确认，只有这样的受法律保护的，才构成婚姻。而确认和保护的法律制度，那就是婚姻法律制度。婚姻法律制度确认的以永久共同生活为目的的两性结合,这就是我们从法学意义上讲的婚姻。

大家都知道,最近媒体炒得很热的一个问题,就是在两会期间李银河教授提出了一个议案,要把同性婚姻在我们国家法律当中加以确定。这个话题很敏感,同性婚姻要不要?目前有些国家有了规定,欧洲的一些国家和北美的一些国家,甚至像南非这样的国家也都承认了。但是它承认有两种性质:一种是承认同性婚姻就是和婚姻一样,还有一种是民事结合,赋予了它一定的权利义务,但是没有把它和婚姻等同。我们国家目前从法律的角度怎么认识呢?目前从法律上来讲是不可以的,因为我们的婚姻法明确规定结婚必须男女双方完全自愿,不允许任何一方对他人加以强迫和任何第三者加以干涉。这里结婚必须男女双方完全自愿,虽然当时的立法本意是针对过去的包办强迫婚姻的,要求男的不能强迫女的,女的不能强迫男的,但是在今天它意外的发挥了一个作用,就是确定了结婚的主体必须是一男一女。这个问题在2001年修改1980年婚姻法的时候,就有人提出来,当时我也参与了这个法律的一些修改和调研工作,其中有人提出来说,我们可不可以改为结婚必须当事人双方完全自愿,这个男女双方完全自愿和当事人双方完全自愿那含义还是不一样的。就当时的或者是现在的主流社会来讲,承认同性婚姻应该说还面临着一个很大的问题。

从认知上讲,在以前,同性恋是被看做病态的,甚至被列入疾病诊断范围,后来随着社会的发展和包容度的增强,这些问题的认识也发生了改变,我国在2001年已经从卫生部颁布的有关疾病的或者是诊断目录里面已经把这类删掉了。在以往司法实践中,甚至把同性恋作为流氓行为来看待,后来到了1997年的刑法流氓罪也删除了,虽然我们这个社会同性恋已经走向了非疾病化、非犯罪化的这样一个境地,社会的宽容度不断地提高,但是对同性婚姻很多人还是有些看法和不同意见的,而且不在少数。因为一旦成为婚姻,他就必须要承担婚姻所带来的权利和义务,而且法律一旦规定,就代表着国家和这个社会的主流的社会价值的体现。所以绝大多数人的认知上可能还很难接受,或者说对这个缺乏必要的认识和思想准备,因此承认同性婚姻还需要有一个过程。从我本人的观点来看,我觉得这个问题是一个迟早的问题,只是目前的时机不到或者说不成熟,而不是说这个事情一定是错误的。

婚姻本身是一种两性的结合,这种结合是人的自然性和社会性有机的统一。一方面从自然性来讲,婚姻是要满足人的欲望,人的本能需求。为什么要结婚呢?因为婚姻是这个社会满足你这种本能欲望的一个唯一的合法渠道,社会公认的、承认的这样一个合法渠道。同时结婚又是一种社会行为,具有社会性也就是说它不能仅仅是以满足个人的欲望为目的,而且要符合一定的社会规范。人从动物的进化过程中,不是自然性得到不断伸张的过程,而是社会性不断增强的过程,也就是说人之所以成为人,就是由于在人的发展过程当中不断地加入了社会规范。婚姻形式也是这样,从原始社会的群婚到后来的对偶婚再到后来的一夫一妻制,这个过程就是社会规范不断注入两性关系的过程。所以,婚姻拥有很强烈的社会性,因此我们说,由婚姻延伸出来的家庭是社会的细胞。婚姻绝不是两个人的事情,因为两个人的事情会演变成三个人的事情,会演变成更多人的事情。所以,婚姻它的社会性是不能抹杀的。另外我们在看婚姻的时候,我们也要把婚姻和另外一个与其密切相关但又有区别的事情认识清楚,这就是要正确地处理好婚姻和爱情的关系。

婚姻和爱情联系非常密切,特别是在现在很多的年轻人那里爱情就是一切。我们的婚姻法也明确规定感情确已破裂的是离婚的法定标准。婚姻法这么规定是有问题的。因为我们可以首先从结婚的条件上来讲,结婚的条件是男女双方完全自愿,并没有要求男女双方要有爱情才能结婚，我们结婚条件很简单，男女双方完全自愿且达到法定的婚龄，没有法律禁止结婚的疾病或者是亲属关系，履行法定的结婚登记程序，这是你结婚的条件。这里的完全自愿可不意味着一定要有爱情，有爱情的不一定愿意结婚，结婚的不一定都有爱情，但不管是否拥有爱情，符合法定条件、履行合法程序的婚姻都是合法的，都会成立婚姻。

婚姻和爱情它的区别在于什么地方呢？我个人认为就在于以下几个方面的不同：首先，爱情是一种情感。应该说更多的是和个人的一些情感有关系，喜欢谁不喜欢谁，爱谁不爱谁这更多是自己的一种主观的感受，而婚姻是一种关系，是一种法律确认的权利义务关系，受法律调整的权利义务关系，它既有权利也有义务；而爱情更多的是权利和自由，没有任何人强迫，他可以强迫你结婚，但不能强迫你爱他，也强迫不了，所以爱谁和不爱谁都是一种权利和自由；而且爱情作为一种情感更多的是有很多的不确定性，易变，也就是人的情绪是常变的，今天爱可能明天不爱，现在爱可能半个小时以后生气就不爱了，完全有可能。但是婚姻不行，婚姻追求的是稳定，稳定的婚姻需要什么呢？我们理想的状态是建立在以爱情为基础之上的婚姻，但是这个婚姻的维持更多的是权利义务这种法律上的关系，而表现在生活当中更多的是一种责任和义务。如果说爱情还是单纯的一种思想的话，婚姻里面更多地注入了利益、世俗的东西，是一种权衡利弊的结果，我们任何一个在座的人都是这样。为什么我们维持现有的婚姻？是因为婚姻给我们在现有的这种资源条件下带来的最大的利益，我走出这个婚姻就可能会把现实的一些利益包括人际关系，包括一种精神利益、物质利益丧失掉，所以很多人愿意留在婚姻里。假如说他走出婚姻会获得比留在婚姻更大利益的话，我想离婚率一定比现在要高得多。还有，维系婚姻和爱情最大的不同就在于责任和义务。所以网上有一句话，虽然说得极端了一点，但是很有道理的，这句话就是："爱情是闪电，婚姻是为闪电付电费的。"我觉得有道理。你去想一想，能够维系几年、几十年、走过一生的这样的婚姻，往往都是双方尽了尽可能的责任义务和奉献。

再有，爱情是个道德问题，婚姻更主要的是个法律问题。当然我说主要是个法律问题，说明里面还是有道德的因素，因为处理婚姻关系不能完全依靠法律，你要真的只剩下依靠法律这就麻烦了，我们现在很多家庭问题就出在法律上，婚姻中法律的东西过分强调了，温情就没有了。所以婚姻本身是有伦理性的，还是要强调伦理道德对婚姻家庭更为重要，它有着比法律更高的要求，甚至某些时候你看似完全合法的行为，但是恰恰是一种完全丧失伦理道德的行为。中央电视台"今日说法"让我去点评过一个案例，很简单，我如果不去点评这个案例，我就不会相信天下会有这样的事情：一对老夫妻，生了两个儿子，大儿子性格不好，比较倔，父母说话也不听，二儿子比较乖巧，所以从小父母就不喜欢大儿子，双方感情就不好。两个儿子都结婚以后老两口就和二儿子一起生活，但是天有不测风云，二儿子出车祸死了，二儿媳妇也改嫁了，开始两个人还可以，后来不能劳动了，就要求大儿子给他们赡养费。大儿子就不干，说我小时候你们怎么对待我的，现在你们老了来找我来了，不给。没办法，两个人就起诉到法院，因为法律关系非常明确，法院也是为了想让他们父母子女关系能够好一些，就判这个大儿子要每个月给父母各 50 块钱，一个月 100 块钱，半年给一次，而且要求他在下半年开始之前送到父母家，应该说这考虑得很周到，是为了让他儿子能够有和父母接触的机会。结果到了 6 月 30 号，下半年还没开始，这个大儿子就把钱送来，600 块钱一分不少，但是这一对老夫妻却是泪流满面，这个泪流满面不是激动的，是气恼。谁也没想到他这个大儿子为了这 600 块钱，他跑遍了他们县城里的所有的菜市场、银行，换成了一分、二分、五分，最高没有一毛的这样的硬币,挎了一大篮子给他父母送来,而且要求你当场要点,因为什么呢?少一分钱我违法,因为法院判决了,600 块钱一分都不能少。你说他父母数着这些钱是一种什么感受,大儿子就是完全把这种履行赡养义务的过程变成了对他父母进行精神折磨的过程,你说他违法吗? 你不能说硬币不是人民币,但是我们能够感受到的是这个人丧良心、缺德。

婚姻家庭里面有法律问题,又有伦理问题,因此应该有着更高的要求。基于婚姻它是一个伦理实体又是一种法律关系,所以对婚姻中的人就有一个基本的要求,这个基本的要求是什么呢? 那就是要守住法律的底线,攀登道德的高峰,只有这样婚姻才能够幸福,家庭才能够和睦,对婚姻的认识既要从法律的角度又要超越法律的角度。这是我讲的第一个问题,就是婚姻到底是什么。

第二个问题,我想谈一谈就是当前婚姻家庭领域最主要的问题是什么? 或者说如何来看待我们当前婚姻家庭领域的形势。我个人认为,新中国成立以后,由于 1950 年的婚姻法明确规定了婚姻自由、一夫一妻、男女平等、保护妇女儿童合法权益等基本的原则,经过了 60 多年的时间,我们国家的婚姻家庭从总体上来讲是好的。男女平等、一夫一妻、婚姻自由,这个东西大家都是可以感受到的,比如说婚姻自由,在旧中国婚姻是不自由的,我们过去对封建社会的婚姻常讲是买卖婚姻,这不是后来的人对以前的人婚姻下的定义,是本来如此,古人自己也是这么做的。买卖婚姻也是有相当长的历史,从古人所说"伏羲制嫁娶,以俪皮之礼",就可知道买卖婚俗至迟在夏商之时便产生了。所谓"俪皮",那是古代以鹿皮代货币,故鹿皮为礼就是用钱作娶妻之礼,这是由妇女的身价而化出的习俗。

我们常讲旧中国男女授受不亲,那也是有条件的,《礼记·曲礼》讲:"男女婚姻,非受币不交不亲。"也就是男女之间那种婚姻结合,在女方没有接受男方的这种彩礼之前,是不交不亲的,就要防止授受不亲;反之如果男女之间只要钱到了那就可以通婚了,可以交、可以亲了,也就是说男女结合的桥梁是钱,所以我们说这个结合是买卖婚姻。现在应该说买卖婚姻是违法的,虽然现在也有人说买卖婚姻以变相的形式出现,比如现在那么多的彩礼。但是这个彩礼和那个买卖婚姻有一个本质上的不同,即以当事人的双方自愿为基础的,没有说要彩礼的时候她是不愿意跟他结婚的,那除非是骗子。要彩礼是要彩礼,愿意结婚也是真的,这是和过去买卖婚姻最大的不同,买卖婚姻是父母包办的,是强迫。另外,比如男女平等,过去我们就说男女不平等,不平等到什么程度? 你们看甲骨文里面那个女字,就是一个女性屈膝而且是手臂交叉的形象,很温顺、屈从,另外在婚姻当中男的可以娶妻,妻子在的时候还可以纳妾。

过去我们常讲,旧中国是一夫多妻,这是不对的,笼统的那么说可以,严格地说来旧中国的历史上从来没有允许过一夫多妻,历来实行严格的一夫一妻制,但是纳妾不算娶妻。为什么呢? 那个妾跟妻不一样,所以有的人开玩笑讲你看那个妾字怎么写的,上面一个"立"下面一个"女",那都是在旁边站着的女的,地位相当卑微。妻生的孩子是嫡系、嫡出,妾生的孩子是庶出,所以你看《红楼梦》里面贾宝玉是王夫人生的,全家的宝贝,贾环是赵姨娘生的,那就是这种"姥姥不亲,舅舅不爱"。因为嫡庶有别,继承的时候是"立嫡不立庶,立长不立幼",这就是所谓的嫡长子继承,所以他是不一样的。另外也不允许废妻立妾,这在旧中国的法律里面叫做乱妻妾位,是要判徒刑的。但是男的毕竟可以有妻有妾,而女的行吗? 女的就不行,不仅丈夫活着的时候你不能再去找第二个丈夫,而且丈夫死了以后,你还得守节,你能够坚持到底不再嫁这就叫节妇，如果你能够为丈夫而死，那叫烈女，节烈的妇女那是可以受到朝廷表彰的。

结婚上就不平等，结婚以后成为了夫妻，平等吗？不平等。我举个例子，现在大家都很熟悉的家庭暴力，家庭暴力不是现在才有的，旧中国就有，而且很厉害，但是旧中国对家庭暴力不是一视同仁的，丈夫打伤妻子和妻子打伤丈夫处罚不一样。从唐律里面也好，大清律例也好，都明确规定殴妻者"减凡人二等"，反过来，妻殴夫者"加凡斗伤三等"，意思是什么呢？丈夫打伤妻子的要比打伤一般人要减轻处罚，反过来妻子打伤丈夫的要比打伤一般的人加重处罚，为什么这么规定呢？人家解释得很清楚："妻者，齐也，义同于幼。"妻子表面上看来跟丈夫是平辈的人，但是从伦理上讲她相当于孩子，所以丈夫打妻子犹如家长管教孩子。你看现在大街上碰上一个男的打女的，他只要说他打他老婆，别人管的这个热心马上就凉了一半。因为什么？那是过去法律确认的，他的一种特权。

离婚也不平等，旧中国最典型的离婚，除了"义绝"、"和离"之外，还有"休妻"，即"七出三不去"，七种情况下丈夫可以休妻，是休妻制，然后只有三种情况不能休妻，七出是："不顺父母"、"无子"、"淫"、"妒"、"有恶疾"、"口多言"、"窃盗"等，这些东西都只要有一个，丈夫就可以休妻。只有三不去："有所取无所归"、"与更三年丧"、"前贫贱后富贵"。一是指结婚时女方父母健在，休妻时已去世，原来的大家庭已不存在，休妻等于是无家可归；二是和丈夫一起为父亲或母亲守孝三年的不能被休；三是丈夫娶妻的时候贫贱，后来富贵了，这个条件是不能休的。到人死了，继承上男女更不平等，嫡长子继承制排斥女性的继承权，所以"嫁出去的女儿泼出去的水"，女儿一般没有继承权，只有当父母户绝的时候。户绝是什么呢？就是封建社会户籍制度只有男性才能做户主，这一家没有男性了，这个官府就不再给你续下去了，因为户籍管理主要是为了征兵征粮，没有男的也不征兵了、也不征粮了，所以这一户在官府里面去掉了，这叫户绝，老百姓就叫绝户。有女儿没儿子的叫绝户，只有在这种情况下她才能继承，但是你想想没儿子的要养儿子，养不出儿子来要过继儿子，实在兄弟几个只有一个儿子的还要兼祧，绝户的可能性太少了，所以基本上女性是没有继承权。一直到现在不知道你们有没有这种感受，可能咱们南方跟北方的风俗不一样。

我在北京、河北、黑龙江呆过，一个普遍性的东西，就是平时父母都是说女儿怎么好，儿子怎么不孝，等到死的时候重要的房产都是给儿子不给女儿，不知道广东是不是这样。这就是受这种东西的影响，你说现在男女平等了吗？我看也没完全平等。很多人心里面的东西他是不平等的，举个简单的例子，男女之间这种爱情歌曲可以看出来。前几年流行的《老鼠爱大米》，这个里面你说老鼠和大米之间，一个动物、一个植物，一个吃的、一个被吃，他俩之间爱上了，这种爱的关系就是一个被吃的关系，这就是旧社会真实的两性关系的一个反映。到后来进步了就变成《两只蝴蝶》了，可是你看那《两只蝴蝶》也基本上是一只蝴蝶为主。但是为什么这个东西我们觉得很好听？实际上它是暗合了我们内心的、一些骨子里头的东西，所以从这个意义上来讲，我们开始认识到这个问题了，证明男女平等又进了一步了。例如"一夫一妻"问题，现在"二奶"、"三奶"、"四奶"都出现了，但是她再怎么出现她也只能是暗的不敢明的，说明社会还是持否定态度，不像过去纳妾也要大张旗鼓。有一年北京律师协会曾经搞过研讨会"法制视角下的第三者插足"，请我去了，让我谈谈第三者插足怎么认识，我开玩笑说还用谈吗？你们这个横标上已经表明你们的态度了，"法制视角下的第三者插足"，为什么叫插足，你不叫插手？插足很简单，我站在这个讲台上我手是在上面，脚是桌子底下的,见不得人的。所以从总的主流来说还是进步了好,但问题是有些在我们发展市场经济的今天,婚姻家庭领域存在着以下令人不安的倾向性的现象,需要引起重视和警惕。

需要警惕个人主义在婚姻家庭领域泛滥。个人主义作为一种以个人为中心对待社会或他人的思想,其核心的内容就是一切从个人需要出发,反对统一的社会价值标准,其发展到极端,就会为了个人利益而不择手段地损害社会和他人。在婚姻家庭领域,婚姻既是个人的事情,也不是个人的事情,它必须有两人的合法结合才能构成,而亲属则是以血缘、婚姻为纽带所产生的社会关系,无论是在婚姻间还是在一定范围亲属组成的家庭间,彼此之间都必须有集体主义精神,通过付出、奉献和履行责任才能和睦相处,才能使家庭充满温暖,婚姻保持稳定。否则,个人主义盛行,以自我为中心,一事当前先考虑满足自我愿望,那等待他们的往往是亲属的冷漠,婚姻的破裂。所以在婚姻家庭中,也需要有集体主义精神,甚至是共产主义精神。然而现实生活中,个人主义在婚姻家庭领域的泛滥已成趋势,姑且把未成年人的"小皇帝"现象放在一边,仅就从赡养老人来说,有多少纠纷不是子女强调自己的条件、自己的能力、自己的获得、自己的好恶、自己的吃亏、自己的负担、自己的忙碌等等引起的呢?!如果多少能够站在对方的角度,能够从自己的服务需要出发,还会把父母推来推去吗?还会在兄弟姐妹间打得头破血流吗?就是把自己考虑得太多了,亲情也就疏远了,就是只想自己合适了,结果大家都不合适了。从这个意义上来说,个人主义害死人,个人主义是婚姻家庭解体的罪魁祸首。

警惕市场经济规则在婚姻家庭领域泛滥。婚姻家庭是一个伦理实体,在这个实体中遵循的应当是互相尊重、敬老爱幼、互相帮助的伦理道德,而不是等价交换的市场规则,更不是弱肉强食的竞争关系。然而,随着市场经济的发展,市场经济规则不仅在经济领域发挥着主导作用,在婚姻家庭领域也产生了无处不在的渗透力。目前不仅夫妻财产关系要讲契约、约定,就连人身关系也要忠诚于协议,有些父母子女之间的抚养、赡养中也充斥着等价交换的味道。不仅离婚时的财产分割要求你争我夺,就连代表着"家"的房子也要通过最市场的方式——竞价拍卖来确定最终的得主。人们更多地去关注婚姻家庭财产的市场价值,却把这种财产的感情纽带彻底抛弃了。人们在处理这种财产关系时,也往往遵循有利于资产拥有者或者实际占有者的原则,当婚姻家庭财产牵扯到其他人时,保障交易安全又成了首要考虑。殊不知,上述种种情况实际上是市场经济规则在婚姻家庭的普遍适用,是资本主义的价值观念在发挥主导作用,从这个意义上来讲甚至可以说是资本主义在婚姻家庭领域的复辟。

警惕封建主义在婚姻家庭领域死灰复燃。新中国第一部婚姻法的主旨是反封建,它明确规定:"废除包办强迫、男尊女卑、漠视子女利益的封建主义婚姻制度。实行男女婚姻自由、一夫一妻、男女权利平等、保护妇女和子女合法利益的新民主主义婚姻制度。""禁止重婚、纳妾。禁止童养媳。禁止干涉寡妇婚姻自由。禁止任何人藉婚姻关系问题索取财物。"通过1950年婚姻法的贯彻落实,封建的婚姻家庭制度土崩瓦解了。可是到了21世纪的今天,在我们目之所及的范围内,却又重新到处充斥着变相的包办婚姻、买卖婚姻和借婚姻索取财物等现象,应引起高度的重视。我们必须警惕封建主义在婚姻家庭领域死灰复燃,特别是要防止封建的婚姻以新的形式死灰复燃。

警惕财产关系在婚姻家庭领域反客为主。婚姻家庭领域中有人身关系也有财产关系,但归根到底最基本和起决定作用的应该是人身关系,是因为有了婚姻,有了夫妻身份才有了夫妻财产,所以婚姻家庭领域人身关系是本,财产关系是末,人身关系是皮,财产关系是毛。

从这个意义上来说，是人身关系决定财产关系。正因为如此，在婚姻家庭领域的财产关系要适用特别的规定。合同法就明确规定："本法所称合同是平等主体的自然人、法人、其他组织之间设立、变更、终止民事权利义务关系的协议。婚姻、收养、监护等有关身份关系的协议，适用其他法律的规定。"物权法也规定："其他相关法律对物权另有特别规定的，依照其规定。"然而在现实生活中甚至在司法实践中，财产关系的附属性却荡然无存，我们看到的是财产关系已经反客为主，不仅可以决定婚姻的开始，而且左右了婚姻的结局，这种情况在某种意义上来说并不是社会的进步，而是一种倒退。这一点也需要警惕。

要警惕婚姻家庭领域中的老少失衡。最近做了几期中央电视台的"今日说法"，讲的都是老年人问题。有的是干涉父母再婚，有的是不赡养父母，有的是抢夺父母的财产，有的是虐待殴打父母，等等，五花八门想都想不到的事情引人深思。相较于当下父母对子女的宠爱有加，老年人的生活似乎缺少了基本的温暖。在这个已经步入老龄化的时代，老年人的问题应引起高度地关注，我们在关心下一代的同时，是不是也要呼吁一下"关心上一代"？我给北大医院的医生们开一个讲座，因为重阳节都是年龄比较大的来听，后来我听完他们咨询的一些问题之后，我有一个结论：过去是"养儿防老"，现在是"养老防儿"。

根据《中华人民共和国老年人权益保障法》的规定，子女对父母的赡养表现为生活上的照顾，经济上的供养和精神上的慰藉。这三者实际上古人讲得都非常透彻，当年子游问孝，子曰："今之孝者，是谓能养，至于犬马，皆能有养，不敬，何以别乎？"大家看看那个"孝"字怎么写的，老的在上面，儿子在底下。为什么这样，就是让这个儿子一定要把老的供起来，放在头顶上供起来。所以中国人一说起来叫做孝敬孝敬，孝为行，敬为心，你如果没有了这个心里面的尊敬、尊重、孝顺，那和那个犬马有什么区别？和畜生有什么区别？所以中国人对这个东西有很多经典性的东西。我们大家都知道有一副对联，叫做"百善孝在先，论心不论迹，论迹贫家无孝子"，下联是"万恶淫为首，论迹不论心，论心终古少完人"。就说孝不孝看你有没有这个心，而不看你给了多少钱，因为什么呢？如果说你看了给多少钱，给了什么样的东西，如果是以这个作为标准的话，贫家无孝子，因为他无东西可给。但事实是贫家出孝子，你一年吃不上一顿馒头，吃一顿馒头你都给你父母吃了，这样的人很孝顺。你们家天天山珍海味，但是你给你父母顿顿吃馒头，这样的人不孝。"万恶淫为首，论迹不论心"，为什么呢？就是得看你干没干这种坏事，而不是你有没有这种想法。为什么要这么评？因为"论心终古无完人"，如果说有点这个想法就不是好人的话，从古到今没什么好人了。

第三个问题，讲讲当前婚姻家庭领域当中一些具体的法律问题。具体的法律问题我想谈这么几个。第一个就先给大家谈一谈，当前普遍存在的同居的问题。关于同居的问题，现在问题很多，很多人都认为到底这个同居怎么处理，有的人说我们国家应该制定同居法，有的说这个同居的问题不应该去管它。关于同居我们国家实际上在 2001 年婚姻法修改之前司法解释里面对同居往往是加一个定义的，形容词的，叫非法同居。2001 年的婚姻法修改的时候，就把这个非法去掉了，就变成同居关系。因为什么呢？因为这个同居关系有合法的，有非法的，合法里面有法律保护的，还有法律不禁止的，这是很复杂的一个事情。关于同居关系，我首先讲在我们国家同居有没有非法的呢？有，法律禁止的主要是两类，一类是重婚，什么叫重婚呢？就是有配偶的人又与他人结婚，或者是明知他人有配偶而又与之结婚的这样的行为。所以重婚他必须得是两个婚姻，目前我们国家认定婚姻的标准就是先有一个法律婚登记结婚的，后面又有一个法律婚或者是事实婚都构成重婚。现在法院真正认定重婚的很少,原因是什么呢?现在人都学奸了,因为你以夫妻名义的同居那叫婚姻就构成重婚,不以夫妻名义的就不构成重婚罪,所以现在真正意义上就是说符合法律规定的重婚少之又少,除非是傻子,或者说他胆子太大,就想挑战法律制度。

现在最多的是一种完全是变种了,重婚的变种,在法律上你确实不能把他当重婚看,即有配偶者与他人同居。2001 年的婚姻法明确规定了"禁止重婚","禁止有配偶者与他人同居"。大家都知道,"禁止有配偶者与他人同居"就是针对当时社会上存在的"包二奶"等情况,也包括所谓"包二爷"的问题,之所以大家都讲"包二奶"不讲"包二爷"是因为"二奶"更多一些。但是"包二奶"是个社会现象不是个法律术语,它和重婚的最大区别是他不是以夫妻名义共同生活的,两个人稳定、持续、公开的共同生活,但是我就不是夫妻,这是我的秘书,这是我的表妹什么什么,反正就不是夫妻。针对这种情况,当时立法者是费尽了脑子,最初就是说规定禁止重婚等一切违反一夫一妻制的行为,后来一考虑这样比较麻烦,你说现在违反一夫一妻制的行为太多了,比如通奸也是违反一夫一妻制的,但是都是秘密的,弄得通奸也都变成违法了,就到处捉奸去,也不行。另外通奸这种非罪化也是一个世界的发展趋势,所以这个打击面太大了。后来又改成说禁止有配偶者与婚外异性同居,当时也觉得这个表述比较好,就是说有配偶的人与婚外的异性来公开地、持续地、稳定地同居共同生活,也属于违法的行为。

后来发现这个表述也有问题,比如说他有一个配偶,他不与异性而是与同性同居去了,你管不管?这个也得管。就改成了现在禁止有配偶者与他人同居,这个话也有问题,自身以外的所有人都是他人,妻子丈夫都不能同居了?所以法律有的时候需要严谨,有的时候又严谨不了,所以这个他人就得做限制性地解释,就变成了回过头打击的主要还是有配偶者与婚外异性稳定的、公开的、持续的共同生活的行为,所以这两种是非法的。合法的同居或者法律保护的同居是什么呢?就是婚姻关系,婚内的这种同居。因为同居是夫妻的法律义务,有的说我们国家没有规定同居是法律义务,实际上我们国家当时是想规定的,为什么没有规定呢?就怕带来问题,如果说你规定了同居是夫妻的法定义务的话,很可能会导致否定婚内强奸的存在,既然同居是法定的义务,是你的义务,是你的义务就是对方的权利,所以发生这种关系就是他的权利,行使权利总不构成犯罪吧?这不行,也有人说可以适当的限制,夫妻有同居的义务,但有特殊情况的除外,哪些特殊情况呢?比如说处在特殊的生理时期,患有重大的疾病不能过性生活的,说这样规定也会有问题,有什么问题呢?假如说一方患了严重的疾病,另一方说正好我可以免除和你同居的义务,我走了,把他遗弃了你怎么办?考虑到有规定该同居的也同居,不同居的也不同居,你不规定还是这样,就算了,别规定了。但是到后来还是半遮半掩就承认了,因为离婚的法定理由里面,你们去看婚姻法的 32 条里面有着下列情形之一的:夫妻感情确已破裂,调解无效的可以离婚;其中有一个因感情不和分居满两年的是可以离婚。既然因感情不和分居满两年可以离婚,那就说明同居它还是一种夫妻之间的义务,这种是受保护的。

还有一种是一个灰色地带,法律不禁止也不保护,这种同居主要是什么呢?主要是双方都没有配偶的同居,这个年轻人有、中年人有、老年人也有,而且老年人的这种同居越来越多。因为年轻人现在的试婚,可能将来结婚转化为婚姻同居。老年人很多他也没有准备再结婚,因为结婚太麻烦了,子女也反对,还不如两个人在一起能生活就生活了,生活不了各走各的。这种情况,这种双方都没有配偶,有的人说我们俩就这么生活在一起了,现在我不想生活我想分开，我到法院去告去行不行？不行，因为这种关系本身法律是不保护的。所以你不需要到法院去，法院不受理，但是你同居期间的财产关系，因财产发生纠纷的或者是在同居期间有了子女了，对子女抚养发生问题了，这个时候到法院去可以处理。法院处理的时候，它和有婚姻的同居区别在什么地方呢？最主要的是两个：一个如果是有婚姻关系配偶之间是有相互的继承权的，第二个夫妻的财产是以共同财产为主。假如说没有这种婚姻关系，就是单纯的同居，彼此之间没有继承权利；另外一个，你和他之间的财产关系，只是和合伙差不多，所以这是不一样的。

什么关系到法院去，法院会受理呢？就是我前面说的一个是重婚的，一个是有配偶者与他人同居的，因为他是非法同居，这种关系里面也有好多的问题，比如说在同居期间男方和女方发生了这种财产赠与的关系，就是有配偶的这一方。一般的有配偶的与他人同居的往往是有配偶这一方，他有财产上的优势，他同居的过程中赠与了一些财产，后来又分手了，赠与的这些东西能不能要回来？原来最高人民法院曾经想过一个办法，就是说你赠与双方有协议的，已经赠与了你，往回要也不允许；反正你答应给了，没给你再要也不支持。本来是想这么规定的，但是后来一想这个东西的负面影响太大了，所以后来就没写，现在是怎么规定的呢？就是如果他本人赠与的是个人财产，给出去的钱或者给出去的房子你再往回要这个不允许的，但是如果这种赠与侵害了他合法配偶的财产权利，他的合法配偶是可以要的。因为什么呢？你赠与只能赠与你自己的那部分，你不能把别人的钱赠与。所以现在就形成开始是这个老公跟“小三”对付老婆，到最后都是老公和老婆对付“小三”，就是这么一个战局，万变不离其宗，所以这是一个问题，就是同居的问题。

还有一个现在大家炒得非常热的就是司法解释三出来以后，关于房子的问题。关于这个房子的问题，现在司法解释三出来以后，有两个问题我觉得大家是要引起高度重视的。一个是夫妻共有的房屋，结果被一方卖了，另一方不知道。因为中国很多的房屋有一个特殊的情况，就是即使是夫妻共有的房屋也是往往是登记在一方名下，所以登记的一方卖了，人家买房的人一看这个房产证上就一个人，人家就买了，而且价格也是按照市场的价格来买的，所以这样就形成了一个第三人的善意取得的问题。按照现在的法律规定，另一方你想说买卖无效不行的，这个东西就带来了很大的问题。前些日子你们可以看出来，各地房管部门出现了加名热，结果加名税收部门一看这是个机会，就马上有些地方就搞加名要收税。这个东西是太可恶了，为什么呢？加名和不加名确确实实是不一样的。因为如果是这个夫妻共有的房子，有夫妻两个人的名字，没有这两个人的共同签字第三方绝对不构成善意取得。所以即使是交了钱过了户也可以追回来，但是你登记在一方名下就存在善意取得，所以后来说加名收税当然不合适，因为那本身就是夫妻财产，加名这个过程本身没有存在交易的发生，本来就是他的，你凭什么收税？后来全国妇联就给国家税务总局，正式发了函，因为没有名字的往往是女方，所以要求加名的也往往是女方，妇联代表和维护妇女的利益，就给税务总局发了一封函，最后税务总局和财政部联合发文这种情况不允许收税。

司法解释这个规定基本上就是按照物权法的规定，因为夫妻财产买卖有一个对内的关系意义与对外的关系，内部的权利要保护，但是市场经济条件下更重要的是要保护交易安全，不能说人家买了这个东西，你们内部权利的原因这个买卖不成了，这对于市场经济是有危害的，所以保护交易安全是必要的。一般财产应该这样，善意取得就不应该再拿回来，但问题是这个房子它不是一个简单的商品，特别是作为婚姻住所的住房不仅仅是婚姻家庭当中最重要的财产，它更是一个家的载体，也就是说这个作为婚姻住所的住房，它应该是有着特殊的意义，所以连宪法里面都明确规定婚姻家庭受法律保护，对于婚姻家庭里面的财产关系就要有特别的规定，而事实上也是这样。

还有一个房子的问题是婚前买房然后婚后还贷的房子，这次司法解释三也给了一个规定，婚前买的房子婚后还贷的双方可以协商，协商不成的把这个房子给婚前贷款买房的一方，然后要把婚后还贷的部分以及增值的部分作为共同财产来分割，给对方补偿。你们说这个合理不合理？实际上这个规定看似合理，它有合理的一方面，合理的一方面是什么呢？最后这个房子你总得要分，分给谁更合适呢？毕竟是人家婚前贷款买的，但这里面有一个很大的问题，就是这里面要注意这么几个问题：第一，法律规定这种东西双方可以协商，这个可以协商你不要认为就是简单的就让你们商量商量，而是他首先承认了这个房子是夫妻共同的财产，至少是有共同财产的成分在里面的，如果就是一方的话商量什么，本来就是人家的。第二，要注意的是，这个房子是可以给婚前贷款的那一方，产权是可以给不是必须给，也就是并不是只要是这样就给了，他是可以给。第三，理解这一条一定要和婚姻法的规定和婚姻法的其他司法解释结合起来，因为婚姻法明确规定假如说这一方没有其他房屋住的，他就属于生活困难，婚姻法明确规定离婚的时候生活困难的另一方应该给予帮助。至于怎么帮助，婚姻法的司法解释一里面就规定，是可以以居住权和所有权来帮，也就是说一方的房子并不是绝对的不能判给另一方，这一条是很多当事人和司法机关都无视的。所以这个问题，大家一定要引起高度重视。

另外再一个，就是父母赠与的房子，婚前赠与，我这个婚前是指父母在结婚登记之前赠与子女个人的，那就是个人的财产，婚后赠与的这个里面就要注意原来司法解释二里面是原则上如果没有明确规定给子女一方的就按共同财产，但司法解释三改变了，如果是婚后赠与的而且是登记在一方子女名下，这个是子女的个人财产。所以这个时候作为父母的从作为保护个人财产来说，作为父母的你要想只给一方，你一定要在登记的时候或者是有书面的确定只给自己的儿子或者女儿而不给他的配偶，要明确。如果你是登记在双方名下的，那就是双方拥有，所以登记很重要。这是一个，这也是一个很需要特别注意的问题。

还有一个问题，现实生活当中常常会有这样，比如说为了结婚一方对另一方有好多承诺，甚至是书面的，比如说你跟我结婚我就把这套房子赠给你，或者我把这个汽车赠给你，但是他说赠给你他并没有去办理过户登记，这个赠与有效没有？即使结婚了不给你，你再要，要不来，但是我告诉你怎么可以能得到一部分，不要签赠与协议而是搞夫妻约定，可以把他结婚前的财产约定为夫妻的共有财产，这叫夫妻财产约定，只要书面约定了就有效。这是两个不同的概念，性质完全不一样，这是司法解释三里面的一个问题。

还有一个司法解释三引起广泛讨论的问题就是亲子鉴定。过去亲子鉴定，要是一方不同意不鉴定，一点办法没有，这次司法解释三对这个问题做了回应，你如果是否定或者要求确认的亲子关系，只要能拿出相应证据证明有这种可能性，而另一方拒绝做亲子鉴定的就可以推定对他不利，对他不利就等于支持你这么做。假如说一个女的他说这个孩子是某个男的，为什么说是他的，她也拿出了一定证据，他俩同居的证据，而且这个孩子是在他俩同居期间生的等等，他要求这个男的做亲子鉴定，男子不做鉴定，过去没办法，现在你不做鉴定就推定是你的。反过来说这个男的跟他老婆生的孩子怎么越长越不像我，不行我得做亲子鉴定，拿出证据来证明在此期间出国，一看怀孕日期不对，这也算是比较有利的证据，但对方否定，这个时候拒绝做亲子鉴定，那也推定这个亲子关系可以否定。这种规定应该说从司法的角度来看确实是比以前方便了，有利于查明事实的真相，查不明的我也推断出真相，但问题是这个规定是一个坏的规定。坏在什么地方呢？他违背了当今世界一个普遍的发展趋势，就是儿童利益优先，比如说那个找爹的，这个好办，他有利于孩子的成长，从国外来讲这个把握度比较宽，能够认可的就认可了。但是对于否定亲子关系都要极其得慎重，甚至是你只能在特定的时间内提出来，比如孩子小的时候，出生一定的时间内，等到孩子长到一定年龄之后不允许你提出来，即使真的也不允许提出来，因为考虑到孩子的健康成长。所以这个规定是求真，但是求真不是法律的最高目标？什么是法律的最高目标？是求善，有比真更高的目标是善，所以这个规定我估计迟早还会被改掉。因为这样来讲不仅会使夫妻关系陷入这种非常分崩离析的状态，对子女特别是未成年子女也会造成非常负面的影响。

另外现在实践当中还会发展什么样的问题比较多，就是子女的探望问题。2001 年婚姻法规定了探望权，结果发生了好多的事情，因为中国的夫妻有一个特点，不成夫妻就成仇人，一旦离婚就是这样；另外恨屋及乌，只要这个孩子我带着，根本就不想让你再见。但是婚姻法规定得很清楚，父母离婚子女和父母的关系并没有改变，父母依旧都是孩子的监护人，所以他探望这个孩子是完全可以的，他有这个权利，但现在好多不是这样，不让，怎么办呢？婚姻法规定了探望权那就可以要求，你起诉，他不让你探望，你就可以向法院起诉，起诉了法院就会给你一个探视的方式，如果他还不让探视，可能就会对这个拒不让探视的这一方采取强制措施。但是不能强制孩子，这是明确规定的。在北京我做的一个节目里面，当事人说了你都想不出来的一些话，他去探望可以，但是只能就隔着防盗门让你看一看，后来说这不对，探望他是要有一个交流，某种意义上他是要履行抚养的权利和监护的权利的，你哪能不让他见面呢？这种见面哪能行？当事人他说婚姻法你们定的你还不知道什么叫探望，探望就是让你探着头望一望。我还是第一次听说这么理解探望的，他实际上是侵权，所以这个里面有很多的问题。

前面讲了很多，归根到底我们研究婚姻法、学习婚姻法，目的是为了不用婚姻法，因为有了和睦文明的家庭关系，就不用法律来冷冰冰地处理家务事了。谢谢大家。

宇宙星空的奥秘

韩金林

韩金林，国家天文台“致密天体和弥散介质”研究团组首席研究员、中国天文学会常务理事、北京大学及贵州大学兼职教授、中国科学院研究生院教授。曾任中德马普射电天文小组组长、中国天文学会射电天文专业委员会主任。曾获国家杰出青年基金、中国科学院百人计划、新世纪百千万人才工程国家级人才等荣誉称号，获中国科学院青年科学家奖、中国高校科技奖、中国科学院朱李月华优秀教师奖、北京市科学技术一等奖和国家自然科学二等奖。

谢谢香山讲坛给我一个机会,让我跟中山市的同志们一块分享宇宙星空的奥秘。给市民讲课不容易,因为要让不同知识层次的人理解你讲的内容。我看到年龄最小的只有几岁,最老的智者可能是已经退休的,所以这个讲座对我来说是一个挑战。在一个半小时之内把宇宙星空的奥秘讲透,把天文和天体物理的前沿问题讲清楚,是非常难的一件事,我试一试。

报告分成以下部分:首先,什么是天文?天文研究什么?其次,天文研究的前沿问题有哪些?也就是说,天文学家在做什么。再次,天文研究的手段和方法是什么?也就是怎么做、用什么来做天文研究。最后,介绍国内外的形势以及中国的发展。

什么叫天文?顾名思义,所谓“文”就是学问、学科,“天文”是研究“天”的学问。中国大众对天文很模糊,一说天文,就认为是气象。特别是你们广东的同志,包括香港,容易误解。香港天文台经常预报台风,所以你们经常会把天文和气象混淆起来,使得大家对天文的认识一直存在误区。我们常说一个人知识渊博,“上知天文,下知地理”。注意:这里的“天文”也不是我们所指的“天文”,而是指气象;这里的“地理”也不是常说的地理,而是风水。现在上学,学数学、学物理、学化学、学地理、学生物,就是不学天文。数理化,天地生,作为六门主要的学科,哪怕是大学教授,哪怕是院士,就缺天文。在座的听众今天能够听我来讲一讲这个天文,就补了这个学科很多知识,别人是5/6,你变成6/6。

事实上,天文并不是气象,香港天文台跟我们的天文台也不是一个概念,在古代是一个说法,但现在完全不一样。天文也不是近地空间的探索,待会儿细讲。天文研究什么呢?天文是研究宇宙天体及其规律的科学,这里的天体不是香港人说的“天体”,天体海滩什么的,不要想歪了。我们这里是研究宇宙天体,研究天体,研究规律,研究物理,天文研究的是物理的最前沿课题。

宇宙天体有多少?有人会唱:“不要问我太阳有多高……”歌里女的对男人说:“不要问我天上星星有几颗,我会告诉你很多。”这是不够的,这是个天文问题。一个民族必须要有关注天空的人,必须要仰望星空。我们不仅要仰望星空,还要学会做人,学会知识,学会思考。可惜,现在的文明社会到处都是灯光,使我们在城里看不到璀璨的宇宙星空。你们有机会一定要到郊区去仰望星空,去感觉宇宙星空的深邃。

仰望星空,你会看到满天星斗,有月亮和银河,但最重要的是我们要思考。一般人看到的是星座,什么星座跟什么星座相配,算算命,这是远远不够的。知道一点星座,知道一点太阳、月亮、九大行星,就这些初步天文知识,好像也太孤陋寡闻了。现在,我们先把宇宙中的天体层次搞清楚,然后把每个层次的天体都解释一下。

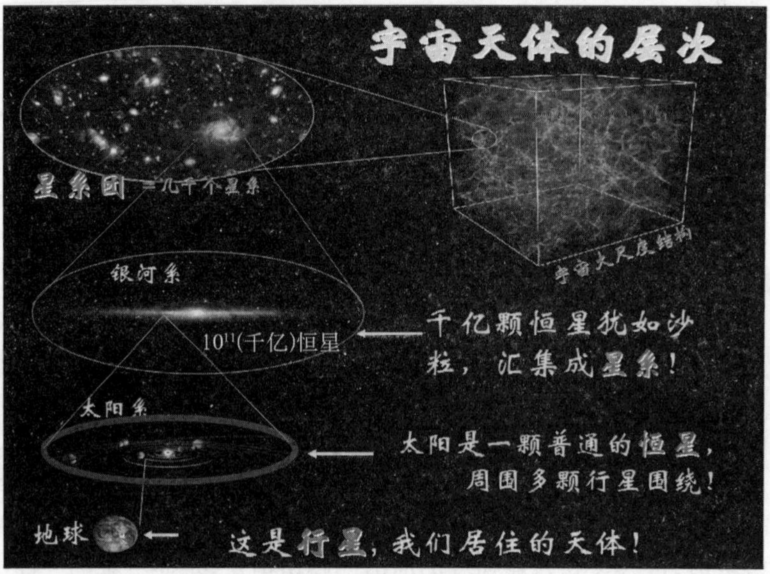

第一个层次是我们的地球,它是太阳系的一颗普通行星,即行星的层次。太阳系原来说有九大行星,但有一颗行星太小了,现在说成了八大行星,它们绕太阳转。太阳是什么呢?太阳是恒星。像太阳这样的恒星在银河系里面有1000亿颗,这么多的恒星犹如沙子一样聚在一起构成了星系,星系是恒星聚集在一起的集合。国与国之间叫国际,星与星之间就叫星际。在几十年前,我们才知道宇宙中不止有一个星系,银河系之外还有很多星系。几千个星系,哪怕是几十个星系,挤在一起构成一个团,叫星系团,如果是恒星挤在一起成了个集团,叫星团。星系团仅仅是宇宙大尺度网络结构中的一个节点。宇宙结构非常巨大,等会儿我们会慢慢讲。

到这里,小朋友就知道韩老师讲什么了。天文研究什么呀?天文研究宇宙天体,宇宙天体有什么呀?哪位小朋友能跟我说宇宙天体有什么呀?有行星……

小朋友:恒星。

这个呢?

小朋友:星系。

这个呢?

小朋友:星系团。

还有这个叫?

小朋友:宇宙。

现在小朋友听过我的讲座以后,知识就更全面一点了,不仅仅只知道八大行星了,还知道宇宙天体是分层次的。

我们不妨先看看地球。地球是宇宙中的一个天体,我们生活在这个天体上。不是说研究天体的科学就叫天文,那研究地球算不算天文?研究地球叫地球物理。地球上面有大气层,研究地球上的大气层算不算天文?研究地球上的大气层是气象。那我们从大气再往外扩大距离呢?那就叫空间科学。所以,我们中国科学院有地球物理研究所,还有大气科学研究所,还有中国气象局,科学院还有空间科学中心,专门研究空间科学。注意,这里的空间还不是宇宙空间,是指地球附近的一点点空间,这些都不算天文。探月算不算天文呢?探月的

4/5 不是天文。探月是干什么的？探月是指发射一颗人造卫星到月球上，计算并控制它的精确轨道，这属于航天研究。研究月球上有什么东西那才是天文，所以探月 1/5 是天文。太阳系里不但有行星，行星还有卫星，月亮就是地球的一颗卫星，还有其他的行星也有自己的卫星，甚至有的行星还有环，拍出的照片很好看。

这里强调一点，知道的事物是知识，研究未知的事物才是科学。青少年甚至很多人的思维里对“科学”这个词的理解是错误的。我们总说“学科学”，这是不对的，我们学习的是科学知识。这个事情或原理知道了就成了知识，不叫科学。真正的“科学”是指探索不知道的东西，用中国话的说法叫“科学研究”，并且是要“做科学”。科学家是干什么的呢？科学家是专门研究人们不知道的东西。所以，小朋友今后长大了要做科学家。但是我们现在学的是知识，不是科学。太阳系有八大行星，这个已经知道了，但还有很多问题没研究透。随便问个问题，你就会发现我们的知识其实很贫乏，我们以为知道了很多，实际上还有很多东西不知道。比如，地球中心是什么样的？地球跟土星、跟木星、跟金星里面的内部结构有什么不一样？行星的大气层是什么样的？有没有水？这些问题都是不知道。不知道怎么办？美国人派个飞船去看看有没有水，这就是有钱的美国人在做的科学。你在这里学了一些美国人的结论，得到了知识。所以，今后你要把科学跟知识要分开。

行星层次还有没有其他问题要研究？有很多，如轨道问题、怎么绕转、行星有没有发生风化，只要是研究未知的就是科学。小朋友不知道这个蚂蚁怎么爬，就天天看着它爬，那是不是科学？我看不是。但你如果总结出规律了，那就是科学了。哈勃望远镜发现一个新的卫星，这就是科学，哈勃拍照片拍得很清楚。即便是你非常熟悉的事物，如果发现它有新东西这也是科学，那是科学发现了，所以，有很多问题要研究。我们可以比较各个行星，所以，天文科学里就有一个分支学科叫比较行星学，就是把行星的各种情况比较一下，看看存在什么问题，很多事情比较一下就能够理解得好一点。行星有卫星，有的行星还有尘埃环，这些是知识，好像清楚了，但只要问一个问题你就发现还有很多不清楚，比如，为什么有的有行星环而有的没有？像这些问题，有的时候问一个为什么，一直追问下去，就可能是一个博士研究课题。

做科学不是那么容易的，世界上现在有很多教授还在研究行星旁边的环，研究它为什么存在？为什么中间有条缝隙？为什么这么厚？这些问题回答起来都挺麻烦的。天文学家用计算机把各种力学问题都得算清楚，很麻烦。不要以为回答一个问题很容易，需要很多知识。

过去怎么研究行星呢？观测行星在天上的位置随着时间的变化，比如今天在这个位置，明天在那个位置，后天在那个位置，将位置记录下来后计算行星在宇宙三维空间的运动轨迹。过去的两三百年里，研究了行星的运动规律，得到了牛顿定律。现在这些东西都已经不是科学了，都是知识。这个事情老祖宗已经做完了，做好了，那就不是科学了，就变成知识了。还有什么可做的呢？可以用望远镜再做精确一点，然后就可能发现除了牛顿定律之外的物理运动，发现新规律，这是有可能的。但是现在一般人不去做这个事了，认为知道得差不多了，其实还有更多的未知等待探索。

天文是观测的学科，观测完了之后，把测量的数据拿来再研究。在宇宙中，即便是太阳系我们还有太多未知。比如，美国人想了解彗星物质成分，他们就想办法去获取，用炸弹去炸彗星，从而研究彗星内部。美国人这样来研究看起来毁坏了自然，我们中国人可能也觉得太费钱了,不要去做。

注意,当我们测量一个东西,若测量不够精确就发现不了新规律。想要发现新的规律,就要测量得更精确些。400 年前,伽利略把望远镜指向天空的时候,人类原来眼睛看不清楚的月亮星星一下看得更清楚了,天文就跨越式的进步了。所以,伽利略很厉害,他发明的望远镜帮助大家搞清楚了很多未知的事物。如果你有办法使得人类的知识得到很大程度的进步,你就是伟大的科学家了。所以,小朋友们,我们要想一些办法,把我们过去不知道的东西变得知道了。如果你问你爷爷一件事,爷爷说不知道,那你要想办法弄清楚,这就培养了我们的科学精神,我们民族应该有科学精神。

恒星的成分不知道怎么办?对于身边的物质,我们可以烧一烧,用光照一照它,研究一下有什么元素,我们可以做各种各样的试验去研究它,比如,蓝色的火焰是不是铜离子引起的等。几年前有一个彗星撞木星,一连串八九个分离开的彗星大块撞击木星,这种撞击过程给了我们很多知识,比如:彗星的成分是什么,木星的结构和磁场怎么样。有时候天文也不是靠自己去创新,而是靠一点机遇。正好彗星撞木星了,我们就获得了知识,否则我们不知道。

那么除了太阳之外,其他的恒星有没有行星?如果有行星,它们是不是适宜居住?有没有外星生命?这些问题都是最基本的、最重要的问题。太阳系外行星的搜寻仅仅是近 10 年才有很大进展。太阳系外行星的搜寻对人类的意义非常重大,人类在宇宙中是不是孤单的,这是我们的一种感觉,也是一种感情。如果说我们人类在宇宙空间中是一种孤单的生命,好像不合理。如果说真的有动物在火星上,我们有没有能力跟它很好地通讯,我觉得蛮难的。地球上的猪你也没有跟它通讯得很好,你家的狗还能勉强通讯,你跟蚂蚁也没通讯好。所以,假如有智慧生命在另外一个星球上,比如说是蚂蚁,我们怎么样跟它有效地通讯,我是没想好,你们想一个办法啊。天文学家目前在干什么呢?观测其他的恒星,看有没有与太阳系一样的行星。如果有,必定有一个区间不太冷不太热,适宜生命居住。不太冷就是不要搞得水都结冰,生命冻死了;不太热,不要水蒸气蒸发掉,生命干死了。有个比较舒服的区域范围,叫宜居,你们中山市是宜居城市,我们这个地球就是宜居的行星。有的天文学家在尽力地找其他宜居的行星。目前找了很多个太阳系外行星。1991 年、1992 年、2000 年,分别找到 10 个、20 个、30 个,在这之前就找了一两个行星系统。最近几年数目一下就增加了,每年就能找七八十个。2011 年,美国人发射一个开普勒卫星上天,一下子就找到 3000 多个!所以,技术的进步有助于人类去解决那些未知的问题。宇宙中有没有像人一样的生命存在,必须先找到这些星球,然后找到是否有水,能不能宜居,像人一样的动物能否生存。那么现在就需要发现和观测这些行星,一个个地寻找,发现有一个的、有三个的、有八个的等等。人类在宇宙空间当中是不是孤单的呢?我跟你保证,绝对不是。

现在天文学家还有一个问题,行星是怎么形成的?是不是与太阳一起形成的?多少年前有一篇科普文章,认为月亮是地球的姐妹,地球是太阳的儿子。那他们到底是父子,还是一块生的?这些问题现在还不清楚,你不要以为我们天文学家就清楚。所以就有一些教授研究恒星周围行星的形成,是不是一开始就在这里。有些研究发现,行星一旦形成之后,可能会往里面漂,漂到它感觉舒服的位子它才停下来,这是很奇怪的一件事情。

总的说,太阳系里的问题能说清楚的,我就这样说个大概了,不能说清楚的,就得像美国人那样用炸弹把彗星炸开了研究,还会用望远镜拍土星环的照片去研究。目前很多的人关注和进行太阳系外的行星搜寻,一个个星慢慢地找,这是目前天文学界非常前沿的课题。有的天文学家,数理化理论功底特别好,也从理论上研究行星形成的物理过程。对公众来讲,他们更关心地外的文明。关于行星就先讲到这里。

过去用眼睛看天,除了极个别运动的星,我们看到的星都是恒定不动,所以叫恒星。有人问我天上星星有多少颗,我告诉你。如果你眼睛好的话,就看到五六千颗,是数得清的;如果到处是灯光也就看到几颗。但是用望远镜看,就数不清了,有1000亿颗的话,慢慢数还真要数多少年都数不完。

过去研究恒星的位置,最后拼凑出来星座。现在天文学家再也不看星座了,星座仅仅是正好碰巧几颗星在一个方向上而已,其实一点关系也没有。所谓星座没有什么大不了的,你别跟我讲你是双子座,我是狮子座,好像你厉害一点,其实没有这回事。所以,有人跟天文学家来讨论星座,来算命,那就找错人了。我们现在再看猎户座,看这根腰带,看这个是弓,可以问一些科学问题。当你看到这张照片的时候,你有没有思考?你如果能够问出10个问题,你也许就变成博士了,你应该去研究一下,问题是你可能根本没有学会去问为什么。小朋友有没有注意到,这个星星是黄的,那个星星是白的,为什么?这些星星还排在一块,为什么?每个"为什么"背后都要写博士论文。在座的小朋友们、老朋友们都要思考,思考是科学精神的开始。我不太愿意仅仅讲知识,我更要提醒大家思考,提醒大家把科学精神注入脑袋,特别是小朋友。小朋友注入了一种科学精神,就会问为什么,怎么会这样,然后把这个问题追下去。如果地球人都不知道答案,而你又把答案搞清楚了,那么你就可能是个博士了。

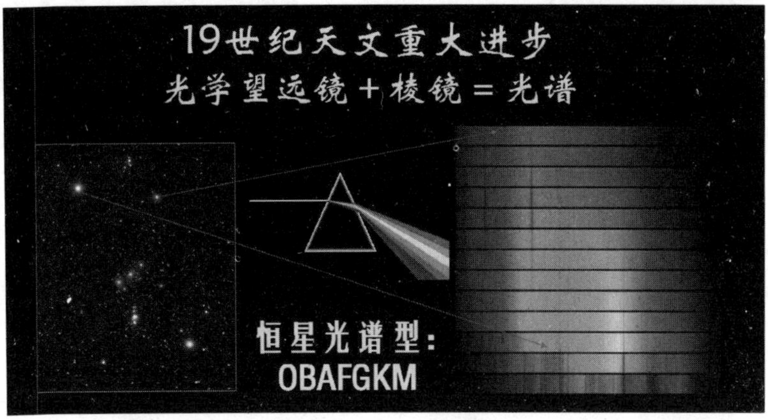

我们再看星星的颜色,有的红、有的蓝,把光分解开来,我们叫它光谱。每一颗星星都是由红光、蓝光、绿光等各种颜色的光构成的,如果是这个星星发黄,就意味着这个星星的黄光多一点;如果这个星星发蓝的话,就意味着这个星星的蓝光多一点。

我们接下来怎么做呢?天文学家观测很多星星,红光是多少,蓝光是多少,紫光是多少,拍很多光谱。拍了光谱以后,总结发现天上的星星基本上就几种类型,O、B、A、F、G、K、M七种类型。恒星研究的大突破靠的是光谱,光谱可以用英文首字母顺序联想出Oh,be a fine girl,kiss me,记住恒星亮度的顺序。这个分类是一个叫Henriette的女生做的,小女生很细心,做事情特别细致,慢慢做,她就做出成就来了,绝世的成就。所以,特别欢迎女生加入天文研究队伍。

有一个问题你还没问,天上的星星为什么有的是红的,有的是蓝的?问问题很简单,回答可不是那么简单。我们有一个生活经验,烧一块铁,温度低的时候它是红的,温度越高就越蓝。星球也是如此,蓝色的星,温度必然很高,红色的星星温度比较低。红色的 3000 度,蓝色的 3 万度。星星的亮不亮或是看起来多亮,这与距离有关。100 瓦的灯泡离人远看起来不会很亮,离得近看起来就会很亮,这里 100 瓦还是 25 瓦是指这个东西本身发出了的光。比如,所有发蓝光的星星都一样亮的话,离得远的就显得暗一点,但还是蓝的。我们还发现,发蓝光的星星比其他的要亮很多倍,它们的温度还特别高,比发红色光的要高几千度。这个是怎么回事呢?原来,恒星是一团燃烧的气,如果温度很高就会胀开。星一胀开,温度就会降低而发不同颜色的光。因此,温度很高的恒星必定胀得很厉害,必定要有对抗它胀开的引力把它吸引聚集在一块。所以,温度特别高的星必须特别重,才能使它聚在一块平衡住。如果温度不够高但还那么重的话,它就塌下去了。于是,恒星燃烧胀开跟恒星重量产生的引力要达到一个平衡。怎么去称量这些恒星的质量呢?通常用太阳的质量做单位。蓝色的星有 30 个太阳重,质量小的恒星,只有太阳 1% 重,它的温度就会很低。所以,恒星的颜色不同,就意味着温度不同,温度不同就意味着热压力不同,热压力不同,必须要有不同的引力把它束缚住。于是,质量是恒星的一个关键的参数,质量越大,恒星发光就越蓝。这是恒星的规律,因为看光谱,一下子就清楚了,恒星的这个规律从搞清楚到现在也就 100 年。一旦知道燃烧的星星的光谱,我们可以根据光谱推算它的亮度,再推算星星的距离。

我们现在讲一点物理,恒星为什么发光?恒星内部是一团燃烧的气,这个燃烧不是我们通常意义上的燃烧,是核燃烧,是一种核的聚变,两个氢原子聚变成一个氦原子并释放能量,这个发能量就是发光发热。恒星在不停地烧,里面烧完了就烧外面。

燃烧总会结束,恒星就死亡了。有死亡,就必须要有恒星的诞生。如果没有诞生,宇宙就会陷入黑暗。但是,我们并不十分清楚恒星是怎么诞生的。现在我们天文学家就尽力地去想，尽力地去搞清楚恒星是怎么诞生的，怎么死亡的。

恒星是怎么诞生的呢？星际空间中到处弥漫着像云一样、像气一样的东西。这些云、这些气会聚在一起，一旦有个地方密度高一点，重了一点，就可以通过引力把旁边的云与气吸过来，越吸越多，自然构成一个云，云的核心部分密度增高，压力增大，温度就会升高，升高到一定程度就能够点燃核原子发生聚变，于是一团燃烧的气就点亮起来了，我们就说一颗恒星诞生了。注意一点，这团气并不是就诞生一个恒星。这团气往往很大，甚至大到 100 万个太阳这么重，会诞生出很多恒星。观测也能看出来，恒星诞生的时候往往是一团一团的。

天上的这种气团，是诞生恒星的场所，这些气里面 99% 是氢，其中有一点氦原子。除了这些原子之外，还有一点点其他物质，一点氧，有一点碳，然后就构成一氧化碳分子。两个氢原子聚合成一个氦，到后来几个氦原子聚合成一个碳，聚合成一个氧，聚合成铁，这是恒星燃烧的整个过程。

气体里面氢原子是一个质子加上一个电子绕着转，电子绕着转的时候，一会正转，一会反过来，就会发一种电磁波，我们就可以用这个无线电波去研究星际空间中氢原子的分布。还有一个事情，有人发现这个气团里有分子，这个事情不得了，如果有分子就意味着有生命，揭示了宇宙空间的新奥秘，所以这个科学家获得了诺贝尔奖。如果你研究的成果大，很重要，就应该得诺贝尔奖。所以，小朋友们将来好好做，都能得诺贝尔奖。

再讲一个事情，宇宙空间中的恒星从那团气中诞生下来以后，在它内部氢原子聚变成氦原子，氦原子再聚变成惰性气体或者碳，聚变成氧，最后聚变成铁，最后烧光了就要爆炸，我叫它超新星爆炸。超新星是指恒星烧完后的回光返照，它的亮度比恒星诞生时候亮很多倍，所以叫超新星。超新星爆炸留下来中间一个核，旁边还有一个炸开的气壳，就像我们放烟火留下的烟雾，这个“烟雾”叫超新星遗迹，中间部分叫脉冲星，它全是由中子构成的。因为爆炸过程很剧烈，能把电子打到质子里面去，使得所有的质子都变成中子，然后所有的中子再聚成一块，叫中子星。这个中子星的磁场特别强，强到 10^{12} 高斯（在天文上用高斯做单位而不用特斯拉，1 特斯拉等于 10^4 高斯），它们一转，就会发出脉冲。脉冲星就犹如一个巨大的原子，在宇宙空间平稳地旋转，比我们地球上的原子钟还要稳定。于是可以用脉冲星做天然的宇宙时钟。

我们现在又想，恒星燃烧完后就爆炸死亡了，那爆炸的物理过程是怎么样的，天文学家目前还不清楚。于是，把所有的物理过程输入到计算机里面进行模拟，研究怎么爆。但是，美国人不卖给中国这种高性能计算机，因为你要能算恒星爆炸，就能算原子弹爆炸，就不用再做核试验了。美国人自己也算不好，他一大摞科学家算了很久，怎么算它都不爆炸，但是宇宙中的事实就是爆炸了。

我们在地球上去探测这个纯中子组成的星时，真正地听到了来自宇宙的声音。发现脉冲星，也是一个偶然的机会。一个女学生说：“老师，你看这里有一个信号。”老师说：“摩托车、汽车开过去就会有这样的信号。”女学生说：“怎么天天都看见，每天提早 4 分钟，信号就来了？”提前 4 分钟，说明这个信号不是来自地球，是来自地球之外。就这样发现了脉冲星。脉冲星是恒星烧完后爆炸，能够产生一个叫中子星的东西，过去是没有发现的。这个女生看到了这么一个纯粹由中子构成的天体，就是发现了宇宙中一种新的物质状态，是一个重大发现。她的老师得了诺贝尔奖，可是，这个女学生没有得，大家都觉得不太公平，后来给她很多其他的奖。

脉冲星在宇宙空间中转,没有东西影响它,它就会转得非常平稳,周期测量的精度能达到小数点后18位。你平时去拿一个尺子量一个桌子,能精确到0.1毫米就不错了。天文测量有的时候很粗,这个非常非常精确,比原子钟还要精确。我们还发现,这个脉冲经过一个巨大质量的时候,会使它慢一点,这个巨大的质量让光线的传播产生一点延迟,我们叫它相对论效应。我们就能通过测量脉冲到达我们的时间研究巨大引力产生的延时效应,发现爱因斯坦的相对论理论的预测是对的,而且也测得很准。

我们今后再看图片就有经验了,能看到不同的颜色了,能看到不同的大小,还可以大概看出是哪类恒星。在座的小朋友、老朋友,你现在再看到的天上的恒星时,你已经比没有听过我讲座的人知道得多得多了。人家问那为什么一个黄,一个蓝呢?你知道蓝的温度高一点,黄的温度低一点。为什么一些亮一点?亮的离得近,暗的离得远,所以,你知道了很多知识。

两个星星若在一起就是双星,一旦成双成对,就会互相牵制。一颗星烧完会爆炸,可能会留下旋转的中子星,旁边星的气会被吸过去,高速旋转的中子星会越转越快,随着时间演化,旁边的星也会爆炸了,变成两个中子星相互绕转。它们之间的引力特别强,互相吸引,好比男生和女生互相吸引,会发送“秋波”。电子绕着质子转,会发电磁波,那么两个星靠引力束缚到一块,就会发引力波,这个是相对论的预言啊。过去,我们只知道电磁波,发引力波是我们人类不知道的,发引力波会释放引力能,就会使它们相互靠近。在过去只是一个理论,有人就去观测这两个巨大引力体会不会逐渐靠近,最后发现,这两颗星每天靠近1厘米,这就证实了自然界有引力波的存在。这是我们人类过去不知道的重大发现,所以又得了个诺贝尔奖。所以,天文是物理的最前沿,好像诺贝尔奖的摇篮。

刚才讲了行星、恒星,接下来讲星系。星系是什么?星系是上千亿个恒星聚在一起的一个系统。人类在100多年前并没有认清星系,因为当时的望远镜不够好。当时看天上的东西就发现有一团模模糊糊的云,而不是一个亮点,所以当时统称为星云,这个星云是什么呢?如果用现在的照片再仔细看,就会发现有的确实是一颗星把旁边的气体照亮了,看起来像一片云。有的是一团恒星聚在一块,这就是星系。于是,我们才知道,银河系之外还有很多像银河系这样的星系。其实银河系里面还有一些成团的恒星,叫星团,我们这里就不谈多少了。如果你看到这些照片时,你心里问为什么它是绿的,它是红的?我很高兴,因为一开始我已经把科学思想注入你头脑里了,你已经开始科学思考了,已经向做科学家的方向迈了一步了。

说到星系,不得不说到一个叫哈勃的人。这是个男士,不是女的,但也非常细心。他把天上的星系都拍成照片,把相同形状的星系放在一块。他就发现星系可以分成几种类型:有的是椭圆形状,叫椭圆星系;有的像旋涡,叫旋涡星系;有的有棒还有旋,叫棒旋星系;剩下一些就是不规则形状的星系了。如果再仔细看,你会发现,这些椭圆星系的颜色是黄黄的,旋涡星系的颜色是里面黄黄的,外面是蓝蓝的。我刚才讲过了,黄色的恒星,温度低一点,发蓝的恒星意味着质量大一点,温度高一点。还有一个事情刚才忘了讲,现在补充一下。如果恒星质量特别大、温度特别高、元素聚合的特别快,就意味着死亡的快。用平常的话说,就是炉子太大了,会很快把柴禾燃烧光了。黄色恒星的寿命可以是上十亿年,蓝色恒星的寿命一般是几百万年,蓝色的星年龄特别小,黄色的星年龄特别大。所以,这些黄色的星系是“老家伙”,这些蓝色的星系是“小年轻”。对了,我们的银河系长什么样?中间好像有一个棒棒,太阳大概就在棒的这边。

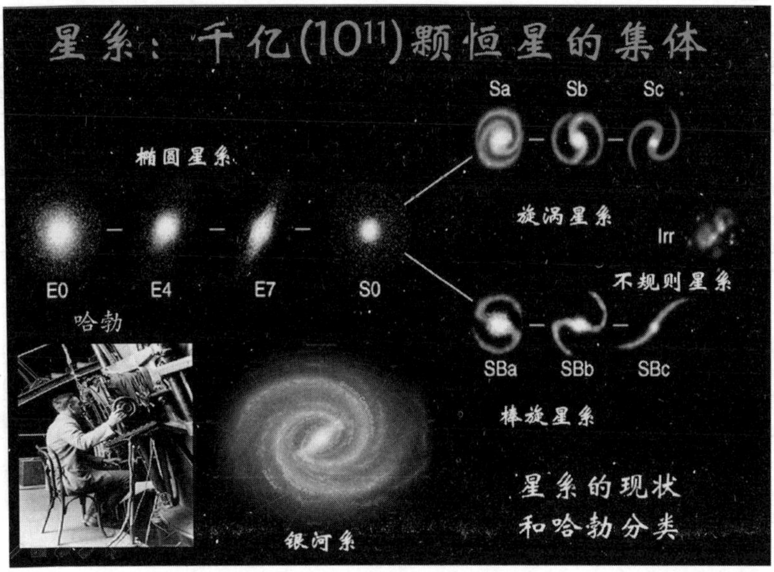

另外，每个星系的中间有一个黑洞，黑洞不是一个黑的洞，它是一个巨大的质量，引力巨大，以至于光经过那里都会被吸过去，所以看起来像个黑的，它并不是真的洞，它是一个有巨大质量的引力体。星系旁边物质没掉进去之前绕着它转，发热，发 X 射线的光，并在两极还会喷出一点东西，我们叫它喷流。黑洞既会吸进旁边的气，又会从两边喷出来。这种喷流形成的物理过程我们也不是很清楚，可能是在转的过程中，有磁场缠绕使得这个喷流往两边喷。

这里还有一个有趣的事情。星星绕着星系中心旋转，中心区域质量越大星星就转得越快，这是著名的开普勒定律。利用星星围绕中心的绕转速度，可以把中间区域的质量推算出来。我刚才讲过，星星的发光量跟质量有一定关系，我们可以把所有星星发出的光加起来，推算出它们的质量大小。对比两个质量，发现通过星星发光算出来的质量比通过绕转计算出的质量要小，就是说除了发光，星星之外还有很多看不见的、不发光的物质，我们称之为暗物质。暗物质明明确确对我们、对星星给力，但却看不见。目前天文学家想探讨暗物质是什么，至今还没有结果。

宇宙中有很多星系，星系跟星系之间就犹如城市跟城市之间。有很多星系成对的，相亲相爱在一块了，还会互相吸引，互相围绕着对方，星系空间中的气体也会发生相互作用，相互搅和到一起，形成很多气体团，就容易慢慢生成很多亮恒星，有时候也有三个星系一起并和。另外，一旦星系相互吸引并合在一块，它们中心的黑洞也互相吸引，相互绕转。我刚才讲过，这些黑洞质量特别大，有上千万个太阳那么重。当两个这么重的黑洞落在一块时，就会有强引力相互作用，发射引力波，使得时间和空间（简称为时空）开始晃动。原理上讲，你跟我之间的时空也是晃动的，仅仅是晃动的幅度极其微小，我们感觉不到而已。宇宙的时空在晃动，我们每个人也都在晃动，如何测量呢？我刚才说，脉冲星发射脉冲的时间极其精准，如果没有发生时空晃动，脉冲信号达到我们的时间也会极其精准。如果时空发生晃动，我们测得的脉冲信号到达时间就会一会早一点，一会晚一点，我们测量这些脉冲信号就可以把这种晃动测量出来了。现在很多天文学家就在用脉冲星测量宇宙空间的晃动，而这种晃动是我们过去不太清楚的。

相亲相爱、相互拥有的星系对

现在天文学家还没搞清楚星系是怎么形成的以及怎么演化的——也就是星系今天怎样,明天和后天会发生怎样的变化。演化就是随时间怎么变化的,这是天文学家现在非常头疼的问题之一。旋涡星系与椭圆星系的形成可能有一点点不同。如果这团气,里面什么也没有,仅仅靠引力作用聚在一块,那可能形成椭圆星系;如果这团气里有一点磁场,那么这团气在压缩的时候,其内部的磁力线会同性相斥,阻碍压缩,在沿着磁力线的方向就可能形成气体饼一样的东西,就如烧饼一样的扁平形态,这种情况下就可能形成旋涡星系。星系的形成的具体过程现在还说不清楚。

有人问,为什么星系颜色不一样啊?对恒星来讲,颜色可能不同代表着它们的年龄不同,蓝色就说明年轻的亮星多。对星系而言,如果靠我们近的话,实际上也是这样的。但星系的颜色不同还有另外一种可能性,就是多普勒效应,就像火车开过去时声音低一点,开过来时声音高一点。有些本来蓝色的星系,因为它离开我们的速度太快了,使得它们看起来发红。

当我们不知道星系具体在宇宙空间中是怎么分布时,可以对所有的天空拍照片,看看天上的星系都在哪里。我们就会发现有些地方的星系多,有些地方的星系少。把天空中的星系全部点出来的话,就会发现有的地方星系聚集成团,有的地方像空洞一样。由星系聚集成的一个新的集团,我们称之为星系团。所以,什么叫星系团呢?就是由几百个到几千个星系聚在一起构成的集团。

我们刚才说,人与人之间就是人际,国与国之间是国际,星与星之间叫星际,那么星系与星系之间就可以叫做星系际了。星系际有没有东西呢?星系际还有磁场相连,还有气体相连,有很多东西。这个地方有点磁场,电子遇到磁场就绕动,就发射无线电波,我们就能看到它的无线电波发射。星系团中的星系并不待在一个地方不动,会跑,可以看到它们奔跑时留下的无线电波的尾巴。星系跟星系之间,除了发无线电波,还有很多热的气体,有的地方特别得热,达到1000万度。刚才说,恒星的温度也就是在3000度到3万度之间。星系跟星系间的气体能到1000万度,会发射X射线光。于是,我们就用X射线望远镜去探测它。

这里还有一个问题,星系团里有很多星系,有巨大的质量,会产生一个巨大的引力场,使得光线走的路线能够弯曲,看背后的星星时效果就像凸透镜一样,我们叫引力透镜。质量越大,光线弯曲程度就越大,可以根据弯曲的角推算出星系团的质量。刚才说过,星系团所有恒星发出的光跟质量有关系。把根据引力算出来的质量与根据光推算出的质量比较,又发现星系团里还有未知的不发光的物质,有质量,贡献巨大引力。这种物质就是一种暗物质。在星系团里不发光的物质比发光的多,于是大家就说星系团当中有很多暗物质。宇宙当中有很多暗物质,这是不得了的事情,物理学家、天文学家最近都在研究这些暗物质。

那么,星系团又是怎么形成的呢?现在看起来,星系团也可能是宇宙早期的气,经过不断聚集生成团,生成大大小小的星系,就好像刚才看的恒星诞生的过程差不多。现在世界上有好多天文学家,包括我们上海的几个研究员都在用计算机模拟,看看这个气能不能形成一个团,能不能形成很多星系。

如果真的要研究宇宙时空的话,我们可以用望远镜观测,把一个一个星系点出来,看看宇宙空间的结构是什么样子。注意,我们已经进入到宇宙这个层次,比星系团更大的一个层次了。天文学家把很多星系一个一个拍出来,然后想办法把距离估计出来,把发光的星系在宇宙空间的三维结构给点出来。然后发现,宇宙空间中有的地方有空洞,有的地方物质多,有的地方物质少,宇宙空间的物质分布说是均匀其实是不均匀的。为什么呢?为什么会有这样的结构呢?很多天文学家现在正在做这方面的数据,不是很容易弄清楚所有的事情。

在宇宙这个层次,哈勃在这方面的研究非常有名。刚才说他把星系分类了,这里他通过观测发现,如果星系离我们距离远,离开我们的速度就快,这个规律现在叫哈勃定律。为什么有这种现象呢?并不是我们人类不好,星系不跟我们做朋友,离我们而去,而是因为宇宙就像气球一样,每个星系都在上面,宇宙空间正在膨胀,每个星系在我们看来都在膨胀开的,都离我们远去。我们的星系就如蒸馒头或做面包时里面的小小葡萄干那样,看着别的葡萄干都离我们而去。所以,哈勃是个伟大的人物,该得诺贝尔物理学奖,可惜的是他过早去世了。

整个宇宙在膨胀!它怎么就能膨胀了呢?膨胀需要能量。物理上不管是能量还是质量,都可以一样看,因为质量可以转换成能量,可以通过 $E=mc^2$ 转换的。比如,两个原子并在一块可以形成一个新的原子,质量变小一点点,但会释放能量。宇宙这种膨胀的能量是一种看不见的能量,天文学家现在叫它暗能量。目前通过计算发现,暗能量占整个宇宙总能量73%,看不见的暗物质占23%,看得见的就占4%。所以看得见的发光的物质只占很少一部分。

宇宙是膨胀的,越来越大。但是反过来想,往前一个时刻会怎么样,会小一点点,再往前、再往前呢?宇宙中的物质和能量到达一定时间的时候必然会聚集到一块,所以有宇宙是大爆炸起源的说法。宇宙是从一个点膨胀出来的,这个感觉让人很难接受。我跟你一样也觉得不舒服。可是想一想小朋友在成长过程中,身体的每一个器官都在膨胀发展的,如果你身体每个点看别的点也都是膨胀的,我们如果把膨胀或者远离的速度测量出来,可以把小朋友的年龄算出来。

宇宙膨胀这个观点,一开始由星系远离这个观测事实推断出来。如果宇宙从最初的一个点开始膨胀的话,那么这个点的密度、压力和温度都应该很高,原子就不是原子,电子也不是电子了。可以通过计算研究宇宙最初1小时、1分钟、1秒、1毫秒、1微秒的状态应该是怎么样的,但这还不够。有人说,宇宙不是以相同的速度在膨胀,现在是膨胀,但是将来也有可能收缩下来。我想想也是,小朋友在妈妈肚子里10个月长了40厘米,出生以后长得慢一点点了,到三岁没有长到一米吧?青春发育期的时候又是加速膨胀,中年时就不长高了,到老了还会收缩。现在宇宙是收缩还是膨胀?加速膨胀!我们原先不确定宇宙是加速膨胀还是不膨胀,还是减速膨胀。有几个天文学家测了几颗星,最后发现宇宙是加速膨胀的,2011年诺贝尔奖就这样给他们了。看来天文学家得诺贝尔奖蛮容易的,大家应该学天文。

宇宙大爆炸一开始几秒或几分钟的状态可以算得很清楚,但这仅仅是物理。在大概3分钟的时候,宇宙非常热,就像热气体一样的发热。这个热到现在还能测到,是发射的微波,就是无线电波。这个微波从早先几千度的温度到现在看会降到3 K左右,这是宇宙大爆炸理论的推断。这个理论还能够说清楚宇宙中有多少氢和氦。后来天文学家发现,这个模型预言的氢和氦原子的数量能够跟测量的含量吻合起来,其他的模型都不行。1964年有两个人用无线电喇叭到处去测,又测到了3.5 K微波背景辐射。大家说,这个是宇宙大爆炸的热,于是就把诺贝尔奖给了他们。他们自己都不知道怎么回事,开始还以为是喇叭里的鸟粪引起的。做事情应该精益求精,他们弄干净了再测,发现天上每个方向都是一样的。最近几年,天文学家放个卫星去测,发现这个温度非常非常均匀,只有百万分之几的波动,正是这一点点波动,使得宇宙中有了结构,形成了星系。并且天文学家又在不同的频率进行测量,发现大爆炸的温度与黑体谱理论的预言一模一样,有两个人又得了诺贝尔奖。所以天文研究得诺贝尔奖很容易,有兴趣的小朋友都可以来学天文啊。

宇宙早期的这点波动,形成了今天的宇宙的结构,形成今天看到的天体。如果把现在看到的天体分布倒过来推算,应该能跟早期的波动对得上才对。这是必须要做的事情,近两年的研究发现好像对得上。我的一个学生也研究了一些,有些数据可以,但宇宙空间太大,很多地方还没有测量数据。

现在,你们知道了,宇宙是有结构的,中间有恒星、星系、暗物质、暗能量等,还有膨胀。你现在已经知道很多了。把整个宇宙当成研究对象的话,那就是宇宙学。特别注意一点,我们这个宇宙学跟那个好像算命的《易经》中宇宙不是一个概念。天文学研究是真正研究宇宙中的天体,研究他们的物理规律,研究他们的昨天、今天与明天怎么形成的,将来怎么消亡,中间整个过程怎么并合,怎么相互作用。这里面涉及很多未知的物理,每知道一块都是人类知识的进步,造就了很多伟大科学家。天文研究是做物理研究,是科学前沿的探索。

我不妨再总结一下当前天文学研究的主要问题。天文研究什么?天文研究黑洞,研究暗物质,研究暗能量,研究宇宙中各类天体的起源,研究宇宙中生命的起源,研究宇宙本身的起源,有人说"两暗一黑三起源"。

最后,我们看看天文学家怎么研究。古代人看宇宙主要靠眼睛,看看星星动不动,恒定不动,恒星,动了,就是行星。当然也做了很多仪器,这是老祖宗的遗产,我们国家就有古代的天文成就。西方人搞了一个望远镜,研究天文,技术进步得厉害,还发明了棱镜把星星的光分解成光谱,用望远镜能把月亮看清楚,能把行星轨迹看得非常非常清楚,就这样一下子把牛顿定律弄出来了。所以,技术发展极大地推进了科学的进步,还发明了照相机拍照片,使得他们能够研究星系,这都是巨大的进步。而中国在这一块大大地落后,还沉浸在古代的四大发明之中,陶醉在过去一点点的成就中,这远远不够!

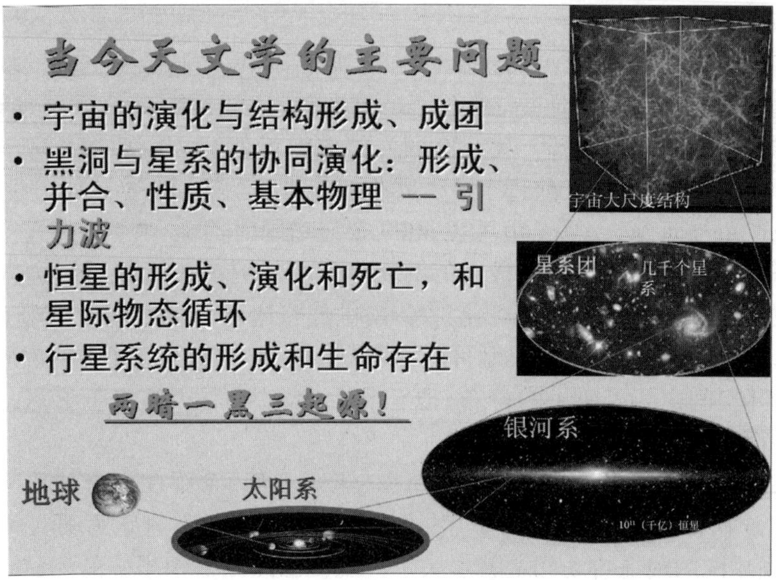

我们现在应该做什么事情呢？我们刚才说，所有的宇宙天体都在发光，但仔细地想一想，光是什么呢？光仅仅是电磁波当中的一种，我们今天都知道可见光有赤橙黄绿青蓝紫。除了这些，还有红外线、紫外线、X 射线等，用不同频率的无线电波去看同样一个目标，可以看到内部的不同结构，去看天体的时候也是这样。但是上帝不会让你轻易得逞的，他给你设置了一些障碍。地球上有大气层，只让可见光和无线电波通过，上帝只让你看得到这些可见光，只让无线电波透过大气。如果 X 射线也能透过大气，那人类早就因为辐射而灭亡了。我们现在 X 射线检查偶尔一次还是可以的，不能天天去做。另外，紫外线也不行，紫外光照射久了会得皮肤癌。如果要看宇宙天体的 X 射线，就要跑到大气层之外去，通过卫星去看。所以，天文原先仅仅是用望远镜或者是用眼睛去看，后来又变成接收无线电波，后来还要跑到大气层之外去接收 X 射线光。比如，我们看不同波段的木星，除了中间的热组织，旁边还多出了一点点东西，这是电子在绕磁场转的时候发出的无线电波。如果不用无线电波去看，你怎么知道它有磁场？怎么知道还有电子？于是用不同的波段去看天体，就能知道天体的不同性质，这个很有意思。我们再看这个星系，如果用无线电看，就会发现外边有很多氢原子气体。这三个星系，在光学上看好像没关系，用无线电波看就发现气是相连的，是血脉相连的一家人。看我们的银河，光学和无线电波给我们非常不一样的图像。看这个椭圆星系喷出的气，它发无线电波，还可以看见中间的黑洞，再看喷出来的东西有多大，有十度，我们的月亮也就半度，天上的东西有些比我们想象的大得多。

天文研究总结起来有三个手段：第一个是光学手段；第二个是射电手段，也就是无线电波；第三个是跑到地球的大气的外部，看 X 射线、看 γ 射线。你可能会问，哈勃望远镜不是光学的吗？为什么要跑到上面去看呢？因为光在透过大气层时，大气中的气团就会弄得图像抖动，空间外就没有大气抖动，图像会更清晰。国际上天文学家还把望远镜尽量做大，能够看得更深，还要把光谱弄出来，这样红星星、蓝星星就能分解开来了。另外，我们想办法在地球上建各种各样的大天线，接收宇宙空间中微弱的无线电波。那么我们尽量做大一点，这样电波就收听得清楚一点，同时我们还要到空间去看，突破地球大气层的限制。洋人 X 射线的望远镜、γ 射线的望远镜、哈勃望远镜都在天上，都做得很好。我们中国的技术方面不如人家,我们的天文研究没有工具。

当别人能看见,我们不能看见的时候,我们很痛苦,但是中国必须进步,必须创新。怎么创?当别人拍光谱是一个一个地拍,或者是小范围拍,我能不能造一个望远镜,别人拍300颗,我一下子拍4000颗,这样的话,我获取的光谱的数量就大大地超越人家,这样我们研究总结规律的时候,就可能比洋人前进一步。我很荣幸地告诉你,我的导师王绶琯先生发明了一个叫LAMOST的望远镜,一下子就可以4000个光谱同时拍摄,最近建好了。

我们中国正在贵州建造世界上最大的500米口径的射电望远镜,能够把很远的地方发射的无线电波都能听得很清楚,这样我们收集的电波将比别人多。现在已经开建了,几年就能建成。它的主要研究课题:一个是脉冲星,观测脉冲,研究宇宙空间中的时空晃动;另外的课题是研究星际空间中的氢原子的分布,把它描绘出来,看看天体是怎么形成的,在哪一块形成的。这些都是非常前沿的科学。

我们在南极找到一个非常好的地方,中国接下来五年,希望在南极建设天文台,这是国家的"十二五"计划,因为南极空气稀薄,海拔4000多米,没有多少空气,跟太空差不多,很小的大气抖动,刚才说的图像抖动问题就解决了。现在已经做了相当多的测试,先拿小望远镜拍照片看看,小望远镜跟其他地方大望远镜拍出来的效果差不多,我们就说这个地方确实很好,令世界上很多外国人都感到羡慕。我们中国现在也在搞空间站,在那里做科学研究。

我自己也提出来,我们中国应该造很多个射电望远镜,把很多大射电望远镜组合在一起,这样就能把宇宙的声音听得更清楚,判断究竟是这个地方来的电波还是那个地方来的电波。像广东这样的地方,就算了,因为这个地方台风太大,怕望远镜被风刮跑了。这些望远镜一旦建造起来比全世界的望远镜都要牛,这样的话我们真正能得诺贝尔奖。为什么呢?因为我们望远镜的精度和灵敏度都比人家有量级上提高,就意味着我们能够发现新东西。假如你的眼睛只能分辨10米,你能看到一棵棵树,一栋栋大楼,但你看不见马。假如你的眼睛能够分辨到1米的时候,你不仅仅看见大楼,你还看见人了,看见马了。假如你的眼睛能够分辨10厘米,你看到狗了,你看到小猫了。假如你的眼睛的分辨率是1厘米呢?你可以看到虫子了,是不是?当分辨率和灵敏度提高一个量级的时候,你就有巨大地发展空间,能够发现新东西,发现新东西就意味得诺贝尔奖,意味着科学的进步,所以我提出了这个事。目前中国正在忙着"十二五"规划要建设的南极天文台,我的这个提议已经写到中长期规划里去了。如果建了这些望远镜,我们应该可以用脉冲星去测量时空弯曲的晃动,可以把暗物质的分布测得很清楚,可以把黑洞周围喷气的过程看得很清楚,我们探测未知世界的能力就极大地加强了。我相信像这样的课题能够冲击诺贝尔奖,这才是中国的巨大进步。

我的报告就到这里,谢谢大家。

食物营养与健康

王晓波

王晓波，医学硕士、教授，现执教于广东药学院公共卫生学院。主持或参与河南省以及校级科研项目多项，获河南省科技厅成果三项、河南省优秀医学科技成果二等奖两项。在国家级和省级刊物上发表学术论文三十余篇，参编专业书籍五部。

今天我给大家讲的主题是膳食和健康之间的关系,大家都知道健康离不了吃,到底我们应该如何吃才能够健康呢?我们每个人都知道吃的重要,但是对于如何正确地选择食物,以及如何获得健康,我想并不是每个人都清楚。健康是我们每个人所追求的,要想了解膳食和健康之间的关系,首先我给大家介绍一下我们吃的食物在全球的分布情况。就全球来讲,按照我们吃的食物的种类不同,可以分为这么三个膳食模式:一个是发达国家的膳食结构特点;第二种是东方型的;第三种是日本模式,又叫地中海模式。发达国家的模式,膳食结构有什么特点呢?就是"三高",哪"三高"呢?高能量、高脂肪、高蛋白。吃的结果就是营养过剩。第二种膳食结构特点呢?是东方型,东方型主要是以非洲以及印度那些国家为代表,它的特点是能量不足,低蛋白,这种吃的是什么结果呢?那就是体质低下,营养不良。第三种模式又称为日本模式,也叫地中海模式,它是以动物性食物和植物性的食物搭配相对合理为特点,结果就是使日本成为世界上的"长寿之国"。所以现在不管发达国家也好,还是经济欠发达的国家,都在照着日本的膳食模式学习。实际上日本的很多吃法如果说追根寻源的话,很多都是从中国传过去的,但是它们在日本得到了很好地发扬。

了解了整个地球上膳食结构的差异,我们中国人的膳食属于哪一种呢?应该说既不是发达国家模式,也不是日本模式或者地中海模式,而是接近日本的模式,但是有一种发展趋势,尤其是年轻一代,他们趋向于向发达国家那种"三高"的模式发展,所以呢,有必要在我们的市民当中普及合理营养膳食的观念。既然了解了我们吃的食物可以分为这么三种不同的膳食结构,到底我们为什么要吃食物,食物到底跟我们的健康有什么样的关系呢?我们吃食物可以得到下面几种结果:

一种是合理的营养、合理的膳食。这种膳食第一对我们的肌体健康是起到一个很好地保证作用;第二它可以提高我们肌体的抵抗力;第三还可以预防疾病,这也是我们吃食物追求的最高的境界。

我们每个人都知道吃,但是这种出于饥饿的吃只是一种生理需要,是动物的原始反应。要上升到现代文明的吃,就必须是有意识的,有一定健康理念的去吃,合理营养地吃,那么就会达到上面所讲到的结果。吃食物还可以得到第二种结果,导致各种营养缺乏病的出现,比如说缺钙、缺铁、低蛋白等等。吃食物还可以得到第三种结果,是什么呢?由于不讲卫生,导致吃的食物当中含有一些有毒有害的,甚至致癌的物质,结果出现急性的食物中毒、慢性中毒,甚至可以出现致畸形、致癌和致突变。

吃食物导致的第四种结果是营养过剩,这种营养过剩所带来的也是我们的现代文明病,第一个是肥胖，第二个是糖尿病，第三个是心血管病当中的高血压、冠心病，最后就是癌症。大家不要觉得这些病跟我们如何吃没有关系，实际上到目前为止，我们人类的很多的疾病，尤其是慢性病，65%以上都是人们自己吃出来的。所以我们说你选择了什么样的膳食结构，选择了什么样的吃法，就决定了你会是一个什么样的健康状态。我们每个人都希望远离病魔，希望健康地度完自己的一生，必须要了解一些相应的关于膳食与健康的理念。

食物的不同吃法会有不同的结果，为什么会有这么大的差异呢？主要是因为食物存在着营养人体的营养素，这些营养素的缺乏会导致营养不良，这些营养素的过剩就会导致现代文明病，甚至一些癌症的发生。目前认为，这些营养素包含了六大类：第一大类是蛋白质，第二类是脂类，第三类是碳水化合物，第四类是矿物质，又叫无机盐，第五类是维生素，最后是水。现在发现，食物除了提供这六大类营养素以外，还提供一些植物化学物，现在这些植物化学物对它的功能很多我们还不十分清楚，比如我们吃番茄，知道可以得到维生素 C，但是番茄里还有番茄红素，现在认为番茄红素可以抗癌，尤其是预防前列腺癌症，还有降脂的作用。姜对我们来讲，作为一个很常用食物当中的调味品，但是姜里面含有姜黄素，姜黄素不属于我们传统的这六大类营养素，但是它又有独特的作用，比如说提高免疫力，提高细胞的抗氧化能力，抗衰老、杀菌，甚至还可以抗癌。我们今天给大家介绍的是存在在食物当中，已经认识得比较清楚的传统的营养素，而不包含那些现在还没有十分清楚的一些非传统营养素，所以实际上我们通过吃食物既可以得到传统的营养素，还有非传统的营养素，食物对人体的健康是有很大保障的。

下面我们给大家讲讲食物对人体有什么作用。我们先从食物的种类和构成来给大家介绍，大家回忆一下我们吃的食物当中，最主要的食物是什么呢？每天我们以什么为主呢？那就是我们的主食，像我们南方喜欢吃大米，北方喜欢吃面食，这些都是粮谷类，构成了我们食物当中最主要的一个食物种类，具体分为粗粮和细粮。像我们吃的大米、白面这些都属于细粮，而粗粮呢，像北方的燕麦、高粱、玉米、小米，但是我们南方可选择的粗粮就比较有限了。大家还能够举一些我们南方的粗粮都有什么吗？地瓜不属于谷类，属于薯类。所以相对来讲南方的饮食在主食方面，应该说有一定的欠缺，所以说要增加粗粮的摄入。甜玉米跟北方的玉米是不一样的，它的成分有很大的区别，北方的玉米主要是碳水化合物比较高，而南方的玉米它应该说是新培育出来的，水分高，糖分含量也比较高。

粮谷类到底有什么特点呢？第一，它可以提供给我们的六大类营养素当中的碳水化合物，而碳水化合物是我们人体最主要的能量来源，除了能量以外，还可以得到蛋白质，得到矿物质，也就是无机盐，比如说钙、铁、锌、硒等等，以及 B 族维生素。除了以上这些，它还可以供给膳食纤维，膳食纤维是什么呢？它实际上也是属于碳水化合物一类，但是它在人体不能被消化、吸收。不供给我们人体能量，但是对我们人体健康很重要，尤其是我们现在生活当中，它对维持我们的健康起着很重要的作用。能量过剩、肥胖以及血脂当中的甘油三酯增高与主食吃得过多有很大的关系。

大家都知道我们现在很多文明病其中一种就是高血脂，很多人说我吃素，不吃肉类等等，为什么血脂还高呢？我们说高血脂有三种：一种是胆固醇高，一种就是甘油三酯高，还有第三种形式是混合型的。如果你主食吃得多加上运动过少，容易导致单纯的甘油三酯高；降下来也较容易，只要把你的主食控制，加上注意运动，很容易就会降下来。但是如果是胆固醇比较高，降下来就比较困难，为什么呢？因为我们人体当中胆固醇60%都是由肝脏自己合成的,如果你的肝脏的代谢功能不好,你即使不吃胆固醇高的动物性的食物,你的血液当中的胆固醇依然是高的。

除了这些因素以外,还有一个因素就是遗传,所以大家都知道,遗传是我们人体无法抵抗的一个因素,是与生俱来的。但是这些外来的东西,我们说我们人体可以人为控制的,到底膳食纤维有什么样的作用呢?第一,膳食纤维它是存在在植物性的食物当中,尤其是在植物性食物的外层,它不会被我们人体的消化酶分解,它不能被吸收,也不会提供给我们人体营养,但是它可以起到什么作用呢?它可以吸水膨胀,起到通便的作用。大家都知道我们人体的垃圾废物,一方面是来自食物的代谢,另外一部分来自于我们自身组织的代谢,这些废物都要以粪便的形式通过肠道,或者以尿液的形式排出体外,但是膳食纤维摄入过少的话,粪便就不容易从体内排出。我们一天要排几次粪便才算是比较健康的呢?一般来讲每天都要吃饭,当然每天也要把这些垃圾排出体外,如果你不排出的话,我们人体肠道当中有很多的血管,这些血管很多会跟我们的肝脏连在一起,我们的肝脏是唯一的一个解毒器官。垃圾废物不排走的话,通过肠肝循环,这些毒素又会吸收入血,又到了肝脏,肝脏再次解毒,然后又排到粪便中。如果粪便老是不排出去的话,时间长了我们把它叫宿便,宿便含有大量有害物质,所以通便也是防癌的很重要措施。所以我们营养不但要讲究吃的营养,还要讲究排出通道的畅通,有进有出,一进一出平衡了,我们才能够健康。

第二,膳食纤维可以促进我们体内胆固醇的排出,尤其是高胆固醇的人,通过多吃膳食纤维,可以起到很好的辅助降低胆固醇的作用,而且还可以降低餐后血糖。大家都知道糖尿病人现在很多,尤其是害怕饭后血糖增高,怎么办呢?你的餐桌上要有一定的膳食纤维,这样的话呢,它可以避免你吃饭后血糖增得很高。再有就是现在认为膳食纤维它可以通过吸附的作用,吸附一些尤其是我们人体不需要的,甚至对人体有致癌作用的,比如像农药、化肥、重金属以及有害的东西,都可以通过它的吸附,以粪便的形式排出体外。所以现代文明,或者是现代健康,更加强调膳食纤维的作用。

任何事物都是要辩证地来看,有它好的地方,也有不好的地方,比如膳食纤维由于它的吸附作用是没有选择性的,它不会知道对我们人体有营养我就不吸附它,对人体有害我就吸附它,它没有这种辨别能力。过多的话,它也会造成营养素的吸收障碍,最主要的是影响钙的吸收,所以膳食纤维摄入过多的话,它会导致人体钙的摄入不足。

我们吃的粮谷类,除了是我们人体能量的最主要的来源外,还可以提供给我们人体的B族维生素当中的维生素 B_1,现在人吃的东西是越来越精,越来越好。大米也好,白面也好,很白,口感也非常好,大米越精的话,它外面脱粒就脱得更干净。维生素 B_1 它存在哪儿呢?它存在我们谷粒的比较外面的一层,如果脱粒越干净,它里面的维生素 B_1 残留量就会越少,所以现在的人由于缺乏维生素 B_1 而导致的脚气病越来越多。脚气病是维生素 B_1 缺乏的一种病和我们俗称的观念上的脚气病不一样,后一种脚气病是由于真菌感染足部而引起的一种疾病,也叫做“香港脚”,跟我们维生素 B_1 缺乏造成的脚气病,从病因和症状是不一样的。

维生素 B_1 缺乏导致的缺乏症,为什么叫它脚气病呢?这种脚气病表现有三个形式:一个湿性脚气病,一个是干性脚气病,还有婴儿脚气病。湿性脚气病使循环系统功能受到影响,导致心脏代偿性的肥厚,最终导致心脏衰竭而死亡。所以不要小看一个小小的维生素 B_1 缺乏,也会要了人的命。而干性脚气病,主要表现为外周神经炎的症状,外周神经炎是什么样的表现呢?四肢由感觉上异常最终发展到运动障碍,四肢就像蚂蚁在爬的一种感觉,我们把它叫做“蚁走感”,但是这种“蚁走感”的感觉异常仅限于四肢,而不包括躯干,这就是外周神经炎的典型表现,进一步发展为四肢麻木,最后导致它的运动障碍。这种运动障碍,因为它是外周的而不是中枢的,所以它不会导致偏瘫,它是一种什么样的表现呢?就是两只手、脚下垂,所以患了干性脚气病的人无法行走,也没办法进行工作和劳动。

所以过去六七十年代的一些典型南方人,由于吃精白米导致这种病的发生非常多。当时大家都不明白怎么回事,卫生部派了由医学专家还有营养学家组成的医疗队,到了现场,查看他们状态,问了他们食物的饮食情况,化验尿,最后确定是缺乏维生素 B_1。补充维生素 B_1 后一周,这些人好了。当然,除了导致严重心衰的湿性脚气病可以导致人死亡,其他的人都恢复了健康。

如果孕妇维生素 B_1 缺乏,刚生出来的孩子也会发生脚气病,尤其是两到五个月更高发。但是刚出生的婴儿,由于无法讲话,所以这种孩子有一个特点就是哭,在哭的同时有氧气供给不足的表现,气促,然后缺氧紫绀,一般出现症状一到两天,很快就死亡。所以一般来讲有经验的医生,如果他在问诊的时候,确定母亲是维生素 B_1 缺乏,在出生的婴儿当中就直接输给维生素 B_1,这样可以避免婴儿死亡。吃什么来解决我们维生素 B_1 摄入不足呢?粗粮是维生素 B_1 的主要来源,现在市面上有很多的紫米呀、黑米、小米,所以我建议大家如果不会做的话,可以把这些五谷的豆类呀,或者是各种杂粮把它做成像八宝粥一样,也可以根据气候,比如说湿度比较大,放一些祛湿的薏米,然后再放一些补气的枣,应该说口感是非常好的,还有营养。所以说这是我们说主食可以得到能量、维生素,还有一些矿物质。

第二大类就是动物性的食物。动物性的食物种类很多,如鸡、鸭、鱼、肉、蛋、奶,进一步地划分,又分为红肉、白肉,我们吃的猪肉、牛肉、羊肉这些属于红肉,像禽类的肉,还有鱼类的肉它属于白肉,它们之间的差异在哪儿呢?一般地来讲,白肉里面的胆固醇含量相对来讲比较低,脂肪含量相对来讲比较低,而且它的蛋白纤维相对来讲比较细,所以适合老人、儿童吃,比较好消化吸收。但是不管是白肉还是红肉,它们的内脏都有一个特点,就是高蛋白、高胆固醇,所以上了岁数的或者是有高血脂家族史的人,一般来讲最好不要吃动物的内脏。

民间有很多说法,比如说以脏补脏,就是说缺什么,吃什么,补什么,如果心脏不好,愿意买猪心,肝不好愿意买猪肝,肺不好愿意买猪肺来煲汤,但是实际上所有的这些内脏,它的胆固醇都是比较高的,所以我们说我们老祖宗给我们留下来的东西,当然有很好的养生理念在里面,但是它并非全是科学的。所以我们现代人不要照单全收,我们应该理性地来分析一下,对我们有益我们应该继承发扬,对我们没有益的我们应该有所摒弃。

动物性的食物给我们提供什么样的养分呢?一个就是高蛋白,也就是说优质的蛋白主要是通过动物性的食物来获得的,我们吃粮食也可以得到蛋白,但是得到的蛋白就是比较有限了。动物性的食物除了提供给我们优质的蛋白以外,还提供高脂肪、铁、维生素 B_2、维生素 B_{12},这些东西对维持我们的健康是非常重要的。

除了这些动物性的食物,我们吃的还有一种食物就是大豆类食物。在讲到大豆类的食物呢,有必要跟大家澄清一个观念,就是我们吃的豆类,并不是因为它的个大叫大豆。从植物豆类分类上讲,大豆包括黄豆、青豆,黑豆,除此以外剩下的所有豆类,不论它的颜色、不论大小都叫做其他豆类,比如说大到芸豆、蚕豆,小到绿豆、红小豆、赤小豆,都叫做其他豆类。为什么要把大豆类单独拿出来呢?就是因为大豆类它主要的特点就是高蛋白,它里面含有蛋白 35%—40%,再有它含有将近 20% 的脂肪,所以食物的优质蛋白包括动物蛋白和大豆蛋白。利用大豆脂肪含量高我们用大豆来榨油，大家有见到用蚕豆或者是豌豆或者是绿豆榨油的吗？没有，就是因为其他豆类，虽然它也长得像豆，而且它也叫豆类，但是它们在成分上差异很大，它们的成分主要是什么呢？主要是碳水化合物，所以其他豆类跟我们吃的粮食是一样的，是作为我们人体能量的一个来源。

大豆类除了含有优质的蛋白、脂肪以外，还有卵磷脂，维生素 B_1、B_2，以及矿物质，除此之外呢，大豆浑身是宝，还含有各种植物化学物，比如说我们吃大豆还可以得到大豆皂甙，可以得到大豆异黄酮，大豆低聚糖。我们大家都知道，女性到了更年期以后，她体内的雌激素急剧地下降，会带来一系列的问题，如衰老、心血管病高发等。怎么办呢？一种办法，像国外一样补充雌激素，但是它带来的结果呢？会使女性的癌症高发，比如说乳腺癌、卵巢癌、子宫内膜癌高发，怎么办呢？我们可以通过吃大豆，比如说吃豆腐干、吃豆腐、喝豆浆，可以得到大豆异黄酮，大豆异黄酮又叫做植物雌激素，它既可以补给雌激素，又不会导致像我们吃雌激素带来负面的影响。所以我记得曾听到一个笑话，说一个老公关心不关心他的妻子，看他在妻子更年期的时候给她吃什么，如果吃豆类的东西，给她买豆浆、买豆浆机，说明他是一个关心老婆的好男人。现在很多保健品，专门把大豆当中的大豆异黄酮提取出来，然后制成保健品，其实我们通过吃食物也可以得到这些东西。

大豆类，还有一种是黑豆，它的脂肪含量是比较高的，还含有矿物质，比如说钙、铁，但是在钙的上面有很大的差异，它含有的钙不如牛奶含的多。

我们中国人蛋白质主要的来源不是来自于优良的动物蛋白和大豆蛋白，而主要来自于什么呢？粮食，我们蛋白质的10%—15%是粮食来提供的，所以呢，并不是非常好的。蛋白质如果要是摄入不足的话，会导致营养不良，会有什么样的表现呢？第一个表现是胖，有人说胖不是营养过剩吗？为什么还是营养不良呢？如果单纯的蛋白质缺乏，但是能量不缺乏就会出现胖的外观，胖不是真正肌肉多了，而是水肿，因为体重降低，同时还会有肝脾肿大、腹泻、毛发改变，甚至神经系统的一些症状。自我感觉最明显的是腹泻的症状，为什么呢？因为我们胃肠道它的上皮细胞也是蛋白质组成的，而且由于它在体内更新的速率是最快的，它对于蛋白质缺乏最敏感，所以食物中蛋白质缺乏它最先出现症状，所以如果出现腹泻，又排除了肠道细菌感染的话，吃一个鸡蛋或喝杯牛奶，会有很好地止泻效果。

大家可能听说过阜阳奶粉的事件，也叫"大头娃娃事件"，猛一看觉得孩子胖胖的，营养挺好的，对不对呀？但实际上它是一种蛋白质缺乏，表现出的一种虚假外观。我们人体从毛发、皮肤，到心、肝、脾、肺、肾全部都是由蛋白质组成的，这些心、肝、脾、肺、肾其中有3%的蛋白质每天要参与人体的更新代谢。如果蛋白质摄入不足，每天你体内蛋白质都会代谢，排出，大家想想，如果长期这种排泄，你内脏脏器的功能就会受到影响，就很容易得病，抵抗力也很差。大家知道我们人体的抵抗力是什么呀？就是我们人体的抗体，如免疫球蛋白等，所以我们每天必须吃蛋白质，提供给我们人体脏器组织更新修复的物质材料。

吃别的东西是没办法代替蛋白质的，蛋白质缺乏，除了表现出一种胖的外观，另外一种外观就是消瘦，为什么有的会出现胖的外观，有的会出现消瘦呢？如果不仅是蛋白质缺乏，同时热能也缺乏，就会出现消瘦。人活着，必须要有生命体征，我们人的生命体征是什么呢？呼吸，心跳，脉搏。要维持基本的生命体征，能量是第一位的，如果食物不能提供人体所需的足够能量，人体可以通过皮下脂肪的分解产生能量，所以蛋白质和能量同时缺乏会出现这种极度消瘦的外观，这种典型的外观现在在非洲的难民中可以见到。讲到了蛋白质摄入不足导致的营养不良，那么蛋白质是不是越多越好呢？吃得过多会导致什么样的结果呢？我们说所有的动物蛋白，它在提供给优质的蛋白的同时，它不可避免地附带着还要提供给我们人体不管你需要不需要，不管你愿意不愿意，他还要同样地提供给你脂肪和胆固醇。所以动物蛋白吃得多的话，不可避免地会导致动物的脂肪和胆固醇摄入过多。另外蛋白质摄入过多的话，它会加重我们肾脏的负担，为什么呢？因为蛋白质在体内代谢，最后要以含氮的废物从尿中排出。

虽然我们大家都知道，我们人有两个肾，但是我们吃的食物蛋白质和人体的心、肝、脾、肺、肾等脏器的组织蛋白质，它们在人体代谢后产生的废物都要通过肾脏来工作，将它们排出体外，如果蛋白质摄入过多会加重肾脏的负担。大家也都知道，现代人吃得越来越好，病也越来越多，尤其是肾脏疾病，如肾衰竭、尿毒症，需要换肾的、洗肾的也越来越多，这跟我们的饮食不合理，饮食不均衡，营养过剩也有一定的关系。此外蛋白质摄入过多还会导致什么结果呢？蛋白质摄入过多，它会加速我们体内钙的流失，缺钙很容易导致骨质疏松的发生。

谈到缺钙大家都知道我们中国人普遍缺钙，所以在《中国居民膳食健康指南》中提倡我们每人每天要喝奶，为什么呢？就是因为中国人普遍缺钙，缺钙会导致骨质疏松，骨质疏松这种病难道只有中国人有吗？不是，西方也有，但是西方人的骨质疏松和我们中国人的骨质疏松的主要原因不一样。我们中国人是因为钙摄入过少，牛奶吃得太少，而西方大家知道西方人每天都喝牛奶，为什么也会得骨质疏松呢？那是因为奶摄入过多，蛋白质摄入过多，造成体内钙的流失严重。曾经有一个统计资料表明，美国人平均每人每天蛋白摄入量至少要在125克以上，而这125克意味着什么呢？就会导致体内钙加速地流失，所以西方人的缺钙，骨质疏松的主要原因是由于蛋白质摄入过高，奶制品摄入过高，所以美国对于它的国民营养健康的指南是奶制品不要吃得太多。但是我们中国就不一样了，我们要鼓励大家都喝奶。

我们中国人的蛋白质主要通过粮食来获得，但是粮食当中的蛋白含量只占8%—10%。当然有特殊的，比如说莜麦或者是荞麦，它的蛋白质含量达15%，甚至高达20%；而鸡鸭鱼肉，我们说的优质蛋白，它的蛋白质含量都在20%左右；而豆类含量就更高，在20%—40%；而奶类呢，我们说蛋白质含量不高，3%，脂肪也是在3%，但是它的营养成分非常均衡，什么都有，有维生素、有蛋白质、有矿物质，所以它是老人、儿童、体弱的人一个非常好的营养食品。

除了我们可以通过动物性的食物得到高蛋白以外，我们还得到脂肪，脂肪实际上可以分为两类：一类是动物脂肪，一类是植物脂肪。我们吃的这些猪肉呀，尤其是肥肉里面就含有动物脂肪，我们喝的牛奶里面也含有动物脂肪，动物脂肪的特点是什么呢？它的脂肪酸是饱和的，而这种饱和脂肪酸呢，很容易导致血脂增高。再有，动物脂肪一般含有比较高的胆固醇，而且它不含有脂溶性维生素A和D。植物脂肪主要是来自于一些油料的种子，比如说花生、核桃、芝麻，还有菜籽油，还有大豆，这些都是植物脂肪。植物脂肪的特点是里面含有的脂肪酸不是饱和的，这种不饱和脂肪酸它的特点就是提供给我们人体必需脂肪酸，而这种必需脂肪酸它的特点就是说我们必须通过食物来获得。如果我们不吃食物的话，我们人体没有办法通过喝水，呼吸空气得到。必需脂肪酸有什么作用呢？我们看它缺乏的症状，大家就知道它有什么样的作用呢？第一，如果缺乏的话会影响生长发育。所以我们说对于青少年、婴幼儿必需脂肪酸缺乏的话会影响他的生长发育，会出现皮肤损伤，主要是皮疹。所以对那些人工喂养的婴儿,不喝母乳的,就容易必需脂肪酸缺乏,容易出现尿布疹、头皮的湿疹等等,所以给他喂一些芝麻油,或者是把蛋黄用芝麻油炒了,然后在长湿疹的地方糊上都有很好的效果。对于育龄的人来讲,必需脂肪酸缺乏会影响生殖功能。

此外必需脂肪酸对于内脏,如肝、肾,以及神经系统和视觉系统有着很好地保护作用,所以说我们需要吃那些含有必需脂肪酸的植物油。现在提倡大家吃一些橄榄油,橄榄油它有什么特点呢?它含有大量的单不饱和脂肪酸,而必需脂肪酸它是多不饱和脂肪酸,单不饱和脂肪酸和多不饱和脂肪酸保持一定的比例对人体健康是有意义的,特别是心血管疾病的人群。

动物性的食物除了提供高蛋白、脂肪以外,还提供矿物质,它提供的矿物质的特点是什么呢?第一就是铁,来自于动物性食物的铁,又称做血色素铁,在人体消化吸收率比较高,而且很少受到我们膳食其他因素的影响。如果铁缺乏,第一个就会造成贫血,贫血会出现心慌,抵抗力降低,现在发现铁缺乏还影响人的智力。美国曾做过一个调查,发现人的工作能力、工作效率,以及他在工作当中的晋升的机会,追溯起来,那些工作效率不如别人,晋升不如别人的回顾起来在小的时候有缺铁。所以美国调查结果得出一个结论:小时候缺铁会影响终身,虽然你的缺铁的症状纠正了,但是对你的智力以及行为上面的改变,是没办法逆转的。缺铁还可以导致抵抗力低、耐寒性差、食欲下降,哪些人群应该重点关注呢?一个是女青年,再有是早产儿、孕妇,还有儿童,这些人是很容易导致缺铁的,他们是要补铁的重点人群。

动物性的食物还可以提供矿物质——锌,锌主要来自于海产品。缺锌会有什么样的表现呢?主要影响生长发育,它影响的生长发育不光是身体上的,还包括智力上的,尤其是那些处于青春发育期的男性,影响更大,会导致生殖器短小,或者是隐睾,等等,导致成年期不育。再有锌,它跟味觉、嗅觉以及食欲有很大的关系,大家看电视、广告,经常说这孩子食欲不好,补锌,葡萄糖酸锌,吃了孩子就好了,就是因为锌跟我们的味觉、嗅觉,跟我们饮食的食欲有很大的关系。如果缺锌会有食欲下降,还会有异食癖的表现,比如说喜欢吃石子、墙皮、纸以及粉笔等等,尤其是在一些幼儿身上可以看到。所以家里有小孩的家长,如果注意到孩子有这种不正常的饮食行为,不要过多的责怪孩子,实际上是一种病态反应。再有缺锌对于成人来讲,食欲不好的原因很多,过劳过累,或者是失眠,压力过大都会出现,但是如果你有外伤,伤口不宜愈合,或者是反复发生感染,实际上表明你缺锌。所以我们一般来讲对那些住院,尤其是外科术后的,应该增加锌的补充,可以促进早日康复。再有就是孕妇要注意,孕妇缺锌容易导致孩子出现中枢神经畸形,中枢神经畸形一般可以表现为无脑儿,或者脊柱裂,这种孩子一般来讲是活不长的,而且智力低下。

下面我们介绍一下奶制品,奶对我们补钙很重要,而且现在我们中国人普遍缺钙,所以现在号召全民每天喝奶补钙,钙有什么作用呢?在人体内99.9%的钙都分布在骨骼上,所以钙要缺的话很容易导致骨质疏松,除了在骨骼上分布以外,还有一部分就是分布在我们牙齿当中,它保证我们的牙齿硬度。当然了我们说我们的骨骼不光含有钙,它还有胶原蛋白在里面,所以呢,我们说如果缺钙的话,会导致骨的脆性增加。缺乏维生素D也会导致钙的缺乏,因为食物当中钙的吸收它要在维生素D的作用下,促进它在人体的吸收。除了维生素D外,乳糖也可以促进钙的吸收,还有一些氨基酸也可以促进钙的吸收。而我们喝的牛奶当中,一方面钙的含量高,每100毫升里面含有104毫克的钙;同时它里面含有乳糖,含有维生素 D,所以牛奶是补钙最好的食物。缺钙不仅可以导致骨质疏松,对于一些我们成年人它可以表现为骨软化,骨软化的表现就是腰背部的疼痛,而这种腰背部的疼痛不是风湿,风湿痛和天气有关,遇到阴天、刮风下雨出现的腰酸背痛;而缺钙引起的疼痛它是不一样的,越活动越疼,休息缓解。孕妇缺钙会导致难产,儿童缺钙会导致佝偻病,佝偻病的骨骼表现第一个就是方颅,第二个串珠肋,严重缺钙会留有永久骨的畸形,如 X 型腿和 O 型腿,会终身影响一个人。

除此之外,我们还要吃蔬菜和水果,蔬菜是一类,水果是一类,蔬菜代替不了水果,但是蔬菜水果为什么放在一起呢?因为它们的主要特点是提供给我们人体所需的维生素,尤其是维生素 C,还有膳食纤维、钙、磷、钾、铁、锌等无机盐,它所提供的铁和来自动物性食物的铁有不同。植物提供的铁是非血色素铁,它的吸收率远远地低于来自于动物性食物当中的铁。蔬菜我们又分为叶菜类、根茎类、瓜茄类以及鲜豆类,叶菜类又可以分为深的叶菜和浅的叶菜。《中国居民膳食健康指南》要求我们每人每天叶菜类要占到一半,其中尽量以绿叶菜为主,为什么呢?主要它含有食物维生素 C 含量比较高,维生素 C 又叫做抗坏血酸,为什么叫抗坏血酸呢?因为它可以预防坏血病,如果缺乏维生素 C 会有什么表现呢?早期可能没有典型的缺乏症状,但是人体会出现很容易疲劳,皮肤会有一些淤青或者是斑点,会出现牙龈出血,抵抗力下降,牙床出血,皮肤出血点,最轻的时候就是你刷牙的时候出现出血。此外,维生素 C 对保证我们的牙齿、皮肤以及血管的弹性都非常重要。再有维生素 C 还可以促进有毒重金属的排出,所以生活在污染地区的人们,要增加维生素 C 的摄入。一般来讲从事有毒有害作业的人群我们也建议他要补充维生素 C,要增加蔬菜和水果的摄入。而且维生素 C 还有抗癌的作用,它抗癌的主要作用在于它可以阻断亚硝胺的合成,而亚硝胺是一种致癌物质,它存在腌制的食物中。大家都知道我们广东省鼻咽癌高发,现在认为鼻咽癌除了与 EB 病毒感染有关外,也与从小吃腌制的咸鱼有关,具体的机制还不十分清楚。但是长期吃腌制食物与消化系统的癌症高发高度相关。所以,如果你现在还有这种饮食爱好的话,怎么办呢?要注意补充新鲜的水果和蔬菜,应该说有一定的预防作用,因为亚硝胺它是在人体内合成的,维生素 C 可以阻断它的合成。此外维生素 C 还有美容的作用,可以预防色斑形成。

食物还可以提供给人们维生素 A,维生素 A 它有两大来源:一是来自于植物性食物,主要是带有颜色的植物,如:黄色、绿色、红色的植物;二是来自于动物性的食物,来自于动物性的食物当中的维生素 A 人体可以直接吸收,但是来自植物性的要在肝脏当中进一步转化成维生素 A 才能发挥作用。维生素 A 有什么作用?主要是跟我们的视力有关,如果维生素 A 缺乏的话,你的视力不好,但是视力不好主要表现在暗视力下降,也就是说在光线比较暗的情况下人的视力,这种视力叫暗视力。暗视力如果要是下降的话,提醒你维生素 A 缺乏,如果不注意的话,进一步发展就会出现典型的维生素 A 缺乏症,表现就是一到晚上看不见,夜盲症,白天没关系,跟正常人一样,而且会有眼干燥症,就是看东西视物模糊不清,而且眼睛干涩流泪。现在很多药房在卖那种润眼的药水,有的还会含有激素,实际上注意补充维生素 A 就可以了。补充维生素 A 最简单的方法就是吃鱼肝油,尤其是在这种非自然光线下的用眼,它会加速我们视网膜中的维生素 A 的分解,所以要额外地补充一些。而且维生素 A 缺乏的话,它还会导致抵抗力下降,很容易发生感染,而且也会影响身体发育,影响人的身高,所以一般缺钙长不高,缺维生素 A 一样长不高,当然身高也有遗传的因素。维生素 A 缺乏,除了有眼睛发干,夜盲症以外,严重的话它还会导致角膜软化,角膜软化导致房水流出,结果导致失明。像这种维生素A缺乏的情况整个全球将近占到1/4，主要分布在非洲一些欠发达的地方，但是我们国家属于维生素A中等程度缺乏的国家。哪些人群急需要补充呢？第一是戴隐形眼镜的人群，隐形眼镜它不断地直接接触我们的角膜，容易造成角膜损伤；再有就是长期看电脑的、长期在日光灯下工作、皮肤不好、术后、经常容易脱发的这些人应该补充维生素A。但是补充的时候要注意，维生素A不像维生素C，维生素C多的话它就随尿排出去了，因为它是水溶性维生素，但是维生素A它是脂溶性的，多的话它会在体内储备，容易导致中毒，中毒的话它主要表现恶心、呕吐、肝肿大、皮疹、骨关节的疼痛，严重的话导致肝硬化，孕妇吃多了的话也会导致致畸。植物性的维生素A吃多的话没有关系，比如说橘子，橘子当中含有大量的β胡萝卜素，β胡萝卜素在体内肝脏当中可以转化成维生素A，你要是橘子吃多了的话，它会导致一过性的皮肤黄染，停止吃了以后它会恢复，不会导致严重的后果，不像鱼肝油，所以我们说还是要食补比较好。

还会发生维生素B_2缺乏。B_2缺乏的话主要是影响生长发育，出现口腔生殖综合征，还有出现贫血。再有我们吃食物还可以得到一个很重要的矿物质就是碘，碘现在大家都知道，吃碘盐来获得碘，实际上海产品也含碘，缺碘会导致什么样的表现呢？地方性甲状腺肿，但是碘摄入过多同样会导致地方性甲状腺肿，如海边的日照县发生的地方性甲状腺肿，刚开始认为就是缺碘导致的，补碘的结果，越吃脖子越大，后来发现原来高碘也容易导致地方性甲状腺肿。所以现在我们生活水平比较高了，尤其像我们这个地方，海产品吃得较多，碘摄入比较高，所以是否要选择碘盐，要根据自己的情况。如果你每天都吃海产品，又吃海带，又吃紫菜，然后又吃海鱼，你真得没必要再去吃碘盐了。所以现在市面上有碘盐，也有非碘盐，应该根据自己情况来进行选择。缺碘除了导致地方性甲状腺肿外，还会有甲状腺功能低下的症状，影响人体的内分泌水平，小孩要是缺碘的话，严重的患克汀病，表现为呆、小、聋、哑、瘫，完全变成一个废人。碘在环境中的分布不均匀，所以很多地方缺碘，水也缺碘，土壤也缺碘，土壤长出的所有的植物也都缺碘，所以生活在那个地方人就没办法得到碘，所以只能吃碘盐。

除了营养缺乏外，营养过剩也对人体健康有害，营养吃得过多会导致什么病呢？第一个就是肥胖，第二个就是容易导致心血管疾病，还有糖尿病和高血压，再有就是容易导致癌症。癌症的产生，跟我们现在已经知道的明确的一些致癌物质，如N-亚硝基化合物、多环芳烃类、丙级酰胺及黄曲酶毒素有关。在高温高湿地方，很容易导致黄曲霉菌及杂色曲霉菌生长繁殖污染食物而发生霉变，尤其是含油脂高的物质如花生，这些霉菌可以产生黄曲酶毒素，它主要导致肝癌的发生。所以花生油中的黄曲酶毒素，国家有要求它的残存量每千克不能超过20微克。再有一些烧烤类的会有多环芳烃类的致癌物质，这些主要是跟胃癌和食管癌密切相关。像炸薯条中含有丙级酰胺，大家都知道肯德基好吃，但是最好尽量少吃，一星期吃一次就可以了。

高脂肪的食物摄入，它和大肠癌以及女性乳腺癌的高发密切相关，但是吃腌制的食物、油炸的或者是发酵的食物，容易和一些食管癌、胃癌、肝癌的高发密切相关。除了以上这些，吃不洁的食物还可以导致肠道传染病的发生，人畜共患传染病，比如说疯牛病、丹毒、口蹄疫、鼻疽这些传染病，通过食物感染。除了这些还有一些寄生虫病，比如吃烧烤、吃羊肉串会导致旋毛虫感染，吃患囊虫的猪肉感染囊虫，猪囊虫它可以通过血液、淋巴到达全身，在我们的脏器当中停留下来繁殖。除了这些人畜共患的传染病，还有食品安全问题就是人为的掺假，比如说拿工业用的染料苏丹红，放到辣椒里面，放到番茄酱里面，甚至把它放到饲料里面，为了产出红心蛋，我们打假是防不胜防。还有就是大家不都是愿意吃瘦猪肉吗？那怎么才能让它瘦呢？给猪吃点瘦肉精生产瘦猪肉，结果产出来的猪肉含有瘦肉精。这种东西呢，吃了以后它会对我们的心脏有很大的影响，所以心脏不好的人吃了它以后很明显就开始喘不上来气了。我们一般的人短期地吃没有问题，长期地吃那肯定不好。还有就是奶粉中放三聚氰胺，所以我们说食物的营养和食品安全同样重要，民以食为天，食以安为先。

到底我们应该怎么来健康地吃呢？就是讲究合理的营养，平衡膳食。国家和政府特别关心我们老百姓健康，出台了中国居民的平衡膳食宝塔告诉我们应该怎么吃，要想健康，按照膳食宝塔来吃就可以了。宝塔共有五层，最下面一层是谷类、薯类，每天每人 250—400 克。第二层是蔬菜和水果，每人每天蔬菜要吃到 300—500 克，水果 200—400 克，种类越多越好。第三层是动物性的食物，鱼虾类，每人每天只需要 50—75 克，动物性的肉类 50—75 克，蛋类 25—50 克。克是多少呢？一个鸡蛋差不多就是 50 克，所以每人每天只需要吃一个鸡蛋就可以了。再往上一层第四层是奶类，每人每天 300 克，2007 年以前还定为每人每天 100 克，300 克的奶就可以提供 300 毫克的钙，每人每天需要多少克？成人 800 毫克，当然岁数大的老年人要增加。豆类，每人每天 30—50 克，豆类我要解释一下，如果是吃大豆，每人每天要吃 40 克，你要喝豆浆要喝到 800 克，如果你要吃豆腐要吃 200 克，如果你要是吃豆腐干，每人每天只需要吃 80 克。第五层在塔尖上，是食盐和油，食盐每人每天不要超过 6 克，烹调油不超过 25—30 克，根据中国 2002 年全国膳食营养调查结果，中国人普遍都超，尤其像我们大城市，油早就超了，所以我们每个人都要按照膳食宝塔来做才能保证健康。

按照膳食宝塔吃还不够，还要注意什么呢？就是锻炼，要保证健康，每人每天还要进行 6000 步活动，这 6000 步是指什么呢？一个人每天的基本活动就是 2000 步，你已经有 2000 步了，你每天只要再把下面的 4000 步做到就可以了。骑自行车 7 分钟 1000 步，拖地 8 分钟 1000 步，中速行走 10 分钟 1000 步，太极拳 8 分钟 1000 步。所以每人每天身体活动 6000 步，容易不容易达到？很容易达到。但是你自己必须有意识，饮食平衡，再加上 6000 步的身体活动，这样的话你就能够保证健康。

祝大家身体健康！

转基因应用与安全

李华平

李华平，华南农业大学资源环境学院副院长、教授、博士生导师。兼任国家农业转基因作物检测与监测中心专家委员会委员、广东省农业转基因生物安全管理专家委员会委员、中国植物病理学会理事、广东省植病学会副理事长等。主要研究领域是植物病理学和植物抗病基因工程等。先后主持和参加国家、省部级和国外合作项目课题三十八项，曾获国家科技进步三等奖和广东省自然科学二等奖等三项。在国内外首次发现和鉴定植物新病毒和株系二十余种，分析和克隆新基因四十余个，先后在国内外发表学术论文百余篇。

各位朋友,非常荣幸来到香山讲坛。借这个机会,我与大家来共同探讨关于转基因应用与安全方面的问题。转基因技术主要涉及四大方面,包括医药生物技术、工业生物技术、环境生物技术和农业生物技术。大家都知道,从 20 世纪 70 年代开始一直到现在,短短几十年间转基因技术发展得非常快,在我们日常消费的许多食品中,有许多也是通过转基因技术而来或通过转基因产品加工而来,因此转基因技术基本上进入了我们人类的生活,也成为各种媒体、网络报道的热点,社会关注度较高。但是由于人们对转基因知识缺乏认识,造成很多误解,所以我这里头一句话,叫做转基因技术一方面席卷全球,走进百姓生活,一方面又风波不断。

对转基因技术,我不太清楚在座的各位朋友知道和了解多少,在互联网上用“转基因技术”作为关键词进行搜索,会找到上亿条记录。尽管转基因技术主要包括我上面所讲的四个方面,但是争议最大的主要是农业生物技术当中的转基因食品,因为食品是我们人类每天每餐都要面对的,它与我们身体健康紧密相关,因此,公众当然就非常地关切,也非常希望了解。实际上,转基因食品最早出现在美国消费市场上,时间是在 1994 年,到现在世界各国都有,基本上整个食品产业中有相当一部分食品都是来自于转基因技术,如酸奶、面包、色拉油、饼干、各种酱类等,当然不止限于这些食品,依据有关权威的报告我粗略地估计一下,应该有 8000 多种,基本上涉及我们日常生活的方方面面。但是,这 8000 多种食品在我们中国较少,主要是在美国、加拿大等比较发达的国家,他们那里最多。

转基因有很多争论,争论的焦点是什么?我想要回答这个争论焦点,我们得先了解一些生物学的基本知识。比如说什么是基因?什么是转基因?什么是转基因生物?什么是转基因食品?等等,只有了解这些基本知识,清楚转基因是怎么回事,才能自己下判断。下面我就围绕这些最基本的问题,先给大家做一个简单地介绍。

一、转基因基础知识

(一)什么是基因

“基因”这个词语我想很多朋友都听说过。基因是生物遗传信息的一个基本的单位,是生命的密码,是染色体和基因组中的一段 DNA(或 RNA)序列。只要你是生物,那当然包括我们人类,其遗传信息都是由基因所构成的。但不同的生物其基因构成不同,这种构成体现出了不同的生物种性,即种类的特性。即使是同一种生物,不同群体间基因也有一些构成的变异。因此,通过这些差异分析,可以区分种内的不同个体。比如说亲子鉴定,为什么能做亲子鉴定?亲子鉴定的依据就是个体间的基因是有差异的,不管是哪一个个体,都有他独特的某一基因构成。

(二)基因如何决定生物性状特征

基因是可遗传的。基因的信息通过复制传递给下一代,这样这个生物体才能够在这个地球上长期生存,才能够繁衍而长期保持种的相似的特征。基因是一个遗传信息,那这个信息必须要通过性状表现出来,那基因是如何决定生物性状特征呢?

刚才我介绍了基因是一段DNA(或RNA)序列,是一段遗传序列,这一个遗传序列存在于我们每一个生物体内,在每一个细胞里面它都有,那如何与性状相联系呢?这个相联系中间还有两个步骤:首先是这个DNA要变成核糖核酸(RNA),然后这个RNA就可通过指导合成蛋白质,那这个蛋白质就来行使不同的功能或特征。对一个生物来讲,从开始出生,一直到老,在不同的生长发育时间蛋白质是不同的,那蛋白质的不同是通过RNA来调节和控制的。也就是说,在生物的不同的阶段,它需要不同的蛋白质,那就通过这个RNA来调节。要是大家学过生物学的就知道,DNA是一个双螺旋的结构,那这个DNA的结构它就可以通过几个步骤转变成RNA以后,再合成蛋白质。任何一种生物的性状特征,就是通过这些众多的不同蛋白质来表现的。

(三)什么是转基因技术

那我们明白上面这个基本知识后,然后我们来讲这个"转基因"是怎么回事。转基因有很多不同的名称或称呼,总体归纳起来主要有:遗传工程、基因工程、遗传转化、基因重组等等,转基因是一个通俗的叫法。在转基因的研究中,往往存在两种类型的转基因研究:一种就是要把外源基因,即一个外来物种的或者是说不是这个个体的某一个基因,把它引入到一个新物种,或者是一个新个体里头去,使这个新物种或个体表达外源基因的特性;还有一个就是内源基因,就是它本身是该物种体内存在的或所具有的基因,比如说植物,它有很多基因构成,这些基因按照我们人类的要求可以把他们进行分类,可能有的基因是有益的,即"好"的,而有的基因不符合人类要求而是一个有害的,或"坏"基因,那我们就可以通过转基因技术来改造这个"坏"基因,使它符合我们的要求。因此对于转基因技术而言,是按照我们人类的要求来引入或改造生物体中的基因,使它具有优良的性状。从这方面而言,转基因技术实际上是一种培养符合人类要求的生物体的一种技术。

因此,转基因或基因工程主要在两个层面上操作,主要的区别在于操作的基因是外来的还是本身物种所具有的。如果是外来的,是这个个体所没有的,那么通过转基因技术从个体外面引一个进来;如果是体内本身就有的,只是不好,那就可以通过转基因技术对之进行改造。总之我们最后的目标就是让这个物种或它的后代,将优良的基因都集合在一起,或把这个不好的基因弄掉或进行改造。在这里给大家举个不好的基因改造的例子,如我们人的遗传性疾病,遗传性疾病就是你身体内的某个基因坏了,这个基因坏了以后才会产生一系列的不好的遗传性疾病,那怎么办呢?医生就可以通过基因治疗,把你这个坏的基因给纠正过来。再如在植物体当中,它也有很多基因,它有些性状不好,我们就可以通过转基因技术不让它表达，从而使坏的性状不表达出来。

（四）什么是转基因产品

通过转基因技术而产生的生物体，我们就叫转基因生物。我们自然界有三大类生物，就是植物、动物、微生物，只要是进行了基因修饰或改造，那这个生物就叫转基因生物。到目前为止，转基因生物已有很多种类，包括各种转基因动物、植物和微生物。

那转基因食品呢？只要是通过改造的生物而生产的这些食品，或者是利用这个转基因生物作为原料，或者将转基因生物的成分作为添加剂而生产的食品都叫做转基因食品。所以转基因食品是来源于这些经过基因修饰的生物。现在的转基因食品有多少呢？我们粗略地统计一下，那来源于转基因植物的食品至少有3000种以上，而来自于转基因微生物的这个食品则就更多了，至少有5000余种。现在来自于动物的就比较少，主要用于研究领域，因此转基因食品现在来讲主要是来自于植物和微生物。

二、转基因技术与常规育种技术的异同

刚才跟大家讲了，这个转基因技术在品种选育上实际上是一种新颖的育种技术，是在基因水平上进行操作的一种育种技术，所以它这个技术跟我们传统的育种技术有什么不一样呢？两种育种技术既有相同的一面，也有不同的一面。相同的地方主要在于育种目标都是一样，两者的目标都是要在后代中集合优良基因，把不利的基因或不好的基因，或有害的基因弄掉。自从人类种植作物以来，按照咱们人类的需要通过有性杂交的方式不断地选育优良品种，这就是我们说的传统的育种方法。这个品种呢，一定要符合咱们人类的需求，按照咱们人类的要求，要产量高，要品质好。传统的育种方式是父母本间进行有性杂交，从而实现基因的交换或转移，这种交换往往是通过遗传物质的大片段的交换，在大片段中含有很多基因，这样很多基因是连在一起转移或交换过去，转到他后代当中去。为什么是很多基因连在一块？因为这个传统育种，它是通过有性杂交，就是父本和母本杂交以后，在这个后代中各含有父母本一半的遗传物质。这样在传统的育种中就会出现一些问题，其中主要的问题之一是生殖隔离，即只有同一生物物种才可能实现有性生殖繁育后代，在生殖过程中发生基因的交换，不同的种则由于不能进行有性生殖而不可能发生基因交换。假如说我要一个很好的基因，而这个基因在这个物种中都没有，只存在于别的物种中，那这个基因就没办法通过传统育种方法转移到这个物种中，这就是生殖隔离所导致的问题。

传统育种方法另外一个很重要的问题就是基因连锁。传统的育种方法是通过大片断的基因交换，这个大片断中的许多基因始终都是连在一块的，在这些基因中，有些基因是好的，而有些基因是有害的，是我们所不需要的，但这种大片段的交换方法你必须好和有害的基因一起要，它们都会在后代中存在。如何剔除后代中的有害的基因？那我们就要做反复多代的杂交、回交，就要做很多年才有可能在后代中集合好的基因而剔除有害的基因。一般来讲，要选育一个好的品种往往要选育十几年，多的可能要四五十年，有的时候一个育种学家可能一生都选育不出一个好的品种。

所以传统的育种方法具有局限性。如何解决以上的这两个问题，有待科学技术的发展。

自20世纪70年代开始,各种生物技术建立并快速发展,其中转基因技术是现代生物技术当中的一个非常核心的技术,这个核心的技术在育种上就能解决以上所述的这两个问题。因为转基因技术操作的对象是针对某一个或几个基因而言,它不是针对某个含有众多基因的大片断,所以针对某一个基因那就比较好办,你就可以在植株体外操作,我们就只要那个好基因,那个坏基因咱们就不要。所以这样我们选育的后代就只会集合这些优良的基因,没有那个坏基因。

由于转基因技术是针对单个或少数基因的操作,而且可以在体外操作,就是不在植物体内,而在实验室里就可以进行操作,所以它可以进行不同生物物种间的基因转移。你把别的生物、别的植物,或别的微生物基因也可以转到一个新物种当中去。那另外一个很重要的优点就是可以打破这个基因连锁,好的跟坏的基因连在一块,我只要好的基因,坏的基因我就不要了。第三个优点是可以预见后代性状,即通过转基因选育的后代我们在事先就可以准确地预见它的特征和性状,因为我们转化的这个基因有什么功能是已知的,你转入到一个新物种后它同样会表现相同的功能。因此转基因技术是在传统育种方法上发展而建立的一种新技术,从本质上来讲,转基因技术与以前传统的育种方法是一样的,传统的方法是转移大片断,转基因来讲是针对小片断,针对某一个具体的基因。

三、转基因技术的应用

自转基因技术建立一直到现在只有短短的几十年间,已广泛地应用于基础科学研究、农业、医学及工业、环保等众多领域。

(一)基础科学研究

基础科学研究就是研究不同生物的基因结构、功能、表达和代谢。比如说我们人类基因总共有25000个,实际上我们人类基因比很多动物的、很多植物的基因都还要少。那这25000个基因是干啥的?不同的基因是控制什么东西?因为刚才说了,任何性状都是通过基因控制的,哪里出了毛病肯定是哪个基因有问题,因此研究基因和功能是基础理论研究的一个核心内容。

(二)转基因动物研究

转基因技术应用的另外一个方面就是培育和研究转基因动物。自1996年第一例转基因多莉羊培育成功后,有许多种动物,如山羊、猪、牛、马、兔子、鱼、老鼠、猫、狗、骡子、狼、猕猴等几十种转基因动物培育成功。现在主要将转基因动物作为“动物模型”来研究不同基因功能、表达以及疾病治疗和诊断模型。比如可以通过转基因动物来研究我们人类的各种疾病,如何发病,如何诊断,如何治疗。获得的知识将应用于我们人类。当然通过转基因动物也可以作为“生物反应器”用来生产各种各样的,我们人类所需要的贵重的药物,特别是治疗人类疾病的药物,但目前应用得较少。

（三）用于药用蛋白和疫苗生产

转基因技术应用的第三个方面，就是应用转基因技术来生产药用蛋白和疫苗。自从1982年第一个基因工程药物——重组人胰岛素生产以来，目前已有100余种重组疫苗、300余种生物药物（生长素、干扰素、血浆蛋白）生产问世，这些药物治疗200多种疾病。

我想大家以前可能没太关注这方面，实际上现在医院里有很多药物都是通过转基因技术来生产的。我不知道大家过去在医院里头关注过没有，比如说这个胰岛素，基本上是通过转基因植物来生产的，再比如这个乙肝疫苗、白介素、人凝血因子等等，都是通过转基因微生物来生产的。

我再给大家举一个例子。比如说人的生长素，这是我们人类正常生长的一个重要的激素。假如说你这个人缺了或少了这个激素，那么他就长不高，就是我们所说的得了“侏儒病”，治疗的方法就是补充人的生长素。人的生长素如何得来？那没有转基因技术的话那只有从动物里头来。在动物哪里呢？就在动物的脑子当中。过去通常是从羊的大脑中提取，这样就需要大量杀羊，把它的脑子拿出来然后再提取人的生长素，10万头羊提取多少？10万头羊提取5克左右，那这个成本就高的不得了。

通过基因工程生产的话那就完全不一样了。我们可以把人的生长素基因克隆到细菌或者其他微生物中，通过转基因微生物来生产，这样只需发酵几十升左右的转基因细菌或者微生物就可以生产出5克人的生长素，那这个成本就非常低，工序也非常简单。这里只是给大家举一个例子，具体的内容不细讲。那意思就是说我们目前有很多医药是可以通过转基因植物和微生物来生产。那当然通过动物也可生产，但由于转基因动物问题涉及一些伦理问题而争论比较多，所以目前基本没有通过转基因动物来生产药物。

（四）转基因技术用于工业生产

转基因应用的第四方面就是在工业生产上用得非常多。比如说现在用于酱油和奶制品生产的各种各样的发酵的微生物、食品添加剂和加工助剂所需的微生物，很多都是通过改造的微生物。改造的微生物发酵的效率高、品质好、香味正，因此通过改造的微生物来生产轻工业发酵产品在国外很多和应用很广泛，而在国内相对较少。另外这个食品的各种酶类，包括凝乳酶、a-淀粉酶，木聚糖酶，葡萄糖氧化酶，纤维素酶，三酰基甘油脂肪酶，磷脂酶A、B、D，等近70余种酶制剂。用于皮革、造纸等各种工业用酶制剂，生物工程材料、生物医用材料和环境可降解材料制品等，都可以用各种改造的微生物来生产。

（五）转基因技术应用于环境污染治理

转基因应用的第五个方面就是环境治理这一块。环境治理来讲现在中国有较多地方污染较为严重，特别是在一些矿山，如开采稀土的矿山，就有各种各样的重金属的污染，重金属污染怎么办呢？你怎么消除？那现在有两个非常好的办法。一个通过转基因植物，一个通过转基因微生物，这些转基因植物就可以大量地吸附重金属，转基因微生物可以大量地消化、分解、稀释重金属。在这方面国外做得非常好，我们现在国内也刚开始在做。还比如说石油，各种各样的污油，以及其他各种各样的污染环境的这些东西都很多，这些污染都可以通过不同的转基因微生物和植物来改造、来分解。

(六)农业转基因技术

那我刚才所讲的从第一个到第五个方面的转基因的应用,人们对其争议不是太大,争议最大的就是涉及农产品这一块,而农产品这一块的转基因应用我们叫做农业转基因技术。农业转基因技术来讲,实际上它又包括四个大的方面,就是新品种培育、生物农药、饲料添加剂、人类和兽用疫苗。农业新品种培育,主要是通过转基因技术来培育抗病抗虫或增加营养成分的新品种;在生物农药上,是通过转基因技术来改造或生产用于农药使用的生物,从而达到增加农药药效和药效的持续时间的目的;在饲料添加剂上,主要是利用转基因技术生产添加剂,从而使动物能更好地吸收饲料中的营养;在人类和兽用疫苗上主要是通过转基因技术将各种不同疾病的疫苗能在转基因植物中表达,人和动物直接食用后就可达到疾病免疫的目的,而不需要再打免疫针了。在以上这四个方面,其中农作物新品种培育应用得最多和最广泛,因此围绕这一方面争论也最多。在新品种培育上面主要应用在以下几个方面:

(1)抗虫转基因作物:目前应用面积较大的是抗虫转基因作物,作物种类主要是两种,一个是棉花,一个是玉米。我们知道作物都有害虫为害,在棉花上主要危害的一种害虫叫棉铃虫,这个棉铃虫它可以吃棉花的叶子,棉花的棉铃,这种害虫非常地难防,过去主要是通过农药来防治。一般来讲从棉花开花结铃的时候就要开始喷农药,隔七天喷一次,因此棉花是喷农药最多的一种作物。这样的反复多次地喷农药,无疑这个农药污染是非常重的。

为了解决这个害虫的问题,科学家通过转基因技术培育出了一种抗虫的棉花——转基因棉。这种转基因棉花体内能够产生一种杀死害虫的蛋白,对害虫来说是一个毒蛋白,这个虫子要是吃了这个蛋白,就死掉了,那虫子死掉了,就可以少喷农药或不喷农药。因此转基因抗虫棉的使用可以减少70%以上的农药使用,这个我后面还会给大家做较为详细地介绍。

(2)抗除草剂转基因作物:另外一个种植面积较大的作物是抗除草剂的作物。科学家将抗除草剂的基因转入到了作物中,使这些作物能够在田间生长期间就可以喷洒除草剂而除去田间杂草,从而减少劳力和成本。比如说抗除草剂的大豆,你在种大豆的过程当中,你就可以随时喷洒除草剂,什么时候都可以打,这样的话你就可以免除经常除草的不方便,一方面节省劳力,节省成本,另一方面可以提高产量。

(3)抗病转基因作物:植物与人类一样会生病,病害会严重影响作物的产量和品质。通过转基因技术就可把抗病基因转入这个品种中,使得这个品种具有抵抗这个病害的能力,这样将极大减少农药使用,从而节约成本和劳力,提高作物产量和品质。目前抗病转基因作物在国内使用得很少,只有一个转基因番木瓜在国内种植。我想我们南方的朋友都见过番木瓜,在番木瓜上有一个非常严重的病害,叫做“番木瓜环斑花叶病”。这一病害能使叶片发黄,矮化,果上长满病斑,到后期整个植株会因病死亡,极大影响产量和品质。由于这个病害是一种病毒,没有什么好的方法可以防治,因此科学家通过转基因技术将抗病基因转入了番木瓜植株,那这个转基因植株就不会得这种病了。因此这是转基因技术应用于抗病作物培育一个成功的例子。

(4)抗逆(抗寒、耐旱、抗碱等)转基因植物:通过转基因技术可以将抗寒、抗旱、抗盐碱等基因转到这个作物中去,这样这个作物就相应地具有了这种抗性的性状。具有这个性状以后,这种作物就可以在这些不良的土地上生产和种植。如抗旱的转基因作物,你就可以种植在比较缺水的地区,如我国西部地区,这样你不怎么灌水它也长得很好,如果没有这个抗性基因的话,它是不行的。所以,这样改造的作物来讲,它在更多我们常规的作物不能种的地方种植了。

(5)改良品质和抗成熟的转基因作物:转基因应用的第五个方面是通过转基因技术改良作物品质和延长作物的储藏时间。改良品质主要是增加各类营养物质,增加稀有蛋白质和维生素以及低脂肪等物质,如前一段时间在国内争论比较多的"黄金大米"事件。实际上这个"黄金大米"只是在原有稻米的基础上,增加了一个维生素的基因,人吃了以后能在人体内合成这种维生素,不需要另外从体外补充这种维生素了。还比如我们每天要吃的这个食用油,衡量食用油质量高低的一个重要指标是食用油中含有多少不饱和脂肪酸,如橄榄油就含有较多的低脂肪酸,因此就卖得很贵,而普通的食用油,如菜籽油,就含有较高的高脂肪酸,这类高脂肪酸不利于人类健康。为了生产价廉物美的菜籽油,那我们就可通过转基因技术对油菜植株进行改良,使得这个油菜产生出更多的低脂肪酸的油类。

(6)转基因植物生产疫苗和药物:刚才我给大家说的许多人体疫苗,如乙肝疫苗、肠道疾病的疫苗,以及许多贵重药物(如胰岛素)等,都是通过转基因技术而生产的。植物生产的疫苗还有一个好处是免疫方便。如可将疫苗在一些水果和食用蔬菜中表达,人们直接食用这些蔬菜和水果就可以免疫,不需要通过打针接种的方式免疫。这种直接食用的免疫方式用在鸡鸭等动物上,将极大节省劳力和成本,如在动物饲料中表达这些疫苗,动物吃了以后就不需要天天给它打针了,特别是不需给它打各种抗病的抗生素了,从而就达到了预防这些动物容易受到各种各样的病毒和细菌等的侵染而生病的目的。

四、全球转基因作物产业化发展状况

(一)国外情况

转基因作物这一块发展的速度比较快。现在全球总共有29个国家商品化种植转基因作物,有31个国家尽管不种,但进口转基因作物作为食品和动物的饲料。这些转基因植物总共涉及25种作物,包括大豆、棉花、油菜、玉米、烟草、马铃薯、番茄、水稻、南瓜、杨树、亚麻、小扁豆、甜瓜、甜菜、甜椒、苜蓿、番木瓜、菊苣、李子、西葫芦、矮牵牛、玫瑰花、康乃馨及匍匐剪股颖等。

全球转基因作物种植面积的单位是百万公顷,一公顷等于15亩。在1996年5个国家种植了"1700万"百万公顷,到2011年一共是29个国家种植了"1.6亿"百万公顷,占了全球整个耕地种植面积的9%,2011年与1996年相比,其种植面积增长了94.1倍。

转基因作物种植面积最大的国家是美国,第二是巴西,第三是阿根廷,第四是印度,第五是加拿大,第六是咱们中国,等等,基本上世界五大洲都有种植。

从种植的转基因作物种植面积来讲呢,主要是四大转基因作物:第一是大豆,大豆的种植面积是最大的;第二是玉米;第三是棉花;第四个是油菜。与这些作物的常规品种种植面积相比较,比如说玉米,玉米总的种植面积是159百万公顷,其中转基因玉米种植面积占总种植面积是32%,就是说玉米转基因跟非转基因相比较,它的种植面积就占了32%。在转基因作物中种植面积最大的是大豆,全世界大豆种植总面积是"100万"百万公顷,其中转基因占了75%。那棉花来讲转基因就占了棉花种植面积的82%,油菜来讲呢?转基因占了

26%。所以大家可以想一想,假如说棉花,全球里头棉花82%都是转基因的,从大豆来讲就是75%都是转基因的,就是说只有25%不是,因此从这个比例来看,这四大转基因作物种植面积是非常大的。

从这个转基因的类型来看,目前世界上种植的转基因作物主要含有三种基因:一种是含有抗除草剂的基因,占了59%;还有一种是含有抗虫基因,占了15%;还有是两者复合,即既抗除草剂、又抗虫,占了26%。因此目前种植的转基因作物主要是含有抗除草剂基因。

(二)我国转基因植物研究

刚才说的是全球转基因植物种植情况,从我们国家来看呢,我们国家总共批准可以商品化种植的转基因植物只有七种,分别为:抗虫棉、抗虫杨树、延熟番茄、抗一种病毒(黄瓜花叶病毒)的番茄和甜椒,还有一个改变花色的矮牵牛,以及抗番木瓜环斑花叶病的番木瓜。还有获得安全证书的两种主粮作物,分别为抗虫水稻(两个品种)以及转植酸酶的玉米,但还不能商品化生产。还有很多作物,包括大宗粮食和油料作物目前还在进行田间中试、环境释放和安全性生产评价阶段。

现就我国批准种植的几个转基因作物进行简单地介绍。转基因棉花1997年批准种植,2010年种植面积达415万公顷,占我国棉花种植面积的68%。转基因棉是由中国农科院生物所和中国农科院棉花所研制,主要抗棉铃虫。据估计,转基因棉的使用,至少减少农药的使用70%以上,相当于我国杀虫剂总量减少使用7.5%。所以这个转基因棉的使用不仅提高了棉花的产量,而且更重要的是降低了种植成本和农药残留污染。我不太清楚有没有朋友来自于棉区,在种植转基因棉前,棉花由于不抗虫,因此从开花开始,基本上每隔几天要喷药一次。这样导致农药严重污染,甚至经常导致人畜农药中毒。而现在通过转基因棉花的种植,则很少喷农药了。

第二个转基因作物是抗虫的杨树。杨树在我国北方种植得很多,其中一个主要的问题是容易受到几种害虫的危害。这些害虫喜欢吃杨树树叶、枝干,导致植株死亡。因此在2002年由河北农业大学和中科院微生物所合作研制的抗虫的转基因杨树(741杨)获准商品化种植。这种杨树含有两个抗虫基因,害虫一吃就死,因此转基因杨树的种植解决了这些害虫的危害。目前这种转基因杨树主要在我国北方,在长江中下游以南都没有种植。

第三个转基因作物是延熟番茄。这种番茄能够延长货架期,是1997年由华中农业大学研发并获得安全证书。但由于效果不明显,因此在2003年后国内基本上就没有种植了。

第四、第五个转基因作物是分别是抗病毒的番茄和辣椒,是1998年由中科院微生物所研制,但同样由于效果不显著,没有真正得到推广种植。

第六个转基因作物是矮牵牛。矮牵牛是一种花,通过转基因技术使得这种植株的花呈现不同的颜色,是北京大学1998年研发。但由于通过常规育种技术也可以达到这样的效果,因此转基因矮牵牛也没有得到推广种植。

第七个转基因作物是抗病毒的番木瓜。番木瓜生产上的主要问题是一种病毒——番木瓜环斑病毒的危害,华南农业大学在2006年研发获得高抗这种病毒的转基因番木瓜,由于彻底解决了这一病害问题,因此得到了较广泛地种植。目前主要种植省份包括广东、广西和海南,估计占番木瓜种植面积的65%。

上面所介绍的七种转基因作物在我国是可以商品化种植的,但实际种植的转基因作物只有棉花、杨树和番木瓜。关于大家十分关心的转基因水稻(由华中农业大学研发,并于2009年获得安全证书)以及转基因玉米(由中国农科院生物所研发,于2009年获得安全证书),由于涉及作物面积太大,特别是水稻,又是主粮,因此我国政府非常慎重,尽管二者拿到了安全证书,但要商品化应用估计还要经历相当长时间。

五、转基因技术及产品安全

我在前面给大家介绍了各种转基因产品,目前争论较多的主要集中在转基因作物上,其他的产品,如涉及医药、食品添加剂等的转基因产品没有什么太多争论。争论的焦点主要涉及两个方面:一是食用安全性,另一个是环境安全性。作为食用安全性问题,主要涉及转基因作物是否具有与传统植物一样的营养物质?是否含有更多的抗营养因子或毒性物质?是否具有毒性?是否有更多的过敏原?抗生素基因是否发生转移,产生耐受效应?

环境安全性主要担心三点。第一点我刚才给大家说了,抗除草剂基因的作物是最多的,是否这个抗除草剂的基因可能发生基因漂移到一些杂草,使得这个杂草也抗除草剂而成为"超级杂草"?另一点是害虫长期在转基因作物取食后是否在后代中产生耐受性,而成为"超级害虫"?还有一点是转基因作物是否影响非靶生物?从而导致生物多样性发生变化。下面我就几个方面来给大家介绍安全性问题。

(一)转基因科学家如何做

涉及食用安全和环境安全最重要的因子是进行转基因研究的基因是否安全。科学家在进行转基因植物育种时,首先要考虑的是转化的基因的安全性问题。科学家在转基因前要对转化的基因进行深入系统的研究,明确转化基因的功能和表达方式,决不会使用对人类有毒或有害的基因。通常情况下,只有这个基因及其表达产物在完全明了或充分地了解后,才有可能用于转基因育种研究。当然也有可能转化的基因表达一种新蛋白,则需要做一系列的实验,充分地了解这个基因和它表达的蛋白的功能是什么;还要与已知毒性物质氨基酸序列数据库和过敏原数据库进行序列比对;当然更重要的还要做后面这两个实验,即模拟胃和肠液分解试验以及动物毒理学实验。

我下面给大家举个例子。在转基因作物中应用最广的抗虫基因是Bt基因,这个Bt基因来自于一种细菌——苏云菌杆菌,在这个细菌中Bt基因能够表达一种蛋白(Bt蛋白),这种蛋白因为对部分昆虫有毒,所以我们称之为"毒蛋白"。这个细菌在自然界当中广泛分布,过去人们利用这种细菌能够产生Bt蛋白而杀虫的这种特性,将这种细菌开发成了一种杀虫剂而广泛使用,到现在为止,使用历史应该超过了50年。

为什么Bt蛋白能够杀虫?为什么对有些虫子有毒而对有些虫子无毒?对其他的动物有没有毒害作用?在这方面有许多科学家对此进行了深入系统地研究。研究表明,Bt蛋白是否对某一生物有毒害作用,主要要符合两个条件。首先,在这一生物肠道中是否存在能与Bt蛋白结合的受体蛋白,这个受体蛋白与Bt蛋白的关系表现一种"钥匙跟锁"的关系,只有二者才能特定结合而发生毒性作用。因此在部分昆虫中,如棉铃虫的肠道中含有这种受体蛋白,能够与Bt蛋白结合而产生毒杀作用,而其他昆虫或其他生物由于没有这一受体蛋白,因此 Bt 蛋白对这些昆虫和其他生物则没有任何毒害作用。第二个条件是 Bt 蛋白与受体蛋白结合时要有适合的环境条件,即一定要在碱性环境下,二者结合后才能加工成毒蛋白,才能表现出毒性作用。在棉铃虫等部分昆虫的肠道内就具有这种碱性环境,因此 Bt 蛋白能够毒杀棉铃虫,而对于其他生物,如脊椎动物而言,从胃开始一直到肠道,它这个环境都是酸性的,所以 Bt 蛋白对我们这些脊椎动物而言,它不是一个毒蛋白,而只是一个一般的蛋白质。而且这个蛋白质在加热到 60 度,一分钟之后就完全失去了毒性。因此 Bt 蛋白对人、脊椎动物和大部分昆虫都是无毒的。

(二)转基因植物的安全性评价

科学家开展转基因研究首先要考虑安全性的问题,而政府部门同样关注其安全性问题,因此对整个转基因过程而言,政府都实行严格监管。从我们国家而言,监管的法规比美国要严很多,只是比欧盟稍微松一点。对我国转基因植物而言,主要涉及 5 个研究过程,即试验研究、中间试验、环境释放、生产性试验和安全证书。对每一过程都要实行严格地申报和审批制度,不是你想做就能做,有钱就能做的。试验研究是在实验室内的基因操作和转基因研究,需要得到学校或科研机构的审批、备案后才能开展研究。通过研究获得转基因植物后,就要开始向农业部申报,获得农业部审批,农业部审批了以后才能开始进行后续的系列过程研究。①中间实验:中间实验是在控制条件下进行的小规模试验。通常在温室和隔离条件下进行的试验,其规模不超过 4 亩,主要进行转化基因的功能验证和安全性评价。②环境释放:在自然或开放的环境、采取一定安全控制措施下进行的中规模试验,面积在 4—30 亩之间。其核心是进行安全性评价,包括毒理学实验。③生产性试验:在生产和应用前的较大规模的试验,通常可以大于 30 亩,其重点也是进行安全性评价。④安全证书:通过生产性试验后,提供各种数据证明转基因植物是安全或没有风险,农业部经过严格评审后颁发安全证书。

因此,从试验研究一直到获得安全证书,需要对转基因植物进行严格地评价。通常评价的时间至少 6 年以上,而对于种植面积广,在我国国民经济占有重要地位的粮食、油料等作物,评价的时间可能更长。这些作物在获得转基因安全证书后还需要进行品种审定。按照我国的品种审定办法,如水稻和玉米,需要在每一个省进行审定,只有获得品种审定证书后,才能在相关的省区种植。因此对于转基因植物而言,政府层面的监管的确是非常严的。

(三)全球转基因技术和产品的安全性评价

全球关于转基因技术和产品安全评价,联合国相关国际机构和组织制订了几十个共识文件,凡签订了这些文件的国家都要遵守。在与国际公认准则接轨的基础上,各国根据本国利益和对转基因生物安全管理的不同理念,采取了不同的管理模式。大致分为三种:

(1)美国模式:美国是转基因研究最发达的国家,因此政府是采取积极支持鼓励的态度,采取“以产品为基础”的宽松管理模式。政府认为:转基因与非转基因生物没有本质差异,只要求转基因生物及其产品达到与传统产品一样的安全标准。不要求转基因产品带有特别的标识,只有在转基因技术改变了食品构成或可能对人体产生危害时,才须做出特殊标识。

(2)欧盟模式:欧盟模式与美国模式认证不同,认为转基因技术本身存在潜在危险,所有转基因生物及其研发过程必须接受特别的安全性评价和监控。规定转基因产品必须清楚标识，同时对为科研和开发的目的向环境中释放转基因生物的安全管理进行了严格规定。因此欧盟模式是“以过程为基础”的严谨模式，主张“预先预防的态度”。

（3）中间模式：包括中国等发展中国家，处于美国和欧盟模式之间，走中间路线，其基本原则是既严格评价，但也不阻碍转基因技术的发展。

（四）我国基因工程安全管理法规

我国在1993年12月发布了关于转基因技术的第一个法规《基因工程安全管理办法》，在1996年7月农业部发布《农业生物基因工程安全管理实施办法》，在2001年5月国务院总理朱镕基发布国务院令《农业转基因生物安全管理条例》，在2002年1月农业部根据朱镕基总理的国务院令，相应地细化了一些具体的办法，发布了三个管理办法，即《农业转基因生物安全评价管理办法》《农业转基因生物进口安全管理办法》以及《农业转基因生物标识管理办法》。这些办法的发布规范了整个转基因技术研究、试验、安全性评价和应用的行为。

1. 安全性评价的依据

从目前我们建立的这些转基因生物管理的法规来看还是比较全的和严的。就安全性评价的依据来看，一个转基因生物安不安全，要从三个方面来考虑。第一个是受体生物，如转基因的受体作物是否安全。第二方面是基因操作是否安全，包括基因、来源、功能、表达、载体特性以及转基因方法等。第三方面是“产品”，即“遗传工程体”是否安全。因此从我国的安全性评价来看，基本上涉及了整个转基因过程，既包括了最终的产品，也包括了当中所采用的技术。

2. 农业转基因生物进口安全管理办法

按照转基因生物进口的用途实行管理，包括：用于研究和试验用途、用于生产的用途以及用于加工的用途。引进单位和个人必须向农业部报批通过后，才能引进。

3. 农业转基因生物标识管理办法

我国实行转基因生物标识制度，对需要标识的生物由农业部审批并公布转基因生物目录，对用于消费的农业转基因生物进行标识。主要有三种标识方法：①转基因直接产品，标识为“转基因XXX”；②转基因加工品，标识为“转基因XXX加工品”或“加工原料为转基因XXX”；③加工产品为转基因原料，但已不含有转基因成分的产品，标识为“本产品为转基因XXX加工制成，但本产品中已不再含有转基因成分”。我不知道大家注意过转基因产品标识没有，在超市里最容易发现的标识是在食用油标签上。特别在广东进口的大豆较多，而进口大豆中较多的是转基因大豆，通过这些转基因大豆生产加工的食用油就含有转基因大豆成分，因此需要在产品中标识。由于是转基因加工品，因此标识则为“转基因大豆加工品”，或“加工原料为转基因大豆”。在食用油的标签中能够找到，只是字体较小。

4. 法律责任

违反刚才所讲的这几个办法，就会涉及法律责任问题。通常按照违反程度和性质，分别采取：①1万—20万的行政罚款；②行政处分；③依法追究刑事责任。

（五）全球通过政府批准的转基因产品已进入消费市场

正如在前面已给大家介绍的，转基因食品自1994年第一例转基因番茄进入消费市场至今，含转基因成分的食品达8000余种，估计很快就达1万多种，当然实际上很难统计具体的食品种类。实际上你可以想象,通过大豆可以做多少种类的食品,就可想象出有多少转基因种类的食品。因此在发达国家消费市场,含有转基因成分的食品是较多的,而在中国相对地较少。

六、转基因争议事件的剖析

关于转基因作物和食品安全的问题,相关专家、机构和组织做了大量的工作。国际权威机构,如世界粮农组织(FAO)、世界卫生组织(WHO)、美国科学院、美国农业部、美国食品药品监督管理局、欧盟食品安全局、法国食品安全局等就转基因农作物及其产品的安全性发表了意见和结论。联合国粮农组织在2004年的《粮食及农业状况2003—2004:农业生物技术》报告中就指出:"迄今为止,在世界各地尚未发现可验证的、因食用由转基因作物加工的食品,而导致的有毒或有损营养的情况。数以百万计的人食用了由转基因作物加工的食品——主要是玉米、大豆和油菜籽,但未发现任何不利影响。"同时指出:"在已种植转基因作物的国家中,尚未有转基因作物造成重大健康或环境危害的可证实报道。"

数以万计的研究都支持转基因作物和食品的安全性,但这些试验数据和结论在新闻媒体和网络中往往被忽略,而极少数研究公开报道认为转基因作物和食品存在安全性问题。尽管这些报道在后期被科学界或相关权威机构,从方法或结果验证上予以否定,但这些实验结论仍被频繁引用,并对公众造成误导。下面给大家列举几例代表性争议事件。

(一)代表性争议事件

1. 英国普斯泰(Pusztai)事件

英国普斯泰事件是最早报道转基因有害而争议较大的事件之一。1998年,英国苏格兰Rowett研究所的科学家阿帕得·普斯泰(Arpad Pusztai)参加当地一个电视台访谈节目,系统介绍他的转基因研究工作。他将来源于植物的、一种叫做雪花莲凝集素的基因,通过转基因技术转入马铃薯,然后用这种转基因马铃薯喂食老鼠。他发现喂食转基因的老鼠体重和重量明显减轻,进而分析发现这些取食转基因马铃薯的老鼠内脏和免疫系统有损,从而得出结论认为转基因作物存在不安全性。节目公开后,绿色和平和环保组织据此开展了系列宣传策划活动,包括组织国际性游行示威、各种媒体大肆反复报道、组织人员焚毁印度转基因试验田、破坏美国加州大学的非转基因试验材料等,导致在欧洲掀起反转基因作物和食品的热潮,从而引起国际轰动。由于这个事件闹大了,有必要针对普斯泰的研究开展验证工作,即普斯泰的研究是否是正确的,能否依据普斯泰的研究结果得出相关结论。因此,英国皇家协会组织同行专家对普斯泰的整个研究进行评审,于1999年5月得出评审结果。同行专家一致认为普斯泰的试验主要存在6个大的试验缺陷:①不能确定转基因和非转基因马铃薯的化学成分差异;②喂养老鼠仅用转基因马铃薯,未补充蛋白质以防止饥饿;③供试动物数太少,喂几种不同的食物,且都不是老鼠的标准食物,欠缺统计学意义;④试验设计差,未作双盲测定;⑤统计方法不恰当;⑥试验结果无一致性。由于这些缺陷的存在,导致试验设计不科学,结果不能重复,因此普斯泰的数据和结论是不可靠的或不正确的。鉴于该事件的影响,普斯泰本人不得不在电视、报纸、电台等向公众公开道歉,随后工作也被辞退了。尽管该事件已有结论,但该案例后来被媒体作为转基因一个典型"不安全的事例"而不断引用和炒作。

2. 中国 Bt 抗虫棉破坏环境事件

2002 年 6 月 3 日，南京环保所和绿色和平组织在北京开会，并于 6 月 4 日在 China Daily 和网站发表文章，提出中国 Bt 抗虫棉破坏环境的问题。文章引用的主要证据包括：①在 Bt 抗虫棉的田间调查发现，棉铃虫的寄生天敌——寄生蜂数量明显减少；②棉蚜、红蜘蛛、盲椿象等次要害虫上升为主要害虫；③抗虫棉在田间的长期种植有可能导致抗性丧失。由于中国抗虫棉种植面积很大，因此该文章的发表引起国际争论，在欧美产生了巨大影响。

文章发表后，部分国内和国外专家针对该文的证据进行了核实。文章提出的 3 个主要证据都是不科学或随意推测的。在田间棉铃虫寄生天敌的减少是天敌食物短缺的自然现象，因为在田间的抗虫棉抗虫，棉铃虫少了，以棉铃虫为生的天敌自然就会少。棉蚜、红蜘蛛等次要害虫的增多，是抗虫棉田间农药使用减少的结果，抗虫棉能够杀死棉花的主要害虫——棉铃虫，由于棉铃虫的减少而少使用农药 80% 以上。至于抗虫棉丧失抗性，可以通过发展双价抗虫棉和合理布局予以解决。因此国际上对绿色和平组织的文章和报告得出的评论是：文章没有经过同行评审、没有说明研究方法、没有生物学统计数据、违反生物学的一般常识，只是按作者个人的意愿断章取义。

3. “俄罗斯之声”转基因食品事件

2010 年 4 月 16 日，俄罗斯广播电台“俄罗斯之声”以《俄罗斯宣称转基因食品是有害的》为题报道了一则新闻（http://english. ruvr. ru/2010/04/16/6524765. html）。新闻称，由全国基因安全协会和生态与环境问题研究所联合进行的试验证明，转基因生物对哺乳动物是有害的；负责该试验的 Alexei Surov 博士介绍说，用转基因大豆喂养的仓鼠第二代成长和性成熟缓慢，第三代失去生育能力；俄罗斯之声还称，俄罗斯科学家的结果与法国、澳大利亚的科学家结果一致，当科学家证明转基因玉米是有害的，法国立即禁止了其生产和销售。随后，该新闻在网络上大量转载，引起广泛争论。

事实又如何呢？新闻中提到的 Alexei Surov 博士否认发表了这样的报道，新闻中提到的研究没有任何论文来证实，而且对转基因玉米，法国也没有禁止，反而是允许进口和销售。因此该新闻后来被证实是虚假新闻，但影响甚广。

4. 广西迪卡 007/008 玉米事件

从 2010 年 2 月起，一篇署名为张宏良的帖子《广西抽检男生一半精液异常，传言早已种植转基因玉米》在网络上传播甚广，引发了不少公众对转基因产品的恐慌。帖子中的主要依据：①广西种植了大量转基因玉米，其依据是来源于网络报道，即广西同美国的孟山都公司合作，从 2001 年至今已在广西推广种植了上千万亩迪卡系列转基因玉米；②广西大学生精液异常之说，其依据是广西新闻网 2009 年 11 月 19 日登出的报道：广西在校大学男生性健康调查发现，过半抽检男生精液不合格。网络帖子将两个新闻混合在一块，试图得出，大学生精液异常是由转基因玉米所导致的。

而事实是，在广西根本没有转基因玉米的种植，帖子中所提到的孟山都公司的迪卡 007/008 玉米实为传统的常规杂交玉米。广西大学生精液异常之说是存在的，这则新闻来自于由广西医科大学第一附属医院男性学科主任梁季鸿领衔完成的《广西在校大学生性健康调查报告》。从广西新闻网那篇文章的内容来看，研究者根本没有提出广西大学生精液异常与转基因有关的观点，而是列出了环境污染、食品中大量使用添加剂、长时间上网等不健康的生活习惯等因素。而网络帖子故意将不相关的两个新闻相联系起来,提供了一个虚假的新闻帖子。

(二)剖析这些事件争论背后的原因

上面仅仅给大家列举了四个代表性、争议性事件,实际上远不止于这些,大家可以从电视、网络、报纸等新闻中查阅到。转基因作物和食品是否安全的问题引起了广泛争论,我们就得想想,为什么会有这些争论?其原因究竟是什么?我想在这里给大家提几个原因,供大家思考。

1. 认识上的原因

参与转基因作物争论的大多数人都不是分子生物学家或遗传技术方面的专家,而从事转基因工作的专家又不善于宣传和科普知识的普及,导致大家对这个转基因不太了解和认识,不知道是怎么回事。信息的缺乏和了解,容易听信别人的说法和媒体的讨论,从而容易受到误导。

2. 经济利益上的原因

美国、加拿大以及大多数发展国家为什么那么鼓励转基因研究?其主要原因在于美国和加拿大转基因技术先进,可以通过转基因作物和食品在全球的推广,而获得更大的利润和经济效益。大多数发展国家面临耕地减少、粮食短缺等问题,希望通过转基因技术提高作物产量、降低生产成本。反过来,欧盟的态度为什么比较谨慎?其原因主要在于,欧盟国家中的转基因技术相比美国等较为落后,为了保护自己的农业利益,不受美国转基因农产品影响而冲垮其自身农产品市场。另外,欧盟国家本身农产品过剩,没有理由为提高产量而去冒险。因此欧盟对转基因技术的态度,一方面反对,另一方面也加紧自己的转基因作物研究。

3. 文化原因

各国因不同的文化背景严重影响人们对转基因作物的态度。对美国而言,受新教伦理精神 400 多年的影响,其民众具有开拓、创新、冒险精神。从 1994 年首批转基因保鲜番茄首先在美国上市,到今天近 8000 多种转基因食品,美国人吃了 10 多年并没有感到什么危险。反观欧洲,欧洲人受基督教影响长达千年,传统宗教观念深植于人们的心中。宗教向来就认为世界万事万物都是上帝创造的,没有必要去改变,也不能去改变。因此欧洲民众比其他国家民众更强烈反对转基因作物的研究、种植和上市。

4. 心理原因

民众的恐惧心理和从众心理是反对转基因作物的另一个原因。在开始进口美国转基因作物的最初几年,欧洲的民众并不怎么反对转基因作物。但随着一系列食品安全事件的发生,如 1996 年的疯牛病、1998 年的猪瘟病、1999 年因养鸡饲料遭二恶英污染的毒鸡事件,这一系列食品恐慌事件的阴影使得公众对新食品有了条件式的反射和恐惧情绪,再加上“普斯泰事件”,才较为强烈地反对转基因作物。

七、转基因争论的启示

(一)科学的态度

转基因属新生事物,其发展至今只有几十年时间,因此对其安全性非常有必要进行深入系统地研究。科学的态度就在于及时发现问题并提出解决方案。同时科学研究必须符合规范,任何的科学结论也必须建立在能站得住脚的科学证据基础上。

(二)加大转基因科普宣传,提高认知度

公众生活在一个人为的世界里,缺乏必要的生物知识,加上媒体的误导性宣传,很容易产生恐惧心理。对这种超出经验范围之外的具体问题,他们很想得到答案,而且必须得到答案,但是不知道在何处找答案,对完全不了解且又与健康紧密相关的转基因作物,没有任何理由相信。因此,宣传和沟通尤为重要,而实际上,目前的科技界、政府、农业生物公司缺乏宣传和沟通。据绿色和平组织2010年12月对大中城市消费者进行的调查,结果表明90%消费者听说过“转基因”概念,在这些人中,少于15%的消费者了解转基因食品,26%的消费者不知道转基因食品已在市场流通。可见,绝大多数民众对转基因不太了解,因此要加大转基因科普宣传,要让民众真正弄明白这个转基因是怎么回事,政府是怎么在做,科学家怎么在做,现在这个转基因食品情况究竟怎么样。让大家能够更好地了解,在了解的基础上,提供相关信息给民众,让公众有选择权,有知情权,我觉得这个是非常重要的。

(三)加强转基因生物安全管理

转基因作为一种新技术,而通过转基因技术获得的生物不能完全排除可能存在的潜在风险。因此,为了对未来负责,克服公众的恐惧,加强转基因生物安全管理不可缺少。这一方面需要加强法规建设和监管力度,深入加强食品和环境生态效应的研究,另一方面要加强执法力度。

八、结语

转基因技术是一项划时代的革命技术,其发展速度是十分惊人的,短短的几十年间取得了巨大成就。转基因安全问题既要重视,也要科学对待。从目前政府批准的转基因生物来看,没有发现任何不良的影响。转基因生物技术在人类历史长河中仅仅是开始,有争论很正常。历史表明,任何新事物的出现,都必然在公众当中引起争论,都有一个从陌生到了解,再到熟悉的过程。没有争论,就没有社会和科学的进步。

这是我报告的内容,谢谢大家。

《易经》与养生

林艺明

林艺明,泉州第五媒体公司总裁、《易经》与网络营销讲师、福建省企业信息化协会副秘书长。他20岁随舅初学祖传的《易解》,经过30多年的潜心研究,现已形成了自己独有的“草根解易”系列——《草根〈易经〉解析》。他还根据自己15年的互联网行业经验,独创一套基于“草根解易”基础上的“《易经》与网络营销”课程,任主讲讲师。目前,将《易经》与网络结合,打造网络文化公益服务平台“易经店”。

老师：大家好，我们今天的主题用墙壁上的四个字就差不多可以说清楚了，你看这边有两个字叫“中山”，还有两个字叫“香山”。有学过《易经》的都知道，《易经》非常讲究一个“中”字，中庸、中和等，我们在座的都是中国人，是不是？不仅是中国人还是中山人。这个“中”字非常好，这个“中”是什么意思呢，有谁能给解释一下这个“中”指的是什么意思？

观众：平和，不上不下。

老师：很好，这个“中”字怎么写，上面一横，下面一横。上面一横代表天，下面一横代表地，左右不偏，中间一竖下来，贯穿天地。“中”字是中华传统文化的核心，不是用几句话可以说清楚，大家可以去读读《中庸》等文章来更全面地了解。

那我们今天要来学《〈易经〉与养生》，很多人把《易经》理解为算命的，所以一个一个跑来找我算命。还有的人说《易经》是“八卦”，这个“八卦”本来是一个很好的名词。但是我最近经常看见一些报纸上面有“八卦”栏目，我觉得不错，社会文化水平提高了，报纸还会出“八卦”栏目。结果我一看，原来都是那些乱七八糟的道人长短的事叫“八卦”，真是对不起我们老祖宗啊！

其实《易经》中的“八卦”是什么呢？我们在座的人有谁能把八个卦全都说出来，举手一下。（观众举手）很好，很好，非常好，我们给他们掌声鼓励一下。

我们现在大家坐的位置稍微调整一下，好不好？根据我们每个人不同的“八卦”，你算一下自己属于“八卦”中的哪一卦，然后按相同的卦的人坐在一起。《易经》里边讲来讲去就是讲“八卦”，到底你是属于哪一卦？你自己先算一下。那么怎么算呢？知道自己出生的时辰，都知道吗？可能有少部分不知道自己出生时辰的，不知道自己是什么时辰生的，有几个不知道？那你们这几个坐后边一点点，可不可以？或者坐第一排也可以。然后其他知道的我们来算一下，就是把你的年、月、日、时总数等于多少，你自己加一下。那么怎么加呢，你是哪一年、你是什么生肖的，1—12。老鼠是第一，你是属老鼠的就是1。然后属牛的就是第二，你自己算一下你是排第几。年就是这样从1—12。老鼠是1、牛是2、老虎是3、兔子是4、龙是5、蛇是6、马是7、羊是8、猴是9、鸡是10、狗是11、猪是12。你自己算一下，记下来。那么年是十二个生肖，那么月也是有十二个，你自己算一下，1—12，月份也要按中国的农历而不是公历，再加一个农历日子，想想你是哪一天出生的。初一就是1，三十就是30。这三个总数加起来是多少，再加上你的时辰，你是子时、丑时、卯时这样加起来。总数加起来除以8，得出你的余数，然后按1—8安排座位。

有人不知道自己是什么时辰的,只知道几点出生,这样吧,23点到1点是第一个时辰,1点到3点是第二个时辰,3点到5点是第三,这样子算下来,1—12。

看来不要换位置了,人太多了,容易伤筋动骨。你自己将四个年、月、日、时的数字加起来,除以8。余数等于1的属于什么卦呢?属于乾卦。2的举手一下,2的属于兑卦。3的举手一下……你看,总数除以8,余数应该是1到8而已。刚才说1的是乾。你自己记一下你是属于什么卦。2是兑卦,我们只有八个卦,3是离卦。4的举手一下,4的是属于震卦,我就是属于这个卦的,震卦的人一般脾气比较不好。5的举手一下,5的是巽卦。6的举手一下,属于坎卦,坎卦是属山,山卦就是坎卦。7的举手一下。最后一个就是8,余数等于8,就是刚刚好除尽,余数就是8,属坤卦。那么在座的每一个人你是属于"八卦"里面哪一卦,跟你的性格和你天生的体质有一些关系。那我们今天晚上主要是讲健康,健康跟我们八个卦也有关系。

你在学《易经》之前,这几个卦是属于基础的,你一定要懂。我们的《易经》里把天地万物归为八个卦象。"八卦"就是天、地、水、火、雷、风、山、泽,就是八个。大家想想我们临近的有一个国家叫做韩国,韩国的国旗是什么。

观众:"八卦。"

老师:它不是"八卦",它是四卦而已。它是天、地、水、火,没有雷、风、山、泽,它少了四卦。(笑)那么这一卦(手指向乾卦)代表天,天上有太阳,太阳光是直线的。再一个是地(手指坤卦),地球有六大板块,很厉害,你们看,因为地是代表阴的,天是代表阳的。所以这些卦象里面要么就是一横,要么是中间断开。所以《易经》讲来讲去就讲两个字:一个叫阴,一个叫阳,它就是讲阴阳而已,从来有没有变过。人类也讲阴阳,在座的只有两种人,一种叫男人,还有一种叫女人。有没有第三种人啊?有第三种人的举手一下,没有。所以在座的不是男人就是女人,也就是阴阳,那么健康也是讲阴阳。所以我们讲《易经》也好,讲养生也好,也就是讲阴阳。《易经》中每个卦有六个爻,两个卦重叠起来,这个是天、人、地。在下面两横爻就是代表地,中间两横爻就代表人,上面两横爻代表天。那我们学习养生的话,就一句话而已,叫"顺天者昌,逆天者亡"。那我们今天就是要讲怎么样顺应天,因为我们人体就是一个天,一个宇宙,人身小宇宙,宇宙大人身。乾卦在人体的代表部位就是头,头就是天。每天太阳都没有休息过,一直很累,我们脑袋也很忙,连睡觉还要做梦……那我们人身体里面的"地"是哪一个部位呢?

观众:脚。

老师:应该不是脚,人还没有出生的时候最下面的部位是肚子,因为地可以容纳万物,我们身上哪一个地方可以容纳万物?讲到天的时候,有一个成语叫做"自强不息"。那讲到地的时候就有一句话叫"厚德载物"。因为大地胸怀非常的宽广,它能够承载万物,就像我们的肚子,你吃什么东西都给你承受下来。这个叫做天跟地,这个是两个卦。我们随便举一个卦,坎卦,如果余数是6,你属于坎卦。这个坎两边是阴的,中间是阳的。坎是代表水,你不要看水好像是软的,但其实它又很厉害。水灾不得了,力气大得很,所以水中间是实的,旁边是虚的。与水相反的是什么呢?水与什么不容?(答:火)水火不容,跟水相反的就是火,但是这里卦象不叫火,称为离卦。

那火中间是阴的,旁边是阳的,所以火中间是没有温度的。火车上经常有人在骗人,拿一个打火机一烧,说没有烧着,其实火的中间是没有温度的,所以叫离中虚。如果从人体来讲,我们人体哪一个部位可以代表火?(答:心脏)如果心脏代表体内没错。那如果外表呢?(答:眼睛)非常有智慧,是眼睛。那么刚才讲到水,水在人体是什么器官为代表呢?(答:耳朵)就是耳朵,所以耳朵经常拉一拉有好处。耳朵对应体内的什么器官呢?

观众:肾。

老师:很好,肾和膀胱,今天在座有很多帅哥,我们等下来学习一下如何不用花钱就可以补肾好不好?

观众:好。

老师:那么已经讲了四个卦了,那么还有这一个卦,这个是艮卦,艮就是山,就是我们中山的山。山在人体外部的话应该是那个器官为代表呢?

观众:牙齿。

老师:山是代表阻止的,不让你前进的,那我们经常用什么来阻止别人?就是手,用手来阻止。还有泽。这个(指向兑卦卦象)是兑卦,兑是代表什么?代表说话的口,嘴巴,但是它不一定是代表嘴巴,它是代表我们的九窍。人类的九窍合起来刚好是《易经》里面的一个卦。我考一下看看大家谁知道,这个叫什么卦?

观众:泰卦。

老师:太有智慧了,这个卦就叫做泰卦。《易经》里面有两个卦非常有名的,就是泰卦。还有一个倒过来叫什么卦?否卦,叫否极泰来。但是否卦到泰卦要经历几卦呢?要经过六十四卦。泰卦到否卦要经历几卦呢?一卦而已。所以我们身体要从不好变好是不容易的,但是从健康到疾病常常只有一步之遥,所以说养生是很重要的。因为生病基本上是没有办法控制的,你去医院治病,糟糕,明明是小病而已,或者是没病,个别医生就跟你说有病,男人一般是前列腺炎,女人一般是妇科病,小病就可以马上看成大病。

而且我们现在说实在的,以前的医生他治疗的方法是比较好的而且很省钱、很经济,现在我们的治疗方法更多了,但是医生一般不告诉你原理或最好的治疗办法,大家想想我们现在去找医生,一般是怎么给你治疗的呢?

观众:打针吃药。

老师:太有智慧了,我看你可能就是医生。但是其实还有更好的办法,比如说中医有刮痧、针灸、推拿等,这些都是好办法,不仅经济而且治疗比较根本。那么为什么刮痧等方法这么好,现在的医生都不给你刮呢,因为没钱赚。在我们的老祖宗看来,只有两种病,叫做气血不通,要么气不通,要么就是血不通。你说心脏病是不是气血不通,是;糖尿病是不是气血不通,也是。所以我们人活一口气,这个气一不通,血一不通,你各种病就来了。

气血是通过什么来运行的?通过人的经络、血脉。血不通就像交通堵塞一样,找个警察疏通一下不就好了吗,还吃什么药呢?所以最好的药都在我们身上,我们身上有360多个药店,都不用去买药,而且都很便宜。药店在哪里呢?就在我们人体上的各个穴位上面。我们人体有几百个穴位,但是这些穴位有时候就像小孩子一样会睡着。我们的小朋友已经开始走神了,要睡着了是不是?那睡着了你给他拍一拍就可以了,醒一下,要开始工作了,不要一直睡,他气血就通了。所以比如说你肾不好,你就在肾的穴位给他按一按,那么肾的穴位最主要在哪里?

观众:脚底。

老师:脚底有一个穴叫什么穴啊?

观众:涌泉穴。

老师:非常有智慧,那你就按一按涌泉穴。那你说穴位300多个,我会记不住,不知道要按哪里,不知道要拍哪里。我告诉你一个非常好的办法,就是乱拍。乱拍一定没错,我们身体的穴位很多,你就乱拍,只要拍到它就好。所以有些人运动是没有用的,不运动还好,运动不对了还早死。我有两个亲戚就是运动不对死的,早上人家还在睡觉,他就起来跑步,结果血液流动加快,碰到堵塞就脑溢血走了。请问大家,一棵大树是树干比较重要还是树叶比较重要?

观众:树干。

老师:那人是手脚比较重要,还是五脏六腑比较重要?

观众:五脏六腑。

老师:但是五脏六腑你从来没有锻炼它,整天在那踢啊打啊有什么用呢?所以五脏六腑要怎么锻炼,你给它拿出来弄一弄,那个不现实。我们人类的五脏六腑,就是像我们刚才说的,心在体内是离卦,代表心,但是在体外代表是什么器官呢?

观众:眼睛。

老师:心的穴位在哪里,在座的有没有知道的?配合一下。

观众:劳宫穴。

老师:这个人非常有智慧,劳宫穴你给它按一按就好了,你不知道按就拍手也可以。现在刚好是晚上的戌时,这个时辰是锻炼心最好的时候,因为这个时辰心包经值班。心包就是包心,保护我们的心脏,我们心脏是五官之主,它是主人,主人需要有人保护它。戌时对应的动物是狗,狗是保护主人的,那心包也是来保护心的。我已经有两个同学心包有问题,心包有问题一年要花很多钱,一般都要花一二十万来治心包。那么心包有问题,我们这个时候怎么要让它好?很简单,你给它(心包经络)拍一拍就好了。大家选择开始拍,拍错了都没问题,反正是免费的。自己拍不到的就给旁边的拍,晚上回去叫老公拍。(手)里边拍,(手)外边也要拍。你看有的人乱拍,以为他是神经病,其实他才是聪明的人。

另外一个是膻中穴。我们胸口中间的膻中穴,有时候心情不爽按一按也很好。两个乳头最中间,就是这一条直线过来(手比划),最中间这个地方凹下去的,你就按一按。那么这个时候心包经值班,心在情绪上是主开心的,所以我们这个时候一定要开心。你如果要跟老婆老公吵架的话,就约个时间,约好明天我们某时某刻再来吵,这个时候先暂停,不吵了,明天再吵。因为这个时候吵完了就会很伤心,这个时候你要做一些跟开心有关的事情。反正没人跟你笑,你自己哈哈笑一下,只要开心就可以了,这个是最养心的。那么这个时候心是属火,那么心火太旺上升了怎么办,所以心还要用水给它扑灭。我们身体里面也有水,水是哪里的水啊?

观众:肾。

老师:所以你这个时候肾水要给它上调。就像刚才我碰着一个跟我讲,说他是做南水北调的。那么你这个时候怎么办,心跟肾怎么沟通呢?大家看看我手上拿的这个卦,上面是代表心的离卦,下面是代表肾的坎卦,这个卦叫什么卦呢?

观众:火水未济。

老师:有人说了,这个是火水未济卦。这样的卦象组合不好。心在上面,火一直往上蹿,水在下面,水一直往下流。如果水一直往下流,脚就会一直很冰凉,火一直往上蹿就会上心火,那这样就不好。晚上脚会很冰冷的朋友举手一下。(多人举手)那怎么解决这个手脚冰冷的问题呢?太简单了,现在这个卦就是火水未济卦。你给它倒过来,倒过来就是《易经》里面的第六十三卦。水在上面,火在下面,火跑到下面来,水跑到上面去,火在烧水,烧开了可以喝,大家看看这个反过来的卦是什么卦呢?(答:水火既济卦)很好,这个就是既济卦。那么我们人体里面怎么烧水呢,如何把体内的未济卦变成既济卦呢?现在教你两招简单的,比如说泡脚,有泡脚习惯的朋友举手一下。(多人举手)哇!不错,在座的都会长寿,很不错。有泡脚习惯的人一般肾比较好,所以如果脚比较冰冷了,你就来泡一泡,就是《易经》里面的水火既济。那么这样子相对身体就会比较好,其他补肾的方法,我顺便再教大家几招。有很多人说补肾很简单,只要吃什么肾宝,其实不吃还好,吃了成废人了。我们有一句话叫做"是药三分毒",医生让你吃药,吃药以后很快病就会出来了,给你吃药是"以毒攻毒"的。所以当然不是让你不要吃药,如果已经生病那没办法,我们今天不是来学看病,我们是来学养生,就是让你不得病。

有一个叫扁鹊的人,有谁认识他?你认识他就糟糕了,你知道就好了。有一次皇帝就问扁鹊,他说,扁鹊你兄弟三个都是做医生的,你们三个谁比较厉害?扁鹊回答说,那当然是我大哥了,我二哥第二,我排第三。皇帝问,那为什么只有你很出名啊,你两个哥哥都不出名啊?扁鹊回答说,这个道理很简单,因为他大哥很厉害,人还没有生病,只要看看别人的脸色就说他有病,结果人家都骂他大哥是神经病。因为他是专门讲养生的,就是像我这种神经病,我跟你说你有病,你说你才有病。人家都没病,你说人有病,所以讲养生的比较没市场。第二个厉害的是他二哥,他二哥看别人有小病就告诉人家预防,结果也没有多少人理他,认为他只能治小病而已,一般给他红包都比较小。

扁鹊说,别人快死了他都看不出来,只会等病人大病了,然后拿把刀把病人乱割,有时这个刀还放在里面忘了拿出来,人家看他能动刀割人都说他很厉害。(笑)所以说养生之道是要我们不得病,长命百岁。我们一般人可以活几岁呢?

观众:120 岁。

老师:对,很聪明,刚才有十二时辰就知道我们人可以活 120 岁。正常人可以活 120 岁,那么为什么我们很多人才活五六十岁就走了呢?这就是"顺天者昌,逆天者亡"。什么叫逆天呢?比如不该吃的你乱吃、不该动的你乱动、该睡觉休息的时候你又不睡等等。我们一般人的身体健康跟四个方面有关。一个方面是饮食,该吃的才吃,不该吃的就不吃。你看我们香山的香字,你看要吃什么,吃香的是不是?上面有一个禾苗的禾,那小米是非常好的,我们晚上刚跟摄影师吃了小米粥。马王堆汉墓出土的小米,已经 2000 多年了,那个小米居然还可以发芽,所以我们的小米很好,吃米饭也很好。现在很多人就是乱吃,不该吃的乱吃。那什么东西是该吃的,什么是不该吃的,有人说不知道吃什么。现在的病,医生都已经统计过,虽然他不说而已,个别医生巴不得大家多多生病,生意才会好。但是我们现在的病大部分都不是饿出来的,是撑出来的,现在绝大部分人是不该吃乱吃。晚上有吃肉习惯的朋友举手一下,(多人举手)这就是乱吃。晚上没有吃肉但是有吃油的举手一下,(有人举手)你也是乱吃。晚上基本不吃才是符合自然规律的。那有的人说应酬都是在晚上,桌上大鱼大肉一大堆不吃多浪费,要怎么办呢?大家说大鱼大肉是营养还是毒素?你如果该吃的时候吃下去,它就是营养;但是在不该吃的时候你吃下它,那时候就是毒素了。

我们吃下去的东西特别是有油脂的要消化,必须要有阳气才能消化,那晚上有没有阳气?有一点点而已,晚上阳气在不断地减少。那么你没有阳气,吃了这些东西下去,照样要消化,但是晚上外界没有阳气帮助消化要怎么办呢?人体会自动调用你的元气来帮助消化这些食物。这个元气、肾气是要保证一个人活到120岁的,那个是不能动的,你怎么给它乱用?你这乱用一次,正常会少活15天到1个月左右。所以你以为你吃的这些大鱼大肉是补药,其实你吃的都是毒素。其实像我这种人,以前都不懂得这些,也犯下不少错误。有人就问我说,林老师你的病那么多怎么能去给人讲养生啊,我说就是我生病多才能给人家讲养生。因为你没生过病你不知道病什么味道,该注意防范哪些。我前两年去体检,医生说糟糕,说我快肝硬化了,我问肝硬化是什么概念,他说就是离肝癌不远了。吓死我了,我这么年轻就肝硬化,当时也不知道什么概念,因为以前我就大吃特吃。我这个人创下了很多运动比赛方面的冠军,中学时代,长跑几乎没有跑过第二名,都是冠军,毕业以后我喝酒也是冠军。我们几个兄弟一起喝酒,约定每人先喝一箱润喉一下再开始正式喝。除了喝酒以外我还创造了另一个冠军,那就是吃猪蹄,一个人一次可以吃两斤多。在座有谁吃两斤多的举手一下。(没人举手)我猜测应该也有,跟我一样丰满的估计就是。(笑)我们当时都不知道这些养生的道理,晚上没有阳气,你还这样不断地调用你的生命元气,所以不该吃的你乱吃,不该喝的你乱喝。

另外,请问大家有喝过冰镇饮料的,请举手一下。不管什么冰,冰啤酒、冰西瓜,只要是冰的就可以。(个别嘉宾举手)糟糕!年轻人最喜欢吃冰品,说大家来爽一下,加冰更有感觉,有吃冰毒的感觉。(笑)其实我们人体内部都是恒温状态,你一给它冰凉,人体为了保持恒温又要调用你的元气了。昨天才调元气,今天又调元气,你喝一瓶冰品就调一次,所以你的元气一直在调用,你本来是可以活120岁的,现在你算一下剩多少岁了,110岁了吧。然后到晚上该睡觉的时候你又不睡,最迟我们说晚上11点就要睡,所以我们晚上讲课不会超过11点,我们尽量10点半结束。子时就是23点到1点,是第一个时辰,这个时候是一定要睡的,这个是一天的开始。你看我们这个卦叫复卦(指向复卦),阳气有一点点了,上面都是阴的。这个时候阳气就这么一点点而已,你还想破坏他,有的人还去吃夜宵,你想死啊,还吃夜宵。我们有一句俗话说:"早上是吃给自己的。"所以你就拼命吃,没关系,要像皇帝一样吃。因为早上阳气一直上升,所以你吃太多一般不会胖。那中午是吃给朋友的,所以你就放开肚皮吃,开心地吃没关系,因为中午阳气也很多。晚上是吃给别人的,都是一些应酬,你就少吃一点。有人一听中午可以敞开肚皮吃,就开始拼命地吃。那也是不行的,有的人中午专门吃肉,大碗喝酒、大口吃肉。能不能吃啊?人能不能吃肉?可不可以吃肉呢?

观众:可以。

老师:认为可以吃肉的举手一下。大部分人认为可以吃肉的,也有人认为是不能吃的。我告诉你老天爷已经告诉我们能不能吃了,从牙齿就告诉我们了,大家想想老虎的牙齿是尖的还是扁平的?

观众:尖的。

老师:狮子呢?

观众:尖的。

老师:狼呢?

观众:尖的。

老师:所以这些动物的牙齿是尖的,只能它们吃肉,其他都不能吃。那羊跟马它们是吃什么的？

观众：草。

老师：所以牙齿有没有尖的？

观众：没有。

老师：他们只有臼齿和切齿，那我们人类牙齿里边有没有尖的？

观众：有。

老师：有几颗啊？

观众：4 颗。

老师：有 4 颗是尖的，其他都是扁平的，这 4 颗尖的牙齿就是让你吃肉的，其余扁平的牙齿是让我们吃素的，一般人总共有几颗牙齿呢？

观众：32 颗。

老师：有的人 28 颗，最少的，有的人智齿还没发就 32 颗。如果按正常人 32 颗来看的话，4∶28 等于 1∶7，也就是告诉我们，肉只能吃一份，菜能吃 7 份。就是吃肉跟吃菜的比例应该 1∶7，这个是最科学的。老天爷已经告诉我们了，我们要顺天而为。你就不要想做老虎，老虎才活几年啊，一般吃肉的寿命都不长，你看乌龟吃空气还活得更久，所以你不要以为吃下去就是营养。你不该吃的时候乱吃就是吃毒药，你不该运动的时候乱动就死得快。这就是根据我们中山讲堂里面这个山字，山有阻止的意思，就是要我们止于至善。因为山在《易经》里面是这一个卦，叫做艮卦，就是这个山卦。山是阻挡我们的，叫我们不该做的事情就不要做。

当然了，止于至善不是让我们什么都不能吃，该吃的还是要吃！比如说口水就可以吃，口水你不能乱吐掉，因为口水是补肾的。有一个小女孩生病找了很多医生一直治不好，有一个医生去一看，就马上吩咐家人说，把门口垃圾桶里面的瓜子壳拿去煮水喝了就好。她家人将信将疑试一试，后来还果真好了。为什么呢？因为那个小女孩吃掉的瓜子壳带走很多唾液。我们以前不叫口水，叫金汁玉液，都是很美的，你怎么还吐掉呢？所以口水经常给它吞下去，如果不是有毒的话，我们现在马上来吞一下口水。所以说口水非常好，你不要乱吐掉，吐掉不卫生而且还影响自己的健康，这个都是补肾的。大家现在马上实践一下，舌头在里面舔一下，在外面舔一下，然后在下面绕几圈，口水马上就来了。吞下去，这个最补了，补肾。我不会骗你，真的是补肾。补肾的方法刚才我们说了洗脚，现在又学了一招吞口水，还有最好的办法就是走路，走路为什么补肾？因为我们的涌泉穴在脚底，你可以不断地刺激它，当然如果你能赤脚更好。以后别人上班的时候坐车，你就走路。

下班的时候刚好是下午 5 点到 7 点的时候，刚好这个时候经络是走肾经，是补肾最好的时候。你下班的时候不要管人家，“走自己的路让别人开车去吧”。你走路是在偷偷地补肾，肾是代表精，精满就能气足神旺。精气神就来了。精是从肾来的，气是从肺来的，神是从心来的。现在这个时候还有一招锻炼心的办法，就是用你的手指头叩你的桌子或者两手对敲对叩，来！开始叩一下看看，叩你的椅子跟桌子。那如果你旁边都有人不方便叩桌子就两手对叩，有点痛是吧，因为十指连心啊，叩 3 分钟到 5 分钟，不要偷懒，不要一下子就放下来，这也是很好的一个办法。

其实每个时辰都对应不同的经络，都有不同的很好的锻炼身体的方法，一天 24 小时就是一个太极。现在我们稍微说一下，从第一个时辰开始。第一个时辰就是子时，这个时候天在干吗?天在睡觉,所以天睡觉我们要跟着它睡觉,天起床就跟着它起床,这个就叫顺天。以前没有电灯,这个时候早就在睡觉,我们现在很多人到这个时候还不睡。小孩子其实 9 点就应该睡的,我们住农村有这样的体会,竹子都是这个时候长得很高很快,所以小孩子最好这个时候睡。那我们大人可以最迟到 10 点半或者 11 点的时候就开始睡,有一种动物在这个时候它是不睡,反而非常活跃到处乱跑,大家猜猜是什么动物啊?

观众:老鼠。

老师:老鼠在干吗?

观众:偷东西。

老师:这个小朋友很智慧,老鼠出来偷东西的,那你有没有偷东西啊,小朋友?

观众:没有。

老师:你说没有,其实这个时候没睡觉的人都是偷东西的。偷什么东西呢?

观众:元气。

老师:对了,偷你自己的元气。所以晚上这个时候一个小时不睡觉,你看又少一个月的寿命。现在还剩下几岁啊,105 岁了,本来可以活 120 岁,你一直偷你的元气。所以这个时候一定要注意,不要像老鼠出来乱跑,乱偷东西。这是第一个时辰,第二个时辰就是 1 点到 3 点,这个时候地还在睡觉,天地都还没有起床。那这个时候家里有一种动物起床了,没有睡觉在活动,是哪一个动物啊?

观众:牛。

老师:牛这个时候干吗呢?有养过牛的就知道,牛这个时候在反刍,为第二天的工作做准备。那么我们人体这个时候,五脏六腑有一个经络在值班,是什么呢?是肝经,刚才说的子时是胆经。所以人如果子时不睡觉就会越来越缺少胆魄,老鼠有没有胆啊?我们经常说一个人很有胆,说他胆大包天,一个人没有胆,说他胆小如鼠,就是这样来的。所以那个时候你没有胆,没有胆你就没魄力,没魄力你还做什么事啊!你不要看胆那么小小的,但是五脏六腑都是跟它息息相关的。胆不好的话,肝也不好、脾也不好、肾也不好,一大堆都跟着不好,所以胆很重要,它就像一个公司里面排在最前面的领导,因此奉劝大家子时一定要睡好。

那么这个时候肝是干吗用的?有的人说是排毒,有的说是造血,都对。我们白天的血经过我们人身的血管,血管的长度可以绕地球一圈还是两圈我不确定,但是最少一圈,你自己看一下,地球绕一圈长不长啊?那么这些血管经过今天长途奔波以后,会不会变脏掉?会啊,那个血会变脏啊,可能比黄河水还混浊呢。特别是我们又吃了一些不该吃的垃圾食品,搞得更脏。这么脏的血我们能不能像水洗完以后就倒掉它们呢,可不可以?(答:不可以)我们的血能不能倒掉?不可以。那就要给它洗干净,洗干净第二天才可以继续供养我们的五脏六腑氧气和养料。那要靠谁来帮我们清洗血液呢?靠我们的肝,所以肝这个时候就是在排毒、在解毒、在新陈代谢、在清洗我们的血液,那你第二天才可以继续精力充沛地工作。

有的人这个时候说我正清醒,又睡不着,怎么办?

只能遗憾地告诉你,糟糕!一个晚上睡不好可能又要少活一个月了。

所以这个时候正常人都是在睡觉的,但是肝不好不一定是不睡觉引起的,就像经常生气的人也会破坏肝。有的人就特别喜欢生气,如果你属于震卦的话,一般脾气都比较不好。那一般脾气不好叫怒伤肝。不能生气,生气不仅会伤害我们自己的身,还会伤害所有人的心。“一念嗔心起,百万障门开。一把无名火,能烧功德林。”

但是是不是真的一点都不能生气呢？该生气的时候还是要生气，那什么时候该生气呢？战国时期有一个国王，他得了一个怪病，就是很烦恼，思虑多多，烦心透顶，所以你不要看他当国王，照样烦恼很多。这个国王叫齐闵王，他得了抑郁症。这个抑郁症也是我们现在社会最主要的病，因为现在这个社会“鸭梨”很大。有个朋友跟我聊天，他画了一个鸭梨给我，我说什么意思，他说鸭梨好大，不是拿过来吃的。我后来才知道，原来他是说什么压力好大。我就对他们说：“现在压力大的人那么多，你算老几？”（笑）压力很大，有人抗压能力比较低的就开始抑郁，就开始冥思苦想，很痛苦。思这个情志在五行里面属土的，等会我们会讲到五行，那什么会克土呢？对了，木克土，木就是怒。所以得抑郁症的时候，有时候你逼他生气一下他就好，怒也会治病，但是不要乱怒而已。

有一个太医叫文挚，他就对太子和皇后说他可以治齐闵王的病，但是齐闵王病好以后会杀了他的。皇太后跟太子就跟他说没关系，他们可以保证文挚的性命。结果他就好几次跟齐闵王说要给他看病，结果都是失约，有时候迟到了还骂齐闵王，后面还穿着鞋跳到他的床上去，搞的齐闵王气得要死，当场就把他杀了。结果病是治好了，不过他自己也死了。只要人一大生气，他的“思”这个抑郁症就会好，这个等一下我们讲五行的时候会讲到。

这个时候讲到肝，如果你肝不好，你敲一敲肝的经络就好，肝经就这一条。所以说我们从今天开始，每天学会一招，你身体会好很多，少花好多钱。这是什么招？就是浑身乱拍，总有一个地方会拍到，有时候用力一点。你看这一条就是肝经（手指向肝经走向），就是这么拍一拍。因为血管有时候会不通，就像交通会阻塞，那么你去刮痧一下就好了。那么有时候我们为什么要按穴位呢？穴位就相当于高速公路的交叉路口，也相当于电灯线的按钮。它有时候会坏掉，你给它按一按就好了。

所以很多的病根本就不要吃什么药，不需要打什么针，你这样按一按、摸一摸自己好了，这一招是最省钱的、是最有效的。但是如果你真的生病了那还是要看大夫。我们讲养生是让你不生病，但是如果你真的生病，你用这一招也很好，也是很有帮助。

接下来是第三个时辰，3 点到 5 点，这个时候太阳将要出来了，这个卦就是我们《易经》里面的卦叫泰卦，很好的卦。刚才是肝在换血，接下来这个时候是肺，肺要换气。我们人没有吃饭可以活几天？

观众：7 天。

老师：不止，我们人没饭吃，看人，因为年纪不一样，正常来讲活四十几天应该有可能，但是要喝水。如果你不喝水可以活几天啊？7 天，一般就没命了。那如果没有空气可以活多少时间呢？我估计连 7 分钟都不行。这个时辰就是换气的时候，所以有的人换气换得太夸张，我有一个亲戚，他差点吓死我，每次我跟他睡觉都痛苦得要命，他每天这个时候正在干吗呢？（答：打呼噜）所以很多人会打呼噜。有的人为什么会打呼噜呢？他就是一直抽烟，包括我一个叔叔也是一直抽烟，他说烟很好啊，我说为什么好啊？他说人家毛主席都抽烟啊，毛主席都没睡觉怎么身体那么好？哎哟，当时把我吓了一跳，我们的毛主席睡觉经常都是凌晨 2 点钟，而且经常抽烟，怎么身体那么好呢？

我说人的健康是跟四个方面有关的：一个是饮食、一个是作息、一个是运动、一个是心态。心态是排第一的，占 50% 以上。有些婆婆天天看媳妇不爽，媳妇看婆婆看不高兴，心态不好你给她吃什么药都没用，这个心病只能用心药来治。那我就跟他说，我们毛主席虽然他抽烟、睡觉不规律，但是第一个他这个人很乐观。听说毛主席讲课的时候没有一个会睡觉的,他非常地幽默,非常地乐观,只要跟毛主席在一起的人都很开心。这是第一个,他心态的方面。第二个,毛主席有没有运动?

观众:有。

老师:他天天走路,而且他还会游泳,他老了还在游泳。他写诗:“才饮长沙水,又食武昌鱼,万里长江横渡,极目楚天舒……”另外他吃的东西都是别人给他科学合理调配好的,该吃什么、不该吃什么不需要自己操心。有的人说你不是叫我不要吃辣吗,毛主席喜欢吃辣啊?我们中国目前癌症死亡率最高的是什么癌啊?是胃癌啊。那胃癌是什么引起的?有的人说抽烟,抽烟才排第二,第一个就是吃辣。喜欢吃辣椒的举手一下。我也喜欢吃辣,但是如果你不是湖南人,不是江西人,我给你一句话叫:“一方水土养一方人。”如果你是生活在中山这个地方,我们不大适合吃辣,那你偏偏吃辣,结果就把自己给“辣死了”。所以癌症的第一位是胃癌,胃癌的第一就是因为你吃的辣太多了。我们不是说不能吃,《易经》里面是讲究一个“中”,就是我们中山的中,就是太高也不行,太少也不行,刚好就好,好就叫做“中”。你偶尔吃一下是可以,但是我们这边的人适合吃什么就吃什么,我们这边的土地长什么你就吃什么。你就多吃一点“神造”的东西,少吃一点“人造”的东西就好了。什么叫“神造”?什么叫“人造”?举个例子,现在是冬天,有没有西瓜?

观众:没有。

老师:没有,可是你偏偏要在这个时候吃西瓜,而且还要冰冻。那你不“走”才怪呢!你不“走”谁“走”啊?所以我们就不适合吃辣,现在没有西瓜,现在有什么东西你就吃什么,你是哪里出生的,就吃那里生长的食物比较合适。

你看这个时辰为什么用老虎做代表而称呼为“寅时”呢?因为老虎气势很大,而且“云从龙,风从虎”,老虎出没带有风的,风就是气。老虎这个时辰是最活跃的,老虎是动物之王,所以我们的人只要气好了,你也就有气势了,你就成为人中之王了。有一句老话叫做气大财粗,还有叫什么财大气粗,你就发财了。有的老人说我真的睡不着,这个时候怎么换气啊?他这个时候起来锻炼,这个时候起来是锻炼吗?把自己“练回家”差不多。(笑)这个时候尽管睡不着,你也在床上好好地躺一躺,不要起来,等一下太阳公公起来你再和他老人家一起起来。

下一个时辰就是卯时了,你看太阳已经升起来了,是不是?那太阳起床我们就要跟着它起床,你不要还在那边睡觉。这个起床的时候第一件事情要干吗?

我先做一个调查,在座的有“吃”过大便的举手一下。没“吃”过的举手一下,如果没举的就是有“吃”过大便的。我敢保证绝大部分包括我,经常在“吃”大便,而且是“吃”自己的大便。怎么说呢?我们这个时辰为什么用兔子来做代表呢?因为兔子经常吃自己的大便是不是?那我们这个时候是属于大肠经,你看刚才肝经在排毒,现在肺经又在排毒,毒全部排出来了,排到哪里了?排在你的大肠上面,所以天亮起来大肠里面都是毒素,一大堆的。昨天的毒素全部在这边,你这个时候要干吗?排出去,所以“排出毒素,一身轻松”。那如果这时候不去上厕所排毒的人会怎么样呢?会回流啊,毒素回流到你的五脏六腑,结果你的血管就被这些毒素堵塞住,血就流不过去,而且还毒害器官。俗话说:“想要不死,体内无屎;若要长生,腹内长空。”有的人体内的粪便竟然是十年以前的,甚至是二十年以前的,那个便叫什么便?叫宿便,那个是超毒的。那要怎么把它弄出来呢?很好的办法,屁股里面灌水进去,冲,给它洗出来,灌肠啊。那如果说不想那么弄,你要自己弄,要怎么弄?早上起来的时候先喝一杯水，不要开水，要温水。那刚烧出来很烫怎么办？这个水蒸气不要浪费掉，刚好可以研究一下，看看开水里面有没有什么好东西，认真看一会儿。这个是在干吗呢？对了，熏眼睛，眼睛保护有两招。一个是看过来、看过去旋转一下。你不要去挪它，眼睛不能挪、耳朵不能挖、鼻子不能掏，耳朵你挖它，越挖越聋，耳朵是代表肾，是代表水。鼻子不能挖，不仅难看，有的人不仅挖自己的鼻子还去挖别人的，那就更夸张了。那鼻子要怎么办？如果里面有东西你就捏。有人用牙签去剔牙，牙也不能剔啊，牙齿要用磕的。

前不久中央电视台又报道了一位女士，八十几岁那个皮肤还光滑细腻有弹性，不得了。那么在座的女孩子也很多，想知道她是如何保养的，掌声一下。（掌声）不仅女人爱美，我们男人也爱帅。那有的人的皮肤，你看这边黑一点，那边黑一点，沉淀很多，她哪里会漂亮啊。那她是怎么做到的，她说很简单，我只是做了一招而已，就是每天洗脸。我说废话，谁都洗脸。但是别人洗脸不一样，我们正常的洗脸是洗多久啊，1 分钟。她洗一个脸正常要 5 到 10 分钟，她就一直揉啊按啊。因为我们脸上的穴位特别多，你只要多按，反复按，反正按错也没关系，你就乱按，这样你的皮肤就会很好，你就不会有那么多的老年斑。你年轻的时候这么按，你到老的时候还是那么光滑细腻有弹性。所以这个时候就干了一件事情，用热水蒸眼睛。几分钟以后，水降温了以后再大口灌下去，不要一点点喝，就一口灌下去。因为你慢慢喝就会跑到其他地方去，你现在灌下去就会跑到大肠里面，才有影响力。

水灌下以后要干吗呢？上厕所！但是上厕所如果你拉得出来你就拉，拉不出来就揉一下肚子，怎么揉啊？做太极操。睡觉之前要先揉一下，起床的时候你也先揉一下，然后再起床。顺时针揉 36 下（不一定 36 下，50 下也可以）。揉一下，按照顺时针这样子，你不要怕越揉肚子越大，不会了，越揉越小，你看我以前有 180 斤现在揉到 160 斤了，这是揉下去的。非常好，除了揉肚子，我们人有五个心是要经常揉的，哪五心呢？头心、胸心、手心、脚心还有腹心。头这边有一个穴叫什么穴啊？百会穴，你就经常给它按一按、拍一拍，不要太用力。

我以前读高中的时候，我们班级里面一个班长读书很厉害。他经常敲这一个穴，我经常给他拽过来，我说不要拍，脑袋会拍坏掉。他说拍一拍不太用力怎么会拍坏掉？原来他在拍头心百会穴。还有就是胸心，还有手心，还有脚心，这几个心经常按，还有我们肚皮下面这边的，得按一下。反正你乱按，只要不是太用力，有一些是死穴，你不要太用力。只要不是太用力，身上的穴位都可以乱点的，没有问题，但是你太用力就不行了。就像我们这个穴叫什么穴？人中穴，那人中穴不能乱按。我以前就很奇怪，为什么这边叫人中，明明人中是在中间的，怎么搞到边上来啊？因为我们人体前面叫做阴，有一条脉叫做任脉，后面叫做阳，有一条脉叫做督脉，叫任督二脉。它们的交汇点在哪里？就是在这个地方，阴阳的交汇点就在这个地方，那么要是阴阳没有相交的话，就叫做刚才说的“否卦”，“否卦”就是不交，天地不交、夫妻不交、上下不交、男女不交、一切不交，就产生了问题。那你这个时候给它按了一下，为什么它又活过来，因为开始又交了，天地又交了。那一口气才不会从百会穴跑掉，神魂跑掉还得了？人的穴位很多，我们这边就不再赘讲。

我夏天正常是 5 点起床，那这个时候是冬天，我们 5 点就不大合适。这个季节要什么时候起床比较合理呢？有一个最简单的参照就是太阳什么时候起床跟它一起起床，这个是最标准的。下雨它也会出来，就是被云层遮到而已，这个是第四个时辰卯时太极养生。

接下来 7 点到 9 点，是辰时，阳气已经很多了，所以这个时候它象征的是龙，大家有没有见过龙啊？恐龙不算。我们中国人号称是龙的传人，为什么叫龙的传人不叫蛇的传人呢？

外国人要么是狼要么是狮子什么动物的,只有我们中国搞了一个没有存在的东西。这个龙是我们民族的图腾,它代表一个很强大的阳动力。因为你看那个龙头像骆驼、龙身像鳄鱼、龙爪像老鹰、龙脖子又像蛇,把每一个动物最厉害的部位结合起来成了一条阳动力非常强的动物——龙。这个时候龙已经上升了,就像太阳上升,蒸蒸日上。这个辰时对应我们的胃,那辰时要如何养生呢?这个时候你一定要吃东西,有的人偏偏就不吃。我们人体在这个时候是走胃经,那胃会分泌胃酸,胃酸比溶硫酸还厉害。有的人敢吃铁钉,因为吃进去就溶化掉了。如果你这个时辰不吃东西下去,胃酸会不会分泌呢?照样会啊,要是不吃早餐,胃里面没有东西消化,胃酸就会腐蚀你的胃壁。所以很多人不吃早饭很快就会怎么样?胃痛。所以有的人没有学生理卫生就知道胃在哪里,我说你估计是胃痛过,没胃痛的人不知道胃在哪里。你这个时候不吃早餐就糟糕了,所以今天我跟你讲什么餐都可以不吃,但是早餐一定要吃,就是这个原因。

我们来看一下下一个卦,早餐吃完了,通过胃蠕动以后,接下去已经变成营养了。就像我们工厂生产东西,燃料买进来现在已经生产出来,卖出去变成钱了。接下去这个值班经络叫什么经啊?脾经,这个脾如果换成女子旁,变成什么?奴婢的婢,那奴婢是干什么的,奴婢重要不重要?你说奴婢不重要,奴婢是给主人端茶、倒水、倒尿的,这些工作如果没人做怎么办?所以奴婢是在分配工作。它的营养要给哪个器官用,端给谁吃,哪里需要它就端到哪里去。所以这个"脾"你不要小看它,它是非常重要的,营养要给谁是它说了算。在这个时辰养生要注意些什么呢?我们在座的300多人估计很容易脾不好,为什么脾会不好?因为脾怕两种情况,如果你碰到这两种情况一般脾就会有问题。一个是湿气重,我们中山市这边湿气重不重呢?所以我们这边的人经常会买那些补脾的补药,那什么东西最补脾呢?对了,薏米。上面一个草子头,下面一个意思的意,那个叫薏米,拿去煮粥比较补脾。所以我们这边的人一般都要吃薏米。顺便说明下,我可没有卖这个东西。(笑)

然后还有另外一种情况就是久坐,坐太久了,特别是早晨9点到11点我们正在工作。那这个时候你坐太久了,久坐伤肉,肉代表土,土在五脏六腑的代表就是脾,所以坐太久了不好。现在大家坐很久了,先站起来一下,然后再坐下去。顺便做一个伸懒腰,越夸张越好。你坐太久了经常要做一下这个动作,没关系,你不要怕夸张,你越夸张越好。现在很多人电脑看太久,久视伤血,久坐伤肉。这个时候养生主要是这样子的,你要稍微起来动一动。

我们看下一个时辰午时养生。到中午了。你不要看中午好像是最热的,但是最热的时候阴气已经开始产生。就像冬天,冬天我们这边跟北方不一样,北方这个时候已经是万木凋零,树上面的叶子都掉了,但是下面的根正在成长。夏天虽然说是万树生机勃勃,但是根已经开始腐烂了。虽然是中午很热,但是地下已经开始有阴气酝酿了。这个时候是午时,一天的子午时一定要睡觉,为什么一定要睡觉呢?因为这是心跟肾交流的时候,是阴阳转化的时候,你这个时候最好躺下来休息一会,不躺下来只要眼睛能闭上也可以。我们人的肝很奇怪,眼睛一睁开它就开始工作了,它就在输血、在供血,眼睛一闭上,肝马上在清洗、在新陈代谢。眼睛一闭上它又马上休息,一睁开它又开始工作,就这么简单。那这个时候你休息10分钟也可以,20分钟也可以,不一定多久,但是一定要睡。

今天如果像我说的这些你都能做得到的话,多活10岁应该是没问题了。所以照这一些简单方法来做,其实本来我们就可以活那么久的,也不叫多活,你本身就可以活那么久的,只是说你平时一直给它减损掉而已。你中午不午休会很糟糕的,中午是对应心经,中午很热,我们身体里什么最热？就是心。心是一直跳动的，心什么时候才不跳？死的时候就不跳，所以一出生的时候就开始跳，就像马一样，马开始跑会跑到什么时候？跑到死为止，所以马就是这么厉害。我们有一句话叫龙马精神，就是代表超强的行动力。这是代表马，所以我们的心为我们工作这么多，要不要给它安慰一下？但是不要说让它休息一下，这个不能休息的。你怎么对它好呢？拍一下心经。又是拍手，赶快拍一下。

接下来就是下午了，这个时候是未时了，未时代表动物是羊，羊与小肠经又有什么联系呢？我们有一句俗话说："没有那个肛门，就不要吃那个泻药。"我们人都适合吃素的，肉只能吃一点点，你拼命吃那么多，结果你不"走"谁"走"啊？人要学羊多吃点素，不要吃那么多的肉，害了动物还害了自己。至于为什么吃，荤素比例前面已经提到不再赘述。

再下一个时辰就是15点到17点的申时。下午这个时候又是谁工作的时候，这个时辰要如何养生呢？很简单，就是一定要喝水。你说喝水谁不会啊，还用你说啊。确实有很多人不会喝，他喝饮料，饮料算不算水啊？不能算啊。他说我喝茶可以吗？连茶都可以不算。喝白开水、矿泉水。另外这个时辰你可以吃一点小点心，这个时候如果你随便吃一点点，晚上一般你就不会想吃了，就不会狼吞虎咽。有人到晚上还说，哎呀，我真的是很饿，有什么办法呢。所以你这个时候吃没关系，还有阳气，你看上面还有三个阳可以帮你消化掉，所以你在这个时候吃一点下午茶，吃一点下午点心，晚餐一般就不吃太多了，吃一碗小米粥就够了，不然你晚餐又狼吞虎咽，又消化不良，又调用元气，又少活一个月。

下一个时辰酉时。这个时候已经到17点了，我们刚才说是补肾的好时候，补肾以下午5点到7点是最好的，酉时养生与鸡有什么关系啊？鸡也很会补肾，鸡除了吃米还吃什么？吃沙子，吃石头。关于如何补肾的方法我们刚才介绍了几招免费的，如拉耳朵、刺激涌泉穴、吞口水、热水泡脚、酉时走路、敲打肾腧穴等，还有很多，这边不再赘述。

下一个时辰19点到21点戌时，我们看到图上显示一天的阳气已经快降到尽头了，戌时对应的动物是狗，养生最大的关键就是要照顾好自己的主人，心脏。前面已经讲到在神志上要注意开心，可以学会敲打心包经等，因为戌时值班的经络就是心包经，可以参考上面对心包经的描述。

再下一个时辰就是亥时了，21点到23点，对应的动物是猪。那么猪有什么特点？猪吃饱就睡。现代人这个时候大部分还在过夜生活，热闹得很。古时候这个时辰大部分的人已经上床睡觉了，这个时辰对应大地坤卦，就是要柔、要静、要顺、要空，这样才符合人法地。这个时候全部是阴气，你不要看它全部是阴，那阳跑到哪里去，怎么都没有阳了？阳已经分散在烧烤这个三焦了，上焦、中焦、下焦。

我们人体中间的体腔分成三部分，上焦是心脏跟肺，中焦是脾和胃还有肝，下焦是肾、膀胱。那么在这个时候我们人应该干什么呢，学猪就好了。那猪有什么特点？一个是猪很会生孩子，所以要生孩子在这个时候同房，这个是阴阳和合的时间段。

另外猪还有一个特点是比较笨。我们如果在外面工作的时候人很聪明，你这个时候就要变笨一点。现在很多人太聪明了，跟老公讲道理，跟老婆讲道理。跟老公能不能讲道里啊？不能啊。跟老婆能不能讲道理？不能讲道理。在家里面要学会笨一点，跟猪一样笨就好了。你要讲道理到学校去讲，家里不是讲道理的地方。那更不能讲法律，讲法律到什么地方去讲？到法院去讲就好，你跑到家里面讲什么法律，说动不动我跟你离婚，我要上法院告你。夫妻、家人只能是笨一点好，所以婆婆对媳妇也一样，媳妇对婆婆也一样。一家人就要学猪,大家都笨一点。所以家人这个家怎么写,家就是上面一个宝盖头下面一头猪,是不是?是叫我们学猪笨一点。有一个家庭拼命吵架,然后问隔壁一个不吵架的,他说,你们这么厉害、这么有修养,怎么一直没有见过你们吵架呢?邻居回答说很简单,因为他们大家都很笨,都认为自己是坏人,从来不计较。做什么错事的话都是自己错,一律往自己身上找原因,反正别人一定没错,如果别人有错的话,一定是我看错,如果别人真正有错请参考第一条。反正别人一定没错,都是我错了。

家庭里边不能讲道理,也不能讲法律,只能讲什么?讲爱,讲亲情。有一首歌是这么唱的:"我会好好地爱你,傻傻爱你,不去计较公平不公平。"在家里面比猪还笨就可以啊。这个时候阴阳和合、一家幸福安康、精神愉悦是最大的养生,这是第十二个时辰亥时养生。

第一讲讲完了。我们回顾一下,这就是十二时辰太极养生法,要注意根据天地运作的规律,配合时间和空间道理,尽量做到天人合一,道法自然。

太极养生是我们今晚要讲的第一部分,接下来我们讲第二部分阴阳养生。

那大家说,是阳比较好还是阴比较好呢?问这个问题好像很幼稚,就像是在问到底是男人好还是女人好,是男人生女人还是女人生男人?其实阴阳之间主要有四种关系,叫阴阳转化、阴阳互根、阴阳消长、阴阳对立。好像是男人生女人,好像又是女人生男人。问这句话就相当于问哪一句话?是先有鸡还是先有鸡蛋。女人是男人生的,男人是女人生的(哲学上严格讲是男生女成,天生地成)。男中有女,女中有男,阴中有阳,阳中有阴,这个就叫做阴阳。那么我们每一个人,你到底要补阳还是补阴?很简单,一句话讲完了,"缺什么补什么"。(笑)

有一次皇帝就问阿凡提,他说阿凡提啊,这边是道德,这边是钱,你要哪一边呢?阿凡提怎么回答他?他说我当然要钱了。那皇帝就笑他,说如果是他的话他要选择道德。阿凡提说那当然了,缺什么爱什么。我们人体一样,缺阴你就补阴,缺阳你就补阳。那么我们相对来讲的话,年轻人比较缺阴,年纪大比较缺阳。就像我们男女的话,女人一般是35岁开始,男人是40岁开始。女人周期是跟数字7有关的,男人是跟数字8有关的。女人7岁的时候就换牙齿,男人要8岁才换,女人14岁就可以开始生孩子了,已经开始来月经了。但是男人一般是几岁才开始可以娶老婆有生育能力呢?16岁。女人一般49岁就已经开始更年期了,但是男人什么时候才到更年期啊?64岁。所以男人63还会生孩子。(笑)

所以说你缺阴就补阴,缺阳就补阳。怎么补阳啊?是不是杀两头牛,吃两只羊啊?肯定不是。补阳就是补太阳,太阳是最好的,晒太阳。那么一天有三个时间段的太阳是最好的,一个是早晨刚起来的太阳。你那个时候走路上班,边唱歌、边上班、边晒太阳。那很好,那个就叫补阳。那我们年轻人也要补啊,正常人都要。早晨的太阳很好,适合我们所有的人。中午能不能晒太阳啊?

观众:不能。

老师:谁跟你说不能啊?冬天的太阳就可以,夏天会中暑就不要了。现在冬天,中午的太阳很好,可以晒,补一下。那么晚上酉时补肾,这时夕阳下山,叫"夕阳无限好"。那个时候也很棒,你走路回家,边走边敲打肾腧穴边唱歌,别人坐车你就走路。阴阳、阴阳,身体无非就是阴和阳,任何东西都是阴阳,这个是《易经》里边对阴阳的论述。我们看下面,有的人经常会问我到底是中医好还是西医好?我说我不是医生,但是我知道两个好像都很好。现在网上一些人讲中医的时候就被一些西医给批评了,在座有没有西医?很多讲中医的就马上被批判下去,尽管他是大师。所以晚上我不敢讲太多中医和西医的,不然我明天就被批判了,不过我们现在被人家批判也许是好事,这个叫阴阳。那么为什么很多中医会被批呢?就是因为现在有强大的西医的利益链条在,社会风气唯利是图,虽然中医比较重视整体,但是中医确实不好赚钱,很多医生就把中医抛弃掉了。西医比较好赚钱,但是经常医好这个病,产生了其他的病;西医不讲究经络,我们中医最讲究经络;西医说扯淡,经络在哪里拿出来给我看?他这句话就像说电脑硬件拿给我看,软件也拿给我看,软件看得到吗?我们说他们是搞五脏六腑,但是我们还有一个是精气神啊,精气神是看不到但是又确实存在的东西。人活一口气啊,没这个气怎么活啊?我们重点讲究情字,西医不会告诉你说你不要生气;讲究亲字,我们有一句话叫做:"良言一句三冬暖,恶语伤人六月寒。"这个就是情字方面的。所以阴阳,缺阳了你就补阳,缺阴了你就补阴。缺阳第一个是晒太阳,另外一个吃阳的东西。阳的东西是晒太阳的,比如我们说鸡鸭肉,鸭是属阳还是属阴啊?

观众:阴。

老师:那很简单,因为鸭经常在水里面游,这是属阴的。那鸡属阳,鸡会不会在水里面游啊?不会,所以它属阳的,所以坐月子的话吃鸡还是吃鸭?

观众:吃鸡。

老师:因为它壮阳,因为你生孩子的时候阳气已经全部给孩子了,所以是你最缺阳的时候,你坐月子的时候没补好,一辈子病就很多。你生孩子一开始要补,吃鸡,夏天吃鸡实在是够痛苦的,如果冬天还好。那么有的人,缺阴你要补阴,什么东西是阴性的呢?鸭、笋、木耳这些是比较阴性的食品。养阴和养阳一样重要,我们身体需要阳也需要阴。如果你看一下我们刚才比喻乌龟和老虎,老虎是属阳的所以活不了多久,一般老虎只有二十几年就死了,但是乌龟可以活很久,不吃不喝可以活多久?我听说有的几百年,吃一下空气就够了,所以不是越贵越好。经常是越便宜越好,甚至最好的都是免费的,我们今天来听课要不要钱?

观众:不要。

老师:所以免费的是不是最好的?免费的才可以给你讲这些东西,如果交钱的话一般都是有商业目的,一般就不会给你讲让你不用花钱就可以治病的。空气也不要钱,水也不要钱,所以一般不用钱的东西都是比较好的。贵的一般都是没用的,你不要被人家骗掉。花了很多冤枉钱,买了一大堆的药回家吃。那么人经常会得一些阴毒,人最容易得哪一些阴毒呢?一个是水毒,我们刚才说喝水,说一天要多喝水,那有的人就拼命喝、拼命灌,一天能喝7瓶矿泉水,喝到浑身闹水灾。我们身体里面会不会闹水灾?会的,那时候又没有解放军叔叔来抗洪怎么办?所以你的身体就会变成什么?水肿,身体里面水很多,皮肤又是喜欢凉的,喜欢干燥的。你身体闹水灾,那水本来是可以通过尿道,通过前面、后面给你排出去,现在在身体里面积压,所以就变水毒。还有湿毒、痰毒、脂毒,什么叫脂毒啊,你油脂太多了,堵塞血管了,自然就有毒了,血管不通了。本来血管就像高速公路很畅通,你现在这边堵一点,那边堵一点,当然各种毒就来了。这个是讲阴阳的道理。

现在我们来讲第三个方面,讲天、地、人。刚才已经算过,每个人先天里面有一个卦,那么你算出来这个卦跟你的关系。比如说本人算来是震卦。那么震卦有什么特点呢,震就像打雷一样。那打雷很有行动力,但是脾气也坏,这种人容易得肝病,所以我现在肝就有问题,所以这个是天。那地当然也有区别,我们不同地域的人体质是不一样的。东北人很乐意喝酒,"三碗不过冈"。那我们这边人能不能这样子?喝两碗我看就死翘翘了。北方人喝烈酒,他们真的是可以整碗喝,我亲眼看到东北人喝60多度的白酒还用碗,吓死人了,我们都是用杯抿一下而已。那么每个人虽然同一个时间、同个地方生的,但是由于人的体质先天不一样,有一些差别,所以我们说每个人的体质要看天地人。所以有些人喜欢算命,算命大家说准不准?有的准,有的不准。性是天赋的,命是地给的,身是父母生的……因此算命天时只是决定你算命之一而已,所以有句话叫“三分天注定,七分靠打拼”就是这么来的。天只能注定你30%左右,但是有的人为什么算命会准确呢?因为他住地和工作地没有变过,他出生在这个地方,长大在这个地方,工作还是这个地方,那算命就注定70%左右了。人家说:“一命二运三风水,四积功德五读书。”但是有的人一辈子都不变,也不积德、也不读书,有没有这种人啊?这种人算下来当然很准,就是你自己不争气才会准,争气的人、有积德的人哪里会算得准!

我看到很多人用《易经》去算命。这些帮人家算命的人基本上不懂得《易经》,都没有读过,他们是胡扯淡,骗我们很多人不认识而已。那我就看他到底是怎么骗人的,他说我最近有困难。我说是啊,什么困难?他说你有女鬼缠身。我后来发现,如果是男的,统一是女鬼缠身,那如果是女孩子去,就是男鬼缠身,都是这样骗你的。所以今天我们就不讲这么多了。但是我跟你讲《易经》最主要是哲学,是哲学中的哲学,它是科学,是科学中的科学,是帮助我们认识自己跟认识自然的,是认识论和方法论,并不是用来算命的。

这个是讲到三,《易经》文化来源于河图洛书,河图洛书几十讲的。那么还要讲到三焦调理,上焦、中焦、下焦。医生给你看病的时候,他怎么给你把脉?让你手伸出来,医生要用三个指头给你把脉。有的人叫你把舌头伸出来一下,因为舌头刚好有中焦、上焦和下焦,舌头就可以看出我们身体里的心肝脾肺肾。当然了有人刷牙还刷舌头,那就看不出来,所以以后你要去看病的话,刷牙不要连舌头都一起刷。讲到三这个数理我就多讲两个,一个是足三里,一个是三变焦。足三里经常可以按一按,也不错。足三里在哪里?在膝盖下有一个凸出来的,下边三寸。什么叫三寸?就是差不多三个指头下面,反正你不知道干脆用力点乱拍就对了,一定会拍到。那三变焦对男的不重要对女的特别重要,就是在脚头上面一点点,所以你就乱拍。晚上你什么都不要学,你学了一招乱拍就值得了,回去就拍。学了乱拍回去之后,你就多活十年。你自己拍,自己不拍叫别人拍,叫儿孙帮拍,叫老婆帮你拍,叫孩子帮你拍。

我们晚上就从一讲到十,现在讲到第四了。四的话主要是四项。

我们一天除了有白天黑夜,白天还分成上午跟下午。晚上还有上半夜跟下半夜。那一年有几个季节?

观众:四个。

老师:春夏秋冬。春天要注意补自己的肝。就像我们现在冬天应该补什么?补肾。春天养肝、夏天养心、秋天补肺。那现在冬天呢?补肾。但是我们这边好像四季如春,都没有看到冬天。

观众:四季如夏。

老师:确实四季如夏。这个是四季养生,那么四季养生有关二十四节气。“春雨惊春清谷天,夏满芒夏暑相连。秋处露秋寒霜降,冬雪雪冬小大寒。”每一个节气来的时候你怎么补呢?吃一碗皇帝吃的东西。皇帝吃什么?网上就有这种食谱,都是非常简单,我们轻易就能够买到的。比如说现在要补肾,已经是小雪了,你就吃四物炖鸡汤,喝下去,爽。每个季节不一样，每个季节就吃一样。这些东西都很好买，在网上都可以查询到。皇帝吃的我们现在可以吃，我们现在都比皇帝还幸福。以前皇帝还没有经常洗脚，现在我们一下课，很多人就跑去洗脚了。所以日本人来中国很奇怪，他说，在我们日本走几步就可以看到一个书店，来到你们中国走几步就看到一个按摩店，按摩店超多。据说还有很多按摩店要上市，这个是我们中国特色。我也经常去推拿，但是我发现很多按摩店，有很多人真的没知识。我上次去按，我说小妹，这个按摩推拿有什么好处呢？她说可以打通任督二脉，我说任督二脉在哪里？她说我也不知道。我问她，你给我按的这个是什么穴啊？她说师傅也没教我们。我问她都教你什么，她说都教我们乱按。虽然乱按是可以的，但是如果你真的作为技师的话，你还要学习每一个穴位是干什么用的，这才是合格的。这个穴位是干什么的，跟你讲一下，这个是四，健康四大基石，心态排第一，另外就是作息、饮食和运动。

饮食方面主要原则是“五谷为养、五果为助、五畜为宜、五菜为充”，主要吃五谷杂粮，吃粗一点好。现在为什么很多人便秘啊？就是吃得太细，粗粮多吃一点好。所以以前是六大营养素，现在变成七大，多了哪一大？最后一个叫食物纤维。纤维是粗粗的东西，以前不算营养，后来发现那都是我们人体的扫把，如果没有那个东西，大便就便不出去，毒素就扫不出去。所以我们大家不是吃得少而是拉得少。我们大家肚子里面毒素都很多，你给它排出去，“排出毒素，一身轻松”。“五果为助”，五果就是水果。“五畜为益”，肉吃一点点就好，就像我们小时候，平时也可以吃，就是不能吃多。刚才我们说的比例有没有记得？1∶7。“五菜为充”，那什么东西不能吃呢？油炸类、加工类、饼干类、汽水类、方便食品类、罐头类、蜜饯类、冷冻类、烧烤类。在座如果有卖这些的不好意思。这些统一叫做“人造的”，不是“神造的”。我们要吃什么？吃“神造的”，不吃“人造的”就对了。

关于睡眠和运动，刚才已经讲过很多了。人的健康跟这四个最有关系。接下来我们看数字五，五行。五行就是木、火、土、金、水。春天属木、夏天属火、秋天属金、冬天属水。其实四季都有土，四季每一个节气最后都是属土。我们的老祖先认为这个太极的太是大到极点，也是小到极点的，太极又可以生两仪。任何事情都合乎阴阳，这个叫二元论，那么这个五就是多元论，就是万事万物都是由金木水火土组成的。那么既然这样子，我们人体五脏是不是金木水火土组成呢？我们看一下，木对应肝、火对心、土对脾、金对肺、水对肾。所以我们中医看病的时候经常是“头疼医脚，脚痛医头”。人家外国人就看不懂。西医是这么看的，哪里有病治哪里，“头痛医头，脚痛医脚”。但是我们中医不这样子，我们知道人体是一个整体，我们这边打一个咳嗽，说不定南美洲会起一场大风暴，也就是万事万物都是联系在一起的，这个就是《易经》里面的全息理论。所以你不要以为你骂我我不知道，我都听到了。我们人的感应速度是很快的，如果你骂人的话或者你说人家好话，这样的信息一秒钟绕地球七圈，跟光的速度一样。所以如果你很爱一个人，你不一定要向他表达，你就心里拼命想，他就知道了，叫做“千里共婵娟”。如果你恨他、你骂他，你虽然不说，照样一秒钟，绕地球七圈，我们有一句话叫“说曹操曹操就到”，你骂谁为什么谁就会来啊？叫做宇宙的全息理论。所以我们如果想让自己好，就不要想着自己不好。你就说自己一天比一天更好，我很开心，我很快乐，阿 Q 一点。你不要整天在那边叫我快死了，很快你就真的死了。

我有一个外婆，听长辈讲，五十几岁的时候几个算命先生就给她判死刑了。说寿命只有 58 岁，然后我外婆赶快就去买了一个棺材。结果这个棺材自己没有用，反而被借出去好几次，买了被借，再买再被借。自己没走别人先走，为什么呢？她说我马上就快要走的人，就天天很开心,心情一开心反正不会得病,活了九十几岁,借出去好多个棺材。人心态好是最关键的,要乐观一点,傻一点,欲望少一点。如果你欲望太高人就会很痛苦,明明赚一千万就够了,你就偏偏要两个亿,好累啊,赚出来的钱你又带不走。大家说乔布斯有没有钱?

观众:有。

观众:80 亿美元还没带走呢,死的时候钱能不能带走?

观众:不能。

老师:我们有一句老话:“官再大,钱再多,阎王照样土里拖。”官再大,钱再多都是别人的了,只有身体是自己的。有人说我肝不好,怎么办?根据五行相生相克的理论,肝是喜欢绿色的,所以你肝不好就吃一点绿色的,你心脏不好就吃一点红色的,你脾不好就吃一点黄色的,你肺不好就吃一点白色的,那肾不好的当然是补黑色的。但是这个不绝对,基本上是这样子,普遍性。所以大家记下来,什么不好就补什么。那么你说五色还对五味,肝是对应酸,心对应苦,所以心不好的人一般吃一点苦,比如说心火上去,就吃一点黄连,夏天的时候就吃一点苦瓜。肾对应咸,一般不吃盐对肾很不好,所以早上吃一点点,但是盐不能吃太多,虽然盐是好东西。

观众:有个同事天天早上喝一杯盐水。

老师:对,这样很好。那你还有五种味道,你看淡味、焦味、香味、腥味、苦味。最主要是这五种情志,肝对应怒,我们说怒伤肝、喜伤心、忧伤脾、悲伤肺、恐伤肾。所以有的人一直很烦恼,他是什么会不好?脾就会不好,脾不好的人,经常就会犯困,老板气得要死,花了那么多工资请你来,你一上班就睡觉。你看我们在座的有很多人就已经开始犯困,看看身边的人,给他拍一拍,看他有没有睡着。如果你要运动呢,什么运动比较好?我建议你几个,一个像五禽戏,学鹿、学猴子、学鸟、学老虎、学熊。还有什么运动呢,世界上最好的运动是什么运动?走路啊。那你说走路手又没运动,那你就运动嘛,身体乱敲这个也是运动。走路是最好的运动,有一句话叫:“你想长寿吗?走路吧。你想漂亮吗?走路吧。你想聪明吗?走路吧。”就这么简单,回去就走路,推着车走。还有太极拳,易筋经,这些东西你去学一个,然后这些比较轻柔的都是锻炼身体的,锻炼五脏六腑的,不要整天乱踢。接下来这些都是五行的,我们时间有限,刚才已经讲过五心,头心、胸心、腹心、手心、脚心。

接下来看看六爻。《易经》里面每个卦都有六个爻,那么有非常多是讲到养生的。非常多我都讲过了,我就随便提几句就好。

比如说颐卦,颐就是讲养生的。它里边说“节饮食”,就是叫你不要吃了,是叫你要节制了,太少了不行,太多了也不好,现在绝大部分的人不是饿死而是撑死的。人家老祖宗就已经知道吃得太多,本来是营养,你吃得多变成毒素。物质生活是养生的很大的一个部分,人的精神生活更重要。有的人非常重视精神生活,天天抱着一本书,我过去看了一下,原来是黄色书刊。那算养生吗?本来叫你学一点道德,你却在那边看黄色书刊!这个是养生,“观颐”就是看他看什么书,看他吃什么东西。我们的人养生要向外求还是向内求?以前是外求,吃药、打针、看医生都是外求,然后锻炼。其实我们中国有一本书专门讲养生的,这本书叫什么?叫《黄帝内经》。它为什么不叫外经啊?就是说我们真正讲养生、讲健康要内求而不能外求。

只剩下 25 分钟了,这个内容很多,我们就不一个一个讲了,大家有兴趣回去学一下《易经》。《易经》这些话很有意思,每个字你都懂,就是不知道什么意思而已,一句话就可以讲一个小时。《易经》是博大精深，但是你一定要去读，反正“书读百遍，其意自现”，你不要被人家给吓倒。我原来也觉得《易经》很难，但是你真的去读一下，我现在读了这么多年来，就四个字最为概括，叫做“妙不可言”，非常美。如果一辈子有机会去读这本书，你会无尽享受。买一本给小孩子读，小木的才四块钱，这个是很便宜的，因为我们说好东西经常是免费的。《易经》这本书我当时为什么会读，就是我舅舅跟我说了一句话，他说你读那么多书成了书呆子，读一本书就可以了，这本书读完世界上就没书可以读了。我以为他跟我玩笑，还真的是《易经》这书真是读完就没书读了。世间的一切道理，包括哲学、物理、化学，现在的 DNA 什么东西，刚好全部包括进来。我们这个历史时代是够神奇的，人家外国人说你们中国人怎么不发明电脑啊？恰恰就是我们中国发明的电脑。电脑数据是怎么排列组成的？010101。01 是什么？01 就是阴阳，莱布尼茨就是受阴阳的启发。

有人问我，他说，你认为是《圣经》比较厉害还是《易经》比较厉害？我说，你不要问我这么幼稚的问题好不好。我问他说，《圣经》流传有多少时间呢？他说，有 2000 多年。我说，你知道《易经》流传有多少时间吗？他说，不知道。我说，我告诉你，最少有 5000 年，基督教 2000 多年，佛教 3000 多年。《易经》有多少年？5000 多年。为什么那么多人不敢去读《易经》啊？你看到这些字你就害怕，每个字都懂，就不知道是什么意思，就这样给你吓倒了。所以一些超级智慧的人，如唐朝宰相虞世南有一句话叫：“不学易者不足以为将相。”如果一辈子是要读一本书的话，我们就好好读读《易经》，早上起来朗诵朗诵，尽管你不懂得它的意思，但它已经开始在保佑你了，很神奇的，我今年就好事连连。那么《易经》里面有非常多的卦，我刚才说的是颐卦，还有比如说乾卦、坤卦、需卦、泰卦等。《易经》里面本来每一卦都是相当有意思的，我们就说这边第一个卦就好。随卦叫：“君子以向晦入宴息。”什么意思？就是天黑了要回去睡觉，网络流行语：“你妈妈叫你回家吃饭。”就是这样一句话，非常简单。我们的《易经》非常的朴素，真正的大道理就是朴素。人家问庄子，老子说什么叫做道？道在哪里？他说道在瓦片里，道在粪便里。很简单的东西，大道就蕴含在这里边。所以，“向晦入宴息”就这么简单：天黑了，你妈妈叫你回家吃饭，还要睡觉。

下面我们就讲到六，就是我们人生病，外面有很多敌人，有很多侵略者。刚开始我们是抵抗，跟你打，你要打就来，但是如果我们打不过，算了不打了，要侵略就给你侵略。所以一些人你不要看他做得好好的，没有生病，其实他是没有力气生病，他连生病的力气都没有。我们人一般最开始是健康，接下来是阳虚，然后是阴虚，最后是阴阳两虚。阳虚什么表现，有的人说他感冒了，我说恭喜你，你三年之内应该不会得癌症，感冒的人一般三年之内不会得癌症，因为你还有力气生病。

有的人根本就没力气生病，你要血气足才能生病，有些人身体没有病一调养以后变成生病。你说很奇怪，我都没病被你调到有病，你算不算医生啊？这种才是好医生，没病先给你调到有病，然后再给你调到健康，这些病毒攻击你身体的时候，刚开始你无力反抗，后面调养好了就有能力生病了。刚开始你没力气反抗，算了，要杀要剐由你们，结果你就不生病了，看起来好像不生病，但是你一生病就是大病。有的人看上去好好的，都没生病，如果那么多年都没生病，你差不多就是这个样子。如果你最近三年都没得病，你不要以为自己很健康，你很危险的。现在为什么癌症那么多，就是这么来的，你自己看一下是不是已经有三年没生病了，你就一定要小心了。你一定要赶快去生病，就是补你的气血。你说林老师我敲一敲怎么变的生病，都是被你害的。你如果敲一敲会生病，好了，你身体已经快恢复了，但是没有那么快。比方说敲一个月还有人真的会生病,不信你回去一天敲半个小时,你要很开心的,我终于感冒了。

七是代表一个周期,所以有的人死了,前面七天叫头七,很多东西都跟七有关的,很多数字跟七有关。一星期几天啊?

观众:七天。

老师:《易经》里面它真的很喜欢两个数字,一个是五,一个是七。五是九五之尊,六说实在的经常不太好,因为《易经》里面卦碰到六爻一般都不是很好。为什么不好呢?六是六六大顺,为什么不好呢?我告诉你这是古代的人碰到六就不好,所以他们在那边祈祷“六六大顺、六六大顺”,后面就变成了“六六大顺”,(笑)其实六经常变成不顺的。《易经》乾卦第六爻叫亢龙有悔,你看很多六都不是很好的,除了有像井卦比较好,其他都不大好。我们就不讲这一个,七刚才已经说了,女性生理周期与七有关,男的跟八有关。

时间关系,接下来讲八,八这个前面也讲到了,每一个卦都很特殊的,我这边只是稍微列一下而已。当然这个不要死读书,这个不绝对的,这是相对而言而已。那前几天有一个人算到说自己是坎卦,他说从这个字就知道很不好。有没有哪一个卦不好呢?《易经》里面没有全都好的卦,也没有全都不好的卦。有人说不对啊,有一个卦全部好啊,哪一个卦?谦卦。所以有一个人看到地板上很多小动物在爬,就算了一个是谦卦,他说很好,不错,然后等待好事发生。结果另外一个人也算到谦卦,他想糟糕,地山谦,地变成山,山变成地了,可能要地震了,赶快跑,结果真的地震了。那个认为它是好卦的就死了,这个人就是读死书。但是确确实实《易经》里面如果从卦爻辞来看的话,六十四卦只有一个卦是全部好的,就是谦卦,六爻非吉即利,叫我们大家不管哪个时候都要保持谦虚的精神。在座的认为自己谦虚的举手一下,(多人举手)不得了。但是古人说要符合三句话才是真谦虚,我说出来,如果你符合三句话你真的是谦虚,你这辈子一定会成功。

第一句叫做“闻过则喜”。就是人家骂你你还很开心,有没有这种人?要发自内心,不得了,等一下大家一起来骂他。(笑)这是第一句话,就是人家骂你你还很开心,人家批评你你还很爽,而且要发自内心。

第二句话叫做“闻善则拜”。人家告诉你要怎么做,比如说你是养生专家,我在这边教你,我虽然教得不是很好,而你还会发自内心的感谢。那一般人会怎么样,你算老几,还在这边教我,班门弄斧,关公面前耍大刀,那就糟糕了,不谦虚、无法空杯归零的人难以成大事。尽管今天晚上只有学到一句话他就非常感谢,这样的人是真谦卑。那这个是第二句话,有做到这句话的举手一下。别人教你你马上就感谢他的,尽管你已经懂了,你当了十年老板,他刚刚开始当老板就教你要如何当老板,如果你真的感谢他,你这个人离成功就不远了,这是第二句话。

第三句话叫“善与人同”。《易经》里面有个卦叫同人卦,有句话意义非常深远叫“同人于野”,与不同时间、不同空间、不同阶层的人都能相处。同时又能“见鬼说鬼话,见人说人话”,跟人家都一样。你不要说这个是我的亲戚,我跟他好一点,这个是我的朋友也是我的兄弟,我跟他好,你是陌生人我就不跟你好,我们跟什么人都可以好。这个另外一层意思是说,如果有功劳全部算别人的,你自己都没有什么功劳。我们三个人一起干一件事情,其实这功劳都是你的,你反而说是另外两个人的功劳,你说另外两个会对你怎么样呢?更好还是更坏?明明都是你的功劳,你还说是他们两个做的,“善利万物而不争”,你做到这三点就是真正的谦虚了。

“八卦”还有艮卦、损卦、颐卦、泰卦讲养生，以上这些说的是重点，其实六十四卦每个卦都和养生有关系，时间关系无法一一解说。

最后讲讲这个数字九，我们讲到人体九窍养生，两只眼睛、两个耳朵，两个鼻孔、一个嘴巴、前后阴各一。眼睛不能揉，但是要经常转动和用开水熏蒸，有条件的做做眼保健操；两只耳朵不要去掏，要经常按和拉；然后两只鼻子不要经常抠，要给它多揉按一下；不要去剔牙，不要去吐口水，要常常磕，口水常常吞下去。时间到了，我们总结一下。

《易经》是中华文化的源头，你讲任何文化都离不开《易经》，《易经》是文化的源头活水。有的人问我是《易经》大，还是道家、儒家大？有的人说《易经》是群经之首。这些话曾仕强教授认为不大贴切，不能叫群经之首，它叫群经之源，不管道家、儒家、法家、阴阳家，它们和《易经》之间的关系是父子的关系，而不是兄弟的关系，《道德经》也好，儒家的经典也好，都是从《易经》这边演化传承过来的。

今天就讲到这里，祝大家健康幸福，谢谢大家！

中华创意产业与风水

柯　可

柯可,华南师范大学文学硕士,广东省社会科学院国学研究中心主任、佛学研究中心常务副主任、企业文化硕士生导师,广东华文国学研究院执行院长。先后任省社科院文学所副所长、哲学文化所副所长、省直工作队长、综合研究室副主任等职。从事国学研究30余年,现任中华老子研究会副会长、广东省文化传播学会副会长、广东省老子文化学会副会长、广东文史学会副会长等。

尊敬的朋友们，今天应中山图书馆的邀请到中山市办讲座，非常高兴有机会跟中山市的朋友们一起来探讨问题。创意产业最近很受国家的重视，我在广州市也给广州市委干部做了文化产业讲座，风水方面也写过书，到一些城市讲过，现在把这两个题目放在一起，用一个很短的时间做一个简单地汇报，不对的请大家指正。

"中华"两个字强调了中华国学对我们创意产业引领的作用，大家知道，中共十七届六中全会召开以后，文化的重要性越来越显得突出了，这是我党历史上第一次为文化问题开一次全会，这是史无前例的，说明中央把文化立国、文化强国，放在一个很重要的战略位置上。广东一直在建文化强省，我们中山也在建文化强市，各个省都在建文化强省，中央就集中起来搞文化强国。因为我们国家如果没有文化的话，是强不了的。

中国经济上是世界第二大经济体，但有些国家并不服气，他们认为中国可以生产电视机，但是中国没有自己的思想，所以就算大国也不算强国。那么我们中国有没有自己的思想呢？这点我们是肯定的，但是我们还要知道中国的思想精华是什么，它的源头在哪里，哪些是我们中国人的思想根脉，我们要以它增强我们的创意文化产业。

创意跟创意产业的关系就是灵魂跟身体的关系，一个企业没有创意就没有灵魂。创意经济最重要的是要有创意，创意经济如果没有创意就没有灵魂、没有活力，有了好的创意就有了好的动力，市场就能打开，档次就能提高，消费就能增大。所以说创意是我们文化发展的核心动力。

文化范围很大，但这么多的文化，哪一点是我们经济发展所需要的呢？那就要靠创意了。创意就是在我们的文化里面，找到最适合我们这个企业或者我们这个城市所用的东西，能够突出我这个企业的品牌优势，突出我们城市特色，这就是创意。像汪洋书记他就有一个创意，就是把亚运会的开幕式从体育场馆里面搬到了露天，他这个创意就搞活了整个亚运会的开幕式。对于一个企业也是，不管你是搞科研的、搞建筑的、搞设计的，就同样的一个产品，比如一个杯子，或者是一瓶水，如果你的创意好的话，你把这个杯子搞成一个新的品牌，你在推销的时候用一种有创意的方法推销，你的营销之路就能打开。

产品的每一个环节都有创意，如矿泉水，你去哪里找这个水？去雪山找，去地底下找，只要有创意，你总可以找到独特的水。用什么样的瓶子装又是创意，瓶子上面贴什么样的标签又有创意，这个水我怎么把它卖出去，我跟哪一个单位合作，跟体育比赛或者跟什么会议来挂钩，把它卖出去也是创意，所以创意是一个产业链。

创意这么重要，我们就要有一个保障的措施。很多创意有时候我们马上可以想出来，想出来后却往往把它丢掉了、浪费了。你怎么样才能够把这个创意变成企业的财富呢?就要有一个机制,要有法律的保障。你这个创意发现是有价值的以后,还要经过一个创作的阶段,把你这个创意变成一个可以操作的方案,然后把你的方案、你创作的这作品,如一篇小说、一个人物、一个故事写出来,写出来的过程就是创作,创作出来以后拿到出版社,由出版社保证你的著作权。企业也是这样,你有一个好的品牌、一个好的创意,要有法律的保证,现在有时候我们千辛万苦搞了一个创意以后,被别的企业不费吹灰之力就拿去了,他不花什么成本。因为开发一个创意有时候要花很多钱、花很多时间,花很多人力、物力,但是有的企业一分不花,就把这个创意拿走,他那个成本就低了,他就可以赚钱了,先发明这个创意的企业反而赚不到钱。这从市场经济来讲是不公平的,所以我们讲要有一个机制来保证这个版权,保护著作权,保护我们创意的价值,这就要有个保障机制。

国学跟创意产业的关系是什么呢?国学有几个层次,第一个层次是它的灵魂,就是儒释道易,这四样东西学了以后不是空的,而是和实际发生关系的,等会儿我们就会具体讲。这本《文化产业论》是2001年我主编的一本书,现在可能已经算是国内最早的有关文化产业的专著了,已经很难找到了。这本《中华国学:广东文化强省的理论与对策》是2011年才出版的,分成上下册,下册是课题报告,上册是我的国学演讲等。在这本书里面,我把国学分成"三合一"体系。

什么是国学?历来有不同的分法。经过研究以后,我觉得把国学分成"三合一"比较好,过去国学是按经史子集分成四个部分的,还有人将国学分成国之学、国之艺、国之技,还有国之术等。我觉得分成"三合一"比较好。第一层次是儒释道易,我们首先讲道家。"道"来自老子的《道德经》,他发明了道家的学说,道家的学说简单说就是主张天之道,人之道要向天之道学习,天之道是最公平的,它把那些多的拿去补那些少的,比如山上的泥土多,山上的泥土就慢慢滑下来把那些没有土的地方填平了,这是天之道。人之道是反过来,把那些没有钱的、钱少的钱收起来给那些富的,变成富的、强的越来越富、越来越强,但是穷的、弱的就越来越穷、越来越弱。老子早就发现这个人之道是违反天道的,所以他这有一段话说,谁能够按"天之道"来行动呢?唯有道者乎,只有那些懂得道的人才会那样做。现在我们发现有很多人已经按照这个道家思想去做了,比如说美国的世界首富比尔·盖茨,他把赚到的钱成立了一个慈善基金会,把大量的钱向那些需要的人去散发,他这个就是老子思想的一种实践。

其次是儒家。儒家是讲人之道的,他把人之道分得很清。人之道是怎么建立的?起码一个准则就是"己所不欲,勿施于人",这个是道德规律。就是你不愿意做的事情,你就不要强加于别人,那么别人起码不会讨厌你了。但是这一条很多人都做不到,很多国家都做不到,有些国家他不希望被别人打,但是他又去打别人,超级大国都是这样的。他自己不喜欢别人打他,但是他又喜欢打别人,他这是违反孔子之道的。

主张人之道的孔子有一系列的观点,比如说你的亲人你要对他特别好,跟你没有血缘关系的,也不是领导、老师、朋友的,你对他的关系可以比较淡一点。孔子说的是伦理道德,这个伦理道德现在中国也是要讲的。比如说我们法律规定,可以不强迫子女去告父母,哪怕父母做错了事情,哪怕犯罪,子女可以保持沉默不去告他,这个观点就是国学的一个观点。如果按照法律的观点来讲那你就是违法的,你就是包庇罪,但是按照人情来讲你这么做是对的。因为父母养你这么大,你去告发父母让他坐监狱,你这个家庭的伦理就彻底破坏了,父母就怨恨你,如果每个家庭都是这样子的话,这个社会就很危险了。所以中国最近就还是规定恢复传统。孔子作为万世师表，把道德分得很清，三纲五常，规定了君臣、父子、夫妻之间的关系准则，所以一直是我们社会的主流，道家是比较边缘的。

还有就是佛家。佛学也是我们国学的主流之一，它主张去掉贪、嗔、痴，做到戒、定、慧。你要守戒律，要定下心，而且有智慧，大慈大悲，普度众生，这是佛家的理念。它给我们一种安慰，都是其他人不怎么关心的，比如说人死了以后到哪儿去啊？佛就来关心这一点，死了以后只要做好事你可以再轮回，可以再变成人。如果你做坏事就永远不能够翻身了，所以佛家也是教人向善的。

最后还有易家。易是最古老的，易学是伏羲发明的，他发明了"八卦"，"八卦"就是八种事物，等会儿我们讲到风水也会讲到"八卦"。《易经》是中国所有的学科、所有的学问的根本，所有中华文化都是从《易经》里面升华出来的，儒释道都在《易经》里面找到了自己的理论根据。

比如儒家就以《易经》乾卦代表天。天力大无穷，谁也不能阻挡天的运行，春天、夏天、秋天、冬天说来就来，你说我不喜欢冬天，冬天还是要来，谁也不能阻挡天的力量，天是自强不息的。儒家继承了这个乾卦的核心，主张我们要自强不息，要建功立业，要忠君爱国，要为这个社会做出你的贡献，他是刚强的，不成功便成仁，粉身碎骨也要把这个事情做好，这是儒家的思想。

道家呢？它继承了《易经》里面阴柔的部分，像水一样。《易经》有一个卦是水，还有一个地，地是母亲，乾代表父亲，母亲一般都听父亲的话，叫做夫唱妇随，所以大地就听天的话，天是春天了，大地就发芽了；天是夏天了，大地就开花了；天是秋天了，大地就结果了。地是服从天的，所以地叫做厚德载物，所有东西都压在地的身上，地都没有怨言，它默默承受，就像我们伟大的母亲。道家主张要向大地学习，向水学习，"上善若水"，水放在什么地方就变成什么形状，好像没有自己的固定形状似的，你说圆它就圆，说扁它就扁。但是水是以柔克刚的，它可以滴水穿石，它的力量也很强大。它的力量是看不到的，是默默地强大，它甘心处在最低洼的地方，最下面的地方，但是它做着最伟大的事情。"水善利万物而不争"，很安静不喧闹，它是默默地奉献，所以道家就把水的道理化为学识，所以道家是柔性的。

佛家虽然是来自印度，但是它到了中国以后中国化了，这就叫做"援易入佛"，用《易经》的道理来说明佛家的道理，让中国人能接受。所以说《易经》有一股伟大的力量，它能够把外来的文化中国化。我个人认为包括马克思主义，《易经》都可以把他化成中国的，我们经常讲马克思主义中国化，怎么化呢？什么都化不了，只有《易经》能化它。因为《易经》是讲阴阳和谐的，是说一个人身体有阴有阳的，用中医的话来讲，你就要滋阴壮阳。一个人光是有阳的话你是活不下去的，你就是阳亢，也会阴虚。所以一个人要阴阳平衡才能健康，这是中国人的思想，是非常伟大、非常深刻的。如果按照过去西方的这种斗争哲学来讲，不是你把我压倒，就是他把你压倒，结果斗得没完没了，社会遭殃，党取消"以阶级斗争为纲"就是这个道理。

我们国家改革开放以后，既利用了资本主义又保留了社会主义，这就是一种阴阳的平衡，这是我们《易经》的理念，包括和谐社会、小康社会、扶贫救困、以德治国，这些都是中华国学的理念，党中央都把它拿来作为我们的治国纲领，就是一个例子。一个人如果能够将儒释道在《易经》的基础上整合起来，就又懂易又懂儒又懂佛也懂道了，他就是一个很全面的大文人。

国学的第二层次是能够称之为“学”的所有中国学问，如中国文学、史学、中医学、风水学等等。国学的第三层次是中华文化，如酒文化、茶文化、花文化，等等。在这三层次之外的是“新国学”，如孙中山三民主义、毛泽东思想、邓小平理论、科学发展观等等，限于时间就不展开了。总之，这三个层次加上“新国学”就是整个中华国学。

我们现在再从讲国学回到讲创意经济。创意经济过去叫做文化产业，文化产业其实跟创意经济是一个概念，但创意经济比文化产业这个概念还大。因为创意经济把工业里面涉及创意的都算创意经济了，所以文化产业可以包含在创意经济里面。搞文化的人一定要有创意，连工业都要有创意。现在广东已经超过四小龙中的三个，超过台湾、超过香港、超过新加坡，就差一个韩国。超过韩国是能办到的，我们广东有一亿多人，一个省就相当于欧洲的一个国家，不能老是当躯干大省，只会制作别人牌子的产品，还要当头脑大省，要有自己的品牌，这就要靠创意经济。

那我们创意经济怎么创意呢？我们要开发自己的资源。这个资源就是中华国学，尤其是岭南文化，中山文化是它的一个部分。岭南文化是我们创意经济的资源，把岭南文化利用好了，我们的创意就会有不断的动力、不断的资源。岭南文化里有我们大家很熟悉的孙中山文化，广州中山纪念堂是广东的一个标志。广东是岭南文化的中心地，也是海上丝绸之路的发源地，改革开放前沿地，近现代革命的策源地，这都是我们的资源。特别是近代以后，广东文化走在中国文化的前列，以前我们岭南文化属于落后文化，跟中原比是落后的，当然禅宗六祖他把佛教中国化以后，岭南在佛教文化方面是领先了，但是在其他方面还是落后。近代革命文化的时候，我们是走在前面的，但现在我们还是要回过头来找资源，为了找资源找出了十大名片，目前评出的“岭南文化十大名片”，包括粤剧、粤菜、六祖慧能等。

我个人觉得目前“岭南文化十大名片”这种评法还不够。如这“十大名片”中，我们这里有个孙中山，但是孙中山不仅是属于中山的，也是属于广东的，属于全国的，我们岭南把他当做一个名片，直接跟我们中山有关的就是孙中山，其他那几个都不算。实际上我觉得这几张名片是可以整合一下的，怎么整合呢？我们首先要知道什么是文化？“文化就是人类以精神和物质的方式去追求理想的创造过程和结果。”这个就是文化，它有一种动力，就是你的理想，文化在你的理想带领下去创造，这个创造的过程和结果就是文化。

文化就是化，如教化、教育。这个教育过程从一年级、二年级教上去就是一个文化的过程，就是《易经》讲的“观乎人文，以化成天下”，关键是看你的天下怎么化。一边化一边有成果，这个成果就是文化。那么文化产业是什么呢？文化产业是文化的一部分，它是利用互联网等高科技手段去研发、生产、交易，然后向大众传播一种思想或者文化，传播科技、传播艺术的产品或者提供服务。文化产业有些是产品，有些是服务，提供文化产品的，提供文化服务的就是文化产业。简单来讲文化产业是什么东西呢？它有一个平台，它有它的产品，它有时候也没有产品，没有产品的话就是用人的服务。比如说你坐下来，坐在茶馆里面，端着一杯茶，我告诉你怎么欣赏这个茶，怎么品味这个茶，不是一口喝完这个茶就走了，而是在喝的过程中品味一种文化，这样一般的东西就变成文化了。

有些服务业可以变成文化产业，没有文化内容的就是一般的服务产业，有了文化内容的就是文化产业了，所以有没有文化，是检验一个产业是不是文化产业的一个标志。接着还要看文化在提高产品的文化价值方面的作用大不大，如果它的文化价值越高，那么这个文化产业的地位就越明确。有些载体如一个光碟才几毛钱，但是这个光碟里面装的内容可能是一部电影、可能是几十本书，那有这几十本书的光碟的价值就很高了，这部电影可能是花了一千万、可能是花了一个亿去拍的，你说这个光碟里面的文化价值有多高？所以在一个很简单的、很便宜的载体里面，如果放有很高价值的文化内涵的话，就变成一种文化产业。有的服务，比如只是帮我们擦擦皮鞋，它的内容就很少，几块钱就行了。但是如果是像我们今天这样开讲座，就是一种文化的传播。如果你在这个课程里边、这个讲座里面，得到一种对你的人生的启发，对你的企业发展很有灵感的一些文化启示的话，你得到的文化价值就很高了。这类讲座的成本，比如说一些国际企业文化论坛，有时候要花十万美金从美国连线，请美国的学者把他的话，通过视频传过来现场播，我们要付给他很高的报酬。为什么呢？就是因为他的演讲文化价值很高，这也是一种文化服务。

在这个意义上，我们可以把"岭南文化名片"整合一下。第一张"南越王都"，过去广东、广西甚至越南北部都属于南越，这个南越王可以作为一个名片。第二张"六祖慧能"，他是唐代的高僧，也是世界唯一一个写出佛经的中国人。我们说长江文化代表是老子，黄河文化代表是孔子，珠江文化代表就是六祖慧能。第三张就是我们中山市的"孙中山"，他是共和国之父，是一个伟人。第四张是"岭南商都"，古代中国很长时期的唯一的出海口就在广东，是"南海商都"，是海上丝绸之路始发港。第五张是"策源圣地"，包括辛亥革命策源地，改革开放前沿地等。第六、七、八、九、十张还有"粤味戏剧"（粤剧、汉剧、潮剧、雷剧）、"岭南艺术"（琴棋书画等），"岭南建筑"（骑楼、碉楼、园林）以及"岭南工艺"（广彩、广绣、广雕），"岭南美食"（粤菜、凉茶）等。如果我们把这些文化名片整合起来，我们广东文化就可以成为中国的第三极。

第一极是北京，第二极是上海，一个是京派文化，一个是海派文化，我们是粤派文化。粤字下面有花，这个粤字本身是一个花，南方是绿色的地方，一年四季都有花儿，花代表创意。我们只要以文化的创新把我们的创意点燃，我们广东就能从一个躯干大省变成一个头脑大省。躯干大省是说我们有手有脚会做事，但这还不够，还要有头脑，我们要有自己的头脑，我们才是一个健全的人，这就需要把我们的创意产业体系建立起来。

世界的产业现在有种软化的趋势。过去制造业是一种硬的产业，生产出来的产品都是硬的，电视机、汽车、机器、衣服、鞋子都是硬的，现在这个产业结构慢慢向软化方面发展。怎么样软化呢？软化要通过很多创意行业来软化，比如说新闻出版、广播电视、网游动漫、创意设计等。同样的产品创意设计一下，就能让这个产品更吸引人，比如说一件衣服，如果是一件白色的衣服，价值就两块钱，如果在这个白色衣服上印了一个图案，印了一朵花儿，或者如在奥运会的时候印了一枚章，大家就喜欢这件衣服，买了这件衣服就说明和奥运会有关，这件衣服就多卖一块钱甚至三块钱，这个文化价值就出来了。卖一个包也是，这包是名牌，如果你没有说它是名牌的时候，它可能就是一百块钱，一旦说是名牌之后肯定要花一千块钱甚至一万块钱，因为有的人觉得我买到了名牌。买到了名牌，一个是说明我有身份，第二个是说明我有文化，我能够买得起这个文化，我能认识到这个名牌，我有这个社会地位，所以追求名牌其实是一种追求文化价值的表现。

当然，如果盲目地超出自己经济能力去花钱，去追求名牌，特别是小孩，并不是太好。名牌是一种文化和服务，比如宝马车、奔驰车有一个汽车服务的文化，社会责任的企业文化，买了这个牌子的车也买到了文化，进入了它的文化圈，买到了服务。它的服务好人家认同，而且这个企业还为社会做好事，经常为社会做善事，我买这个企业的汽车等于我也做了善事，我也享有一种光荣,所以这是企业文化。

它适应了国际产业结构现在的一种软化趋势,就是说一个企业不光是卖产品,还要卖服务。比如这个空调卖给你了,安装我也不问,坏了我也不管,以后就无人问津了,好的服务不是这样的,我就为你三年五年保修,随叫随到,一买到家电话就来了,问你安装师傅的安装是否满意。有些企业确实很周到,大家以后就继续买它的,而且买了它的产品以后我又想再买它另外一种产品,比如他生产空调,我觉得这个企业服务很好,说不定连他的电扇我也买了,说不定连他的微波炉也买了,这就是企业文化做得好,他的产品就会做得好。

你想服务做得好的话,就要有创意,这就要靠企业了,所以企业文化研究生,毕业以后很多企业都想要。真正的好企业一定会想法把企业文化建设好,那种短命的企业,到一个地方赚到钱就跑,它的企业文化是仅仅以赚钱为目的。有的城市也是这样,GDP 是第一的,这个城市赚到钱政府官员就升官,至于这个钱赚到以后有没有为老百姓用呢,则不考虑。现在我们搞科学发展不能光抓 GDP,要抓"幸福广东",这个幸福要由人民来说,不是由政府来说,就要问人民,你们觉得是否幸福?有时候我们发现,不一定是很有钱的地方就幸福,有些地方没有什么钱,但是他觉得很幸福。像尼泊尔这种地方他就觉得很幸福,像成都的企业没有广东多,他们也觉得很幸福,因为他们的休闲时间很多,不用那么疲于奔命,有时间打麻将。现在我们麻将也走向世界了,国外也在学麻将。社会发展有个规律,人能生存还不够,还需要能够享受发展成果。

人的需要是一步一步来的,当我们解决了生存需要的时候,够吃够穿了以后,就觉得我们要有享受了,如果得不到享受我就觉得不幸福,或者看别人享受我没有享受就觉得不幸福,这个时候就要有社会分配的公平。虽然现在钱比以前多了,但是我看到别人的钱比我多几百倍,我就觉得我没有别人幸福了,所以政府就要把这个蛋糕分得公平一点。

现在的软结构出现一种"一二三"向"三二一"的变化。第一产业是农业,过去我们中国人 13 亿人有 10 亿人当农民,是最大的产业。第二产业是工业,第三产业是服务业,服务业最少。过去的传统观念以为服务业是吃闲饭的,所以越少越好,工业农业搞得越多越好。特别是农业,中国是重农轻商,重视农业轻视商业,这个和西方是颠倒的,西方是重视商业的,农业够吃就好,它是靠商业发财。现在就倒过来了,现在是"三二一",就是服务业人最多,范围最大,赚钱最多。服务业包括交通、运输、酒店、文化产业、创意设计等等,这些都是文化产业。这个队伍越来越大,包括农民,包括这些洗脚的,或者是按摩的,还有其他的那些服务业,他们都是农民出来,不需要那么多人种地了。我们科技发展了,工业也不需要那么多人了,工业将来也慢慢软化。

我们现在还是工业化国家,但慢慢向信息化社会前进了,从工业社会到信息社会,信息就是一种服务,电信、短信的服务以后会越来越多。旅游业也是服务业,有钱有时间了就去旅游。农业的话很多地方只占 5%—10%,很少的人就可以了,这是一个趋势。我国也是这样,以后文化产业要求达到 6%—9%,现在西方已经达到 20%—28%,它的电影业很强,一部电影在全球就可以赚到 50 亿美元,把我们中国的文化资源比如花木兰、熊猫、功夫这些东西拿去拍成美国的电影,向全世界一放,一部片就能赚 50 亿美元。每天好莱坞电影不断地生产,不断地放,一些好看的电影,如《阿凡达》就七八十元的门票,一下子不知道赚了多少钱走了。中国也是这样,上海的文化产业在 GDP 中的比例是 20%,我们广东的文化产业还比较低,还要大力地发展我们的创意产业,这个比例要逐步提高。广东文化产业的发展现在也多了几个平台了，一个是产业投资的基金，一个是南方文化产业产权交易所，还有企业上市等，这些平台都在做。另外我们省里面有一个加快现代文化产业体系建设的纲要都出来了，我们的产业园区也在不断地集中，我们中山也有一个国际开发区，搞产业集群。现在文化产业不再是一个小产业而是几个产业集中，比如几张报纸集中，市里面电视台都跟省里电视台集中搞成一个集团。演艺也是，现在我们的演艺业经常看不到什么好的节目，将来可以搞一个很大的演艺集团，常年不断地演出。印刷复制业也是，现在广东珠三角已经是全世界最大的印刷基地，要把它整合起来也是很了不起的。文化会展也是，广州、中山都有，广州有很多搞会展业的，各种各样的展览。文化旅游业也是，我们中山旅游资源很多，还有动漫等。

下面我简单说一下中华国学怎么样安邦济世，怎么样对文化产业所用，我将广东省社会科学院国学中心最近搞的三个课题跟大家介绍一下。这三个课题最近都得到了汪洋书记的批示和肯定，都可以走向社会，但因为刚刚批示，还在开始阶段。今天讲的这第三个问题是“中华国学新南粤，创意经济领头龙”。这本《中华国学》是我写的一本书，另一本《文化广东》也是我主编的一本书，前几年出版，当时创文化大省的时候编的一本书，现在叫文化强省了。这本就是我们那个课题的书《禅花绿道》，我今天带了一本过来，它把这三个课题都集中在这本紫色的书里面了，我们所做的第一个课题就是“绿道展宏图”。

绿道这个理念美国欧洲很早就有了，今年春节吃饭的时候，我们大家谈起来了，都说这个绿道的事情值得做一做，有一位文化厅长，还有一个原省建委陈主任也说很好，后来我们就做了这课题。做完了以后陈主任就带我们去建设厅找蔡厅长，蔡厅长给我们介绍这个绿道的理念是怎么来的。他们到了美国参观外国的绿道，有一个感受，感觉这个绿道很不错。回来以后汪洋书记问他们，你们搞科学发展有什么点子吗？他们就把这个绿道告诉汪洋书记，汪洋书记很有兴趣，打了报告以后就搞一个短片，这个短片拍好后，就把各个市的领导叫来看了一下，都觉得这个绿道很有好处。因为绿道第一它可以把分散的这些山湖连起来，让动物有一个通道，它们可以一个山走到另外一个山，对生态保护有好处。另外，它还便于人在绿道里健身。

绿道现在已经建好了，就有一个管理问题，我们主要参考了其他国家包括香港的经验，注意将绿道引到一些古老的村庄或者文化景点，通过这条“文化径”把绿道变成文化道，变成致富路，变成健身道、养生廊，用国学的理念把绿道建设成一个多功能的道路，琴棋书画都可以放到里面去。现在国务院发布全民健身纲要，要求各地每年要拿出1%—2%国民生产总值搞健身设施。设施搞在什么地方呢？就可以搞在绿道周边，让人去绿道运动的时候可以顺便健身。我们就把这些理念放到报告里面，后来汪洋批给了省建设厅，建设厅也很重视，写了一个怎么落实的报告，报告给省长。当时主管的林木森副省长批示说，省建设厅行动很快，值得表扬，这个国学的理念就运用到绿道这个项目里面去了。现在绿道在珠三角已经有两三千公里了，分五六条绿道线。

山区本来是没有绿道任务的，但是他们听了介绍以后都想搞，都在搞。有次我们去韶关市考察，感觉韶关佛文化搞得比较好，六祖的真身就放在那里的南华寺。他们寺庙的方丈听了我们介绍后说，我们的庙就在山里面，也可搞绿道。后来我见到韶关市委宣传部长就建议说，有一个雕刻家，刻了一百个六祖的像，你们可以把这一百座像放在绿道的周围，隔一里路放一个，一百里绿道就有一百座像，把六祖慧能像刻在上面，再刻一段禅宗的语录，让热心人出钱，大概有一万块钱就可以做一座像了，很多人愿意为这佛文化做好事，他愿意出一万块钱把这个禅宗的像做好,把名字留在上面。如果有一百个人出钱,政府可以说是一分钱不用花,只要号召一下,这个项目是政府要做的就行了。建好以后就可以把它命名为“中华百禅绿道”,有一百座禅宗像放在这里,大家在绿道上一边走一边看六祖慧能的像,也得到了一种文化的熏陶。韶关有这么一条路的话,也会吸引很多游客来这个地方,骑单车来看“中华第一”,就可以促进旅游了,所以又是文化又是旅游,又是佛文化的传播。部长听了就说我们做,准备做成一条文化绿道,这是一个课题。

我再顺便讲一下,如果我们中山想做的话,可以做一条“孙中山百像绿道”,我认识那位雕刻家,他已经刻了一百幅孙中山的像,他是为了纪念今年孙中山领导的辛亥革命一百年专门做的。如果政府想做的话可以找这个人,我们花十万二十万跟这个艺术家把这个著作权买回来,然后他就不给别的地方了,只能在这个地方建,这样地方花钱不多,但可成为地方的文化标志工程。

我们写的第二个报告是关于世界智力运动的。智力运动是体育的一个方面,体育包括智力和体力,我们人要生活要运动,一个是靠智力,一个是靠体力。现在智力的作用是越来越突出了,所以有些人为未来人画了一幅像,是一个大头人,脚像豆芽一样。(笑)如果人是这样子的话,也有点不太好,所以人还是要平衡发展。但是这个科学家的预言也说明一个问题,人的头脑是越来越重要,智力运动就是动脑,而且要身体好才能够动好脑,才能维持脑力活动,身体好才能坚持下去。现在体育产业产值很大,全球一年是一万亿美元,中国在这方面还差一点,所以国家体育总局有一个司长说,体育产业发展要有创意,确实是这样。比如我们最近有一个珠超联赛,就是一个企业家发起的,他这个珠超联赛现在赚了很多钱,搞得不错。

体育将来要发展成为快乐自信的、有魅力的、多元化的体育。那么这个体育就是一个文化产业,就是让你在运动的时候感到一种快乐。体育是快乐,不是让人感觉很痛苦,咬着牙很艰苦,像那种拳击,打得头破血流,这很痛苦,但是有些人为了拿金牌,还是拼命去打。我们可以发明一些不是很残忍的像西方那样的拳击体育,我们很多体育是健康的又是快乐的,是各种各样的。珠超和粤超本来是一个很好的创意,但是打起官司来了。

智力运动很好,我们广州市花了一个亿搞个广州棋院,但是现在还没有很好利用起来,亚运会比赛完了以后,就经常空在那里了。我们这个报告就是要建议大力发展智力运动,中国传统的艺术教育是琴棋书画,棋是益智,增长智力,书是正气,这样字才写得很好,要是垂头丧气这个字肯定写不好。书法也可以是创意经济,一个字写得好的话也价值几万,画也就是美术,好画让眼睛看起来很舒服,琴棋书画这四样东西,不用心思是学不好的,你要专心其中一样,用心学好,就能达到艺术境界。棋有棋道,琴有琴道,书有书道,画有画道,最终让你认识世界这个“道”。

杭州棋院在钱塘江边,它的棋院院长是市体育局副局长来做的,他们非常重视。杭州要打造休闲之都,杭州西湖很美丽,西湖旁边的楼房五万块钱一平方都买不到,西湖太美丽了,所以杭州人要打造休闲之都,吸引世界上的人去那里休闲。休闲干什么呢?孔子说:“饱食终日,无所用心。”还不如去学学棋。学一下棋你还可以成为贤人,中国过去是用棋来教育人的。尧、舜是古代最伟大的两个皇帝,尧发明了围棋,舜发明了象棋,舜的弟弟叫做象,还有传说象棋是象发明的,象死了以后就葬在韶关。这说明象棋很早就到岭南来了,有很好的基础。

棋是可以成为一个产业，一种文化的。比如一个广场就可以搞成棋文化广场，像麓湖公园就能融入棋艺文化。仁者乐山，智者乐水，仁爱的人是喜欢山的，智慧的人是喜欢水的，他喜欢在水边搞上一些石头凳子桌子，在那里下棋。下棋三岁小孩就可以学了，十岁八岁时也可以学，学好以后他可以进步。对于小孩来讲，第一"明大势"，第二是"顾全局"，有一个全局思想，还可以"善协调"。就像你是企业老板，你是校长，你手下的员工他们的本事各不同，有些人善于做这个，有些人善于做那个，你就要协调他们，哪个人做哪件事。所以你教小孩学会下棋，长大了以后就可以协调他的部下，是培养他的领导能力。

下棋还可以"增智力"，下棋的小孩都是比较聪明的，许多学校都做过调研或课题，证明了这一点。下棋还可以"懂礼仪"，中国是礼仪之邦，下棋的时候就培养他，你不能赖棋，不能悔棋，你也不能抢先，要有礼貌地去走棋。下棋还可以"抗挫折"，因为下棋是有赢有输的。现在这些独生子女很脆弱，受了挫折后就受不了，有些就跳楼了，下棋可以让他输得起。下棋还可以"除网瘾"，有些小孩他网络上瘾以后，沉溺在虚拟世界，但下棋要两个人，他要学会和别人交流，会观察别人的神情，学会观察人、认识人。

企业家可以把棋当做企业文化，如有一个很先进的企业，是生产 U 盘的，他发明了一种爱国者象棋，就是在国际象棋里加了两个炮，就模仿中国象棋把国际象棋提高了。他觉得国际象棋还没有他的棋好，因为炮是中国人发明的，是跳跃式的。他的这个棋发明了以后，每年拿到大学里，让清华大学、北京大学的学生举办比赛，他只要花点钱发奖金就行了。这些大学生一比赛就认识这个企业了，就把他的企业文化推广了。这就是一个很巧妙的企业创意，他用这种棋艺文化提高自己的企业文化，来把自己的企业做大做强。所以这个爱国者 U 盘现在也做得很不错，这就是一个年轻的企业家，有头脑的企业家。

现在我们的这个智力运动的课题，汪洋书记已经批给省教育厅和省体育局，让他们研究处理，他们还正在研究，这棋文化到底怎么做大。第一届全球的智力运动会在北京开，第二届在南京开，我们争取第三届来广东开，这个举办权就是一个机遇。为什么大家都争办奥运会、亚运会？就是你能争到这个举办权，你这个城市的知名度就高了，你这个地方的产品的知名度也就高了。

再讲讲第三个课题"佛文化传播"。大同有个悬空寺，这个山这么陡，他居然在这山崖上建了一座寺庙，吸引了很多人去那里看，一张门票 60 块钱，这个创意就是我们佛教创造出来的。现在无锡也搞了一个很大的佛像，远远看去是一尊佛的像，走近是一个楼，那个佛像里面可以进去很多人。现在的"黄河女儿"像，其实是广东雕塑家做的宋庆龄的像，这就没有尊重我们广东人的知识产权了。他说这个是"黄河女儿"，但是我们雕塑家一看，这绝对是宋庆龄，是广东人，所以准备要打官司了。本来这个设计是广东的一个雕塑家发明的，但是被拿去改个名字叫"黄河女儿"，就变成自己的设计，这是不对的。所以我们要按照中央文化兴国的战略，要提高我们中华民族的软实力，要靠我们的国学，具体来讲就是儒释道，这三样东西都有它可以利用的精华。

最后讲一下风水。这本《〈易经〉风水图鉴》是我写的一本书，是广西人民出版的。过去讲风水都把风水独立地讲，我是把《易经》跟风水结合起来讲，这也是一个创新。就是说把《易经》的八个卦，当做风水的总纲。风水的派别很多，各种说法很多，你听到各家不同的风水说会一头雾水，不知道什么是风水。我看了一些风水书之后，想用《易经》把它梳理一下，合成八个方面。在我讲这八个方面之前，先概述一下风水是什么东西。

风水讲有阴宅有阳宅,有青龙白虎这些东西,又有家居风水、建筑风水,有很多的方面。这些东西国外已经开始重视它了,我们有段时间却把它全盘当做封建迷信扫除了,但国外把它当做“有机建筑学”,这个解释很有意思。因为建筑学本来是无机的,都是用一些石头、砖块、钢铁这些东西建房子。那为什么把风水叫做“有机建筑学”呢?这就是说风水学可以把建筑和环境有机地结合起来,不光是建一个房子,还要把山水树木园林通盘地考虑成为一个整体,所以叫做“有机建筑学”。这下我们就觉得,原来我们的风水这么好,是“有机建筑学”。

确实,我们的老祖宗是非常聪明的,现在看一下我们中国的大城市都建在什么地方呢?都是符合风水的。反而那种没有风水知识的人,到处去建,如一些小村子,以为没有什么问题,建就建了,结果出了问题。而有些村长有文化,他就建得比较合理,他们的村庄就延续得比较久。你们看到古老的村庄,有内涵的村庄,能够出一些名人的村庄,他们的村子都是风水很好的。反面的例子也有。我在广西的时候当过乡村老师,“文化大革命”的时候我们师生去开荒,就发现有一个村庄在那些草丛中,已经被那些杂草淹没了。为什么呢?因为那个村庄得了病,人都死光了,不死的人也走了。我估计那里可能是没有什么风水知识的,他选那个村子就灭绝了。像广州选的这个地方多好!我们的古人为什么不选香港去建城,而是选广州这个地方建城呢?因为广州这个地方很适合发展,现在什么南拓东扩北优西建什么的,四面八方都可以发展,水也不缺,所以南越国把国都定在广州了,它是非常有道理的,是懂得风水的。广州后面有一座白云山作为靠山,前面有一条珠江,风水是非常好的。

我们中山这个地方应该也很不错,所以这里也出了名人了。有些不懂风水的人,比如说福建,要建地方警官学校,他到山里面找了一个有山有水的地方,认为不错就建了。结果那一年台风,山洪暴发把这个警官学校全部冲走了,80多位非常优秀的人才,都被冲到江里面去了,打捞后好像救起了四五十人,淹死了至少二三十人,结果这个武警部队的司令被撤职了,就是他们不懂风水造成的。这个警官学校建在一个山谷附近,洪水一来就把它冲走了。如果真正懂得风水的人去看,肯定不会选择这个地方建校,选这个地方建校的,肯定是不懂风水的。所以风水学是我们中国老祖宗传了几千年的宝贝,对我们选地选址的一种科学总结,我们当时不懂科学的时候,是一种经验总结,懂得科学以后,我们就认识到这是科学。

人们都常说“风水轮流转”,这有没有道理呢?从风水来讲,我们看看珠江,有东岸西岸,东莞在东岸,中山在西岸。说到风水轮流转,我想起最近我到中山大学参加的一次广州世界论坛,会上来了一个澳门大学的校长,他就讲到了这个事情。它与横琴岛开发有关,政府准备把澳门大学搬到横琴岛上面去。澳门大学是一个文化机构,是搞文化的,但是中央很重视,把整个岛交给澳门政府来管,按照澳门的文化理念来管。横琴岛的面积很大,澳门是一个很特别的地方,它的文化是欧洲的拉丁文化,跟香港不一样,香港是盎格鲁文化,是英语文化。欧洲的拉丁文化主要是向美洲发展的,还有非洲,它的传播面是不一样的,所以让澳门的葡萄牙语系的人去横琴岛发展,是很重视文化的表现。这个校长他认为,30年前深圳发展是搞经济的,30年后我们要建文化强国了,现在轮到我们澳门,轮到珠江东岸搞文化了,文化地位很主要了。他是这么来理解的,就好像风水在转,原来是那边发展明显,是件好事。后来他希望更先进一点,想“腾笼换鸟”了,这时候“鸟”就要飞走了,不然活不下去了,他已经很熟悉这个“笼子”了,现在不让呆了,这个“鸟”无精打采了。近来香港凤凰卫视他们也在说,是不是要改叫“换笼活鸟”,这个“鸟”不要换,还是让本地的“鸟”叫,只不过让它活跃一些，所以这种提法是一种创意，“腾笼换鸟”是一种创意。我这里讲应该叫“净笼活鸟”，把“笼子”搞干净一点，让“鸟”活下来。现在东莞已经发现一个问题，就是污染太严重了。东莞厂房建得很多，把环境污染后就搬走了，剩下那个厂房，就换了不是工业的是服务业的“鸟”。这个“笼子”要先搞干净，如果这个“笼子”还是很污染的、很容易得病的话，“鸟”就会活不下去。

我们现在发现，让这个“笼子”搞干净，这成本很大，现在是一种垃圾围城的局面。我们的资源消耗极大，产生的垃圾就堆在我们城市的周围，你想放什么地方，什么地方都不干净。原来垃圾堆在山的中间，堆满了，再堆没地方堆了，你要烧的话，就把这个空气污染了，所以这个“笼子”要搞干净很不容易。这个绿道是让这个“笼子”搞干净一点的办法，但不是根本的办法，它只是保护了一些土地，这个地方不能再搞脏了。这些绿道旁边有 50 米是树林，你不能占用这个绿道，这就保护了环境，但是那些已经被搞脏的地方，还是搞不干净。

这次跟我一起来的杨总，他的公司在广州搞垃圾分类，很有办法。现在我们又给省委写了一个倡导垃圾分类的报告。垃圾分类跟国学其实也很有关系，小手牵大手，我们把“天人合一”、“积德行善”的理念告诉了这些小孩后，他们回到家以后就把家里的垃圾分类了。湿垃圾如剩饭、剩菜放一堆，干垃圾放一堆，其他有毒的垃圾，如电池、灯管放一堆。小孩放好以后，环保公司就来收购，收购完以后就发一张卡，你可以拿这个卡去购物，买有机菜，所以这个活动很受欢迎。

我不知道我们中山是怎么搞垃圾分类的。广州现在已经制定了全国第一个垃圾分类的条例，从 4 月份开始执行到现在 10 月份了，但 60% 的人还是说垃圾分类做得不好。因为分类以后环卫工人又把你这些分好类的垃圾倒在一堆了，等于没分。因为环卫工人他的任务是倒垃圾，倒得越多奖金越多，堆成一堆就运走了，运得越多钱越多。垃圾分类不同，分类以后废纸就造纸了，旧塑料就做新塑料了。所以这个真正要分好的话，就要靠国学来教育人，说明分类就是爱护环境，对你的子孙负责。我们现在很多人把我们子孙的那些资源都浪费掉了，我们中国人向来是最会为子孙着想的，那在这一点上我们为什么不为子孙着想，我们把环境搞得这么脏，好意思交给我们的子孙吗？所以这方面一定要注意起来，用各种创意去做好垃圾分类的工作。

再回到刚才讲的“八卦”。“八卦”里的天，就是一种生气，你要选什么地方建房子，就一定要选有生气的地方，这是第一个原则。地也是，它指风水宝地，古人把中国分成九个州，各州的土地都不同，有山林的地，田野的地，江河的地，哪里的地适合干什么，都有自己的特色。选地还要选环境，包括人文环境，有时候房子不一定贵就好，你买这个房子很贵，但是周边都是乱七八糟的地方，你小孩出门，看到都是一些乱七八糟的东西，就学坏了。但是如果你住处的环境好，旁边有校园、文化机构什么的，有文化气息，小孩长大以后，自然而然就会受好的影响。

“震卦”就是要抗震，包括地震泥石流，有时候我们选的房子地址不好，一下雨泥巴一冲就把这个楼给冲倒了，这就是没有考虑到震卦的原则。风也是，风水就是讲风的。风可以用屏风挡住，也可以让风进屋子来，有风的地方是好的，但是风也不能太大，风有贼风，有恶风，也有好风，四面八方都有风，八方来风。这个风进到你的房子里面后，要藏风，它可以聚气，这就是生气，你这个房子有了生气，人住在里面才能健康。如果这个房子死气沉沉，空气不流动，你住在这个房子里面，就很郁闷，很容易得病。有的城市太拥挤了，贫民区有些楼房四周都是没有窗户的,或者只有一个窗户,三面都是黑墙,有一边窗户又没有风过来,前面有墙挡住了,所以住在里面不通风,身体就不好,所以风是很重要的。

风水风水,风是一个原则。另一个"坎卦"是水,水为财。靠近水的地方,你看我们的很多大城市,都是河边,武汉在长江边,上海在长江边,南京在长江边,重庆也在长江边,广州、中山都在珠江边。所以江边的城市多,江越大城市越大,人就越多。看水要看看水势大不大,是大还是小,还有水路通不通,还有水质好不好。过去有些小区,住进去就得白血病,有的人怀孕总是流产。后来发现这个小区过去是一个化工厂,填埋化学废料的地方有一个坑,这个坑不断渗水出来,小区把地下水提上来,喝这个水,这个小区的人身体就很差。后来小区发现这个事情以后,就把那个废料坑挖出来整个搬走,但也不能根本解决问题。现在我们有一些地方,包括火葬场也好,化工厂也好,搬走后这个地方的泥土都要挖地三尺,把这些脏土挖走,换成新的土,这个地方才算改良,要不然这个地方是不适合居住的。

水的反面是火。《易经》还有一个卦是"离卦",它的原理是,房子要朝南,朝南的房子有阳光,阳光这是一种生气,房子的朝向都是朝南为好。

"艮卦"说的山也是这样,朝南一面好。古人去考察住处的地方的时候,他要登上最高的一个山"主龙",然后从父母山一层层看下来,看这个山在山的胸口的位置,或者是肚脐的位置,或者是在阴部的位置,因为那里有两条腿,打开包住它;或者是有两只手,左右环卫它;在山窝中心的位置——胸口、肚子、会阴处,这个地方是最好的地方,又安全,土地又肥沃,又可以防风,又有生气,所以在这种地方去建城市、建村庄是最好的。它后面的山是挡风的,前面小小的山峰呢,不要太高,太高就挡住太阳,这叫"朱雀翔舞"。总之这个小山不要高,但是要很有生命力,草木茂盛,这样这个地方风水就好,是块风水宝地。

最后一卦是湖,湖代表着欢乐,是"兑卦"。你在兑字旁边加上一个竖心旁,就是喜悦的悦,是高兴的意思,如加上言字旁,就是说话的意思。"兑卦"就是会说话又很高兴,湖就有这个功能。你住在湖边的话,清风徐来,就很高兴。所以人都喜欢绕湖而居,湖边的楼房都卖得很贵。

我们自己或请人看风水的时候,要注意掌握五个原则。第一是现代化,要把风水的知识变成我们现代人能够理解的东西。第二是科学化,就是弄明白,哪一些风水知识的道理,是符合科学的,我们要吸收的。有时候他是用风水的话来讲,但是你仔细研究他是符合科学的,那么你可以接受。有些人懂得一点风水,反而做了一种不好的事情。比如说有一个村庄,被一条河拦住了,交通不便,后来有些华侨来捐钱,建了一座桥,这个桥通了,交通好了,但是桥头是正对着村庄,所以外面的车开来开去,开到村庄里面去,就压死了一两个人。有人就说这个桥不吉利,找了风水先生看看。风水先生说这个桥有杀气,要拆掉,结果华侨辛辛苦苦捐了20万修的一座桥,全被拆了,村子呢?又穷了。其实,这个桥如果让真正懂得风水的人来看的话,是可以化解的。比如在桥头搞一个花园,这个车冲下来的时候,在花园这个地方转一个弯,速度会慢下来,再一转就从村子旁边转过去了,就不影响这个村庄的安全了。所以真正懂得风水的人,他不会做这种劳民伤财的事情,而是让你用最少的代价得到最好的效益,这才是真正符合科学风水的。

第三个原则是大众化,风水不是为少数人服务的,好像只有少数大老板、大企业家,才请风水师看一下,一般人不请,其实风水应该是为大众服务的。第四个原则是养生化,风水要为养生服务,让我们得到健康。经过风水的调理,你舒适了,这结果你用科学方法却解释不了，但只要你觉得这个桌子这么摆，这个沙发这么弄，摆好以后，你住在里面觉得很舒适，心情很愉快，心情好了身体就好，你也就不必非去追问这样是科学还是迷信了，只要它能养生就好。这第五个原则易理化，就是要说明，有些东西用科学是解释不了的，这个时候就用易理来解释，看这个是否符合易理，符合的话也可以用。比如说住房要有八个功能，安全第一，要注意安全，危房、质量不好的房子就不要，房子的第二个功能是生息，我们要在里面休息生养。

最后讲点风水小常识。卧室一般是属木的，这个地方用绿色就比较好，木头是绿色的，黄色的也行，靠东方比较好。厨房一般是属火的，属心的，这里也是用绿色的比较好。卫生间在五行里面是属水的，所以颜色比较深，把它放在北边。客厅的功能是社交，社交的客厅属金，宽敞些就可以用来健身，早上的时候在客厅里面做一些运动。客厅根据它的朝向，可以用不同的色调。如果你的客厅在东边，可用黄色，如果在南边可用绿色，因为南边阳光比较强，用绿色可以降低温度。北边客厅一般用红色，因为北方比较冷，用点红色的暖色较好。西边的客厅可用白色，因为那边的客厅比较热，白色的比较凉，是冷色，有利于健康，书房也是这样，用黄色。

中华民族的天地精神
——谈《周易》乾卦与坤卦

陈望衡

陈望衡,日本大阪大学文学博士、武汉大学哲学系教授、博士生导师、中华美学学会常务理事、亚洲艺术学会副主席、享受国务院政府特殊津贴专家。出版学术专著三十余部,代表作有《中国古典美学史》《20世纪中国美学本体论问题》《当代美学原理》《环境美学》《周易玄机》等。译成英文在海外出版的主要有“Chinese Bronzes:Ferocious Beauty”、“The Tao Inspiration:Essence of Lao Zi’s Wisdom”。著作多次获省部级奖,其《环境美学》获中国高等学校人文社会科学优秀成果二等奖。

一、乾卦：大哉乾元

乾卦是《周易》第一卦，它实是《周易》的总纲。乾是纯阳之卦，它象征天，象征父，它以龙为象，描述龙由“潜”到“见”到“跃”到“飞”到“悔”的全过程。这个过程恰好是事物发展辩证的概括，它既可以理解成单一个体特别是某个人发展的全过程，也可以理解成宇宙发展的全过程。从某种意义看，乾是《周易》时间观念的集中体现。

乾卦的《卦辞》是：

乾，元亨利贞。①

乾由两个经卦的乾重叠而成，乾德为健。在《周易》中，天、帝、鬼、神这几个概念是相通的，其实是一个东西。程颐说：“以形体谓之天，以主宰谓之帝，以功用谓之鬼神，以妙用谓之神，以性情谓之乾。”②“元亨利贞”，这四个字可以分成两句讲，也可以分成四句讲。分成两句讲，就是“元亨，利贞。”“元”者，大也；“亨”者，通也；“元亨”，就是大通的意思。“利”，宜也；“贞”，按朱熹的讲法为“正而固”；利贞，就是宜于守正固。朱熹说：“言其占当得大通，而必利在守固。”③程颐将它分成四句讲：“元者，万物之始；亨者，万物之长；利者，万物之遂；贞者，万物之成。”

下面我们来看乾卦六爻是如何讲变化的：

初九，潜龙勿用。

初爻处最低位，象征事物的发端萌芽。事物处于这个时候，势单力薄，怎么办？潜！潜下心来努力学习，潜下心来提高能力，潜下心来积累经验，潜下心来积累资本。过早暴露，过早行动，势必受损。此爻意重在潜。

九二，见龙在田，利见大人。

二爻位象征事物崭露头角。龙在水里潜修已久，已具备保护自己并发展自己的能力，现在需要出水寻找机会了。人才也是如此，总是先要有一段时间潜修苦练，然后才能出山，而

① （南宋）朱熹注，李剑雄标点：《周易》，上海古籍出版社1995年版，第23页。下引《周易》均见自此书。

② （北宋）程颐：《周易程传》，见李光地编纂，刘大均整理：《周易折中》，巴蜀书社2006年版，第25页。

③ （南宋）朱熹：《周易本义》，见朱熹注，李剑雄标点：《周易》，上海古籍出版社1995年版，第23—24页。

到了该出山的时候,就不要再潜了,要"见"(现)——将自己的才华、学识向可能赏识你的人适当地展现出来,以引起重视。不只是伯乐要去寻千里马,千里马也要去寻伯乐。"大人",这里指可能赏识你、重用你的人,也就是"伯乐"。

九三,君子终日乾乾,夕惕若,厉无咎。

三爻位很重要,它处于下卦的顶端,可说事业小成;但就一卦来说,它尚处于中间,离大功告成还远着呢!这个位置在《易经》中通常视为"险位",说它险,主要在于:第一,小有成就,易沾沾自喜,不再求上进;第二,秀木出于林,风必摧之。古往今来,多少本可成大事业者,就毁于这小成阶段上。《周易》给我们提供的启示是:"终日乾乾,夕惕若。""终日乾乾",就是整天努力,发奋图强,不敢稍有懈怠。"夕惕若"是说,即使到了晚上也要小心翼翼。"惕",就是警惕,一是整天努力,一是整天小心。前者可理解成吹冲锋号,后者可理解成敲警钟,两种声音都在耳边响起。你想想,真能做到这两点,还有什么问题呢?当然没有。故爻辞说:"厉无咎。"

九四,或跃在渊,无咎。

四爻位可谓最佳爻位。一方面,它属上卦,可谓已进高层,下层对它的中伤、打击一般难以奏效;另一方面,在高层中它处于最下位,一般来说,上层对它不太防备。这样,它就处于一个相对比较安全,也比较自由的境地。《周易》奉献给我们的建议是:大展宏图,自由发展,好比那条龙,升天入地,自由驰骋。

九五,飞龙在天,利见大人。

上爻位处上卦的中位,因是阳爻居阳位,又中又正,这个位置通常看成是皇帝的位置。皇帝不是称"九五之尊"么?处这个位置,事业发展到了顶峰。此爻的象是"飞龙在天"。飞龙在天,何等风光,何等自由!这里,为何也说"利见大人"?须知,五爻与二爻是相对应的,五爻为君,二爻为臣。对于二爻位来说,见大人,就是见五爻;而对于五爻位来说,见大人就是见二爻,君虽然位置最高,但需要臣来辅佐。这种情况用在公司里也恰当,公司里,总经理是君,职员是臣,它们的关系就好比乾卦中五爻与二爻的关系。只有相互之间都称得上"见大人",才彼此真正得"利"。

上九,亢龙有悔。

上爻位是最高位,通常说是太上皇的位置。太上皇虽然尊贵,但权力没有了,有哪位皇帝高兴做太上皇的?爻辞说的是"亢龙有悔",意思是这龙过于亢奋,飞得太高了,眼看没地方可飞,要摔下来,故而感到后悔。这里说的与太上皇的比喻有所不同,太上皇是因为年龄大了,或某种特殊的原因,不得不让出皇帝位置来,他是被动的。而这龙目前面临的灾难却是因为自己过于亢奋造成的,完全是主观因素造成的。

乾卦这爻给人的启示非常深刻。过犹不及啊!度很重要,凡事都要有个度,不及与过度都不好,这里主要讲过度不好。这爻还包含有在顺利时节要保持清醒头脑的意思。大凡不顺利时,人们头脑比较清醒;而顺利时,特别是非常顺利诸如"飞龙在天"时,就掉以轻心了。殊不知物极必反,古往今来,这方面的教训真不少,不管是从政、用兵,还是经商。

用九,见群龙无首吉。①

① 按筮法,阳爻数九者为宜变之爻,乾卦六爻均为九,均要变。乾本纯刚变而为至柔。"用",变动的意思。

事情发展到上九的地步，似乎是到了无可挽回的必定失败的地步了。但是不是就糟糕透顶，永无出头之日了呢？也不是。从爻象来看，从初九到上九，都是群龙有首的。也就是说，事物的发展是有序的发展。到了上九，阳达极盛，就要从根本上发生变化了。按《周易》的筮法，六爻皆为九数，是全变之卦。著名易学家尚秉和先生说："九何以必变，阳之数九为极多，故曰群。阳极反阴，乃天地自然之理。乾为首，以阳刚居物首，易招物忌。变坤则无首。无首则以柔济刚，故吉。"①这一变，就好比群龙无首了。群龙无首是好事还是坏事？似乎是坏事，是凶。但《周易》认为，不是坏事，不是凶，而是好事，是吉，这就很耐人寻思。其实，事物无所谓绝对的好与坏，也无绝对的吉与凶。吉中有凶，凶中有吉。

乾卦的《彖传》云：

> 彖曰：大哉乾元，万物资始，乃统天。云行雨施，品物流形，大明终始，六位时成，时乘六龙以御天。乾道变化，各正性命，保合太和，乃利贞，首出庶物，万国咸宁。

《彖传》是一首天的赞歌，它赞颂的主要是三个方面：一统天下，品物流形的宏壮之美；万物资始，欣欣向荣的生命之美；各正性命，保合太和的和合之美。

《象传》云：

天行健，君子以自强不息。

这是就乾卦的卦德——"健"予以发挥。乾卦强调阳刚在事物发展中的主导作用，侧重于进取，发展。乾卦的《象传》云："天行健，君子以自强不息。"这正是乾卦精神的准确概括。强有两种：物质上的强与精神上的强，这两者都重要，但在某种情况下，精神上的强也许更值得尊敬，只有在精神上做强者，才能在物质上成为强者。中华民族几千年奋斗不息，虽然迭遭失败，受尽屈辱，但精神上从来没有屈服过，从来都是强者。这正是中华民族文化几千年来没有中断，没有毁灭的根本原因所在。强，重在自强。我们不拒绝他人的帮助，但自强是最可靠的，自强是取得成功的最为根本的条件。要自强，而且须不息地自强，一时的自强固然能有所成就，但如不能不息地自强，则不仅已取得的成功不能保全，而且还有可能招致更为严重的失败，乃至彻底毁灭。古往今来，这方面的教训太多了，远的不说，三百多年前打进北京夺取明朝江山的李自成，仅仅是不到一个月就松懈、腐化、堕落，与士气高昂的清兵相遇，落得兵败如山倒，且再也无法振作了。"自强不息"重在"不息"，也难在"不息"。

读《周易》，人们最为看重的是乾卦《象传》说的"天行健，君子以自强不息"。

从天德为健，作《易》得到启示：人应效法天德，自强不息。自强不息，贵在"自"。"自"与"他"相对而存在，提出"自"，就含有将自己与他人区别开来，反观自身的意思。自强，首先明确到这是自身的强，这里的自，主要是指人类，也指个体自身。就指人类来说，它与自然相对立，含有"欲与天公试比高"的意味；就指个体来说，它与他人相对立，含有"天下英雄，舍我其谁"的意味。前一种自强，体现出人类的觉醒；后一种自强，体现出英雄（在中国古代称之为君子，其杰出者则为贤人，最杰出者为圣人）意识的觉醒。这两种意识的觉醒，在中华民族的发展史上均具有极其重要的意义，就《周易》来说，也许，侧重于谈后一种意识——君子意识的觉醒。整个《周易》谈的均是君子意识，它可以视为一本君子手册。

---

① 尚秉和：《周易尚氏学》，中华书局 1980 年版，第 17—18 页。

君子的自强不息,落实则为“进德修业”①,它可以分为两个方面:一是对内,求诸己;二是对外,显诸世。对于求诸己来说,为“进德”;对于显诸世来说,是“修业”。

“进德”,首先要有强烈的反省意识:不仅充分认识到自身的责任,而且充分认识到,要实现这种责任,自己在品德和能力上所存在的差距。对于“进德”,《周易》的要求是极为严格的,进德的内容,它概括成两个字“忠信”。② “忠”,尽于职守;“信”,诚信待人。忠于职守为善,诚信待人为真。有了这两个方面,内在的品德算是修炼好了,但是,还不够,还需要在外在的行为举止、形貌上有所修炼,这种外在的修炼,叫做“饰”。《周易》的贲卦就是讲君子之饰的。如果将真与善看做是“质”,那么,这饰就是“文”。孔子总结《易经》的君子“进德”观,提出“文质彬彬然后君子”。后世儒家再进一步丰富,于是,有关君子修养的理论就建构起一个庞大的体系。

自强不息的第二个方面为“修业”,《周易》用“建侯”、“正邦”、“大业”、“振民育德”、“化成天下”、“开国成家”等概念来表示,这些均是关系百姓、国家的伟大事业。

进德与修业不可分,进德是“体”,修业是“用”。后世儒家说“正心”、“修身”、“齐家”,“治国”、“平天下”。大体上,“正心”、“修身”为“进德”,而“齐家”、“治国”、“平天下”为“修业”。宋明理学喜欢讲“内圣外王”,“内圣”即为“进德”,“外王”即为“修业”。不管是“进德”,还是“修业”,都需要自强不息的精神。

众所周知,《周易》尚变。《周易》的尚变,最为可贵的是尚新。《系辞上传》云:“富有之谓大业,日新之谓盛德。”“富有”与“日新”并列,其实,“富有”正是“日新”的成果。虽然《周易》重视“大业”的“富有”,但它显然更重视“盛德”的“日新”。大畜卦《彖传》中说:“大畜,刚健笃实辉光,日新其德。”又云:“苟日新,日日新。”太阳每天都是新的,君子每天也是新的,同样,我们的事业每天都也是新的。

二、坤卦:至哉坤元

《周易》以纯阳的乾卦打头,讲了人生哲学的第一课,主题是自强不息。自强不息主要是侧重于生命的概念。生命最基本的性质,就是自强不息,作为个体,它顽强地生存着,且发展着,直至生命结束,作为种族,亦顽强地生存着,且发展着,生命没有穷尽。个体生命与种族生命的关系,前者是有限的,后者是无限的,而且正是前者的有限,维持着、保证着后者的无限。

《周易》第二卦坤卦,作为人生哲学的第二课,主题是厚德载物。如果说乾卦的关键词是生,坤卦的关键词则是德。生,是生命第一义,德则是社会的第一义。如果说自强不息,是生命所共有的,那么,厚德载物则只是人这种生命所独有的。虽然自强不息和厚德载物,都属人生哲学的内涵,但自强不息,侧重于自然生命的意义,厚德载物,则侧重社会生命的意义。

坤是纯阴之卦,它的基本形象是大地。《彖传》云:

至哉坤元,万物资生,乃顺承天,坤厚载物,德合无疆,含弘光大,品物咸亨。牝

---

① 朱熹注,李剑雄标点:《周易》,上海古籍出版社1995年版,第25页。

② 《周易·乾·文言》:“忠信,所以进德也。”见朱熹注,李剑雄标点:《周易》,上海古籍出版社1995年版,第27页。

马地类，行地无疆，柔顺利贞，君子攸行。先迷失道，后顺得常，西南得朋，乃与类行。东北丧朋，乃终有庆。

这里，主要从坤的功能与品德两个角度来说的。

坤的功能主要有二：第一，“万物资生”。这说的是地与万物的关系：地孕育万物，是万物之母；地“含弘光大”，故而“品物咸亨”。第二，“顺承天”。这说的是地与天的关系：一是顺，谦逊地顺从天；二是承，无私地托承天。“万物资生”和“顺承天”这两大功能，确定了坤的基本地位：万物之母，上天之臣。

坤的品德就从它的地位来的：作为万物之母，坤的品德——宽厚，仁慈，乃生命之本；作为上天之臣，坤的品德——柔顺，忠贞，为谦让典范。

牝马是坤的意象之一。牝马作为母马，有阴之性，作为地类，有地之德。西南方为阴，故可以得朋，东北方向为阳，故丧朋。坤行重类，意味着坤重社会。

《象传》云：

地势坤，君子以厚德载物。

这是坤卦基本精神的概括：一是厚德。德为人之本，德之厚，不只量上厚实，还在质上敦诚，就像大地，既无限的深厚，又无比的朴诚。《周易》主要关键词之一——“孚”主要来自坤。二是载物。载物，本义是指承载地面上的万物，引申则为对社会、对国家、对人民、对天下、对大地生灵所背负的责任。《周易》认为，厚德载物是君子的基本品德，也是一种理想人格，天下人皆要以之为人生的修养目标。

坤卦的六爻，从不同的角度，深入地阐发坤的美好品德。

初六，履霜，坚冰至。

这是说阴之始。阴之始，霜为阴气所结，霜虽至微，但意味着坚冰快要到来了。

按《周易》阴阳哲学，阳极生阴，阴极生阳，阴阳相生。这阴始生，乃是阳极之故。盛夏一般设喻为阳盛，盛夏过后为秋，秋开始凉了，于是轻霜出现，这就是阳极生阴。

阴阳设喻，仅从字面上看，阳偏暖，阴偏冷；阳活泼，阴凝重。将大地赋予阴的性质，让人产生的第一感觉就是艰辛，它让人想到母亲，想到忠臣。

霜为秋物，坤一般也用来喻秋。秋固然是收获的季节，人们通常赞美秋为“金秋”，然须知，秋又是肃杀的季节。秋风，还有严霜，摧枯拉朽，无情地将衰老的生命送入坟墓。这后一点，常为人所诟病，其实，这正是新生命孕育的开始，没有肃秋，哪有喜春！“履霜，坚冰至”，岂止是严寒的预告？它还是春天的报告。《周易本义》说这爻“所以赞化育而参天地者，其旨深矣”，探到了此爻的精义。

“履霜坚冰至”，坤卦这仅五字的初爻，给我们展现了坤的殉道者的感性印象以及它在艰辛中孕育生命的伟大功能。

六二，直方大，不习无不利。[①]

这是借大地的感性形象比喻坤内在的伟大品格。大地，从视线的角度，它是可以一直走下去的，因而可以说是直的；而按“天圆地方”说，它是方的。虽然，地球是有限的，但在古人

---

① 李光地《周易折中》释“直方大”，云：“盖凡方之物，其始必以直为根，其终乃以大为根，故数学有所谓线而体者，非线之直，不能成面之方。因面之方而积之，则能成体之大矣。”这是用现代数学来释“直方大”，备一格。

看来,这地,完全超出了人的感官把握的能力,它是无穷大的。

朱熹将大地的感性品格——"直方大"联系到人的品德上去了,他说:"柔顺正固,坤之直也。赋形有定,坤之方也。德合无疆,坤之大也。"①《象传》也是这样认为的,《象传》说:"直其正也,方其义也。君子敬以直内,义以方外,敬义立而德不孤。"概括起来,说了坤两个最为重要的品质:正和义。正主内,义主外。修心主正,行事尚义。

"不习无不利"这句爻辞向来难解,其实,难解是因为不相信这句话其实用的就是它的本义。《象传》说:"不习无不利,地道光也。"意思是,"不习无不利"是地道本身所具备的品德。"不习"——不修习,大地是不需要修习的,它以它本身所拥有的巨大智慧和巨大能力创造了这一切。它的智慧具有无穷的原创性,它难道还需要向人学习吗?当然不需要,它天然的是智者、第一设计师,它的能量超出地球上所有的生灵,它难道还需要修习吗?当然不要,它天然的是强者,是无与伦比的超能者。"不习无不利",其潜台词就是:人要向大地学习,要借助大地之力来成就自身。

六三,含章可贞,或从王事,无成有终。

如果说,前面两爻侧重于大地作为母亲的形象来歌颂,这一爻则主要侧重于大地作为忠臣的形象来赞美。"章"为美,"含章",将美包含在内,这是说大地有内美。美为内美,意味着不张扬,这就是谦虚,谦虚是大地的重要品德。《周易》是很重视谦德的,这源自坤。

"或从王事,无成有终",就是说,为君王效劳,劳苦功高,却不图有赏,只是尽臣子本分。《象传》说这是"知光大也","知"通智,是说智慧光大。这当然也包含有智慧,深知为臣当知尽本分,不可贪功邀赏,只有这样,才能得以保全自身。不过,其实,这"知"更多的是讲德,为臣之德,因此,"知光大"实质是德光大。

六四,括囊,无咎,无誉。

这仍然在说为臣之道。少说话,像袋子将口扎紧,这样,虽然没有了荣誉,然而也没有了灾祸。此爻从消极方面来理解,它道出了为臣的险恶。一切须谨慎从事,宜低调。而从积极方面来理解,它仍然是在赞美谦逊的品德。一个人全然没有个人咎害、荣誉的考虑,而在做于社会、于他人有益的事,那就不只是圣人,还是至人了。圣人为公,然有我;至人则无公我之别,其行既出自本心,又自然地合于天德。这种品德,如果仍然名之为谦,那么,这谦道,就不只是人道,而是天道了。

六五,黄裳,元吉。

此句是说,大地,就像一袭华丽的黄衣裳。元吉,大吉。

这一爻已不是道德上的评价,而是审美的歌颂了。也许正是因为坤卦以黄色来赞美大地,黄色才成为中华民族最为尊贵的颜色,此颜色后为成为君王的专用色,臣下只有超出红尘的佛教徒才有资格着黄裳。

《象传》云:"黄裳,元吉。文在中也。""文",通"纹",通饰,引申为文明、文化。在《周易》看来,文明最早就诞生在大地上。大地,当然首先是指原始自然,它是文明之母;其次是指人在大地上的劳作,人的劳作创造出第二自然,这第二自然就是文明。中华民族最早的关于文的观念来自于大地,文通美,因而,最早的关于美的观念也来自于大地。

---

① (南宋)朱熹:《周易本义》,见朱熹注,李剑雄标点:《周易》上海古籍出版社 1995 年版,第 31—32 页。

尽管此爻字面上的意思，是歌颂大地之美，但《文言》还是揭示出了其中所包含的道德意识，《文言》说："君子黄中通理，正位居体。美在其中，而畅于四支，发于事业，美之至也。"《周易本义》释"君子黄中通理"云："黄中，言中德在内。"释"正位居体"云："虽在尊位，而居下体。"一言以蔽之，此爻是歌颂"中德"之美。一是黄色之美，这是感性的美；一是中德之美，这是理性的美，两者在此实现了统一。

上六，龙战于野，其血玄黄。

上六，阴已极。阴极生阳。衰老之阴与新生之阳交汇，必产生斗争，就像龙在田野上争战，黑红色的血涂满大地。这是凶象，还是吉象？既是凶象，也是吉象。凶象，是表面上的，当下的；而从深层次来看，从前景来看，它预示着一个生意盎然的新世界即将到来。

这一爻似乎在某种意义上呼应了初六爻。坤，起之于霜凝大地，终之于血染田野。坤，就是这样的悲壮，这样的艰辛，然而，它伟大，它崇高。

坤卦的《文言》对于"龙战于野，其血玄黄"有一段精彩的论述：

> 阴疑于阳，必战。为其嫌于无阳也，故称龙焉；犹未离其类也，故称血焉。夫玄黄者，天地之杂也，天玄而地黄。

阴阳关系就是这样，在斗争中创造生命，在斗争中创造世界。斗争是残酷的，充满血污，但其产物却是美好的，无比的绚丽而又庄严，好像宁馨儿。

用六，利永贞。

坤卦的"用六"，如同乾卦的"用九"。"贞"，正固意。为什么坤要强调正固而且是永久的正固呢？程颐说："阴道柔而难常，故用六之道，利在常永贞固。"①孔颖达认为："坤是柔顺，不可纯柔，故利在永贞。"②尽管坤有许多优秀的东西，也尽管柔顺是值得赞美的，但纯柔纯顺还是不可取的，《周易》的基本观点是刚柔相济，因而，对于坤卦来说，它的"用六"就在"永贞"方面，即不断地为它增加刚性的东西。

坤卦，是一个伟大的卦！

坤卦，雄伟而又璀璨，是一曲天地之歌！

坤卦，庄严而又美丽，是一曲母亲之歌！

坤卦，健壮而又活泼，是一曲生命之歌！

坤卦的调质与乾卦是合拍的，它们都是天地的壮歌，也是生命的赞歌。

乾卦和坤卦都歌颂了生命的价值和意义，但是它们取的角度不同：乾卦主要歌颂的是生命进取的意义，赞美的是生命刚健的一面；坤卦主要歌颂的则是生命负重的意义，赞美的是生命柔顺的一面。乾卦歌颂生命，立足点是生命的个体性、自然性、原始性；坤卦歌颂生命，立足点则是生命的种族性、社会性、文明性。乾卦歌颂生命，重在生，没有涉及育，因而没有涉及德和美；而坤卦歌颂生命，不仅重生，而且重育，因而涉有德，也涉及美，重德、重美，必然重社会，重文明。从这个意义上看，乾卦是生命第一卦，坤卦则是文明第一卦，两卦为《周易》六十四卦之总纲。

---

① （北宋）程颐：《周易程传》，见李光地编纂，刘大均整理：《周易折中》，巴蜀书社 2006 年版，第 39 页。

② 同①。

“厚德载物”出自坤卦《象传》。它的本义是歌颂坤卦的。

坤为大地,大地多么伟大!高山峻岭在它的肩上立着,江河湖海在它胸脯上流着,不可计数的万千生灵包括人在它身上生活着,一切生物的发生发展史在它身上展示着,一切人类的悲欢喜乐、爱恨情仇、兴衰荣辱,均在它这舞台上演出着。

《象传》是这样歌颂大地的伟大与仁慈:“坤厚载物,德合无疆,含弘光大,品物咸亨。”

大地的品德首先是属于母亲的。母亲最伟大的功能是生育,她是生命之本,最崇高的品德是奉献,她是牺牲楷模。大地的品德也不只属于母亲,它还属于一切正直的人类、善良的人类,用《周易》的话来说,属于君子。

《周易》中的德不只是道德,它比道德丰富,大凡人类的有关做人、做事的基本原则以及意志力均属于德,因此,德含有真、善、美三个要素。

《周易》对德的要求,概括起来为五个字:正、中、孚、谦、和。

“正”是德的首位。按《周易》的“游戏法则”,“正”是指得位,《周易》每卦中,有阳位与阴位两种位置。阳爻在阳位、阴爻在阴位为得位,反之为不得位。得位为正,不得位为失正。这种理论,用在占筮中,是一种游戏法则,用在生活中,却是人类正确行事的基本原则。它的基本点,要求每个人找准自己在社会生活中所处的位置,根据这种位置合理地安排自己的行动方式。虽然这种理论在封建社会里,被统治者用作统治的手段,它的合理因素仍然是存在的。一个国家、一个社会,要实现和谐,不能不有序,而有序又决定于社会上的各色人等能否找准自己的位置,即得位。

“中”,也是《周易》的游戏法则,《周易》每一卦中,第二位与第五位是中位,这中位是非常重要的,一般来说,居中位,就算不得位,也可保无咎。

众所周知,儒家的道德体系中,中庸是重要的一项。中庸的解释很多,朱熹认为,不偏之谓中,不易之谓庸。这个理解当然是不错的,它一是强调凡事不要过头,处中间状态,二是强调凡事不要违规,守住常理。

“孚”,在《周易》中地位仅次于“正”、“中”。“正”、“中”具有全局性,《周易》每个卦均要讲“正”、“中”,“孚”没有这样高的地位,但《周易》六十四卦中,二十几个卦谈到“孚”,没有明确谈到孚的也暗含“孚”,所以“孚”有准全局性。

“孚”有哲理的意义,但主要是伦理学的概念。“孚”有内在本体义,有外在显现义。内在本体义是诚,外在显现义是信。诚是真,真实地存在;信也是真,也是真实地存在。只是诚之真,是自我感受;信之真,是他人的感受。《周易》将“孚”看作人之为人的根本,反映《周易》一个潜在的观点:人是社会的人。人之所以为人,是因为人是社会的,而人之所以能组成一个社会,是因为人有“孚”,“孚”是维系社会的精神纽带。

“谦”是坤卦的品德,坤为大地,大地是最为谦虚的。大地的“谦”体现为二:一是有功不居,或是“含章”,或是“括囊”;二是虚怀若谷,大地的心是虚的,虚者空也。空不是没有,而是有容,而且是无限地有容,所以大地是无限得大。

《周易》希望君子效法大地,将自己胸怀拓展得像大地那样宽阔,为此专设谦卦,论述谦虚。天道是“谦”的,它虽高却下济,将光明施向大地。地道是“谦”的,它虽卑而上行,主动地迎接天道的施与。天道因“谦”而亏空,地道却因之而变盈。人道也是“谦”的,君子因“谦”而尊,因“谦”而光。

与“谦”相关的重要品德为“卑”,卑与尊相对,一般贬卑,其实,卑有两种,一种卑之的卑，一种是自卑的卑。卑之的卑为贬，而自卑之卑实质为谦。湖南岳麓书院前有自卑亭，过去殊不解为何立此亭。其实，自卑是做人之始，懂得自卑，必然懂得自强；同时，懂得自卑，也必然懂得自尊；再同时，懂得自卑，也必然懂得如何待人。自卑之道实乃真正的谦道，自卑之道，也实乃真正的天道。孔子不是说过："天何言哉，四时行焉，万物兴焉。"庄子也说："天地有大美而不言，四时有成法而不议。"这"不言"，"不议"，不是谦卑吗？

人之自傲，经常不为人看成一种恶德，而看成一种美德，误以为自信；然人之自卑，经常不为人看成一种美德，却视为懦弱，惜乎哉，亦悲乎哉！

"和"是《周易》最高也最大的品德。《周易》各卦，卦卦言和。整个《周易》可归之为论和。"和"，首先是阴阳之和，其次是执中而和。阴阳之和，其和才是生命之和，而执中而和才是具有持久生命力之和。前者是后者的基础，后者是前者的提高。《乾·文言》云："夫大人者，与天地合其德，与日月合其明，与四时合其序，与鬼神合其吉凶。""合"，不是迭合，而是交感，是你中有我、我中有你的"合"。这种"合"，《周易》称为"交"，称为"感"。泰卦《彖传》云："天地交而万物通也，上下交而其交同也。"不"交"岂能"通"？不"交"岂能"同"？"交"必然会"感"，"感"指内在的交融——具有生命意义的交融，人的生命不就是精子与卵子交感的产物吗？一切生命如此，一切美好亦如此。咸卦《彖传》说得好："天地感而万物化生，圣人感人心而天下和平。"

"厚德"才能"载物"，"载物"才使这个世界丰富多极，充满着生命，充满着美妙，充满着乐趣。

《周易》是一本君子教科书，它的第一个卦乾卦为教科书的第一章，这一章的标题可名为"自强不息"。自强不息重在精神——奋斗的精神、开辟的精神、不畏艰险的精神、顽强不屈的精神。人类凭着这种精神，披荆斩棘，开拓进取，成为这个地球上最聪明的灵长。自强不息的精神诚然可贵，但只有自强不息的精神是不够的。须知，自强不息的不能只是某一个人，而应是人这个群体。个人再聪明、再伟大，也无力与自然抗争，人的伟大在于它是一个严密组织起来的智慧的群体。那么，靠什么将人组织成一个群体——不是动物那样仅凭血缘关系结合的群体，而是超出血缘关系组合的群体？靠德。《周易》第二卦坤卦讲的就是道德培育的问题，作为君子教科书的第二章，标题可为"厚德载物"。

《周易》这本书，从开头的第一卦"乾"到最后一卦的"未济"，自始至终在讨论的就是两个东西，人类如何自强，人类如何厚德。

"自强不息"本是天德，"厚德载物"本是地德，它们合起来，就是天地精神，中华民族是将天地精神作为自己的人文精神的。因此，"自强不息"与"厚德载物"也是中华民族的人文精神。"自强不息"侧重于个体性，"厚德载物"侧重于社会性。表面上看，前者重在进取，后者重在收敛，而其实，前者的进取正在于后者的收敛。从某种意义上讲，"厚德载物"是"自强不息"的基础与力量源泉。人只有坚实地立足于大地，才谈得上发展、进取。也许，"厚德载物"在中华民族天地精神中更为根本。

从黄帝时代中华民族形成算起，至少有五千年的历史。虽然在五千年的历史中，中华民族历尽沧桑，但它永远是不可战胜的，根本原因就在于它的天地精神。

在当今实现中华民族伟大复兴的事业中，我们正是要高扬"自强不息"和"厚德载物"的天地精神，呼啸前进。